THE
NINE
INSIDE THE SECRET WORLD OF
THE SUPREME COURT
Jeffrey Toobin

ザ・ナイン
アメリカ連邦最高裁の素顔

ジェフリー・トゥービン
増子久美・鈴木淑美＝訳

河出書房新社

ザ・ナイン　アメリカ連邦最高裁の素顔　目次

ザ・ナイン　アメリカ連邦最高裁の素顔

アダムに

序　階段

建築家キャス・ギルバートには、あたらしい連邦最高裁の建物を設計するにあたり壮大な野望があった。「世界最高峰の裁判所、アメリカを司る重要な三つの要素の一つ」と彼が呼んだもの。裁判所へ至る道筋が、その構造同様に建築物の印象を決定づけるものであるとギルバートは考えていた。だが問題は、その立地であった。ワシントンに建つほかの格調高い建造物――国会議事堂、ワシントン記念塔、リンカーン記念館――は、整然と連なり、人々の畏敬の念をかき立てる。しかし、連邦議会が一九二八年に最高裁の用地として割り当てたのは、国会議事堂と議会図書館のあいだの、手狭なくさび形の非対称な一画であった。はたして、最高裁の建物のなかでおこなわれる裁判の厳粛さと重要性を来訪者たちに悟らせるにはどうすればいいのか？

ギルバートが出した結論、それは階段だった。建物の両翼を後方に押しやることで、正面玄関の堂々たる壮大な階段を備えたポルチコ（支柱で支えた屋根、柱廊）がまず目に飛び込むようにしたのである。なかに入るまでの距離は短くとも、屋根を支える八本ずつ二列に並んだ巨大な支柱へ至る四十四の階段をのぼる経験は忘れがたいものになるはずだ。階段をのぼる行為そのものが、最高裁におけるもっとも象徴的な体験、アメリカの正義へ向かう行進を体現することになる。また階段は、最高裁を日常から、とりわけ国会議事堂にいる政治家たちの世俗的な関心事から切り離し、裁判が字義どおり、一段高い場所でおこなわれていることを告げることにもなる。

ともあれ、それは理論にすぎない。最高裁の実情は、つねにもっと複雑であった。

二百年以上ものあいだ、最高裁はほかの政府機関とおなじく、政治的問題に直面し、おなじように成功と失敗をくりかえしてきた。ジョン・マーシャル（在任は一八〇一〜一八三五）は、長官としての長い在職期間のあいだに、アメリカ合衆国政府の永続的な構造を形作るため、憲法起草者たちに匹敵することをおこなった。しかし、続く数十年は、忌まわしい奴隷制度の改善においても、内乱の回避においても、最高裁は大統領や議会以上の働きを見せることはなかった。同様に、第一次世界大戦がはじまる前の領土と経済の拡張期においても、最高裁はまたもや指導力を発揮せずに、ほとんどの場合、企業利益や、ほかの行政機関をも牛耳っていた政治的盟友の便宜を優先した。最高裁が憲法上の権利を保証する積極的な独立機関だと一貫して主張するようになったのは、アール・ウォーレン長官（在任は一九五三〜一九六九）時代の一九五〇年代から一九六〇年代になってからのことである。

続く三十年間、ウォーレン・E・バーガー長官（在任は一九六九〜一九八六）とウィリアム・H・レンクイスト長官（在任は一九八六〜二〇〇五）の時代、最高裁は持ち込まれる厄介な問題の大多数においてほぼ真っ二つに分かれた。人種、性、宗教、連邦政府の権限といった論争の多い課題において最高裁を左右したのは、おもに勝敗の鍵をにぎる穏健派の判事、最初はルイス・F・パウエル、そのあとはサンドラ・デイ・オコナーだった。ふたりは生来の慎重さ——それはアメリカ国民の感覚と驚くほど似通っていた——に従って最高裁の方向を決定づけた。そのもたらしたものは一つの逆説であった。すべての前任者がそうであるように、判事たちは基本的には民主主義に反する機関に属している。選挙で選ばれたわけでもなければ、国民にたいし直接的な責任があるわけでもなく、さらに終身任期のため、大衆に迎合すべき理由もない。それでも、一九九二年から二〇〇五年の最高裁の判例は、みごとに民意を反映したものであった。その判決意見は、法的根拠にもとづくいつもの最高裁らしい文章でつづられ、あたかも憲法の文言と先例のみをもとに導き出した結果のようにも見えたが、おそらく一般投票にかけたとしてもおなじ結果であったろう。

それがいまや変わろうとしている。バーガー・コートからレンクイスト・コートにかけて緊張したにらみ合いが続くあいだに、最高裁に敵対する保守派の対抗意識が強烈に高まってきた。それは多くの点において顕著なイデオロギー攻勢となり、エリート校のロースクールや福音派教会、さらに近年ではもっとも重要なホワイトハウスといったさまざまな場所で、折にふれて勢力を増してきた。彼らの課題は、過去数十年にわたりまったくといってよいほど変わっていない。ロー対ウェード事件の判決（妊娠した女性の中絶する権利を認め、女性のプライバシーの権利のなかにその権利がふくまれるとした）をくつがえし、州による中絶規制を認める。行政権を拡大する。アフリカ系アメリカ人の支援を目的とした人種優遇制度に終止符を打つ。死刑執行を迅速におこなう。公的領域に宗教を持ち込む。最高裁は長いこと、ほぼ互角に分かれていたので、保守派はこの課題を進めるにあたり不十分な結果しか得られなかった。それがここにきて、きわめて唐突に（最高裁のいつもの悠長さに照らした場合ではあるが）、完全にコントロールできる寸前までたどり着いた。正確には、あと一票となったのである。

最高裁はその性質上、職務についてはほとんど機密が保たれているが、儀式のさいにはその本質を垣間見せることもある。三日前に亡くなったウィリアム・レンクイストに別れを告げるため、最高裁判事が集まった二〇〇五年九月六日もそんな一日だった。

レンクイストには、三十三年の最高裁在職期間に述べ一〇五人のロークラーク（裁判官つき調査官）がいた。彼が形式と効率、迅速さを重視したことはみな熟知していた。したがって、指定の時間よりかなり早くから一同は最高裁の品のいい会議室に集合していた。七人の元ロークラークと事務職員ひとりがレンクイストの棺を担って最高裁のなかに運ぶことになっており、彼らは確実に任務を果たしたいと考えていた。八人は葬儀社のスタッフを取り囲み、長官から論拠を示すときに求められたような的確で事細かな質問を投げかけた。だれがどこに立つか。階段と階段のあいだでひと呼吸おくべきか。一段ずつ両方の足で踏んでから次に進むか、片足ずつにするか。過去に棺を担った経験があるのはひとりだけで、彼は仲間に向かって注意をうながした。「慎重にやろう」。一九八〇年から八一年にかけて、当時陪席判事だったレンクイストのロークラークをつとめていたジョン・G・ロバーツ・ジュニアはいった。「想像以上にたいへんだからな」

十時きっかりに、棺の担い手と霊柩車がファーストストリートに面したキャス・ギルバートの階段前で落ち合った。棺はレンクイスト本人のように地味で簡素だった。男性七人と女性ひとりは松材で作られた棺の持ち手をにぎると、長官の最後の入廷のために向きを変えた。晩夏の朝のやさしい日差しに照らされていたが、階段の大理石からの照り返しは強烈で、目もくらむほどだった。

担い手が最高裁に向けて歩を進めるのを、左側に並んだ残りのロークラークたちが無言で出迎える。右側には判事たちが並んでいた。あたらしい判事がくわわってから十一年。おなじ九人の顔ぶれを保った最高裁の最長記録であった（現職判事が死亡したのは、一九五四年のロバート・H・ジャクソン以来半世紀ぶりである）。最高裁における年功序列の鉄則に従い、新任判事が階段の最下部近くに、最古参の判事が最上段に立っていた。

棺は最初に、一九九四年にビル・クリントン大統領に指名されたスティーヴン・G・ブライヤーの前を通り過ぎた。このような儀式は彼にはあまりそぐわない。判事にありがちな用心深く険しい顔つきではなく、国会議事堂のほうが似合いそうな、社交的で気立てのよい人物だった。六十七歳になったばかりだが、十歳は若く見える。よく長時間自転車に乗り、バードウォッチングにも出かけているので、はげた頭がいい色に焼けている。彼ほど最高裁の仕事に熱心で、楽しんでいた判事は少ない。

ブライヤーのやや落ちつきのない、しかしあふれんばかりの活気は、三段上に立つ、一九九三年におなじくクリントン大統領に指名されたルース・ベイダー・ギンズバーグの姿を際立たせる。七十二歳。小柄で華奢な彼女は、階段を降りるさい、ブライヤーの腕にしがみついた。いつものようにエレガントで高級感漂う装いの彼女は、この日は未亡人の喪服に身をつつみ、レンクイストが去りゆくのをひとり取り残されたように見送っていた。ふたりの経歴や政治的信条は、ミルウォーキー郊外出身のルター派の保守と、ブルックリン出身のユダヤ系リベラルとひどくかけ離れていた。しかし、法に則った手続きに愛着を持つ点では変わらなかった。つねに控えめで辺縁の存在であるギンズバーグには、長官の死により自分が最高裁の中心からさらに遠ざかってしまうだろうことがわかっていた。

棺は次に、一時は判事のなかでいちばん顔を知られていた人物、クラレンス・トーマスの前を通り過ぎる。一九九一年に開かれた忘れがたい彼の承認のための公聴会で、その顔は国民の記憶に焼きつけられたが、階段に立つ判事には、かつて人々を釘づけにしたがっしりとした体格の若い男性の面影はほとんどない。まだ五十七歳と若かったが、すでに老人のようだった。公聴会では真っ黒で豊かだった髪もいまでは白く、うすくなっている。けがをしてバスケットボールコートにも二度と立てなくなってしまい、座ってばかりの生活で体重が約四十五キロ増えた。カメラのシャッターが切られ、ビデオカメラが向けられると、軽蔑に満ちた顔でにらみつける。トーマスはあからさまに、というよりも心底、報道関係者を憎んでいた。

次の階段にはデイヴィッド・H・スーターがいるはずだった。レンクイストが亡くなったとき、スーターはニューハンプシャー州ウェアの自宅にいたが、知らせを受けたときは、すでにこの朝の葬列には間に合わなかった。スーターには電話と万年筆はあるが、留守番電話もファックスも携帯電話も電子メールのアカウントもないため、ニューハンプシャー州にいるときには連絡がつきにくかった（テレビを贈られたこともあったが、一度も電源を入れたことがない)。六十五歳だが、完全に違う年代、さながら十八世紀に生きているようだった。彼はワシントンを嫌悪しており、同僚ほどには仕事を楽しんでおらず、また他人が自分をどう思うかを気にすることもなかった。翌日の葬儀には参列できることになっていた。

アンソニー・M・ケネディも、やはりおなじような理由から欠席していた。レンクイストが亡くなったときには中国にいて、もどれるのは水曜日の葬儀当日であった。一九八七年にロナルド・レーガン大統領から指名された当初、彼はいまだにサクラメント市の生家住まいで、きわめて平凡な、たいくつな人物とさえ思われていた。しかし、郊外の社交クラブに所属する典型的な共和党員のような彼に、ついには判事としての在職期間を変容させるような、旅をしたいという強い欲求、海外遊説や国際法にたいする情熱があることがのちにわかる。

三段上にはアントニン・スカリアがいた。いつもの挑発的な表情も深い悲しみのためにうすらいでいる。スカリアはレンクイストがレーガンから長官に任命された一九八六年、後任として最高裁判事に就任した。ふたりは長いこと司法上のよきパートナーだった。オペラ愛好家のスカリアは感情に突き動かされるまま、友人の死に人目もはばからず泣いていた。彼は言葉の上ではつねに反革命の擁護者として発言してきたが、そんな彼を導いてきたのはレンクイストだった。六十九歳のスカリアも途方に暮れ、寂しげだった。

サンドラ・デイ・オコナーも泣いていた。オコナーとレンクイストは、最高裁史上例を見ないほど仲がよく、つきあいは五十年を超える。スタンフォード・ロースクール時代、彼女がカフェテリアで重いトレイを手にした若いハンサムな法学生を見かけて以来の仲だった(のちにオコナーはレンクイストのクラスにくわわり、わずか二年後に、卒業生代表の彼の次席で卒業した)。双方ともフェニックスに居を構え、裏庭でいっしょにバーベキューをしたり、家族ぐるみで休暇を過ごしたりすることさえあった。

やがてレンクイストは一九六九年にワシントンに引っ越し、一九七二年に最高裁判事に就任した。

九年後、ロナルド・レーガン大統領がオコナーを女性初の最高裁判事に指名した。レンクイストとの長いつきあいから、彼の忠実な次官になると思いきや、彼女は決してそうはならなかった。それどころか、最高裁でだれよりも、法におけるイデオロギー変換を目指すレンクイストの希望を阻んだのがオコナーであり、長官以上に最高裁を支配していたのも彼女であった。もちろんレンクイストを失った彼女の悲しみはほんものだったが、彼女は自分自身にたいしても涙を流していたのかもしれない。七十五歳になり、ブロンドの髪は白くなったが、オコナーはブライヤー以上に最高裁の仕事を愛していた。そして彼女もまもなく最高裁を去る。二カ月前、アルツハイマー病に侵されていく夫の世話をするために引退を発表していた。さまざまなものがオコナーのまわりから失われつつあった――かけがえのない昔からの友人、大切な最高裁の椅子、そしてなにより、愛する夫の健康が。

そして、涙ではなく、オコナーの激しい怒りをかき立てたものがある。傲慢で法律無視の、欠点だらけの過激派と彼女が考えるジョージ・W・ブッシュ政権である。オコナーはかつて共和党の政治家だったこともあり、最高裁において唯一選挙で選ばれた元官僚であった。彼女はブッシュが共和党を、ひいては国家を自分が嫌悪する方向へと導いていくのを慄然たる思いでながめていた。五年前、オコナーはブッシュをホワイトハウスへ送るための決定的な票を投じた。そしていま、心残りにも、彼に後任を決めさせるため、最高裁の自分の貴重な椅子をあけわたそうとしていた。

最後、階段の最上段には、あいかわらず同僚たちとはやや隔世の感があるジョン・ポール・スティーヴンズがいた。ジェラルド・R・フォード大統領によって指名された唯一の最高裁判事だが、その外見は一九七五年の指名当時からほとんど変わっていない。白髪に分厚いメガネ、トレードマークともいえる蝶ネクタイ。八十五歳になる彼は、最初から独自の道を歩み、最高裁が右寄りになると左に寄ったが、ほぼ独自の憲法観にそって歩んできた。同僚たちから一目置かれており、謎だらけとはいわないまでも、

Mark Wilson/Getty Images

2005年９月６日、最高裁の階段に並び、ウィリアム・H・レンクイストの棺を迎える判事たち。上段からジョン・ポール・スティーヴンズ（蝶ネクタイ着用)、サンドラ・デイ・オコナー、アントニン・スカリア、クラレンス・トーマス、ルース・ベイダー・ギンズバーグ、スティーヴン・ブライヤー。アンソニー・M・ケネディは中国、デイヴィッド・スーターはニューハンプシャー州にて不在。右上はアルツハイマー病を患うサンドラの夫ジョン・オコナー。

つねに孤高を保っている。

四十四の階段を行進する重圧は、棺を担う全員の顔にあらわれていたが、ひとりだけ例外がいた。レンクイストを最後にもう一度最高裁へ運び込む前日、ジョン・ロバーツはブッシュ大統領から彼の後任として長官に指名された。まだ五十歳。顔にはしわも刻まれておらず、落ち着いた面持ちだった。あらたな重圧がくわわったにもかかわらず、階段を一段一段のぼるその足どりは、とりわけ未来の同僚たちと比べると、ずっと力強く感じられた。


階段で執りおこなわれた儀式は、古い最高裁からあたらしい最高裁への転換を象徴していた。

これほど長い期間メンバーが固定していたあとでは、どんな変化でも重大なものであっただろうが、レンクイストとオコナーがほぼ同時に最高裁からいなくなることは、世代的にも、イデオロギー的にも、人事的にも、大きな変化を感じさせる事態であった。長い年月のあいだに、最高裁にたいする保守派の不満はどんどん膨らんでいった。とはいえ、最高裁はずっと、しかも圧倒的に共和党員で占められていた。一九九一年以来、共和党大統領指名者は七人もしくは八人で、民主党大統領指名者はわずかひとりもしくはふたり。にもかかわらず、共和党の中枢が右に動いても、最高裁はしだいにその反対に舵を切るようになった。保守派は大統領を選ぶことはできたが、最高裁を変えることはできなかった。

とりわけ三人の判事が、この反革命の動きを邪魔していた。ジョン・マーシャル・ハーラン二世やラーニド・ハンドといった司法中庸のアイコンとされる人物に影響を受けたスーター。彼はまたたく間に保守派から見限られた。ケネディは、歴史上の旅人たちがそうであるように、旅行を通じて考えを変えていき、その国際主義は結果として司法問題にたいするよりリベラルなアプローチとしてあらわれた。しかし、最高裁における法の体系を形作り、ひいては国家を形作ったのは、ほかでもないオコナーであった。

かつての陪席判事のなかで、オコナーほど完全なまでに時代を支配し、数々の重要な問題――妊娠中絶問題から差別解消積極措置《アファーマティヴ・アクション》*1、行政の戦時権限、大統領の選任に至るまで――にかんし、判決を左右する票を投じた者はほとんどいない。キャス・ギルバートの大理石の階段が、国会議事堂のうすよごれた世界から判事たちを守っていると信じる者もいるかもしれない。しかし、レンクイスト・コート、つまりブッシュ対ゴア判決をくだした最高裁は、間違いなくアメリカの政治の中枢に存在していた。

この時期の最高裁は、中絶をおこなう権利を守るいっぽうで、中絶手術にかんする規制は容認した。高等教育現場でのアファーマティヴ・アクションを認めつつも、限定的なものとした。死刑制度の継続を是認したが、執行にあたりあらたな規制も適用した。一連の裁判では、アメリカの市民生活における公共の場でのより自由な信仰表出を認めたいっぽうで、同性愛者の権利の理念については、数少ない裁判でおそるおそる容認して見せただけだった。

レンクイスト・コートの遺産であるこれらの判決は、オコナーに司法哲学と政治哲学の違いがほとんどなかったことに起因する。彼女にはアメリカの民意を聞き取る超人的な耳があった。そして多くの人々が望む、もしくはぎりぎり受け入れられる限界に接する判決をくだし続けた。中道主義や中庸という、ともすれば情熱を傾けがたいこの信条を、オコナーほど強い情熱を持って追い求めた者はいなかった。彼女ほど時代の法律に自らの印を刻みつけた判事はいなかった。しかし、キャス・ギルバートが造り上げた宮殿の不動の柱廊が垣間見せるのは、恒久不変の幻想にすぎない。オコナーの遺したものは計り知れないが、「五対四判決における決定票」という彼女の役割によるところが大きい。それはきわめて脆く、あらたな裁判によって改定されることもあれば、くつがえされることさえあるのだ。

その過程――二十年にわたり妨げられてきた「反革命運動」――がまさにいまはじまったのである。

*1 連邦政府から財政援助を受けている政府機関、自治体、学校や公共の用に供する施設において、人種、性別、年齢などにもとづく差別を撤廃する政策。

第1部

1　思想をめぐる連邦主義戦争

二十世紀中葉は長いこと、司法における保守的立場の意味すら明確ではなかった。だが、ロナルド・レーガン政権下では、突如として右派の裁判官や弁護士たちが意見を唱え、課題を提起しはじめる。そんな彼らの目標には、共和党保守派の政治的目標が色濃く反映されていた。

一九五三年から六九年までアメリカ連邦最高裁長官をつとめたアール・ウォーレンは、アメリカの法に長期かつ多大な影響をおよぼした。ドワイト・D・アイゼンハワー大統領が任命した、元カリフォルニア州知事である彼は、州が容認する人種差別に挑むことを課題の中心に据えていた。一九五四年のブラウン対教育委員会事件の判決で公教育における人種分離を禁じたのを皮切りに、九人の判事たちは十数年にわたり、ほぼ全員一致という形で政府の分離政策に圧力をかけていく。公民権におけるウォーレン・コートの裁判記録は、特に法曹界において、絶大なる道徳的権威を彼にあたえた。ウォーレンと同僚たち、とりわけ親しい友人で戦略家のウィリアム・J・ブレナン・ジュニアは、その判例をもちいて、数多くの分野でよりリベラルな方向へと法を推し進めた。言論の自由、刑事被疑者の権利、顕在化しつつあったプライバシーの問題など、ウォーレン・コートはアメリカの法を変容させたのである。

たしかに、抵抗もあった。だがウォーレン率いる最高裁の判決の多くは、またたく間にアメリカの法における恒久的な基盤となっていく。ニューヨーク・タイムズ対サリバン事件では、物議を醸した言論を掲載した新聞社を擁護した。ミランダ対アリゾナ州事件では、取り調べ中の刑事被疑者にたいするあらたなルールを確立した。グリズウォルド対コネチカット州事件では、プライバシーをより広範に解釈することによって、婚姻関係にある男女の避妊具を購入する権利を明言した――これらはすべて、人種問題にかんする多くの判決にくわえ、ウォーレン・コートの揺るぎない先例となった。

リチャード・M・ニクソンが大統領選を制したのは、一つに最高裁のリベラル化の抑制を公約にかかげたからであった。だが、三年間に四人の判事を指名するという好運に恵まれたものの、法そのものにはほとんど変化は見られずに終わる。最高裁は、ニクソンがウォーレン長官の後任として指名したウォーレン・E・バーガーの下、いくつかの点で、かつてないほどリベラルな方向へと進んでいった。スクールバス通学を認めたのも、言論の自由をサリバン判決から大幅に拡大させたのも、ニクソン大統領にウォーターゲート事件の録音テープの提出を命じたのも、また一時期、国内のすべての死刑執行を停止したのも、バーガー・コートである。いまでも司法におけるリベラリズムの象徴となっている中絶の権利を認めたロー対ウェード事件は、一九七三年に七対二で判決がくだされ、ニクソン指名の判事四人のうち三人（バーガー、ルイス・F・パウエル、ハリー・A・ブラックマン）が多数派にくわわり、唯一レンクイストだけが、ジョン・F・ケネディ大統領指名のバイロン・R・ホワイトとともに反対に回った。

一九五〇年代から七〇年代にかけてのこの時期、ホワイトやポッター・スチュワートといった最高裁の保守派判事は、リベラル派の同僚判事とそう異なる意見ではなかった。保守派は、警察官たちの仕事をあとから批判し、刑事上の有罪判決をくつがえすことには消極的で、過去の人種差別にたいする法的救済に歯止めをかけることに積極的で、政府の組織や運営方法においては公選の役職者にある程度従った。しかし、重大な法律問題にかんする闘争は終わりを告げ、リベラル派に軍配が上がっていた。彼らの勝利は、最高裁の判決にとどまらなかった。ウォーレン・コートは、法文化を、特にロースクールのそれを事実上一変していた。

一九八〇年、ロナルド・レーガンがジミー・カーターを破った日以降、イェール・ロースクールが喪に服したとしても驚くにあたらない。その日、スティーヴン・カラブレージが受講していた不法行為法の教授は、授業をせずに国内でなにが起きているかを話し合った。教室は戸惑いと落胆のムードにつつまれていた。教授は最後に、目の前に座る約九十人の一年生に挙手を求めた。カーターに投票したのは何人で、レーガンに投票したのは何人か。共和党を支持したのはカラブレージともうひとりの学生だけであった。

そんな内輪の調査からも、当時のロースクールの全体像が垣間見える。これらの公的機関の教授たちのほとんどがリベラルという、法曹界全体におよんだ変化のあらわれだった。ウォーレン・コートとバーガー・コートにおける左寄りの判決は当時すでに正統となっており、アファーマティヴ・アクションや中絶の権利といった判決を支持する者が教授陣のあいだで圧倒的だったのである。

とはいえ、ロースクールでさえも、国の政策を右傾化するという流れからまったく無縁ではなく、カラブレージのような少数の学生たちが、はじまったばかりの流れを持続させていこうと動き出した。彼はイェール大学時代のふたりの学友、シカゴ大学のロースクールに進学したリー・リーバーマンとデイヴィッド・マッキントッシュとともに、法的思考にもとづいて保守派の思想を議論し提唱する基盤となる組織を立ち上げることにした。彼らは自分たちの学問研究を知らしめるような組織名——「ルートヴィヒ・フォン・ミーゼス協会」「アレクサンダー・ビッケル協会」——をあれこれ検討した末に、より格調高い名前をつけた。「フェデラリスト協会」と呼ばれるそれは、一七八七年、憲法の批准を推進した初期アメリカの愛国者たちに由来していた。カラブレージはイェール・ロースクール教授陣から、指導者としてロバート・ボーク教授をあおぎ、リーバーマンとマッキントッシュもシカゴに支部を作り、最初の指導教授としてアントニン・スカリアを招き入れた。

　保守派の法曹団体を設立するには、まさに時宜を得ていた。それは選挙運動で共和党が優勢になったからだけではない。この時期、ロースクールではリベラリズムが優位にあったかもしれないが、知的原動力にはなっていなかった。一九六〇年代、イェール大学などのリベラル派の学者たちは、ウォーレン・コートの判決を知的側面から支える法律評論を著していた。だが一九八〇年代になるころには、カーター政権の数々の失敗により、従来の民主党員の多くが、法の実体から離れ「批判法学《クリティカル・リーガル・スタディーズ》」として知られる理論を提唱（あるいは非難）することに情熱を傾けるようになった。その熱心な信奉者たちは、イタリアのマルクス主義者アントニオ・グラムシや、フランスのポスト構造主義者ジャック・デリダといった思想家たちの研究を重点的に援用しながら、中立を原則とする法の考えや、さらにはより公正で公平な社会を実現しうるものという考えをも攻撃した。むしろ、法とは、おもに強者が弱者を抑圧する強力な手段とみなした。この批判法学は、その本質的な価値がなんであれ、ロースクールの外ではたいした意味を持たず、そこに見られる虚無主義や過激主義は、裁判官や立法者の活動とはほぼ無縁だった。いわば当時ロースクールは、保守派が反撃しやすい土壌が整っていたのである。

　そういうわけでフェデラリスト協会は、保守派の発展を象徴するものであると同時に、その推進役も担っていた。一九八二年には初の全国会議が催され、翌年までに大学の支部は十を超えた。そんな知的側面からの可能性を認め、ジョン・M・オリン財団やスケイフ財団のような保守派団体は、フェデラリストがワシントンに常駐オフィスを構えるための初期の重要な資金援助をおこなった。レーガン政権ではフェデラリスト協会のメンバーを職員として雇うようになり、当然のことながら、判事候補にも指名した。代表例はボークとスカリアである（ふたりとも、一九八二年にコロンビア特別区連邦控訴裁判所判事になり、カラブレージのほうは、ノースウエスタン大学の法学教授に転出した）。

一九八〇年代はじめにフェデラリスト協会を組織した若手メンバーは、従来の保守派たちのやり方をただまねようとしたのではない。旧世代は、進歩的なウォーレン・コートと節度ある戦闘をくりひろげ、「司法積極主義」より「司法消極主義」を標榜していた。ウォーレン・コートの判決にしばしば異議を唱えたスチュワートやジョン・マーシャル・ハーラン二世などに代表される旧保守派は、裁判官は民主的な政府部門を尊重すべきであり、制定された法律をくつがえすことや、政府当局の活動にたいする拒否権の行使は自制すべきというのが信念だった。しかし、新世代の保守派はもっと大胆な目標をかかげていた。実際、彼らは司法消極主義を有効だとは考えておらず、それまでとは異なる司法積極主義を体現していた。憲法がひどく誤った道を歩んで来たと信じ、最高裁に、本来あるべき秩序の回復を主導するよう堂々と要求したのである。

ロナルド・レーガンの大統領就任にともない、保守派の理念はいきなり有力なあたらしい後楯をワシントンに獲得した。レーガンは、連邦政府の縮小を公約にして当選し、社会保障の支出削減によってそれを実現することを提案していた。フェデラリスト協会員の多くは、おなじ目標に向けて法律上の方策を探っていた。さかのぼること一九〇五年、連邦最高裁はロックナー対ニューヨーク州事件で、パン職人の労働時間を規制する州法を、合衆国憲法第十四修正が保障する「権利」と「財産」の下、職人の契約の自由を侵害するものとして違憲とした。だが一九四〇年代には、ルーズヴェルト大統領指名の最高裁判事たちがそんな「ロックナー時代」を否定して、それから数十年間、連邦政府の権力範囲に憲法上の制約があるのではないかと正面きって指摘する者はひとりもいなかった。それがレーガン政権になって突然、連邦政府がそれまで示してきた見解と政策の多くは違憲なのではないかという疑問を口にする保守派があらわれ出した（一九八二年、フェデラリスト協会主催の二回目のイベントが催され、シカゴ大学のロースクール教授リチャード・エプスティンはイェール大学で、ロックナー対ニューヨーク州事件の判決を是認する演説をした)。レーガン大統領は、連邦議会は規制法を可決すべきでないとしていたが、フェデラリストらは、憲法の下、連邦議会はそうできないと主張した。

第二期レーガン政権の司法長官エドウィン・ミース三世は、ウォーレン時代とバーガー時代を批判する保守派の台頭にたいし、「起草者の意図《オリジナル・インテンション》の法学」を提唱してあたらしい枠組みを提供した。彼によれば、憲法の文言は、その起草者が意図したことしか意味しない。つまり、「原意主義者」の第一人者ロバート・ボークのいう、「自由についての憲法起草者の意図が、憲法の解釈によって導き出すことのできる唯一合法的な根拠」なのである。ボークいわく、言葉の意味は時代とともに進化するものではない。これは、近代において前例のない憲法のとらえ方だった。ウォーレン・コート以前でさえ、憲法の文言は、さまざまな要素を踏まえ、起草者の意図を超えて解釈されうるとほとんどの判事が考えていた。一九八五年には、原意主義者最大の敵ウィリアム・ブレナンが、「憲法の特質とは、すでに死んでしまった世界で持っていたような不変の意味にあるのではなく、現在の問題や必要性に立ち向かう、その偉大なる原則の順応性にある」と述べている。

起草者の意図にかんする議論の大部分は、結局のところ、合法化された妊娠中絶問題をめぐる法闘争に行きつく。女性が子どもを産む選択について、憲法起草者たちが、州の規制を禁じるつもりで文言を作成したと主張する者はいない。ボークやスカリアからすれば、最高裁が女性の選ぶ権利を保護すべきかどうかの議論はそれで終わりなのだ。女性の中絶する権利は憲法によって保護されると起草者が考えていなかったのならば、最高裁もそのような権利を決して容認するべきではない、というのである。ロー判決そのものにおいても、判事のハリー・ブラックマンは、憲法の文言から必然的にそう判断したわけではないことを認め、「憲法は、いかなるプライバシーの権利についても明文で規定していない」と書いている。だが、最高裁はそれまで、「個人のプライバシーの権利、いうなればプライバシーの一定世代がレーガン政権のあいだに最高裁につくがえさせようと取り組んだものであった。

の領域または範囲が憲法の下に確かに存在するということを認めていた」。ロー判決の解釈で飛躍したのは、ブラックマンの「このプライバシーの権利……は、妊娠を終わらせるか否かという、女性の選択の権利を十分包括しうるものである」という結論であった。そしてそれこそが、ワシントンの保守派新世代がレーガン政権のあいだに最高裁につくがえさせようと取り組んだものであった。

そんな若手弁護士のひとりが、サミュエル・A・アリート・ジュニアである。ロースクールを卒業してわずか六年目、一九八一年のレーガン政権発足後すぐに司法省スタッフとなった彼は、それから四年後、熱心な保守派法律家ならではの典型的なジレンマに突き当たる。ロー対ウェード事件の判決を最高裁にくつがえさせる最良の方法とは——一気にいけるか？　それとも少しずつ切り崩していくか？

一九八二年、ペンシルヴェニア州は妊娠中絶にかんする規制を強化した。そこには、妊婦は手術の危険について、事前に一連の詳しい説明をされなければ中絶手術を受けられないという条項がふくまれていた。連邦第三巡回区控訴裁判所は、プライバシーの権利とロー対ウェード判決に反するということで、そのあたらしい規定のほとんどを違憲とした。訟務長官（最高裁における大統領の主任弁護士）のスタッフにくわわったアリートは、控訴裁判所の判決を攻撃し、ペンシルヴェニア州法の合憲性を最高裁に認めさせる方法を模索するよう命じられる。当時、レーガン政権が異を唱えていたにもかかわらず、判事の大部分がロー判決の支持を明言していた。アリートにとっての問題は、そんな判事のかたくなさを前にどうすべきかということだった。一九八五年五月三十日付の上司にあてたメモに、「最高裁が近々ロー判決をくつがえすだろうとは、だれも本気で信じていません。しかし、最高裁が［ペンシルヴェニア事件を］再審理するのはよい兆しです」と書いた。さらに、「このような訴訟を取り上げていくなかで、最高裁は徐々に後退するかもしれません。この機会を利用して、ロー対ウェード判決を最終的にくつがえすという目標に近づき、それまでのあいだ、その影響を最小限にとどめておくためになにができるか」。アリートのメモは、ロー判決を攻撃する手をゆるめぬように提言して終わっている。「ロー対ウェード判決に反対だという立場を鮮明にすること、そしてその判決をくつがえすべきかどうか、もしそうならどの程度までという課題をふくむ案件を積極的に手がけることです」。同時に司法省は、ロー判決や最高裁がくだしたほかの中絶判決と矛盾しないものとして、ペンシルヴェニア州法の正当性を主張すべきであるとあった。

訟務長官はほぼアリートの提言にかなう訴訟を提起したが、そのソーンバーグ対アメリカ産婦人科婦人科学会事件は、レーガン政権の完敗に終わる。最高裁は、ブラックマン判事の痛烈でにべもない法廷意見でペンシルヴェニア州法を棄却し、「州は、妊婦の健康や生命の可能性を保護するという口実の下、女性に妊娠の継続を強要する権限を持たない」と宣言した。司法省を牛耳っている保守派活動家に向けた明白なメッセージにおいて、「本最高裁を一九七三年の判決に導いた憲法の原則は、妊娠を終わらせるか否かを決める女性の権利にかんして、憲法がおよぶ範囲を認識するさいの強力な根拠であることに変わりはない」と述べた。さらに言葉を重ねて、アール・ウォーレンのブラウン対教育委員会事件の法廷意見を引用し、「このような憲法の原則の永続性が、単にその原則に反対だという理由だけで放棄されるものでないことはいうまでもない」と続けた。ブラックマンにとって、ロー判決をめぐる闘いは、事実上、一世代前に最高裁が人種差別撤廃判決をくだしたときにぶつかった「熾烈な抵抗《マッシヴ・レジスタンス》」とおなじでしかなかった。

しかし、一九七三年のロー判決は判事七人の賛同を得ているのにたいし、一九八六年のソーンバーグ判決は、過半数ぎりぎりの五人。レーガン政権内部におけるこの判決の教訓——そして保守派が真剣に受け止めたもの——はあきらかであった。必要なのは巧みな論法ではない、あたらしい判事なのである。

レーガン本人にとっては、司法省のくり出す法理論はほとんどどうでもいいことであった。妊娠中絶合法化に反対していると一貫して報じられてはいたが、その問題にも、妊娠中絶に反対する訴訟をやっきになって擁護する者たちにも、あきらかに違和感を覚えていた。そのため、政権第一期早々、ポッター・スチュワート判事の予想外の辞任を受けたときの最初の行動は、イデオロギーよりも政治に傾いていた。最高裁初の女性判事の指名という選挙公約を果たすことを最優先に据え、その中絶問題にかんする明確な立場はあきらかに二の次にしていた。共和党員の女性判事という乏しい人材のなかを探し回ったレーガンは、一九八一年、まったく無名のサンドラ・デイ・オコナーを指名した。福音派の共和党員は、オコナーの妊娠中絶にたいする見解が不明だったため、彼女を敵対者とみなしていた。モラル・マジョリティ（保守的キリスト教徒の政治団体）の当時のリーダーで、レーガンの選挙運動で重要な役割を果たしたジェリー・ファルウェルは、「善良なるキリスト教徒」であれば、オコナーに危惧を抱いて当然であると述べた。だがこの時点では、ファルウェルや彼の仲間たちはまだ共和党を牛耳るには至っておらず、まして政権への影響力はずっと低かったため、レーガンは彼らの訴えを無視した。そしてご多分にもれず、オコナーは、ソーンバーグ事件のような最初にかかわった中絶案件では慎重に規制を支持していたものの、間違ってもロー判決を完全にくつがえすとは明言しなかった。

レーガンの再選で政権の保守強硬派は勢いづいた。とりわけ判事の人選となるとそれが顕著であった。これは、第一期レーガン政権の司法長官である穏和な企業弁護士ウィリアム・フレンチ・スミスの後任として、ミースが司法長官に就任したことが大きく影響していた。彼は最優先課題として最高裁の変革をあげていた。ほどなくして彼にその機会が訪れる。一九八六年、ソーンバーグ判決がくだされてから数日後、バーガーが長官辞任を表明したのである。レーガンが最初に動かす駒はだれの目にもあきらかだった。最高裁判事を十四年つとめるウィリアム・レンクイストは、たびたび単独で反対意見を述べる立場から、最高裁で優勢な保守派のリーダーへと成長していた。まだ六十一歳で、同僚からも慕われている。バーガーの後任として申し分なかった。だが、そうなるといったいだれをレンクイストの後任に据えればいいのか？

ミースが検討したのはふたりだけ、スカリアとボークである。両名とも近くのコロンビア特別区連邦控訴裁判所でじっと指名を待ち構えていた。どちらも真の保守派で、フェデラリスト協会の若手法律家たちがハーランやスチュワートなどの穏健な保守派を指していうような「軟弱者」ではない。ボークは知的立場から原意主義を事実上提唱した人物で、最高裁が過去二十年にくだしてきた画期的な判決——筆頭はもちろんロー対ウェード事件——のほぼすべてに声高に異議を唱えるスポークスマンだった。彼よりも九歳若いスカリアは、学歴的にはそれほど目立ってなくとも、イデオロギー的にはボークとほぼおなじであった。しかし彼の場合、その粗野な魅力がレーガンの気に入り、最高裁初のイタリア系アメリカ人判事という事実もまた彼にとって好ましいものであった。上院で少数派の民主党は、レンクイストの長官就任を阻止することに全力を注ぐことにし、スカリアをあっさり認めた。彼は満場一致で承認され、レンクイストもまた、結局は六十五対三十三で勝利を収めた。それと同時にボークは、次に空きができたときの指名をほぼ確実のものとした。

それから一年も経たない一九八七年六月二十六日、ルイス・パウエルが引退を表明し、レーガンは直後に後任としてボークを指名した。しかし、上院もふくめ情勢は一変しており、いまでは民主党が上院多数派であった。レーガンの人気も、一九八六年末にあかるみに出たイラン・コントラ事件[*1]の影響で衰えを見せていた。新判事をめぐる攻防の妨げになる、レンクイストの指名のようなものもない。さらに今回の判事席は、確固たる保守派票を担っていたバーガーの席ではなく、在任期間中どちらの党派にもついて、ソーンバーグ判決やそのほかの妊娠中絶をめぐる訴訟で多数派の五人目となったパウエル判事のものである。ボーク本人は、もじゃもじゃのひげを生やした頑固なインテリで、人種的背景もなければ宗教的政治基盤もない。まさに民主党員にとって格好の標的だった。

*1　米国国家安全保障会議がイランに武器を売却し、その収益でニカラグア右派ゲリラのコントラを支援していた。

ボークの指名をめぐる攻防が示す最たるものは、ミースと同志たちが、新保守派の課題を内部にはうまく納得させたが、国全体を納得させるには至らなかったという事実である。実際、ウォーレン・コートの多くの先例――ボークが攻撃し続けてきたもの――は人々の支持を得ており、それゆえに上院でもおなじであった。一九八七年には、ミランダ警告[*1]は、テレビの刑事ドラマでくりかえし放送されていたことだけが理由ではなく、文化にしっかり根づいていた。「プライバシー」という言葉は憲法に明記されてはいなかったかもしれないが、その権利にたいするボークの批判――および避妊具の販売を禁止するコネチカット州法の擁護――は、現代では極端に聞こえた。

とりわけ人種的平等は、アファーマティヴ・アクションといわないまでも、アメリカの原則の基盤となっており、公民権運動時代、ボークはあきらかに誤った側を支持していた。彼は一九六三年、『ニュー・リパブリック』誌に制定前の公民基本権法を激しく批判する悪名高い論文を寄稿。白人の床屋に黒人の客を受け入れるよう強制することは、「比類のないおぞましい原則」の象徴だと述べた。プライバシーや妊娠中絶問題についての彼の主張にも増して、人種問題にかんする過去こそが、彼の指名を運命づけることとなった。上院の反対勢力となったのは、アラバマ州のハウエル・ヘフリン議員のような南部の穏健派民主党員である。じつのところ彼らは、ボークの文化的保守主義に共感を寄せていた。しかし、彼らは黒人の圧倒的な支持によって議員に選出されていて、公平であろうがなかろうが、人種差別と取られるような見解を甘受することはなかった。結局ボークは、五十八対四十二で指名を否決された。

ボークへの攻撃に立腹し、レーガン大統領は上院が「ボーク判事に劣らず反対する」であろう人物を代わりに指名すると宣言した。こうしてミースと同志たちは、より保守的な可能性のある、ずっと若い人物を上院に送り込む。レーガンがコロンビア特別区連邦控訴裁判所に指名したばかりのダグラス・H・ギンズバーグである。しかしギンズバーグの指名は、悲喜劇的な数日間であっさり崩れ去る。法と秩序を重視する判事が、ハーバード・ロースクールの教授時代にマリファナを吸っていたことが暴露されたのだった。

ここにきて、ハワード・ベイカーが候補者選びにくわわった。元上院議員で、イラン・コントラ事件があかるみに出たあと、ホワイトハウスの足場を固めるために大統領首席補佐官として招かれた人物である。ベイカーは、司法省のミース率いるイデオロギーの革新にほとんど関心がなかった。昔ながらの保守派で、自分の型にそった、司法消極主義者を判事に望んでいた。たびかさなる失敗でぐらつくホワイトハウスを前に、承認が得られる人物でありさえすればいい――保守派であるのは当然だが、ミースや熱心な改革信奉者たちが歓迎する人物である必要はない。白羽の矢が立ったのはアンソニー・M・ケネディ、サクラメント出身の思慮深くまじめな連邦第九巡回区控訴裁判所判事である。彼の承認は速やかに可決された。


ジョージ・H・W・ブッシュ（父）大統領は、古い共和党からあたらしい共和党への移行を体現した人物である。彼の父はカントリークラブの名士タイプの共和党員で、慎重かつ企業寄りのコネチカット州上院議員だった。しかし、一九八八年に彼が第四十一代大統領に選ばれたときには、共和党内でますます勢いづいていた福音派と強硬な保守派の支援が不可欠だった。レーガン政権時代は、ジェリー・ファルウエルやパット・ロバートソン（キリスト教テレビ伝道師、キリスト教保守派の指導者）、ややあってジェームズ・C・ドブソン（福音派キリスト教徒の作家、心理学者）といった人物たちは、ホワイトハウスに耳を傾けてもらえるだけで満足していたが、ブッシュの時代になると、それ以上のものを要求しはじめた。彼らにとっての最大の課題、とりわけ妊娠中絶問題は、最高裁で判決がくだされる。彼らが要求したもの、それは自分たちの判事であった。

ブッシュは、最高裁やほかの多くのことにかんし、極端な保守主義者の要求をうまくかわそうとしていた。最初こそ彼らの支持を得るため、ロー対ウェード判決に反対することもふくめ、新保守派の正統

＊1　尋問に先立ってなされる警告。取調べにかんして被疑者の権利を確定したミランダ対アリゾナ州判決に由来する。

たちに忠誠を誓っていたが、その大義に従う気がないのはあきらかだった。そのため一九九〇年七月のブレナンの辞任は、ブッシュにとって好機というより頭痛の種でしかなかった。共産主義の急激な衰退で頭がいっぱいで、最高裁の人事で――特に彼個人としてはどうでもいい問題で――上院民主党と闘おうという気が起こらなかったのである。ヤンキー的貴族政治主義者のブッシュは、大統領顧問のC・ボイデン・グレイや司法長官のリチャード・ソーンバーグ（一九八六年の妊娠中絶訴訟のときに、ペンシルヴェニア州知事として被告だった人物）といった自分とおなじタイプでまわりを固めていた。

はじめての最高裁指名でもブッシュは、さらにもうひとり、自分と似た経歴と気質を有する人物を選んだ――デイヴィッド・H・スーターである。スーターは、実質的にニューハンプシャー州政府でしか働いた経験がなく、表立って世間に名前が出たことはなかった（サーグッド・マーシャルは、引退前の気むずかしい時期にあったが、いまだに多くの声を代弁し、このニュースに接して「聞いたこともない名前だ」とくりかえした）。大統領首席補佐官ジョン・スヌヌは、指名は保守派の「大逆転」になると彼らに請け合ったが、穏やかに進むスーターの承認審理からは、逆の結果が予想された。ブッシュが対立的な人選をしなかったことに安堵した民主党員は、ほとんど異議を唱えず、スーターは九十対九で承認された。

スーターのくだす判決が、スヌヌの（公言した）予想の誤りを証明する前から、保守派は指名に烈火のごとく怒り、次の指名にたいして要求を突きつけていた。スヌヌは、大統領は次の空席に、「大論争を巻き起こす、市民を巻き込む殴り合いの闘争」になるほどの保守派を指名するだろうと断言した。そんな経緯のなか一年後にあらわれたのがクラレンス・トーマスであった。

一九九一年六月二十七日、ブレナンの辞任からおよそ一年後、マーシャルが辞任した。今度ばかりは保守派は、自分たちの推す判事を任命するようブッシュに迫った。この時期、すでにブレナンが去り、マーシャルが唯一最高裁に残る強硬なリベラル派であった。政敵からすれば彼の椅子はきわめて重要である。なぜなら、一九八六年のソーンバーグ判決の多数派判事はブラックマンとスティーヴンズのふたりしか残っておらず、他の三人の後任すべてが、ロー対ウェード判決に公然と反対する大統領による指名ということになるからだ。判決は、くつがえされたも同然だった。

当然のごとく、トーマスの承認のための審理は、告発の中傷合戦となり、トーマスと元部下アニタ・ヒルへのセクハラをめぐる応酬となった。しかしその余興は、トーマス指名について、より重大な事実をおおい隠すものとなった。トーマスが上院議員の質問に異常に寡黙だったとはいえ、四十三歳の彼が、フェデラリスト協会の全課題といえるものを信条としているのは容易に推測できた――それは、判事は憲法起草者の意図にそって憲法を解釈すべきであり、連邦議会は行政権を侵害し、憲法違反となる法律をたびたび承認してきており、そんなリベラルな法の金科玉条――ミランダ判決からロー判決まで――はくつがえすべき、とするものである。

保守派が勝利を収めた領域とスピードには目を見張るものがある。およそ十年のあいだに、知識層の周縁にあったにすぎない思想を、最高裁での絶対的多数派という形にまで高めたのである。一九九一年十月十五日に五十二対四十八で可決されたトーマスの承認により、共和党大統領が九人の判事中八人を指名したことになった。唯一の民主党員であるバイロン・ホワイト判事はといえば、同僚たちよりずっと保守的な、ロー判決の強固な反対者である。レンクイスト、オコナー、スカリア、ケネディ、スーター、そしてトーマスが名を連ねたいま、保守派が負けることなどありうるだろうか？

2　善と悪

選挙により、行政府と立法府には交替という儀式が課される。しかし司法機関、特に最高裁はその影響を受けることなく未来へ続いていく。十月の第一月曜日[*1]に緋色のカーテンのうしろから入場して席に着く判事たちは、たいてい前年とおなじ顔ぶれで、翌年十月もやはりそこに座っている可能性が高い。最高裁の特徴は変化よりも継続性にあるのだ。とはいえ、静まり返った最高裁の廊下があらたな局面を迎えるという予感で満ちあふれるときもある。一九九一年秋がまさにそうだった。

最高裁での変化の予兆は、イデオロギー的な面だけでなく、顔ぶれもそうだった。最高裁の歴史において、四人の判事が存命中のまま引退するのはきわめてめずらしい。ウォーレン・E・バーガー、ルイス・F・パウエル、ウィリアム・J・ブレナン・ジュニア、サーグッド・マーシャルは引退後も時折最高裁に顔を出していた。まさにそれまでの最高裁の歴史の一掃と、過去への仮借ない撤退を体現した面々である。

白髪の前長官バーガーは、一九八六年に引退してからもあいかわらず同僚判事たちの頭痛の種だった。憲法制定二百年記念委員会を指揮するために最高裁を去り、おそらくはつねに法学にたいする関心よりも強かった派手好みを加速させた（一九八七年におこなわれたその祝典は、世間はおろか法曹界においてもほとんど無視された）。なお悪いことに、彼の官僚的な特権志向のせいで、ユニオン駅そばの寂しい一角に巨大な連邦司法センターが建設されることになっていた。従来、最高裁判事は引退後も最高裁判所内の執務室を使っていたが、連邦司法センター建設のあいまいな理由の一つが、「引退した判事のためのあたらしい居場所ができる」というものだった。いかにもバーガーらしく、彼は判事たちにキャス・ギルバート設計のみごとな建物から立ち退きたいかどうか直接確かめることはしなかった。そんなことはだれも望んではいなかった。

ヴァージニア州の紳士で中道派のパウエルは、多くの重要な事件で判決の行方を左右した人物で、依然として人望があり、ある意味影響力も残っていた。引退前の一九八六年には、バウワーズ対ハードウィック事件（同性愛者の合意による性行為を有罪とするジョージア州法を合憲と認めた）の決定票を投じている。バイロン・R・ホワイトによる法廷意見は、同性愛者の性行為が憲法で保護されるという考えそのものをにべもなく否定したものであった。ところが一九九〇年、パウエルはあるロースクールでの講演で、自分がこの事件で多数派にくわわったのは「おそらく間違いだった」と語った。この発言を受けて、バウワーズ判決をめぐる論争はさらに続いた。お気に入りの弟子オコナーも、判決でおなじように投票したことに疑問を持っているかもしれないことがうかがわれた。

バーガーとパウエルの場合、最高裁を訪れてもさほど注目されなかったが、ブレナンがあらわれるといつも人だかりができた。最高裁の歴史を見れば長年判事をつとめた例は多いものの、三十年在職したとしても、大きな業績を残す保証はない。ジェームズ・M・ウェイン（在任三十二年）、サミュエル・ネルソン（同二十七年）、ロバート・グリアー（同二十四年）といった判事は、在任期間が長くとも無

＊1　最高裁の公式開廷期は、十月の第一月曜日からその期間の業務が終わるまで。通常は翌年の六月末から七月となる。

名のままでありえるという証明であろう。しかし、ブレナン判事在任の三十四年間は、最高裁史上もっとも重要な期間にあげられる。ベイカー対カー事件の判決における彼の意見は「一人一票」の原則につながった。ニューヨーク・タイムズ対サリバン事件の判決は、名誉毀損《きそん》の原則を変え、アメリカ合衆国憲法第一修正の出版の自由にまで拡大した。アイゼンスタット対ベアード事件の彼の意見は、ロー対ウェード判決をほぼ決定づけた。しかしブレナンは、重要な判決で意見を書く以上に、最高裁の票を数え上げる役割を有していた。はじめは親友アール・ウォーレンとともに、やがて、衰えてはいったが、依然として影響力の強いリベラル派リーダーとして。

ブレナンは引退してからも影響力を持ち続けた。それは、彼が書いた意見の多くが最高裁の先例になっていたからだけではない。彼は、自分の後任として最高裁判事となったデイヴィッド・スーターと特に結びつきを強めていった。一九九七年、ブレナンの葬儀でスーターはこう語っている。「判事の執務室をのぞくと、こちらを見て『ねえきみ。寄っていきなさいよ』と声をかけてくれました。話をして執務室を出るときも、友だちにたいするように『きみ』と呼んでくれました。握手も、ただの握手ではなく、両手でわたしの手をぎゅっとにぎって、まっすぐわたしの目を見て、名前をあらためて呼んでくれたものです。久しぶりに会ったときは、わたしを強く抱きしめ、会えなくて寂しかったことを伝えてくれました……。二、三の事例を明かしてくれることもあり、それはあきらかに不適切でしたが、わたしが聞きたがっていると思ったのでしょう。わたしが前に書いた平凡な意見を持ち出し、『たいへんよい意見というだけでなく、じつにすぐれた意見だよ。いや、すぐれているというだけではない。判事がまさに模範とすべきものだな』とほめてくれたこともあります。ブレナン判事の話を聞いているうちに、判事のいうことは正しいのではないか、と思うようになったのです」。ブレナンと過ごした七年間が、若き判事のキャリアに痕跡をとどめた。

引退してから一番姿を見せなかったのがサーグッド・マーシャルであった。かりに判事にならなかったとしても、彼はアメリカ史に必ず名を残したであろう。その点ではウォーレン以来、最高裁で唯一の判事だった。彼は、全米黒人地位向上協会（ＮＡＡＣＰ）のリーガル・ディフェンス・アンド・エデュケーション・ファンズが分離政策を激しく攻撃するさいの立役者として、一九五四年のブラウン対教育委員会事件をはじめ、一九四〇年代、五〇年代の公民権運動史における多くの画期的事件で勝利を収めた。リンドン・ジョンソンによって一九六七年、最高裁判事に指名されたが、在職期間中幸せだったとはいえなかった。大事にしていた原則や理念はそのあいだ、下降線をたどっていた。晩年は病魔と闘いながら、民主党大統領が誕生して後継を指名する日までポストにしがみつくつもりだった。「もしわたしが死んでも、起こして立たせといてくれ！」とロークラークたちに指示していた。

そういうわけで、一九九一年、マーシャルが八十三歳になる一週間前に辞任したことは意外だった。辞任の翌日、気のおけないスタイルの記者会見で、「もう年だし、いろいろくたびれてきたからね」と彼はいった。椅子にどさっと腰をおろし、姿勢に締まりがなかった。後任に、ジョージ・Ｈ・Ｗ・ブッシュ大統領がやはりマイノリティの判事を指名する義務があると思うかと訊かれると、「後任人事が駆け引きの道具になるべきではないと思う。どちらにしても、口実に使われるべきではないね」と答えた。「なんの口実ですか？」記者がすかさず尋ねた。マーシャルの回答は、下馬評にあがっている後継者候補を指しているようだった。「ろくでもないことをする口実だよ。適任ではない黒人を指名する口実……。父が昔、話してくれた……白かろうと黒かろうと、蛇はおなじだと。どっちも咬《か》むことに変わりはない」

現職の最高裁判事は、新任判事の承認手続きにいっさいかかわってはならない、という不文律がある。指名を受けた候補者は承認前に出しゃばって最高裁と接触を持つことはないし、現職判事も将来の同僚についてはたとえ私的な場でもコメントを控える。そういうわけで、はじまりは一九九一年九月十日に開始されたクラレンス・トーマスの指名承認公聴会だった。

トーマスが指名されることはまず間違いないと思われていた。一年前にコロンビア特別区連邦控訴裁判所判事に指名され、当時からマーシャル判事の後任になるのではとさかんに議論されていた。ブッシュ率いる共和党が直面するジレンマはあきらかだった。マーシャルが辞めても、最高裁判事を全員白人にはできない。いっぽう、後任には、真の保守派である人物を選ぶ必要がある。両方の資格を満たす妥当な候補者といえば、クラレンス・トーマスしかいなかった。

一九九一年七月一日、ジョージ・H・W・ブッシュ大統領は、休暇先のメイン州ケネバンクポートでの記者会見で、トーマスを指名する旨を明言した。そもそもこの選択は最初からあつかいにくいものだった。「彼が黒人でマイノリティであるという事実は、今回の指名とは関係ありません。もっとも適任なので指名を決めました」とブッシュはいった。この説明はあきらかに不自然である。トーマスは判事としてまだたった一年しか仕事をしていない。しかも従来なら、法曹家として際立った活躍をしてはじめて最高裁判事候補になるものなのに、彼の場合はそれもない。たとえば、彼には最高裁はもとより連邦控訴裁判所でも口頭弁論に立った経験が一度もなかった。著書や署名記事もない。重要な事件の訴訟事件摘要書すらない。さらに悪いことには、ブッシュの推薦の言葉のおかげで、承認公聴会のみならず、判事在任中ずっとトーマスを悩ます問題が浮上した。その当時の共和党が全体的にそうだったように、ブッシュもトーマスも、黒人だから優遇するというやり方に反対していた――なのにブッシュがトーマスを選んだ大きな理由は、トーマスが黒人だからだ。この矛盾はあとあとまでわだかまりを残すことになる。

とはいえ、トーマスにはもちろん称賛すべきところもたくさんあった。承認公聴会もはじめのうちはそれを証明していた。トーマスの証言は自分の身の上話からはじまったが、それはどこから見ても非凡だった。ジョージア州ピンポイントで育ち、家は貧しかった。父はなく、母はメイドとして週給十ドルで働いていた。母の給料だけではどうしようもなく、ふたりの子どもは祖父母のもとで生活しなければならなかった。「年端もいかない男の子がふたり、所持品全部をスーパーの袋に入れて持ち歩いているのを想像してみてください」。彼は必死で勉強して、ホーリー・クロス・カレッジからイェール・ロースクールに進み、レーガン政権下で連邦政府の官僚として着々とキャリアを積んで出世街道を歩んできた。

問題が浮上したのは、トーマスが質問に答えはじめたときである。四年前、ロバート・ボークが最高裁判事の指名を否決されたのは、きわめて保守的な確固とした司法哲学をつつみ隠さず、事細かに説明したからだった。そのため、指名された者は、法的な問題の多くについて自分の実質的な立場を述べるのは避けたほうが賢明だ、と考えられるようになっていた。しかしトーマスは極端過ぎた。無表情にぎこちなく答える姿は、意見を言葉にしたくないのではなく、意見そのものがないような印象をあたえてしまった。上院議員パトリック・レーヒーとのやりとりでは、ロー対ウェード判決については議論したことすらない、という恥ずべき答弁もあった。

とはいえ、組織だった反対意見もほとんどなく、承認されるのは確実かと思われた。九月二十七日の金曜日、司法委員会は七対七に割れていた。熱い支持にはほど遠いが、それでもこのまま上院本会議に進み、投票にかけられるはずだった。承認されない可能性などほとんど考えられなかった。

その後、十月六日の日曜日、アニタ・ヒルという名前がマスコミに登場したことで、残りのトーマスの承認公聴会は、全米を巻き込む下劣なスキャンダル劇場と化した。ヒルははじめ教育省で、のちに雇用機会均等委員会でトーマスの助手をつとめた若手弁護士である。トーマスの下にいたあいだ、「上司が何度も嫌らしいことをいったり、誘ってきたりするのよ」と友人たちに告白していた。さらにトーマスの承認公聴会を控えた夏、そのなかの数人に、トーマスについて知っていることを話したほうがいいかと相談している。こうしたやりとりを通じて、ヒルの名前が司法委員会の民主党職員の耳に入り、記者の知るところとなった。ヒルの名前が公になると、司法委員会は彼女を呼んで公的な場で話をさせるべきだと判断した。

十月十一日の金曜日、現実とは思えない七時間の公聴会でヒルが証言したことは、あっという間にアメリカ全土にひろまった。彼女の証言では、トーマスは自分の性器が大きいとか、オーラルセックスが上手だとか、ロング・ドング・シルバー（巨大な性器で知られるポルノ男優）が出ているポルノ映画がどうとか話したという。とりわけ「珍妙な逸話の一つ」は、トーマスが事務所で炭酸飲料の缶を見ながら「だれがわたしのコーラにあそこの毛を入れたんだ?」というものだ。同夜遅く、直接対決としてのちにやはり有名となる長い長いヒルの証言が終わってから、トーマスは公聴室にもどった。ヒルの主張をことごとく打ち消し、「生意気な黒人をつぶそうとするハイテクなリンチだ」と逆に批判した。セクハラは否定したが、それ以外はヒルとの関係についても、私生活についても質問にいっさい答えなかった。

公聴会は週末まで続いた。国中の人たちがこの様子を見つめていた。共和党上院議員はヒルを「色情狂」で大うそつき、『エクソシスト』を読んで証言をでっち上げたのだと非難した。双方の主張を裏づける証言も出て、公聴会は十月十四日の月曜日の午前二時三分になっても終わらなかった。上院本会議で予定していた投票時間まで、四十八時間を切っていた。

いっぽう、最高裁では、ひとにぎりのロークラークが、二階の判事執務室にところどころ置かれた数台のテレビで、この様子を断片的に見ていたにすぎない。だが最高裁がファーストストリートの向こう側でくりひろげられている騒々しい見世物を無視したのは、慣習からだけではなかった。最高裁のメンバーにとっては、もっと重要でもっと心の痛むニュースがあった。長官夫人、ナタリー・レンクイストが危篤状態にあったのである。

一九八六年、長官になったレンクイストには大きな利点があった。ウォーレン・バーガーとは違う、ということだ。

バーガーは、長官をつとめた十七年間で、すべての同僚判事とのあいだに溝を作ってしまっていた。もっとも溝が深かったのは意外にもハリー・ブラックマンだった。これほど仲のよい友人どうしがいっしょに最高裁判事をつとめた例はかつてなかった。ふたりはミネソタ州セントポールのおなじ幼稚園に通い、ともに成長した。一九三三年のバーガーの結婚式ではブラックマンが花婿の付添人をしたほどだ。バーガーのほうがアイゼンハワー政権の司法省で重職につき、先に国政の場で知られるようになった。彼は、まず自分が、次にブラックマンが連邦控訴裁判所判事に指名されるよう巧妙に働きかけた。バーガーは一九六九年、最高裁長官に指名され、一年後、最高裁判事のポストが空き、クレメント・ヘインズワースとG・ハロルド・カーズウェルの指名が否決されると、ブラックマンを指名するようニクソン大統領に根回しした。当初、ふたりは最高裁で「ミネソタの双子」と呼ばれるほど親密だった。

ところがふたりの関係はすぐにうまくいかなくなった。ふたりのずれは、一つには単にイデオロギー上の問題で、ブラックマンが左派のブレナンやマーシャルに近づいたことにある。だが、より大きな問題はバーガーの最高裁の進め方にあり、ブラックマンはじめ同僚判事は腹立ちを抑えきれなくなっていた。長官のおもな任務は、会期中、毎週金曜日開催の会議の議長をつとめることだった。この長官会議室で開かれる秘密会議で、九人の判事は口頭弁論を踏まえて事件について意見を出し合い、票を投じる。長官が多数派の場合、法廷意見を書く判事を決めるのは長官である。そうでない場合は多数派の上席判事が指名する。

問題は、バーガーが会議を仕切れないことのように思われた。的を外れた議論があちこちに飛び、結論が出ないまま終わる。判事たちは、バーガーが意見を割り当てるために投票を変えたり、自分が多数派でない判決でも法廷意見を書く判事を指名しようとすることがあると感じていた（当時上席判事だったウィリアム・O・ダグラスは、ロー対ウェード事件の法廷意見をブラックマンに書かせるためにバーガーはそうしたと思っていた)。一九五八年にアイゼンハワーに指名されたポッター・スチュワートは、バーガーに不満を募らせ、前例のないやり方で報復しようとした。ウォーターゲート事件を暴いて有名になったばかりのボブ・ウッドワードからの誘いに応じ、「バーガー・コートにたいして長期的かつ広範な調査に協力する」と明言したのだ。スチュワートのインタビューをもとに、ウッドワードとスコット・アームストロングが執筆したのが一九七九年に刊行された『ブレザレン』である。同書はそれまで公にされなかった内幕の詳細を鮮やかに暴き出した。ここでバーガーは、高慢で病的なほど自己中心的な小物に描かれている(スチュワートは一九八一年、六十六歳という異例の若さで辞任し、その席をオコナーにあけわたした)。

レンクイストはバーガーのことで悩みを公にすることはなかったが、やはりはらわたが煮えくり返っていた。バーガー時代は、法廷意見がなかなか出てこない。まったく出ないことすらあり、そうなると事件はそれから数年「審議先延ばし」になるか、あるいは再議論せざるをえなかった。ルイス・パウエルが病気で休んでいたとき、レンクイストは手紙を出してバーガーにたいするいらだちをぶつけた。六十四歳で最高裁判事になったパウエルは、判事全員にとって兄のような存在であり、レンクイストは安心して本音を打ち明けたり気の向くままに話すことができた。

「[バーガー長官は]話すことがないのに発言を続けようとして、そういうときは長演説で議事妨害する南部の上院議員そっくりに思えます。長官にしてもビル・ブレナンにしても、あらかじめ発言内容を書き出した原稿を一語一句読み上げるのは勘弁してほしいものです。ビル・ブレナンは周到とはいえ、面白くもないレシピを長々と読み上げているような感じがします。そうすると、ハリー・ブラックマンがそれぞれの事件で『気になる』おかしな点を二、三見つけ出すというわけです。事件の実体にはどうでもいいことなんですけどね。くわえてジョン・スティーヴンズが述べるのです、今日もいつものように、各事件について強く思うところがあって、じつに不思議なことに、どの事件についてもみんなの満足のいく解決策を見つけ出しました、と。ええ、もちろん会議でのわたしの議論はいつものごとくその場にふさわしいもので、調査も万全、説得力もあり、的を射ていました！」レンクイストはこう書いている。

したがって、八六年に長官になったレンクイストにとって、バーガーは「どうしたら会議が進まないか」を教えてくれる、まさに反面教師だった。レンクイストはバーガーと違うやり方で、つまり自ら範を示して会議をリードしていった。まず事件を簡潔に要約し、結果について自分の意見を述べてから、年次順にひとわたりする（従来は年次順に意見を述べ、そのあと経験の浅いメンバーから順に投票した。レンクイストは時間の無駄だと考え、この二段階を一つにまとめた）。

判事はみなレンクイストの手本に倣った。コメントは短くなり、決議はより明確になった。全員が発言し終える前にひとりだけ二度発言するようなこともなくなった。やがてこの会議の短さが最高裁の仕組みに予想外の大きな影響をあたえるのだが、当座はだれもがこの効率的なやり方に満足していた。

意見の割り当て方も変わった。長官は重要事件をお気に入りの判事（あるいは自分自身）に割り当てることで権力を行使するものだが、レンクイストはできるだけ公平なシステムにした。前回割り当てられた事件が終わらないうちは、次の事件を割り当てない。会議での発言回数とおなじく、判事に割り当てられる事件の数も均等であった。自分の意見が少数派の場合、割り当てに口出しすることもなかった。最高裁のメンバーはリベラルも保守もみな、こうした変化を歓迎した。

バーガー・コートの特徴の一つは、判決をくだす事件の数が年々右肩上がりに増えたことである。提訴の数も増えたが、判事たちが受理する事件の数はそれ以上のスピードで増えていた。一九八〇年代半ばになると、一年に審理する事件の数は一九五〇年代の倍、一五〇件にものぼった。混沌として結論が見えない会議とおなじく、訴訟がどんどん増え続けたことで最高裁の雰囲気も混沌としてきた。毎年、多忙な会期末になってもバーガーは、多数派意見に合意する五人の判事を囲い込めずにいることが多かった。分裂した判事たちは結局、目の前の問題に判決をくだすこともできず、よって同様の問題に取り組む下位裁判所に指針を示すこともできなかった。基礎的なレベルで、最高裁は十分機能を果たしていなかったのである。

判事はほとんど自分たちで日程を管理していた。単に、裁量上訴を受理するか拒否するかで、審理する事件の数を決めることができた（裁量上訴を受理するには最低四人の同意が必要となる）。たまたま、ホワイトとブラックマンは裁量上訴の手続きについて、ほかの判事と考えが異なっていた。ホワイトの考えでは、ある問題について二つの巡回控訴裁判所が少しでも異なった見解を示しているならば、裁量上訴を受理する必要がある。いっぽうほかの判事は、見解の相違が著しい場合にのみあつかうべきだと考えた。またブラックマンは、裁量上訴の拒否は本案判決とおなじであるとし、下位の裁判所の判決と意見が異なる場合は必ず受理しようとした。ホワイトとブラックマンのやり方にほかの判事たちのさまざまな判断をくわえると、審理する事件の数は収拾不可能なほど膨れ上がる。

バーガーが辞任するころ、判事全員が事件の数を減らしたいと思っていた。しかし、上訴案件にたいして判事が独自の見解を主張する機会を確保しつつ、事件の数を減らすにはどうしたらいいだろうか。あまり注目されなかったが、レンクイストは一つの解決策を見出した。判事全員が減らしたいと思っているのはいわゆる強制上訴である。ほとんど目立たない分野ではあるが、いくつかの連邦法は最高裁によって審理される絶対的な権利を当事者にあたえている。こうした事件は毎年十数件にのぼり、おかげで最高裁はあまり重要でない問題に時間を取られていた。そこでレンクイストは議会に働きかけ、法律の改正にこぎつけた。政府や議会に通じていなければできない芸当である。バーガーはワシントンの事情に明るいふりをしていたが、結局なにもわかっていなかった。レンクイストはたった二年でこの任務をやり遂げた。一九八八年、議会で可決した法律によって、最高裁は審理する事件すべてを自ら判断することができるようになった。判事たちはだれもが長官に深く感謝した。

レンクイストの性格は最高裁の空気も変えた。バーガーは骨董《こっとう》や高級ワインを収集する親英派で（ブラックマンが最高裁判事になったとき、バーガーはシルクハットを贈った）、虚栄心が強く、法廷では同僚よりも背が高く見えるよう自分の席に大きなクッションを置いていた。レンクイストはこうした見栄を張ることはなかった。少なくとも長官になったばかりのころには。彼は、毎昼食時、ビールを一杯飲み、巻煙草を一本吸った（のちに一時期禁煙してみたり、「ミラーの軽いの」と呼ぶビールに替えたりした）。長官に就任するころには、長いもみあげをそり、七〇年代風の幅広ネクタイはやめたものの、昼食時に近所をぶらつくときは依然としてさえない格好だった。

ニクソン大統領顧問ジョン・ディーンはこう回想する。はじめて大統領に紹介したとき、レンクイスト（当時、司法次官補）は「ピンクのワイシャツにセンスの悪いサイケなネクタイを締め、ハッシュパピー（豚皮のカジュアル靴）を履いていた」。ホワイトハウスの録音テープによれば、レンクイストが出て行ったあと、ニクソンはディーンにこう尋ねている。「彼はユダヤ人かい？　そんな感じだね……。道化役者みたいな、こっけいな格好じゃないか」。長官になって、スウェーデン人を先祖に持つルター派であるレンクイストは、さんざん酷評されたネクタイは処分したが、ハッシュパピーは履き続けた。

上背のあるがっしりした体格にしては、レンクイストは体が弱かった。庭いじりによるけががもとで慢性的な腰痛を抱えており、口頭弁論を聞いているあいだ、痛みのせいで席を立ち、椅子のうしろを何歩か歩かなければならないほどだった。一九八〇年代はじめには腰痛で入院する羽目になり、治療により今度は別の問題が起こった。鎮痛剤の副作用で発音が不明瞭になり、法廷で質問するさい、相手が聞き取れないほどひどくなってしまったのである。連邦捜査局（ＦＢＩ）はレンクイストの長官昇格に関連する調査で、彼の医学上の問題は、世間が知らされていたよりも深刻だったことをあきらかにした。少なくとも四年前から鎮痛薬のプラシディル依存になっていて、一九八一年の入院時、薬の服用をやめているあいだ幻覚に苦しんだ。看護師に「部屋の外で、大統領を殺す、という声がする」と訴えたこともあった。それでも一九八六年に長官になったときは、テニスをはじめたおかげか、体調は安定しているように見えた。ロークラークを四人雇う権利があるのに、レンクイストはたいてい三人しか使わなかった。毎週のダブルスのゲームにはそのほうが好都合だったのだ。

レンクイストがナタリー・コーネルと結婚したのは第二次世界大戦の兵役を終えたあとだった。ウィスコンシン生まれのレンクイストだが、北アフリカで気象官として働くうちに砂漠の気候が好きになり、フェニックスで新婚生活をはじめた（この兵役時の経験により、レンクイストは生涯気象に興味を抱きつづけ、それは少額のギャンブル好きなところとマッチした。最高裁前の広場にどれほど雪が積ったか、ロークラークとよく賭けて楽しんでいた）。ナタリーも夫とおなじように見栄を張らない性格で、ふたりはずっと幸せな結婚生活を送っていた。しかし、レンクイストが長官になってまもなく、ナタリーは癌の宣告を受けた。最高裁の空気をがらりと変えた手腕にくわえ、夫婦で癌と闘う様子を目の当たりにして、同僚判事はレンクイストにたいしてますます好意を抱くようになった。一九九一年十月十七日、ナタリーは他界した。

それはトーマスがなんとか上院で承認を得た二日後のことだった。しかし十月十五日の投票でトーマスの指名をめぐるドラマがすべて終わりになったわけではない。アニタ・ヒルの証言により、多くのジャーナリストと民主党活動家のあいだで、彼女の告発を裏づけようと、あるいは偽りを証明しようとする激烈な争いが起きていた（トーマスのビデオレンタル記録は特に興味を引いた）。ほかにもトーマスにセクハラされた、と訴える女性が出て来るらしい、という噂も流れた。承認されたといっても、就任の宣誓をするまでは実際のところ判事ではない。だから下院議会が弾劾訴追し、上院議会がそれを認めるだけで解任となる。ホワイトハウスとレンクイストは、ヒルをめぐるスキャンダルが噴出する前の段階で、十一月一日にトーマスの就任宣誓式を予定していた。

十一月一日といえば上院の投票から丸十七日開いている。このあいだになにが起こるかわからない。トーマスの支持者は、すぐ宣誓することを望んだ。しかし十月十七日にナタリー・レンクイストが亡くなっている。トーマスの指名をめぐるごたごたを収拾するために、喪に服しているさなかの長官に無理をいっていいのだろうか。ホワイトハウスはむずかしい問題に直面していた。

そこで政府は、十月十八日の金曜日にホワイトハウスの芝生で非公式の就任宣誓パーティをおこなって、うまく解決しようとした。この儀式に法的効力はないが、最終的に指名が承認されたという雰囲気作りにはなる。トーマスの家族（そこには、指名の直前まで長いことずっと疎遠だった父もいた）もふくめて数百人もの客と、シルヴェスター・スタローン、レジー・ジャクソンといった有名人も駆けつけてあたらしい判事を祝った。

それでもじつのところはまだ、最高裁判事になっていない。調査好きの記者らは依然として追いかけていた。このままではまずいと判断したホワイトハウス高官たちは、レンクイストの心証を害するのを覚悟の上で、妻を亡くして間もない彼にトーマスの就任宣誓式執行を依頼した。レンクイストは承知し、十月二十三日、最高裁の会議室で宣誓式がおこなわれた。そんなひっそりとした宣誓式は五十年ぶりだった。手続きを急いだ理由について、公的には、トーマスの秘書やロークラークを最高裁の給与台帳に載せるためといわれていた――すでにコロンビア特別区連邦控訴裁判所で連邦政府の給与台帳に載っていたのだから、こじつけは明白である。

大急ぎの宣誓は、結果としてみれば賢明だった。ジェイン・メイヤーとジル・エイブラムソンによれば、同日、『ワシントン・ポスト』の三人の記者が、「宣誓とほぼおなじ時刻に、トーマスが報道されたよりはるかにポルノに熱中していたことを裏づける情報が出てきた、と編集室に駆け込んできた」。記者は目撃者やトーマスが利用していたビデオショップの店長から証言を得ていたが、トーマスが正式に就任したため、『ワシントン・ポスト』はこの問題を追いかけるのをやめ、原稿をボツにした。

トーマスの承認をめぐる一連の騒動は最高裁の「品位」にとってこれ以上ない攻撃だった。下品な告発にトーマスの乱暴な対応、各方面から悪意に満ちた話が飛びかうまさに最悪の事態である。トーマス自身でないにせよ、ホワイトハウスが政治的理由から妻を亡くしたばかりのレンクイストを邪魔するようなまねをしたことで、逆風はますます強まった。

最高裁において政治的にも社会的にも中道を行くオコナーは、世の中——人、建物、議論、課題——を「見苦しいか、そうでないか」の二つに分けて考えるくせがあった。これは見た目の良し悪しよりも、世間的に恥ずかしくないか、人から好ましく思われるか、という幅広い物差しだった。トーマスの公聴会はオコナーにとっても同僚判事にとっても、「見苦しい」としかいいようがないものだった。

事態はさらに悪化した。一九九一年十一月十一日付『ピープル』誌が七ページにわたりトーマス夫妻の特集を組んで、今回の指名劇についてふたりの見解を載せたのである。妻のヴァージニア・トーマス自身、当時労働省の顧問弁護士で、のちに共和党議会指導部や保守派財団の要人として働くなど、政治的影響力を持っていた。ヒルが告発してからというもの「わたしが結婚したクラレンス・トーマスはどこにもいなくなってしまいました。すっかり生気がなくなって、これまでそんな夫を見たことがありません。夜中の十二時四十五分ころ、夫はこういいました。『きみの聖書勉強会の友だちふたりに電話してくれないか。旦那さんとここに来てもらって、いっしょに朝のお祈りをしてほしいんだ』。その日にはじまる第二回公聴会は通常の政治闘争ではないことを、夫は知っていました。これは精神的な闘い、善と悪の闘いでした。わたしたちはなにかわからない相手と闘おうとしていました。ですから、信心深い人にそばにいてほしかったのです。神様のお言葉が必要でした」。夫婦はカメラの前でポーズをとった——にっこり笑みを浮かべている写真。豪華なカーペットの上で手をにぎりあっている写真。ソファで背を丸めて聖書を読んでいる写真。トーマスはこう述べている。「むちゃくちゃだった。とにかくむちゃくちゃだったよ。これで終わったかどうかわからないが、わたしたちはなんとかつぶされずにすんだ。おたがいの存在があったからね」

このインタビューがおこなわれたのは、判事たちがまだマスコミに口を開いていない段階で、ましてや『ピープル』誌に本音を打ち明けるなど、とても考えられなかった。しかもちょうど一カ月前の司法委員会で、「プライベートについての質問にお答えしない」とつっぱねていただけに、ここでトーマスが同誌のインタビューに答えたことはとりわけ不適切だった。雑誌は、彼にかんして当惑する最高裁の感覚とあいまってひろまっていった。

トーマスは執務室に入った。同僚判事からはなんの連絡もなかった。ある意味、これはレンクイスト・コートの流儀でもあった。判事どうしなにげなくおたがいの執務室に立ち寄るということがないのだ。トーマスはコロンビア特別区連邦控訴裁判所時代も、政府で働いていたときも、廊下をぶらついたり、雑談したり、思いつきでランチを計画したりするのが好きだった。しかし最高裁ではそういうわけにいかなかった。同僚判事とはじめて顔を合わせたのは会議のときで、たしかに心からあたたかく迎えられたけれども、やりとりはそこで終わった。トーマスにとって執務室の静けさは、音のない世界のように感じられた。

こうしてトーマスは執務室に引っ込んだ。執務室のむき出しの壁に最初に飾られた二つがそれを物語っている。入口の待合室には、最高裁の仕事の秘密厳守を尊重する訓戒の張り紙をした。プライベート・オフィスに通じるドアには、「入室禁止」という札をかけた。かつてはコロンビア特別区連邦控訴裁判所周辺を昼食時に散歩するのが好きだったが、スキャンダルのせいですぐトーマスだと知れてしまう。愛車の黒塗りのコルベットを通勤に使うのもやめてしまった（自慢のナンバープレートには「ＲＥＺＩＰＳＡ」とあった。「物は雄弁に物語る」という意味のラテン語の法学の成句である）。目立ちすぎるからだった。「これまでは、ロークラークたちと散歩しながら旧郵政省ビルまで行き、バーベキューかなにかを食べたり、ユニオン駅まで歩いてチーズフライなどをつまんだりするのが好きでした。知らない人のない有名人になってしまったことは、その意味で大きな変化でした」と、最高裁内部のニュースレター『ドケット・シート』のインタビューで語っている。『ピープル』後に受けたインタビューはこれだけだ。トーマスが最高裁判事に就任して最初の一年、最高裁ビルから徒歩で出て行くことはまれだった。でもそれは幸運だったかもしれない。もし歩いて出入りしたならば、通りの向こう、キャピトルヒル（連邦議会議事堂のある丘）の歩道の落書きを見てしまっただろう――「アニタの話は正しい」。

おおかたの同僚判事と違い、トーマスはカフェテリアの店員やクラーク、警察官など最高裁で働く人たちの名前を覚えようと努力した。人なつこい振る舞いの裏で、承認をめぐる騒動でかなりまいっていることは、最高裁の従業員にもわかった。トーマスの回想によれば、「打ちのめされ、憔悴しきっている」のを見た最高裁警察官のひとりが、毎日「やつらのことなんか考えすぎてはいけませんよ」と声をかけてくれるようになったという。

最高裁判事に就任して数週間後、公聴会でさんざん苦しめられた「やつら」に反撃する機会が訪れた。彼の前に問題が提起された――ロー対ウェード判決をくつがえすべきか？

3　問題提起

最高裁に提出される事件は二種類ある。妊娠中絶にかんするものとそれ以外である。妊娠中絶は最高裁が取り上げるきわめて重要な法律問題だった（いまもそうである）。この問題は判事おのおのの司法哲学を浮き彫りにする。判事の指名・承認の過程でも真っ先に問題視される。民主党と共和党の国政レベルでの違いを如実に示すのもこの問題だった。一九九二年、妊娠中絶問題は――そして最高裁も――一つの転換期を迎えていた。

十九年前にロー対ウェード事件の判決が出て以来はじめて、最高裁判事九人のうち八人が、「妊娠中絶の合法化を廃止する」という公約をかかげる共和党の大統領に指名されていた（ただひとり、一九六二年に民主党大統領ジョン・F・ケネディに指名されたバイロン・ホワイトもロー判決に反対しており、それ以降も中絶する権利にことごとく反対票を投じていた）。ロー判決をくつがえすチャンスがあるとしたら、一九九二年春がまさにその時だったのである。

政府のほかの省庁と違い、裁判所は最高裁判事といえども、自分たちにとって重要な問題にたいし、なんら行動を起こすことができない。問題として提起され、下位裁判所を経て上訴されてくるのを待つしかない。抜け目のない弁護士であれば、その過程をうまくあやつることができる。実際、バーガー時代に最高裁が保守色を強めるにつれ、リベラルなある公民権運動団体は、判事が「悪い」先例となる判決をくださないように、議論の的となる事件の原告に金をつかませることもあった。しかし、ときには重大事が連なり、重要な問題がもっとも劇的なタイミングで最高裁に到達するときがある。トーマスが最高裁判事となってまもなく、まさにこうした事態が起こった。

ロー判決以降、妊娠中絶に反対する議員が多数派となる州は、最高裁が承認しそうな規制法をさまざまなやり方で通そうとした。法律は最高裁の変化をなぞっていた。最高裁の保守化が進むにつれ、州は中絶にたいする規制をどんどん厳しくした。最高裁は中絶にかんしていっそう保守化すると予測し、その方向をさらに推し進めようとして、一九八九年、ペンシルヴェニア州は国内でもっとも厳しい妊娠中絶規制法の一つを可決した。この法律によれば、中絶を望む女性は病院に連絡してから手術を受けるまで二十四時間待たなければならず、胎児の成長具合や中絶以外の選択肢について話を聞かなければならない。また未成年者の場合は親（もしくは判事）の許可を得なければならず、既婚女性であれば、中絶することを夫に知らせなければならなかった。

一九九一年十月二十一日。トーマスが承認された六日後、そして就任宣誓をする二日前、連邦第三巡回区控訴裁判所の三名からなる判事団は、ペンシルヴェニア州法をほぼそのまま是認した。ペンシルヴェニア州南東部計画出産協会対ロバート・P・ケイシー事件[*1]で多数派は、同州法の一部、既婚女性が妊娠中絶を望む場合まず配偶者に知らせなければならない、とする条項だけを否定した。「既婚女性はたいてい、中絶について夫と相談するはずである」。しかしそうしない女性もいるだろう、なぜなら「こうした状況下では多くの夫が暴力を振るいかねず、妻が病院に行けないよう暴行をくわえたり、脅したりすることもある」という理由であった。第三巡回区控訴裁判所判事団の三人目の判事は、「配偶者に知らせる義務もほかの条項とおなじく是認する」と異議を唱えた。

この「三人目の判事」サミュエル・A・アリート・ジュニアは、ジョージ・H・W・ブッシュ大統領によってちょうど一年前に指名されたばかりで、これがはじめての多数意見だった。まだ四十一歳と若く、連邦検察官と司法省官僚を経て現職についた。彼はこの先、最高裁判事の候補として自分が詳しく調査されることを予期していた。そのポストを意識する判事の例にもれず、アリートも妊娠中絶についての判断で評価が決まることを知っていた。したがってこの事件は軽々しくあつかえない問題だった。ほかのふたりの判事と異なり、アリートは妥協せず、ペンシルヴェニア州の規制法をすべて容認した――中絶手術を受ける前に配偶者に知らせなければならない、という条項もふくめたのである。

アリートは、配偶者に知らせなければならないという条項があっても、ペンシルヴェニア州で影響を受ける女性はほとんどいない、と述べた。中絶を望む女性の七十から八十パーセントは未婚という統計があり、しかも中絶を求める既婚女性の九十五パーセントは実際夫に話している。「したがって、この州法が影響するのは中絶を求める既婚女性の五パーセント以下にとどまり、中絶を希望する女性全体となればもっと少ないと考えられる」。州法によって影響を受ける女性がひじょうに少ない、という点を考えれば、「実際に、『不当な負担』とみなす必要があるほど明確な実質的影響はないといえる」。

第三巡回区控訴裁判所の三人の判事は、ある重要な点で意見が一致していた。一九九二年まで、ロー対ウェード判決は名目上依然として妊娠中絶の権利にかんする最高裁の判例となっていた。にもかかわらず、第三巡回区控訴裁判所は、ハリー・ブラックマンの敬うべき画期的意見を完全に無視したのである。むしろ彼らは、現実的に最高裁の中心となる意見は別の判事のものだと見ていた。彼らの意見は、その判事――サンドラ・オコナー――の見解を懸命に推測した結果であった。一九九〇年代初頭であっても、妊娠中絶問題になるとレンクイスト・コートはじつはオコナー・コートだったのである。

*1 ロー対ウェード判決に照らして、ペンシルヴェニア州の妊娠中絶規制法は違憲、とする訴訟。

オコナーは一九五二年、スタンフォード・ロースクールをきわめて優秀な成績で卒業したが、弁護士としての就職口は一つもなかった(ロサンゼルスの大手弁護士事務所ギブソン・ダン・クラッチャーは、法律秘書としてなら雇うといってきた)。しかしオコナーは、もう習慣になっていたように、軽んじられたことは気にせず、ジョンとの新婚生活に気持ちを振り向けた。ジョンは彼女の一年あとにスタンフォード・ロースクールを卒業。ドイツでの陸軍の任務を終えたのち、夫妻は新興小都市フェニックスに居を構えた。

それから数年間は地味な暮らしぶりだった。オコナー自身、そういう生活が性に合っていた。六年で三人の男の子に恵まれた。はじめは小さな法律事務所で働き、その後は州の司法次官補をつとめた。ボランティアで地元病院と救世軍に奉仕し、次は社会奉仕活動をおこなう女子青年連盟と、徐々にステップアップしていった。ジョンも弁護士として活躍するようになっており、ふたりはパラダイスヴァレーに構えた日干し煉瓦造りの自宅で数十人もの客を招き、にぎやかなバーベキューパーティを開いたりしていた(レンクイスト夫妻もよく招かれていた)。オコナーの伝記を書いたジョーン・ビスクーピックによれば、裏庭の池にかけた橋が完成したとき、夫妻はわざと時代がかった趣向の除幕式を開催した。男性はシルクハットに燕尾服、白い半ズボンにスニーカー。女性は正装のドレスを着て日よけ帽をかぶった。ゆでた牛肉とじゃがいも、イングリッシュマフィンが振る舞われ、バグパイプの伴奏がついた。

後年、最高裁の執務室で、オコナーは自分の猪突猛進的な生活スタイルをロークラークにも押しつけた。結婚、子ども、キャリア、エクササイズ、文化活動、政治、ボランティア――全部ちゃんとやってのけたのだから、ほかの人もそうすべきだ、と。女性クラークは最高裁のジムで週三回、オコナーの朝のエクササイズに参加しなければならなかった(途中からはワークアウトにサルサダンスもくわわった)。結婚を控えた男性クラークは体を鍛えることを命じられた(彼女に見られないように、アイスクリームのコーンを机の引き出しに詰め込んだクラークまでいた)。疲れて居眠りでもしようものなら、ナショナルギャラリーの特別展示にいっしょに来るようにいわれた。毎年タイダルベイスン沿いの桜並木のそばで催されるクラークのピクニックは、たとえ雨が降っても中止になることはなく、実際雨になることも多かった。オコナーにとっては祝日も活動の時間だったのである。ハロウィーンでは、クラークは話題のテーマでかぼちゃを飾ることを要求された。9・11後には「オサマ・ビン・パンプキン」が、一年後には囚人服を着たマーサ・スチュワート・パンプキン（カリスマ主婦。インサイダー取引容疑で提訴され、のち服役）が登場した。

オコナーの政界入りのきっかけは、フェニックス時代、一九六九年にアリゾナ州上院議員がニクソン政権で働くことになり、ワシントンに移ったときである。彼女は司法次官補として四年しか経っていなかったが――それに女性政治家はまだめずらしかったが――州知事ジャック・ウィリアムズに、空いた上院議員のポストに自分を指名させることに成功した。彼女はただちに立法業務に取り組み、協力体制を作り上げ、根回しをし、法案を通過させていく。この仕事は性に合っていたといえる。彼女はそつなく人とつきあい、物事をきっちりやり遂げるのが好きなたちだった。バリー・ゴールドウォーターがアリゾナ州共和党のトップに立ったとき、彼女はすでに一人前の議員になっていた（一九六四年大統領選挙で、オコナーは彼を支持した）。しかし政治家として仕事をこなす上で、特に思想的な線引きをしたことは一度もなかった。いかにも彼女らしく、はじめのころ取り上げた法案は、女性の一日八時間を超える労働を禁じた一九一三年の法律を廃止するというものだった。彼女にとって、これは保護でなく恩着せがましい家父長的温情主義でしかなかった。

妊娠中絶の問題についてもオコナーは実用主義でのぞみ、こうした巧妙な政治の舵取りは後日また最高裁で披露されることとなる。彼女が州上院議員になったのは、各州議会で中絶法を改正する動きが起きていたときで、アリゾナも例外ではなかった。当時アリゾナ州法では、母体が危険である場合を除き中絶を禁じていた。翌一九七〇年、オコナーの参加している委員会に規制を緩和する法案が提出された。地元新聞によれば、一九七〇年四月二十九日、彼女は中絶にたいする刑事規制の撤廃に賛成票を投じている。法案は委員会を通過したが、上院本会議で採決されることはなかった。オコナーは、妊娠中絶を容認する法案を支持するいっぽうで、中絶手術は有資格の医師のみがおこなえるとする法案を支持する形で中絶する権利の制限も認めている。彼女が州上院多数党院内総務になってまもなく、ロー対ウェード判決が出て、こうした州議会からの最初の立法行為は、実際的意義を失った。州議会がどんな法律を制定しようと、妊娠中絶は合法となるのである。少なくともアリゾナ州では、中絶を選ぶ権利がアメリカ合衆国憲法で保護された以上、その問題は当面の政治課題ではなくなった。

興味深い後日談がある。中絶する権利についてオコナーがどのような姿勢を示してきたかは、一九八一年、レーガン大統領が彼女の最高裁判事指名を検討していたときの焦点の一つだった。オコナーは審査を担当する若手の司法省補佐官ケネス・スターに、これまで中絶自由化法案に賛成したことはないといった。スターが言葉どおり受け取ったため、だれもフェニックスの新聞を調べてまで彼女の投票記録を確認しようとしなかった（のちに、最高裁判事に指名される人物の審査はもっと綿密になった）。そのため、中絶する権利にかんする法律問題について彼女が実際どう思っているかあいまいな部分が残ったものの、「個人的には」中絶に反対なのだとレーガン政権では確信した。実際のところ、オコナーが中絶する権利について議会の立法者として精力的に取り組んだようには見えない。中絶にかんする限り、極端な自由化でも禁止でもない、中道をうまく進もうとしていた。この彼女のアプローチは、最高裁でのきわめて重大な裁判でもそのまま彼女の行動基準となった。

ケイシー事件にたずさわる弁護士たちの焦点は、第三巡回区控訴裁判所から最高裁に移り、原告弁護団は、法律問題だけでなく、政治的な駆け引きの策略を練った。最高裁法廷に立ったことのある弁護士がみなそうであるように、キャスリン・コルバート（アメリカ自由人権協会＝ＡＣＬＵの顧問弁護士で、第三巡回区控訴裁判所での訴訟を主導した）もオコナーが中道を好むと知っていた。だがその選択肢は今回捨てるつもりだった。いまこそ最高裁とアメリカの有権者たちにあえて課題を突きつけるときだ。そう考えて、最高裁史上もっとも大胆不敵な訴訟戦略を練り上げた。

第三巡回区控訴裁判所がケイシー事件について判決をくだしたときには、コルバートと仲間たちは、ロー対ウェード判決で保護されたものが長年にわたって徐々に突き崩されてきているので、自ら先例をくつがえしたほうが得策だ、と考えていた。一九九二年大統領選挙の前に最高裁がケイシー事件の判決をくだす――おそらくロー判決をくつがえす――ことを望んでいたのである。そうなれば、将来の最高裁判事の指名が大統領選の焦点となるのは疑いようがない。

コルバートは迅速に動く必要があった。第三巡回区控訴裁判所の三人の判事団による判決がくだった一九九一年十月二十一日以後、ACLUは同裁判所の判事全員による再審理を申請することもできた。それには数カ月かかるだろう。別の方法としては、最高裁の規則に従い、九十日間（一九九二年一月半ばまで）のうちに裁量上訴を申し立てる。その時期の申し立ては、おそらくなんの動きもなく晩春まで放置され、審理されるにしても九二年秋以降で、判決がいいわたされるのは九三年になるだろう。それでは間に合わない。次の選挙に間に合うようにロー判決の運命を有権者に示すには、一九九一年の期末（九二年六月）までには審理を経て判決がくだっていなければならない。コルバートはその方法を探った。

裁量上訴の申し立てにはちょうど三週間、十一月七日までかかった。最高裁の規則にそって再審理を要求する側がまず書かなければならないのは、その訴訟事件摘要書の「問題提起」の項目だった。ここでの書き方のこつは、少なくとも四人の判事に、事件を受理しようと思わせるように問題を提示することである。しかしコルバートは最高裁そのものより、もっと広範囲の人たちを視野に入れており、ただ一つの問題を念入りに、できる限り挑発的に書き上げた。「最高裁は、女性の中絶を選択する権利がアメリカ合衆国憲法によって保護される基本的権利であるとしたロー対ウェード判決をくつがえしたのか？」法律の専門家でなくとも、一九九二年選挙を目前にしたこのときに、ロー判決の行方が真っ向から最高裁に突きつけられていることははっきりわかった。

選挙前に判決を出させようとするコルバートの戦略は見え透いており、レンクイスト長官は不快感を覚えた。最高裁を政治論争の道具にしようなどとは許しがたいし、原告が最高裁の日程をにらんで賭けに出ようが知ったことではない。というわけで最高裁のリベラル派は、レンクイストが却下すると踏んでいた。彼は長官の権限を利用して、毎週の会議で検討する裁量上訴申し立てリストからケイシー事件を外し続けた。この事件が「再掲載」され、未解決だということは承知していた。つまり時間稼ぎをしたのだ。ハリー・ブラックマンも彼のロークラークも激怒した。最高裁判事としてつとめた彼の年月は、突きつめればロー判決で書いた法廷意見を守ることだった。ブラックマンはクラークとともに異例の共同メモを出した。「われわれは本案件をこの春審理すべきだと強く感じています……。最高裁にいまロー判決をくつがえすだけの賛成票があると考えておられるならば、今年選挙前に最高裁でこの問題を取り上げ、女性たちに投票で怒りを表明できる機会をあたえたらよいと思われます」

しかし、どうやって？　ブラックマンはじめ中絶支持の判事たちが、ケイシー事件を最高裁の審理日程に割り込ませるにはどうすればいいのか？　解決策を編み出したのはジョン・ポール・スティーヴンズだった。スティーヴンズはその謙虚さと、単独で反対意見・同意意見を書きがちなところから、因習打破の姿勢が説得力の欠如のように見えることもあった。しかし、最高裁判決についての率直な考え方や深い知識は、同僚の思いあがりを牽制しようとする意思とともに、大きな強みとなっていた。ケイシー事件にかんする行きづまりを打開するために、スティーヴンズはこの問題をリストに再掲載するというレンクイストの決定に反対意見を書く、といって脅した（ブラックマンは、スティーヴンズ判事とともに、公的な場で抗議するといった）。リストに再掲載するやり方は、一般大衆にはまったくなじみのない、単なる手続き上の問題であり、そのことに反対意見を書いた判事はひとりもいない。そこがポイントだった。スティーヴンズは、いまあえて反対意見を書いて、レンクイストは妊娠中絶問題が大統領選挙で政治の争点とならないように時間稼ぎをしていると非難すれば、物議を醸すのを承知していた。自分の評判のみならず最高裁の評判を汚すまいとつねに気を配るレンクイストは折れた。事件を最高裁で取り上げることに同意し、一九九二年一月二十一日、最高裁は四月二十二日にケイシー事件の上告を審理すると発表した。当開廷期の口頭弁論最終日であり、選挙日までに裁決する最後のチャンスであった。

ケイシー事件受理で判事が合意した会議の席上、デイヴィッド・スーターが決着すべき問題がもう一つあると指摘した。最高裁は、上訴当事者が提出した訴訟事件摘要書の「問題提起」部分をたいていそのままもちいるのだが、スーターはコルバートが書いた挑発的な一文が気に入らなかった。同僚にあてたメモでも、「これは別の表現でいいかえるべきだと思います」と書いている。スーターは、ロー判決を承認するかしないかという判断以外にケイシー判決の選択肢がない、とは認めたくなかった。ロー対ウェード判決という究極の問題に判断を示すことなく、ペンシルヴェニア州法の細目を裁決する柔軟性がほしいと考えていた。メモのなかでスーターは、「とりわけ、判例について指摘するという問題がくわわります。中絶する権利が憲法で認められているかどうか判断するさい、先例拘束性《ステアリ・デイサイシス》の原理をどれほど重視すべきか、という問題です」。先例拘束性の原理とは、「決められていることに依拠する」、という意味のラテン語である。結局、彼が提起した問題は取り入れられず、ペンシルヴェニア州法の条項ごとに合憲か違憲かを問うことになった。しかし、スーターはこの事件におけるもっとも重要な点を指摘していたのである。

デイヴィッド・スーターは、最高裁でもっともデビュー時に苦労した判事である。就任宣誓式は一九九〇年十月八日、開廷から一週間後で、一年目は仕事をまともにこなすことができなかった。一九九一年春まで、一本も意見を書かずに過ぎた。最終月の六月にやっと六件で意見を出したものの、全体的な仕事ぶりは赤面するようなものだった。少なくとも最初の一年、スーターを支持する共和党は満足できた。保守的な立場が明確だったからである。妊娠中絶関連をふくめ、同年の重要事件ではたいていレンクイストとスカリアに同調していた。ラスト対サリバン事件の判決では、五対四の鍵をにぎる五票目となり、政府から資金援助を受けた医師が患者にたいし中絶に言及することさえ禁じる、いわゆる中絶箝《かん》口《こう》令を是認した。

最高裁ではじめに注目を集めたのは、スーターの判事としての仕事ぶりよりも一風変わった振る舞いだった。五十二歳でこれまで結婚歴がなく、その習慣はさながらひと昔前の紳士であった。昼間はオフィスの照明を消して、日の差し込むところに椅子を動かしながら摘要書を読む。昼食は毎日おなじ、りんご丸ごと一個（芯と種まで）にヨーグルト一カップを添えたもの。ダイニングルームに判事が集まって食事するときは、ほかの判事とおなじ上等な皿にこの二点が盛りつけられた。コカ・コーラは知っていても、何人かの判事たちがよく飲むダイエット・コークのことは聞いたこともない。ものを書くときは必ず万年筆を使う。たぶんこのあたらしい判事のもっとも有名なエピソードは、テレビを持っていなかったため、友人であり後援者でもあるニューハンプシャーの上院議員ウォーレン・ルドマンが一式を贈ったが、結局一度も電源を入れなかった、という話だろう。一期目が終わるころ、最高裁では、スーター判事はあたらしい仕事で完全にまいっていると思われていた。最高裁の内部刊行物『ドケット・シート』で慣例のインタビューをはじめて受けたとき、本人もおなじようなことを語っている。「やらなければならない仕事の波に飲み込まれないようにするばかりで、まだきちんと仕事がこなせていないと思います。最高裁で仕事をするのは高潮のなかを歩くようなものだ、とある人がいっていましたが、まさにそのとおりですね」

一九九一年六月、最初の一期が終わると、スーターは逃げるようにワシントンを発った。向かったのはニューハンプシャー州ウェアの農園の母屋を改築した自宅である。ここは祖父母の家だったところで、彼自身もここで少年時代を過ごした(母親と同居しているという噂があったが、そうではなかった。母親はすでにどこか別のところにいた)。指名前の目まぐるしい日々のなかで、彼には最高裁判事という任務の重要性について考える余裕がなかった。ブラックマンから、夏恒例のアスペン旅行の誘いを受けたが、スーターは断りの手紙を書いた。「できるだけひとりになって、我が身に降りかかったことをきちんと受け入れたいのです……。最高裁に提起されるような事件について読んだり考えたりしなければならないとも思っています」。後半には、自分だけの夏が必要だとして「完全に自由な……自ら学ぶ時間。私には年に一定期間、孤独と向き合うときが必要なのです」とあった。

その秋、二期目——ケイシー事件の年——を迎えると、ワシントンでのスーターの評価がこれまで低すぎたこと、最高裁に独特の司法哲学を持ち込んだことがあきらかになった。二十世紀はほぼ、最高裁判事は政治とおなじく右派と左派にはっきり分かれていた。荒っぽくいえば、ウィリアム・ブレナンらはリベラルな改革のため、より自由と平等が実現する社会を構築するための道具として、憲法を利用していた。その対極のレンクイストとスカリアは、法廷は政治における多数党に従うべきであり、憲法は憲法起草者の意図にそって解釈するのが正しい、とする見解を示していた。しかしながら、アメリカの法の世界には、第三の伝統がある。民主党か共和党かを峻別するのがむずかしいため一般大衆にはなじみがうすいが、スーターが属していたのはこの第三の伝統だった。

スーターは一九九〇年におこなわれた承認公聴会で、自らの党派をあきらかにしている。当時彼は、「隠密《ステルス》」候補といわれていた。ニューハンプシャー州司法長官と州最高裁判事をつとめてきたとはいえ、中絶問題のような当時もっとも論争を呼んでいた法律問題で態度をはっきりさせたことがなかったためである。中絶支持を主張する団体は、判事としてスーターは当時の共和党の命令どおりにするだけだろうと思っていた。全米女性機構(NOW)が公聴会のあいだに配布したリーフレットには、「スーターを阻止せよ。でなければ女性は破滅」とあった。

公聴会でのスターは、当時の論争の的をめぐってどちらの側にもつかず、双方を困惑させた。憲法について深く考えていることはあきらかで、その司法哲学は、ジョン・マーシャル・ハーラン二世にもっとも近かった。ハーラン二世は一九五五年から七一年まで最高裁判事をつとめた人物で、名前を譲り受けた祖父も一八七七年から一九一一年まで同職にあった。彼は急進的リベラルではない（実際、ウォーレン・コートでとりわけ有名な判決の多くに反対している）が、厳密にいえば、少なくとも現代的な意味では保守派でもなかった。法は社会の安定を維持するために存在する。先例を固守することで司法の限定的で予測可能な役割が保証される、と信じていた。なにより重視したのが先例拘束性の原理である。おなじようにスターも、中世以来の判事の知恵、判例の集積といえるコモンローに信頼を置いていた。

スターはまた、ハーランとおなじく、アメリカ合衆国憲法は自由主義の理想である、つまり政府の制約からの自由は、立法府の議員が個人の自由を制限する法律を可決する権利と同様に——あるいはそれ以上に——重要だ、と確信していた。国民の権利は憲法の明確な言葉だけに限定されないとも考えていた。合衆国憲法のいわゆる明文化されていない権利に反対する激しい主張では、憲法の文言の意味は言葉そのものの厳密な意味に限定される、とする。

ハーランは一九六一年の有名な反対意見で、この見解に異議を唱えている。「法の適正な手続き《デュー・プロセス》条項が保障する自由のすべてが、憲法のどこかに規定されているなにか特定の条項に明確にふくまれるわけではなく、制限されるわけでもない。この『自由』は財産、いわゆる言論、出版、宗教……等の自由という言葉であらわされる個別の点の連続ではない。そうではなく、大きくいえば、すべての実質的に恣《し》意《い》的な要求や無意味な制約からの自由をふくむ、合理的な連続体なのである」。明記されない権利についてのハーランの見解は、プライバシーの権利（そしてのちに、妊娠中絶の権利）を認める将来の最高裁判決を形成する重要な知的要件となった。

一九九二年、デイヴィッド・スーターにとっての問題は、中絶を選ぶ権利を制限することが、憲法で禁じられる「恣意的な要求」といえるかどうかだった。この種の問題に取り組む場合、彼はコモンローと判例にあたる。それゆえ、以前彼の提示した疑問、この事件の鍵は「中絶する権利が憲法で認められているかどうか判断するさい、先例拘束性の原理をどれほど重視すべきか」ということになるのである。スーターにとって、この答えはケイシー事件の解決のみならず、自らの司法的世界観そのものを定義するものでもあった。

レンクイストが長官となってまもなく、最高裁の口頭弁論はバーガー時代から一変した。一九八〇年代、最高裁の判事席は静まり返っていた。ブレナン、マーシャル、ブラックマンはめったに質問をしなかったし、バーガー、ホワイト、パウエルにしてもまれだった。変化の兆しがあらわれたのは、一九八六年、スカリアが最高裁判事になってからである。機転が利き歯に衣着せずものをいい、共和党偏向をあけっぴろげにするスカリアのおかげで、法廷に活気がみなぎった。どんなにわかりにくい問題であっても、きっと判事席で活発な議論が巻き起こるだろう、と思われた。口頭弁論の準備としてオコナーが取った方法の一つは、ロークラークと質問を考えることで、彼女はたいてい真っ先に質問するようになっていた。レンクイストとケネディも議論を好み、最高裁判事が全体的に饒舌《じょうぜつ》になっていた。それを考えると、一九九二年四月二十二日の最高裁法廷は、異例中の異例であった。

「次の口頭弁論は第九十一の七四四、ペンシルヴェニア州南東部計画出産協会対ロバート・P・ケイシー事件です」。レンクイストは中西部出身らしい、長く母音を伸ばす発音でいった。「ミズ・コルバート」。「長官ならびに判事の皆様方、おそれながら申し上げます。本件の中心となる問題は、女性の意思に反して、その妊娠の持続あるいは中絶を強制する権利が憲法上政府にあたえられているかであります」とコルバートは切り出した。「最高裁でロー対ウェード判決がくだされて以来、アメリカの女性たちは、自分が産むかどうかの決断は憲法によって最高レベルで保護されている、と確信するに至っています」

判事から質問を差し挟まれずに主張できるのは、これがぎりぎりの長さだった。しかし、判事たちは黙ったままだったのでコルバートはさらに続けた。「一世紀にわたる最高裁の判例から必然的かつ論理的に生じた歴史的なこの判決により、女性の本来あるべき身体と自律の権利が守られただけでなく、何百万もの女性がきちんと平等に社会参加することが可能になりました。ロー判決と憲法の真髄は、基本的に重要な権利を完全に保護することにあります。政府は基本的権利を少しずつ剝奪《はくだつ》したり、特権的な女性だけに選択的に授けることは許されません」

判事席はまだ沈黙していた。傍聴席からはざわめきが起こった。今回のように重大な事件では特に学識、経験ともに豊かなメンバーが並んでいる。判事たちはどうして質問をしないのか？　なぜ黙っているのか？

三分、四分と過ぎても、判事たちからはまだなんの質問もあがらない。コルバートは話し続けた。彼女の戦略は、訴訟事件摘要書の記載とおなじ。いちかばちか、完勝か完敗か、ペンシルヴェニア州法の規制全部をくつがえすか、ロー対ウェード判決がくつがえされるか、そのどちらかであった。「我が国の歴史と伝統においても、個人が自身のモラルと良心的な信念にそった人生を選択できる個人の権利が尊重されています。我が国の憲法では、結婚と家族生活、子育て、避妊の可否について個人が自ら決断をくだす権利が長きにわたって認められています。妊娠中絶するか出産するかを決めることも、問題としてはなんら違いはありません」。八分が経過し、ついにオコナーが口を開いた。彼女らしい、一本調子できまじめな話し方は幼稚園教諭を連想させた。

「ミズ・コルバート、あなたの口頭弁論では、先例拘束性の原理の下でロー対ウェード判決全般を維持するかどうか、それだけが論点であるように聞こえます。ですが、最高裁がこの事件の裁量上訴を認めたのは、いくつかの特定の問題についてです。あなたは口頭弁論でそのいくつかの点について取り上げるつもりはありますか?」

彼女は、はっきり「ノー」と答えた。個人の権利の制約とロー判決の維持という大きな問題を分けて考えることは、断固認めようとしなかった。ケネディが「ここにはあなたが取り上げるべき条項がたくさんあると思いますが」といっても、コルバートは聞き入れなかった。彼女にとって、ケイシー判決はロー判決だったのである。

その週の会議は紛糾した。レンクイスト、ホワイト、オコナー、スカリア、ケネディ、スーター、トーマスの七人は、中絶にかんするペンシルヴェニア州法を大部分支持する構えだった。スティーヴンズとブラックマンだけが廃止を求めていた。しかし多数派のなかにも緊張感が漂っていた。レンクイスト、ホワイト、スカリアはロー判決をくつがえしたいと考えていた。トーマスも(彼の承認の時点では不明確ではあったものの)同調するつもりだった。しかしロー判決を即座にくつがえすにはあと一票が必要である。オコナー、ケネディ、スーターはだれもそこまで考えていなかった。そこで、会議終了時、レンクイストが自らケイシー事件の判決で意見を書くことにした。中絶の規制にかんして州に自由裁量を認めるつもりだった。実際問題として、ロー判決がくつがえされることになるが、その点を詳しく書き込むつもりはなかった。

その後、週明け早々、スーターはオコナーを訪ねることにした。

4　矛盾

最高裁判事はおたがいに一対一で話すことがめったにない、と聞くと意外に思う人が多いだろう。レンクイストが長官になってからは、たしかに九人の判事は一つのグループとして長い期間いっしょだった。開廷期中、月曜と水曜にはほぼ毎週、ひとりひとりがおたがい握手を交わすという慣習のあと口頭弁論が開かれ、弁論の日は昼食もたいていいっしょだった。さらにこの期間、毎週金曜日には会議もある。しかし、会議終了後は、判事どうしの連絡はたいていメモですませ、そのメモもロークラークが下書きする場合が少なくなかった（Eメールが普及してからメモはEメールで回覧されたが、紙でもおなじように回された。判事のなかでEメールだけで十分だと感じていたのは、最初はトーマスとブライヤーだけで、のちにスティーヴンズもそこにくわわった）。

つまり、ふだんの平日はうちうちに接触することはめったになく、たまに電話するとか、ごくまれにおたがいの執務室を訪問するといった程度だった。判事どうしが個別に議論を交わすことなど、一年に一度か二度あるかないかといった具合である。それを考えれば、スーターがわざわざオコナーの執務室に足を運ぶことは、ほかの裁判所でのそれとは比べものにならないほど重大な意味を持つ。オコナーがスターを訪れるのでなく、スターのほうから出向いたことも見逃せない。スターだけでなく、判事はみなオコナーの執務室を訪れていた。レンクイスト・コートで多数派となるにはオコナーの支持を取りつけることが必要不可欠。そこで同僚判事は必然的に嘆願しに来るのだった。

最高裁判事として二期目を迎えていたスターは、保守派改革の中心的信条に反していたとしかいえない。彼の指名は、それを推進することを念頭に入れたものだった。ロー対ウェード判決をくつがえすために指名されたのに、同判決を維持しようと動いたのである。

穏やかな口調でスターはオコナーに、ケイシー事件での長官の対応はあまり満足のいくものではないと切り出した。問題のペンシルヴェニア州法の条項を大部分で支持しながら、ロー判決の中核を守れる方法を考えられないか？　やはり、あなたの意見もおなじ方向性であるのだから、と持ちかけた。

中絶する権利についてのオコナーの見解は、本来のロー判決からかなり進展したものだった。一九七三年のロー判決でブラックマンは、プライバシーにかんする「基本的」権利は、「妊娠を終わらせるかどうかという女性の選択の権利を十分包括しうるものである」が、中絶の権利は絶対的ではないと書いている。中絶を選ぶ権利を制限することに「有無をいわせぬほど大きな州の利益」があると示すことができれば、最高裁は規制を認めるというものだ。中絶を規制する州の利益を認めるため、ブラックマンは妊娠期間を三分割して、各三カ月の期間について別個に判断する枠組みを考え出した。医学文献を念入りに調べた結果、妊娠初期の三カ月の場合、中絶をおこなうリスクは出産のリスクよりはるかに低い。したがって、この期間の中絶を規制することはできないとし、その決定は「妊娠した女性の主治医の医学的判断に任されるべきだ」とした（ロー判決における意見の多くは、女性より医師の権利という視点であらわされていた。ミネソタ州メイヨー・クリニックの元最高顧問弁護士として、ブラックマンは医師に高い敬意をはらっていた）。

ブラックマンはさらにこう書いている。妊娠期間が続くと、女性の権利だけでなく、胎児を守ることにおける政府の利益が法律に反映される。第一期が過ぎたあとは、州は中絶を規制できるが、それは「母体の健康にかかわる合理的な理由」に限られる。最終的に、「胎児が母体外での生存可能性を持ったあとから」は、「母体の生命または健康を守る」ために必要な場合をのぞいて、州は中絶を規制、あるいはその禁止をも可能となる。ロー判決は女性が中絶する権利にスライド制を導入したといえるだろう。第一期には中絶する権利がもっとも大きく、胎児が成長するにつれて制限されていく。とはいえブラックマンは、どのような法規制も、第三期の中絶を規制するものであっても、母体の生命のみならず、母体の健康を確実に守るものでなければならない、と主張した。彼はこの点を、知名度は低いがやはり重要な意見となったジョージア州の中絶法を違憲としたドウ（訴訟でもちいられる仮想名）対ボルトン事件の判決（ロー事件と同日に判決）で詳述している。ここでも中絶する権利を医師の選択としてとらえ、手術をおこなうかどうかは「女性の幸福と健康にかんする要因、すなわち身体、感情、心理、家族、年齢といったあらゆる点を考慮して決めるべきだ」と書いた。いいかえれば、妊娠のどの段階であっても、母体の健康が危険にさらされている場合、本人および医師には中絶の選択肢があたえられるべきだとしたのである。

オコナーは最高裁判事に着任した当初から、中絶については独自の路線を歩んでいた。この問題ではじめて手がけた重要な訴訟は一九八三年で、多数派はオハイオ州アクロン市の規制を無効にした。それはあきらかに女性の妊娠中絶を妨げる規制法で、第一期を過ぎたあとの中絶は必ず病院でおこなうこと、中絶を希望する女性は手術まで二十四時間待機することなどの規制が盛り込まれていた。オコナーは反対意見を書き、そこで同規制法を支持し、ロー判決でブラックマンが展開した論理を一部批判した。医学の進歩により、三カ月期間の分析は時代遅れになるだろう。妊娠の早い段階で生まれた未熟児であっても、無事に発育する可能性はますます高くなるだろうし、妊娠が進んだ段階であっても中絶が危険でなくなるはずだ、と主張した。「したがって、ロー判決の枠組みが矛盾をはらむことはあきらかである」として、オコナーは最高裁判事として書いたなかでもっとも有名となった意見でこう続けた。「中絶手術の危険性が低くなるにつれて、母体の健康を理由に州が中絶を規制できる段階は実際の分娩に近い、妊娠後期へずれていく。医学のおかげで胎児の母体外での生存可能性が高まるならば、生存可能性の時点はほぼ妊娠初期からということになる」

さらにオコナーはロー判決に代わるあらたな法的枠組みを示した。レーガン政権下の司法省による訴訟事件摘要書の一節をもちいて、中絶の規制は手術を希望する女性にたいする「不当な負担」とならない場合、支持されるべきであると述べた。「不当な負担」がなにを指すのか厳密に定義しなかったが、こうした基準に従い、アクロン市の規制は合憲とされるべきであると論じた。実際には、医学的な観点では、オコナーよりブラックマンの見通しのほうが正しかった。オコナーは胎児が生存可能になる時点が大きく変わるだろう、と締めくくったが、それは間違いだった。ロー判決において、ブラックマンは、「胎児の母体外での生存可能性は、通常約七カ月（二十八週）以降とされるが、それより早く、二十四週以降の場合もある」としている。二十一世紀の今日、ロー判決から三十年以上経つが、二十三、四週に満たない胎児が母体外で生存することはきわめてまれである（正常な妊娠期間は三十八から四十週）。

論議を呼ぶ問題になると、オコナーはいつも裁判より政治の場で決着するほうがいいと考えた。もともと州議会議員であったこともあり、どうしても州議会の判断に肩入れする傾向がある。判事オリヴァー・ウェンデル・ホームズ・ジュニアの一九〇四年の意見を踏まえ、「州による『不当な負担』の有無を判断する上で、心にとめておかなければならないことがある。いまここで取り組んでいるようなきわめてむずかしい問題がかかわっている場合、『民主主義社会において結論を出すにふさわしい場は議会である』」と書いていた。

しかし、最高裁判事に就任して十年間、オコナーはロー判決を批判したとはいえ、それを完全にくつがえすべきだと主張したことは一度もない。一九八九年、最高裁はミズーリ州の公立病院での妊娠中絶を禁止するも同然の法律を是認し、ロー判決をくつがえす手前まで来た。ウェブスター対リプロダクティブ・ヘルス・サービス事件の判決でレンクイストは、ホワイトとスカリア、そしてほとんどの部分でケネディの賛同を得て、ロー判決の終焉を提唱したともいえる。しかしオコナーは（彼女らしいことだが）、次のように踏みとどまった。「州の中絶規制法の違憲性が実質的にロー判決の合憲性によって判断されるならば、ロー判決の再検証はじっくり時間をかけてやればいいのであり、また慎重にやらなければならない」

これが、その後スーターがオフィスを訪ねたときのオコナーの立ち位置であった。ロー判決におけるブラックマンの論理には反対。中絶を規制しようとする州議会の努力は支持。いつものごとく、世論から外れないように慎重。しかしすでに「じっくり時間」をかけてきた。ロー判決について態度をあきらかにするべき時が来ていた。

会議の結果、レンクイストがケイシー判決の多数意見を自ら書くことになったが、少なくともスーターにとっては問題に決着がついたわけではなかった。議論の分かれる政治問題に最高裁がここまであからさまに引きずり込まれるのに、我慢ならなかった。たぶん愚直なまでに、目まぐるしい日常の出来事とは切り離された「法」の孤島があると信じていたのだろう。ロー判決以来ほぼ二十年を経て、そのあいだに最高裁は州法の中絶規制を認めてきたとはいえ、アメリカ合衆国憲法が中絶の全面的禁止を違憲としていることは疑いようがない。それにもかかわらず、会議でのレンクイストの考え方といい、書いている意見といい、州による中絶の全面禁止を認めようとしているのはあきらかだ。

オコナーもスーターと同意見だった。判例にたいしてスーターほど神秘論的な愛着を抱いていなかったが、より強い政治的本能により、おなじ方向を向いていた。国民はすでにロー判決を受け入れていたのである。

オコナーにはほかにも気になる点があった。既婚女性が中絶を希望する場合、配偶者に知らせなければばならないとするペンシルヴェニア州法の条項に唖然としていた。控訴裁判所はこの条項を無効にしていたが、レンクイストは下位裁判所で反対意見を唱えた判事の見解を支持するつもりだった。サミュエル・アリート判事によるその反対意見にオコナーは憤慨した。この条項はよくいって温情主義、悪くいえば性差別にしか思えなかった。女性差別について人一倍とぎすまされたレーダーの持ち主である彼女は（アフリカ系アメリカ人にたいする偏見などにかんしては、いささか鈍感な部分もあったが）、最高裁がこのような法律を容認するのかと思うと我慢ならなかった。

スーターとオコナーは、最高裁はロー判決の「本質的要素」とふたりが呼ぶものを容認すべき、という意見で一致した。配偶者に知らせるという条項の廃止を求める点でも合意した。しかし、立場をおなじくする判事は四人しかいない。自分たちのほかには、ペンシルヴェニア州法全体の破棄を主張するブラックマンとスティーヴンズだけである。五票目を獲得するために行くべき場所は一つ。アンソニー・ケネディの部屋だった。

おなじ最高裁判事といえ、スーターとケネディではやり方が正反対だった。スーターは目立つのが苦手で論争を嫌い、衆目を集めている事件は好まない。いっぽうケネディは、自分の公的立場を楽しんでおり、新聞に載るような意見を書きたがっていた。猛烈な勢いでキーボードを叩きながら、『ニューヨーク・タイムズ』に引用されそうなくだりには特に念を入れた。

スーターにとって判事の役割が司法の伝統を司る（ほとんど）寡黙な執事であるならば、ケネディの考える判事とはもっとロマンチックで、法の支配を司るローブを着た十字軍といったところだろう。法の「詩学」や偉大な「教材となる裁判」、つまり不朽の原則についてロースクールの学生に教えることができる意見について語り出すと止まらなかった。ケネディは一九七五年、ジェラルド・フォードにより控訴裁判所判事に指名されて以来（三十九歳という年齢は当時全米最年少であった）、ほぼ一貫して判事としての職業人生を歩んできた。連邦第九巡回区控訴裁判所に十二年間つとめるかたわら、毎夏、ホームタウンであるサクラメントのマクジョージ・ロースクールで教鞭を執っていた。法律は単なる訴訟事件の集積ではなく、次世代の法律家に説明でき、かつ理解されるべき体系である、と考えていた。

ケネディはまた敬虔なカトリック教徒であった。教会が現代化に踏み出した第二バチカン公会議以前の精神を守って、毎週日曜日にはミサに出かけ、古風に胸の前で両手を組んで祈る。妊娠中絶などとんでもないことだった。この問題にたいする彼の考えは教会の教えにもとづいている。最高裁判事になる前、ロー判決を「現代のドレッド・スコット判決」と呼んだことがあった。奴隷制を正当化し、南北戦争の引き金となった一八五七年の悪名高き判決になぞらえたのである。しかしケネディは、判事としての義務とカトリック教徒としての信念をきっちり分けて考えていた。「望まざる決定をくださざるをえない場合もある。これは厳然たる事実である」と書いている。自分としても信仰からしても中絶には反対だが、憲法が中絶の権利を保護するか否かはまた別の問題であった。

奇妙な性癖の組み合わせ――きまじめさと覇気、素朴さと気負い、法を敬いつつも自らの能力を信じて疑わない――ゆえか、ケネディはスーターの訴えを受け入れた。判決をくだすことは崇高なおこないである、と彼は考えていた。ロー判決を守れば、判事は単なる政治屋とは違う、ときっと世間に知らせることができるだろう。立派な政治家にふさわしい妥協をすることは、ケネディの政治観と判事観の両方を満足させるものだった。

ケネディはスーターとオコナーの意見にくわわることにした。この三人のなかで、彼の変化がもっとも劇的だった。ウェブスター事件でレンクイストに同調してロー判決をくつがえす立場を示してから、たった三年しか経っていない。しかもケイシー事件の会議で、レンクイスト支持をあきらかにしていた。法廷意見が発表されるまでどのような意思表示も最終的なものではないとはいえ、会議の投票後に変えるのはやはり異例である。特にケイシー事件の場合、ケネディが支持したからこそ、レンクイストは多数意見の草稿を書きはじめたのだ。それにもかかわらず、五月上旬、スーター、オコナー、ケネディの三人は、この裁判でひそかに行動をともにすることを決めた。共同意見を出す構えであることは、おのおのの執務室のロークラークただひとりしか知らされなかった。

この動きにまったく気づかないまま、レンクイストは多数意見となるはずの原稿に取り組んでいた。いつもながら手際よく書き上げると、五月二十七日に草稿を回覧した。口頭弁論からわずか一カ月少々という早さである。この意見によれば、最高裁はペンシルヴェニア州法の条項をすべて容認していた。「ロー判決で女性が妊娠を継続しないという判断を『基本的な権利』としたのは誤りだ」とレンクイストは書いた。彼の意見が多数派判事の支持を得れば、州は自由に妊娠中絶を規制、もしくは全面的に禁止できる。草稿を読んで、ブラックマンは第一ページの余白に、「いやはや、ずいぶん過激な！」と書き込んだ。

のちに「トロイカ（三人組）」として知られるようになる例の三人も、レンクイストの草稿にかんしブラックマンとおなじ意見だった。ロー判決をあっさり否定しすぎたため、レンクイストは、スーター、オコナー、あるいはケネディを多数派に引きもどすチャンスをつぶしてしまったのだ。三人の秘密の共同作業では、まず冒頭部分をケネディが担当し、ロー判決を維持する立場を明言した。次にスーターが先例拘束性の原理の重要性について述べ、最終部分でオコナーが、ペンシルヴェニア州法の配偶者に知らせる義務条項が破棄されるべき理由を説明することになった。レンクイストの草稿が回覧されて二日後の五月二十九日、ケネディは手書きのメモをブラックマンに送った。

親愛なるハリー

少しでもお時間ができ次第、お会いできたらと思います。計画出産協会対ケイシー事件の今後の展開についてお話ししたいことがございます。少なくとも、わたしの話のある部分については、判事に歓迎していただけるはずです。

今日ご都合が悪いようでしたら、明日お邪魔します。お手すきのときご連絡ください。

トニーより

翌日ケネディと会ったブラックマンは、彼が信条に反して中絶する権利を守る立場になってしまった、と激しく苦悩しているのを見てとった。ブラックマンはロー判決のせいでどの判事よりも多く殺害の脅迫を受けており、手紙も時には嬉しい驚きをもたらしてくれる、といってケネディを慰めた。そして受け取った手紙のなかから修道女が寄こした称賛の手紙を年下の同僚に見せた。そこにはブラックマンの判断のおかげで、妊娠して絶望した女性が中絶手術を受けることができる、と書かれていた。ケネディが去ってから、几帳面なブラックマンは最高裁のピンクのメモ用紙に覚書としてしたためた。「ロー正当」。リンダ・グリーンハウスがブラックマンについて著した本のなかで述べているように、「この古めかしい言葉を選んだことは重要である。法律家にとって『正当』とはただ存続し続けるだけでなく、正しく合法であることを意味する」。ロー判決——選ぶ権利——は正当なのだった。

六月三日、スーター、オコナー、ケネディはひそかに協力した成果である六十一ページの意見草稿を回覧した。レンクイストは冷静だったが、アントニン・スカリアは違った。

スカリアにとってロー判決は、現代の司法において、ひいては現代社会において唾棄《だき》すべきものの象徴にほかならない。判事としてのキャリアの軸にあったのは、ロー判決をくつがえさなければならないという一貫した主張だった。

一九九二年、彼は五十六歳で、知力も体力もピークにあり、最高裁判事として六年のベテランだった。

ずんぐりして猪首で、スーター同様、夕方にはひげが目立ってくる。最高裁の口頭弁論では辛らつな質問や冗談を飛ばして存在感を示しており、意見は説得力があり、修辞を凝らして読み応えがある。最高裁のなかでスカリアの個性は際立ち、また司法哲学は判事のだれより明快でわかりやすかった。ところがケイシー判決で一つあきらかになったことがある。スカリアには熱意も情熱も知性もあるのに、それが肝心なあるものにつながっていない。最高裁判事であればもっていて不思議はないもの——影響力である。

スカリアが最高裁判事にくわわったころ、オコナーは最高裁でまだ確たる立場を示しておらず、彼が最初にうとんじたのがオコナーであった。ウェブスター判決でスカリアは、ロー判決について判断を避けるオコナーの意見について、「まともにとりあえない」と書いている。オコナーは自信を深めるにつれてスカリアの挑発を無視するようになる——「ニノのことだからしょうがないわ」とよく口にしていた——が、やはりはじめは憤慨した。だがそれ以上にぎすぎすしていたのがケネディとの関係だった。スカリアもケネディも一九三六年生まれで、敬虔なカトリック信者どうし、ハーバード・ロースクールでも同期、最高裁には一年違いで指名された。ケネディはスカリアとおなじくヴァージニア州郊外に家を買った。しばらくのあいだ、肥満体のニューヨーク人とひょろりとしたカリフォルニア人のこのふたりは、意外なジョギング仲間だった。しかし、性質も政治的にも穏健なケネディは、スカリアの独善的態度に不快を覚えるようになった。

やがてスカリアは孤立した自分に酔いしれ、それを名誉の勲章であるかのように思うようになった。筋の通った司法哲学を持ち、堅固な主義にもとづきそれを守る。同僚と取り引きする気にはなれなかった。「原意主義者は駆け引きなどしない。取り引きなどするものか。われわれの見解はなんら変わらないのだから、反対意見を書くまでだ」

しかし最高裁では、原意主義はトーマス以外のメンバーには受け入れられなかった。オコナー、スーター、ケネディらは、憲法起草者の意図を推察するだけが憲法解釈ではない、と考えていた。その後の最高裁の判決、一般国民の期待、権利章典の基本的意義までふくめるべきで、その文言だけに依拠しない。つまり、「生きた憲法」としてとらえるべきだと信じていた。この考え方をスカリアははなからばかにしていた。以前次のような発言をしている。「『生きた憲法』論を主張する判事はおめでたいやつだよ。夜、帰宅したら女房にいうんだろう。『憲法というものは、それが意味するべきだと俺が考えるものを意味しているんだ！』ってな」

スカリアにいわせれば、ロー判決は暴走する「生きた憲法」の最悪の例だった――ケイシー判決の共同意見でケネディが書いた部分を読むまではそうだった。ケネディは、誇大で、ときに意味を離れた修辞をもちいる傾向があり、ケイシー判決には彼の持ち味が最高（あるいは最悪）に生かされていた。書き出しはこうだった。「自由は、疑いのある法に頼ることはできない」。平易な言葉でいえば、法律とは矛盾がなく予測可能であるべきだ、という意味だが、「疑いのある法」とはじつのところ由緒正しき言い回しだった。オリヴァー・ウェンデル・ホームズ・ジュニアやラーニド・ハンドのような理論家は、自分たちの結論がいつも正しいわけではない、という疑念をあらわすことは危険だと考えたのだ。スカリアにとってもっと悪いのは、ケネディがプライバシー権を、「自由の核心にあるのは、存在、意味、宇宙、人間の生命の神秘にかんする各個人の概念を定義する権利である」と擁護した点である。ロー判決の多くの支持者でさえ、「人間の生命の神秘」を定義するのはむずかしいだろうし、これが憲法によって守られている、と主張するのはもっとむずかしいだろう。この部分でスカリアの怒りは沸点に達した。ケイシー判決発表直前の数日間は、最高裁流の礼儀も慣習もそっちのけで激論が交された。スカリアはケネディの自宅を訪ね、説得を試みた。スカリアのロークラークが廊下でスーターを待ち伏せし陳情したこともある。しかし無駄に終わった。

ケイシー判決において三人組がみごとな勝利を勝ち取ったのは、舞台裏でスティーヴンズが抜け目なく動いたからである。三人の意見は、何度も書き直しをするうちに、まとまりに欠け、わかりにくくなっていた。六月十八日、スティーヴンズは三人にあて、「ブラックマン判事とわたしがみなさんの意見の多くに賛同できるようにする提案であれば、歓迎するというお話だったかと思います」と手紙をしたためた。自分とブラックマン、ふたりのリベラル判事がはじめから賛同できる巧妙な書き直しを提案したのである。「わたしの考えでは、法廷意見、つまり多数意見として書きはじめて、二十五ページ分で最高裁の意見を述べたほうが、比較的多数の意見からはじまり、法廷意見と比較的多数の意見のあいだを行ったり来たりするよりも、はるかに説得力があると思います」。ケネディはこの助言をすぐに受け入れた。結果として、彼らの意見の歴史的重要性はたちどころに高まった。

スカリアはよくあるように、うんざりしたり腹を立てたりしながら反対意見を書いて満足するしかなかった。「今日の法廷意見における著しく正義に反するいくつかの議論に答える――人間としてどうしてもほうっておくわけにはいかない」。彼がいうには、今回問題となるのは「生まれていない子どもを中絶する女性の権力が……アメリカ合衆国憲法で守られる『自由』であるかどうかである。わたしは、それは違うと考える。『存在、意味、宇宙、人間の生命の神秘にかんする概念』について崇高な見解を持つからこう結論づけるわけではない。重婚が憲法で守られていない、という結論に達するのとおなじ理由からである。すなわち(一)それについて憲法になにも記されていない、(二)アメリカ社会の慣習では長いあいだ、これを法律で禁じてきた」という二つの明瞭な事実からである(クラレンス・トーマスは一カ月前の承認公聴会ではロー判決について先入観を持っていないと明言していたが、ロー判決はくつがえすべきだというスカリアの意見にくわわった)。

六月二十九日は会期の最終日であり、判決がくだされる日でもあった。その日の午前中、ケネディの芝居がかった態度も最高潮に達していた。判事たちが席に着く前、『カリフォルニア・ローヤー』誌記者テリー・カーターを自分の執務室に招き入れていた。そこは最高裁の大理石の階段と広場が見わたせる、だれもがほしがる続き部屋で、彼はケイシー事件の判決がくだされるのを待つデモ隊の集団を見おろしていた。「自分がルビコン川を渡ろうとしているシーザーか、ケーブルを切ってしまうクィーグ艦長（映画『ケイン号の反乱』の主人公）か、わからなくなるときがありますよ」。ケネディは思慮深げにいうと、部屋から出て行くよう記者をうながした。召喚される前にじっくり考える必要があったのだ。

ケイシー判決でだれが最高裁の真の勝者となったのかは疑いようがなかった。十年そこそこというのに、オコナーはロー対ウェード判決をみごと自分の思いどおりに作り替えてしまった。しかも、そのあいだに実質的に同僚たちとは異なる独自の立場を築き上げていた。ブレナン、マーシャル、ブラックマン、スティーヴンズといったリベラル派は、本来のロー判決を維持しようとしていた。レンクイスト、ホワイト、スカリア、トーマスといった保守派は、ロー判決をすべて破棄したいと思っていた。ケイシー事件でオコナーと組んだケネディとスーターでさえ、彼女の見解に同調したからというより、多数派を作るための便宜的なものとして彼女の意見を受け入れた。しかし、ポイントはおなじ——オコナーの見解が法となったのである。

実際的な面でいうと、オコナーの勝利は「三カ月期間の枠組み」が使えなくなったことを意味した。しかし彼女は、妊娠において重要なのは胎児の母体外での生存可能性だというブラックマンの認識をたしかに受け入れていた。三人組の意見ではこう書かれている。「結論として、胎児の母体外での生存可能性で線を引くべきである。母体外で生存できないうちであれば、女性は妊娠中絶を選ぶ権利を持つ。ロー判決で述べられているように、胎児の生存可能性とは、現実的に子宮の外で生命を維持しはぐくむことができる時点、ということである」。次にオコナーの勝利を確実にしたくだりが続く。「不当な負担という基準は、州の利益と、憲法で守られた女性の自由とを両立させるために適切な手段だと考える」。オコナーが個別に書いた意見から派生した所見が、彼女の時代にもっとも物議を醸した憲法問題にたいするこの国の法となったのだ。「不当な負担を見つけ出すことは、州による規制に、母体外で生育不可能な胎児の中絶を希望する女性を妨害する目的、あるいは妨害する効果があるという判断をくだすための簡略な手段となる」。はっきりいえば、このあたらしい原則は、当時一般的だった妊娠早期での中絶を州は禁止できないことを意味していた。当然のことながら、中絶問題にたいするオコナーの解釈は世論をきっちりと反映していた。

共同意見の最終部分はオコナーひとりで草稿を書いており、注目こそされなかったが、最高裁の行方を占う最大の手がかりとなった。ペンシルヴェニア州法では、「いかなる医師も、中絶を希望する既婚女性から、その女性が中絶手術をおこなうことを配偶者に知らせた署名入りの書類の提出を受けない限り、中絶手術をおこなってはならない」としている。連邦第三巡回区控訴裁判所の意見のなかで、アリートはこの項目に賛成しているが、オコナーは保守派共和党員というより女性学教授のような調子で非難した。「常識」から考えると、「結婚生活がうまくいっている夫婦ならば、子どもを産むかどうかというような重要で私的な事柄については話し合うものだと推測できる。しかしこの国には、配偶者から日常的に肉体的心理的虐待を受けている女性が何百万人といる。もしそのような女性が妊娠したら、中絶することを夫に知らせたくないと思うのはもっともである……。子どもと自分の安全を心配する多くの女性が、あたかもアメリカ合衆国が中絶すべてを違法としたかのように、中絶手術を受けられなくなるという事実から目をそむけてはならない」と主張した。

この事件以降、オコナーにとっては女性の自律と健康が最重要課題となった。アリートの見解については、「結婚、ならびに憲法で保障されている権利の本質というものの現在の理解と相容れない。結婚しても、女性は憲法で保障されている自由をなくすわけではない」と主張した。いまや最高裁はオコナーのものであった。ほかでもない、元アリゾナ州上院議員オコナーの法哲学と政治的判断力が法廷を動かしていた。

5　思いやりの心

一九九三年三月の第三週に入ってまもなく、バイロン・ホワイトはロン・クラインに電話をかけ、十九日の金曜日に最高裁で朝食をと誘った。一見、この誘いは特別不思議なことではなかった。クラインは一九八〇年代後半にホワイトのもとで二年間クラークとして働き、その後法曹界と政界でキャリアを積んできた。上院司法委員会で民主党主任弁護士となったのを出発点に、その後、ビル・クリントン大統領の准法律顧問をつとめている。たまたまクリントンの最高裁人事にもかかわっていた。

ホワイトはクラインと話すのが好きだった。周囲の人間はともかく、本人はまだまだ政界の事情通のつもりだったし、民主党員だとも思っていた。その昔、ジョン・F・ケネディ政権では鳴らした人物だった。一九六二年、最高裁判事に指名された当時、上院による調査はさほど細かいものでなく、彼の司法委員会での公聴会は十五分で終わり、質問は八つしか出なかった。ホワイトにはそれまで判事経験はなく、おもにコロラド州で民間弁護士として働いており、ケネディの司法副長官として短期間つとめたことよりも、大学およびプロのアメリカンフットボールの花形選手としての活躍のほうがはるかに知られていた。なにより有名だったのは、「疾風《ウイザー》」というあだ名で、本人はそれを毛嫌いしていた。そんなホワイトが憲法問題についてどのような考えを持つのか、指名当初は謎につつまれていた。

最高裁判事となって三十年間、ホワイトは徹底した保守としての地位を確立していた。ウォーレン・コート最後の数年は、ミランダ対アリゾナ州判決をはじめ、重大事件の多くに反対意見を出した。続くバーガー・コート、レンクイスト・コートでは右派の中心人物となった。一九七三年のロー対ウェード判決では反対意見を出し、一九八六年のバウワーズ対ハードウィック判決では、同性愛者の権利を痛烈に批判する意見を書いている。総体的に個人よりも政府を重んじる判断をくだしていた（ケネディ政権の司法副長官時代に取り組んだ人種問題や連邦政府の権力範囲問題では、もっとリベラルな立場であった）。クラインたちには、変わったのは民主党であって自分ではない、ケネディ大統領の精神を忠実に守り続けていると主張したものだが、納得する者はほとんどいなかった。

金曜日が近づくにつれ、クラインの脳裏に、ホワイトが自分を招いたほんとうの目的はなんなのかという疑問が浮かんできた。そこで、ホワイトとの朝食で何度か自分と同席したことのある元ロークラークに尋ねて回ったが、誘われている者はいなかった。それでもクラインは、自分のスケジュールを管理しているアシスタント以外のホワイトハウスの人間には黙っていた。

はたして、朝食は出なかった。三月十九日の朝九時、クラインはホワイトの秘書に迎えられ、判事執務室に通された。ホワイトは窓際の対面式の大きなデスクに腰をおろしていた。七十五歳になる前からむっつりと無愛想な彼は、いつものようにいきなり本題に入った。

封をされた封筒がデスクの向かい側にいるクラインの前に差し出された。「これをボスに渡してくれないか？」

クラインはうなずいた。

「読みたければコピーがある」

手紙には辞任する旨が書かれていた。ビル・クリントンがはじめて最高裁判事を指名することになるわけだ。民主党大統領による指名は、一九六七年にリンドン・ジョンソンがサーグッド・マーシャルを指名して以来のことになる。

「でもなぜいまなんです?」とクラインは尋ねた。このタイミングに辞職するのはいささか妙である。判事は開廷期が終わる六月末に引退するのが慣例だった。ホワイトは微に入り細を穿《うが》った話を披露し、クラインにはどうにもついていけなかったが、最高裁は今年度の事件をすべて受理したところで、辞めるにはちょうどいいタイミングだということだった。それに、「もうずいぶん長いことやったからな」とつけ足した。なにを差し置いても、自分はやはり民主党の人間なのだし、民主党の大統領に自分の後任を指名してもらいたいのだという。

話が終わり、クラインは立ち上がる前に、このことをいつマスコミに話すつもりなのかと尋ねた。

「十時だ」

クラインは青ざめた。もうすでに九時十五分を回っている。記者会見の前に、ホワイトハウスの同僚にはどうしても伝えておきたい。最高裁までキャピトルヒルの自宅から歩いてきたので車はない。車を取りにもどるか? それともタクシーか? ホワイトの秘書のオフィスで電話を借り、大統領顧問バーニー・ヌスバウムか次席法律顧問ヴィンス・フォスターをつかまえようとしたが、ふたりとも不在だった。まだ携帯電話などない時代のこと、移動中は連絡ができない。あせりつつ、思い出せる限りのホワイトハウスの電話番号を片端からかけていき、ようやく同僚のリッキー・サイードマンにこのことを伝えることができた。それから急いで最高裁前の広場に飛び出し、タクシーをつかまえた。

午前九時四十五分、大統領の秘書ベティ・カリーが大統領執務室の外でクラインを待っていた。その直後、わずかに息をはずませながらクラインは、くだんの手紙をクリントンに手渡した。クリントンはすでに手紙の趣旨を知っていた。

「おかしいな。ここに来たときには、変わった様子はなかったんだが」。ホワイトは、その前の週、ジヤネット・リノ新司法長官の宣誓就任のために大統領執務室を訪れていた。
「わかった」クリントンは手紙をクラインに返しながらいった。「このことは明日話そう」

バイロン・ホワイトが典型的な民主党員でないように、ビル・クリントンも典型的民主党員ではなかった。最高裁で自らの立場を突きつめられる妊娠中絶の問題になると、そのことは特にはっきりした。一九九二年、民主党大会はテキサス州の政治家の熱狂的な宣言ではじまった。「わたしはアン・リチャーズです。中絶支持です。クリントン大統領候補を支持します」。この宣言は、民主党正統派にとって妊娠中絶の権利がいかに重要であるかを物語る。妊娠中絶を支持するかしないかという問題は、両政党の分水嶺となっていた――いっぽうは中絶支持、もういっぽうは中絶反対。実際、ペンシルヴェニア州知事にしてケイシー事件の被告人ロバート・P・ケイシーは、一つには中絶反対だという理由から、この大会で話す機会をあたえられなかった。クリントン自身は中絶支持だった。でなければそもそも大統領候補に指名されなかっただろう。しかし彼の中絶問題にたいする考え方は、中道派のあたらしい民主党員《ニューデモクラット》の動向を反映したものだった。中絶という問題では、多くの人たち、特に浮動票をにぎる有権者が不快感を示すことを知っていたので、せめて自分が問題のむずかしさを認識していることを納得してもらいたいと考えていた。そのため、大統領選挙運動で中絶をテーマにするときは、「安全かつ合法的であり、しかもまれな例」であるべき、との決まり文句をくりかえした。

選挙期間中、最高裁人事が話題になると、クリントンは彼一流の政治的狡猾さを発揮した。別の視点でいえば、玉虫色の物言いでごまかした。判事を指名するのに一つの要素だけ見て判断するつもりはない――しかし、自分とおなじ中絶支持の者しか指名しない。じつのところ、未来の大統領候補のなかでだれよりもクリントンがこの問題について熟考していたのである。

一九九三年三月二十日土曜日の午後、大統領はあらたに指名する最高裁判事に望むことを具体的に語りはじめた。大統領専用の書斎（のちに、モニカ・ルインスキーとの逢い引きの場として有名になる）に隣接する小さなダイニングルームで、クリントンは副大統領アル・ゴアとホワイトハウスの弁護士、フォスター、クライン、ブルース・リンゼイらを集め、ホワイトの後任人事について話し合った。二週間ほど前、ほんのたわむれにクラインは、デューク大学法学教授ウォルター・デリンジャー（一時的にホワイトハウスのスタッフとなり、のちに司法次官補に就任した）とともに、最高裁判事候補者五十名をリストアップしていた。控訴裁判所判事（ほとんどがジミー・カーター大統領による任命）、大学の法学教授、ほかに政治家と個人で活動する弁護士数人がふくまれている。たいした情報はなく、氏名と現在の所属先のみではあったが、その時点での、クリントン政権による最高裁判事指名候補者を十分網羅していた。そこでクラインはリストを回覧した。

クリントンはリストにちらりと目を落とした。「よく聞いてくれ。いまや最高裁は完全に崩壊し、共和党から指名を受けた連中に牛耳られている」（実際、最高裁の民主党判事はホワイトただひとりだった）。「正しい方向に投票するだけの人物ではだめだ。まわりを動かし、説得して引っ張ってこられるような人物でなければならない。ウォーレンがやったようにだ。それができる人物を探している」

クリントンは、最高裁が「元判事」に支配されているのは健全ではない、と考えていた。妥当な実社会の経験と彼がみなす経歴を有する者はいないに等しい。クリントンは彼らを「脚注好きの連中」と呼んでいた。一般の大衆にとってなにが重要かということよりも、法律のさまつな部分ばかりにこだわっている、という意味だ。判事でない候補者が数名あがったが、クリントンがそのなかのひとりにとりわけ興味をもったのはすぐにわかった。マリオ・クオモ、当時のニューヨーク州知事である。

クリントンとクオモはいわくいいがたい関係だった。クリントンは言葉ではクオモのやり方を称賛していたが、その決断力のなさに憤慨していた。いっぽう州知事として三期目に入っていたクオモは、大統領からふだん示されている以上の敬意をはらってほしいと思っていた。クリントンが最高裁判事の件でクオモにはじめて電話をかけたとき、クオモは出なかった。クオモの秘書がクリントンの秘書ベティ・カリーに、州議会議員と予算の折衝中で席を外すことができないのだと伝えてきた。

クリントンのスタッフの何人かは、クオモの指名に乗り気だった。とりわけ、ジョージ・ステファノポロスと経済担当首席補佐官ジーン・スパーリング（かつてクオモのもとで働いていた）はそうだった。彼らにしてみれば、まさに最高裁を一変するという鮮明なメッセージになるし、クリントンの業績にも磨きがかかるからだった。三月三十日、ステファノポロスが電話を入れると、クオモは確約せず、冗談めかしていった。「きみがこんな卑しい活動に身を落とすとは意外だな」

結論が出ないまま数日が過ぎた。クリントンはエア・フォース・ワン（大統領専用機）からクオモに電話をかけた。クオモは指名を辞退するほうに気持ちが傾いているとしながらも、引き続き検討するといった。クリントンは回答を得られないまま、ボリス・エリツィンとの首脳会談に向け出発した。クリントン政権ではよくあることだが、最高裁判事候補としてクオモに打診しているというニュースはマスコミにもれ、大統領を困惑させた。首脳会談から帰国後の四月七日、ステファノポロスはクオモの息子で首席顧問のアンドリュー・クオモに電話をかけ「回答がほしい」と迫った。

ステファノポロスによれば、その日アンドリューは父親と二時間半話し、最終的に「おまえの希望ならば、大統領に電話をして指名を受ける」といったという。クオモが指名される、発表は明日だ、という噂がホワイトハウス周辺を駆けめぐった。クラインは調査をやめ、発表の準備に取りかかった。しかし一時間後、クオモからクリントンにファックスがとどいた。そこには、最高裁判事としてつとめたいという自分の願いよりも、ニューヨーク州民にたいする責任をまっとうするほうがたいせつだ、ということが書かれていた。クオモの指名はなくなった——あるいはそう思われた。

クオモがだめだとしても、最高裁判事にはなんとしてでも政治家を指名したい、クリントンはかたくなにそう考えていた。重要な場での決断はその人の経歴ともなるものだし、自分の人を見る目と「思いやりの心」のほうがただの法律家の意見よりもたいせつだと確信していた。自分の思い描く人物を指名することに決めていたのである。彼には、社会の問題を解決するには訴訟よりも立法がベストである、という政治家としての信念があった。議論を呼びそうな候補者をわざわざ上院にかけ、せっかくの政治資本を無駄にするようなまねは嫌だった。クリントンの選挙運動は経済問題が基盤となっている。連邦議会でもめて時間を取られたくない。最高裁のサプライズ人事でリスクを冒すよりも、経済政策（その次に医療制度改革）のほうがはるかに重要だったのだ。

次に候補にあがったのは、上院多数党院内総務でメイン州の元連邦地方裁判所判事ジョージ・ミッチェルだった。クオモとおなじようなスキルがあるし、クオモと違って悩まないタイプだ。案にたがわず、クリントンからの打診にミッチェルが苦悶するようなことはなかった。上院の仕事にやりがいを感じており、クリントンの立法政策を遂行する使命があるとして即座に断った。次に浮上したのは、サウスカロライナ州元知事でクリントン政権の教育長官リチャード・ライリーであった。彼も分をわきまえ、やはり固辞した。「自分は田舎の平凡な弁護士にすぎません。わたしの器ではありません」

だとしたら、ブルース・バビットはどうか？　ライリー同様、民主党知事として共和党勢力が強い州を率いていたし、いまはクリントン政権の内務長官だ。アリゾナ州司法長官の経験もある。ライリーと違って力不足を懸念することはないだろう。バビットでいこう、身辺調査の結果次第だ、とクリントンはスタッフに告げた。

ヴィンス・フォスターとクラインは内務省内のバビットの執務室で夜明かしする羽目になった。ワシントン一とも称される広々した部屋である。彼らは、納税申告書類、特に家事手伝いへの給与支払いを詳しく調べた（ほんの数週間前、クリントンはゾーイ・ベアードを司法長官に指名しようとして失敗していた。不法移民を子守りと運転手に雇っていたことが判明したからである。「ゾーイ・ベアード問題」をクリアしているかどうかは、その後ずっと公職につく人間の最重要項目となった）。夜を徹して調べた結果、問題はないようだ。大統領顧問弁護士は、バビットに翌日、ローズガーデンで発表するので準備をするようにと伝えた。

しかし翌朝、クリントンは不安に囚われた。最初は保守系新聞『ワシントン・タイムズ』（社主は文鮮明師（二〇一二年死去））の記事で、バビットがラスヴェガスのカジノでギャンブルに負けて借金を作り、それをギャング団が肩代わりした、というものだった。もっと見過ごせないのは、司法委員会の共和党幹部オリン・ハッチと話をしたとき、バビットの承認はてこずるだろうといわれたことである。バビットは強硬な環境保護推進派で、西部出身の共和党上院議員の反発を受けており、仕返しがあるかもしれない――バビットの指名、あるいはクリントンによる彼の後任の内務長官指名で。西部出身の民主党員のなかには、内務長官のポストにニューメキシコ州選出の下院議員ビル・リチャードソンを推す者もいたが、ゴア副大統領は、リチャードソンの内務長官就任は「青信号」ではないと考えた。

そういうわけでクリントンはバビットも候補から外した――状況を鑑みるならば、おそらく驚くほどあっさりと。バビットの指名に立ちはだかる問題はどれも解決できそうにないものではない（のちに『ワシントン・タイムズ』の記事はまったくのでたらめだったことが発覚した）。バビットの指名にせよ、内務長官の後任人事にせよ、実際強行すれば最終的には承認された可能性が高い。じつのところ、クリントンはバビットにたいして相反する感情を抱いていた。それはふたりがあまりにも似すぎていたからで、妻が教養のある野心家という点までそっくりだった（クリントンは米州機構のアメリカ代表に彼の妻ハッティ・バビットを指名している）。クリントン夫妻とバビット夫妻の関係には、ライバルとして競い合ってきた経緯があったのだ。クリントンは、どちらが大統領なのかをバビットに思い知らせたかったのかもしれない。

ホワイトの辞表を受け取ってから一カ月以上が経った。後任は決まっておらず、それどころか、候補者すら絞れていない。四名の政治家を検討してうまくいかなかったのだから、やはり判事から候補者を絞るしかないと考えたのだろう。クリントンお気に入りの判事はだれもが知っていた。アーカンソー州の連邦控訴裁判所判事リチャード・アーノルドである。アーノルドは連邦裁判官のなかでもひときわ光彩を放つ人物で、出色の逸材、学者肌の穏健派として政界からも一目置かれている。しかしアーカンソー州というのは厄介だった。クリントンはすでに自分の古巣である同州の盟友たちを政府要職に指名しており、その上アーノルドを指名したら、友人贔屓《びいき》だと思われるかもしれない。州知事時代、アーノルドの妻が文化担当局長をしていたからなおさらである。実際のところ、アーノルド夫妻とクリントン夫妻はリトルロックではつきあうグループが違い、特に親しい間柄ではなかったが、いずれにしても汚点となるのは間違いない。アーノルドは見送られた。

アル・ゴアが提案したギルバート・S・メリット・ジュニアはどうだろう? アーノルドよりは知名度が低いかもしれないが、彼もカーターに指名された連邦控訴裁判所判事であり、テネシー州出身のゴアとは家族ぐるみの友人だった。メリットにはほかの利点もあった。当時、クリントンはラニ・グイニアの司法次官補(公民権法担当)指名をめぐるごたごたを抱えていた。承認争いのあいだ、グイニアが投票権について挑発的な論考を書いていた事実が浮上し、反対派は彼女を「割当候補」としてあざ笑った。そこにメリットのような南部の白人男性を指名すれば、クリントンは穏健派であることがあらためて証明される。さっそくメリットの調査をさせたところ、一九六〇年代の連邦検事時代に障害となりそうな問題が浮かび上がってきた。それ自体ではだめにならなかったかもしれないが、もともとメリットを熱狂的に推す声があったわけでもなく、彼の指名はなくなった。

このころになると、クリントンは増え続ける候補者の経歴にかんする書類を自ら読むようになっていた。政権内から寄せられたものもあれば、協力を申し出た外部の弁護士が書いたものもある。連邦議員や「ビル(とヒラリー)の友人」という巨大なネットワークから一方的に送られてきたものもあった。そうしているあいだにもグイニアの指名論争は激しさを増し、クリントンは彼女の論文には弁解の余地がないと判断してその指名を取り下げた。グイニア問題でクリントン政権はさんざんな目に遭ったので、最高裁人事を取り巻く力学が変化した。クリントンはその時点で、女性を指名するのが賢明だ、と考えた——グイニアでの失態を取り繕うために。

クリントンはリストからひとりの女性を抜き出した——ジェニー・ショアーズ。彼女はどうだ？　クリントンは尋ねた。クラインは指名の可能性のある候補者全員に義務づけられている調査書類をショアーズにファックスした。

アラバマ州最高裁の女性判事第一号とはいえ、ショアーズはワシントン法曹界ではまったくの無名だった。だれも——クリントンもスタッフも——憲法問題やほかのことについて彼女がどういう考えを持っているか見当もつかなかった。

候補者の名前が浮上しては消えていくことにいたたまれなくなっていた大統領法律顧問バーニー・ヌスバウムは、はっきり意見を口にした。「ジェニー・ショアーズを指名なさるおつもりではないですよね。彼女が何者なのか知る者はいません。正気の沙汰ではありません」。クリントンは折れた（ホワイトハウス内部では、なんの非もないショアーズが混迷する候補者選びの象徴となった。数年後、彼女の名前が出ただけで職員は笑いをこらえられなかった）。

ホワイトが辞任した日から、マサチューセッツ州のベテラン上院議員テッド・ケネディは、スティーヴン・ブライヤーを推薦していた。ブライヤーは以前ケネディの下でスタッフとして働いていた。ハーバード・ロースクール教授を経て、ボストンに拠点を置く連邦控訴裁判所の首席判事をつとめている。クリントンはケネディのことを心から尊敬していた（クオモやバビットなどとの関係に影響をおよぼした競争心をのぞかせるようなことはなかった）。ケネディの政治的直感も大いに尊敬していて、まさにその時、彼の老練な政治的直感がうまく発揮された。ケネディは、大統領に直接電話してもう一度ブライヤーを推すのでなく、オリン・ハッチを説得して、「ブライヤーこそ最適」とクリントンに口添えしてもらったのである。ハッチ自身、ブライヤーが一九七〇年代後半にハーバード・ロースクールを休職し、司法委員会の法律顧問として働きはじめて以来、好感を持っていた。クリントンはハッチの電話に深くうなずいた。ブライヤーの線でいこう、と彼はスタッフに告げた。

それを受けフォスター、クライン、セイドマンはマサチューセッツ州に飛んだ。あいにく、二、三日前にブライヤーはケンブリッジの自宅近くで自転車に乗っていて思いきり転倒し、マウント・オーバン病院に入院していた（半ば公的なこの調査の性質上、地元記者たちは調査メンバーが病院にいることを聞きつけており、ホワイトハウスの補佐官らは記者を避けるため、こっそり裏口から出なければならなかった）。面接は順調だった。ブライヤーは大統領との面接にワシントンに来るように告げられ、そのときおそらく正式な発表があるといわれた。

ブライヤーは自転車事故で肋骨を折り、肺に穴が開いていた。飛行機移動は許可が下りなかったため、列車に揺られ骨をきしませてワシントンに赴いた。駅ではフォスターが出迎え、大統領執務室に案内した。ブライヤーとクリントンの面談はさんざんだった。本来なら気さくで口数の多いブライヤーだが、けがと痛みのせいで息があがっていた。その後クリントンはスタッフに、ブライヤーは「人情に欠ける」のではないかといっている——大統領の判断基準は思いやりの心であるらしかった。行政法分野でのブライヤーの仕事ぶりをみると、かなり保守的傾向が強い。クリントンはいった。「人情が伝わってこない。魂のある判事を選びたいと思っている」（こうしたやりとりを知らされないまま、ブライヤーは電話口で待機するようにいわれていた）。

ブライヤーとクリントンの面談があった夜は、たまたまホワイトハウスの南庭《サウスローン》で連邦議員を招いた毎年恒例の野外食事会が予定されていた。じっくり話し合って判断をくだすため、クリントンは夜十一時にミーティングを招集した。このミーティングには初期のクリントン政権で決断をくだすときによく見られた欠点が出そろっていた。出席者が多すぎ（十二人のスタッフ）、話し合いはだらだら続き（九十分）、そもそも大学生が雑談を交わすのにふさわしい時間帯である。決断をくだすのでなく、クリントンは参加者のひとりひとりにブライヤーを支持するか尋ねてミーティングを終わりにした。結果としてブライヤー支持が多数だったが、満場一致ではなかった。最後にクリントンはいった。「明日、彼を呼ぼう。わたしが連絡する。発表は明日だ」

しかし翌朝、フォスターとクラインが真っ先にしなければならなかったのは、大統領執務室にもどることだった。フォスターはブライヤー家における家事手伝いの雇用記録などを調べていたのだが、書類は整理ができておらず、めちゃくちゃだった。決定できるかもしれないが、できないかもしれない。クリントンは椅子にぐったりと沈み込んだ。これまでのようにもっと別の選択肢はないか考えながら、まだだれもジャネット・リノの意見を聞いていなかったな、と口にした（最高裁判事の人事を審議するさい司法長官をメンバーにふくめるのは当然のように思えるが、クリントンはリノのことをろくに知らなかった。彼女は、ベアードとキンバ・ウッドの名前が浮上し、消えていったもう一つの指名の大混乱の末、そのポストに就任したばかりであった）。

クリントンはクラインに、大統領執務室の外でベティ・カリーといっしょに座っている秘書ナンシー・ハーンライクのデスクからリノに電話をかけ、意見を訊くよう指示した。

電話はすぐつながった。リノは開口一番こういった。「どうしてルース・ベイダー・ギンズバーグを検討しないのですか？」

ルース・ギンズバーグは、同世代では抜群の業績を残している法律家・判事でありながら、群衆に紛れ込む才能に長けていた。なにしろ小柄だった。身長一五〇センチ、体重四十五キロばかりで、まるで小鳥といったところだ。その上、存在感にも欠けていた。恥ずかしげで、臆病そうな微笑みを浮かべ、瞳は大きなメガネの裏に隠れていた。会話をすると長い沈黙が続き、そのせいでファン（あるいはクラークの応募者）はいたたまれなくなり、つい脈絡のないことを口走ってしまう。一九九三年当時、彼女は六十歳で、近年最高裁判事に指名された判事たちよりも年上だった。いい悪いは別にして、ギンズバーグの考え方にははっきりしたスタイルがあった。

クリントン政権のころはウォーターゲートのアパートメントで恵まれた生活をしていたが、その声には必死に働いてなんとか食いつないでいたブルックリン時代の跡が残っている。姉は幼くして他界、母もルースが十七歳、高校を卒業する前日に癌で亡くなっている。進学したコーネル大学で夫のマーティンに出会い、ともにハーバード・ロースクールに進んだ。一学年に五百人以上もの学生がいながら、女子学生は彼女をふくめ九人しかいなかった。娘が生まれてすぐ、マーティンは精巣癌にかかった。長くつらい治療のあいだ、夫の世話と育児をこなすかたわら、授業に出てふたり分のノートをとり、夫の論文をタイプし、さらに自分の法学論評を執筆した。そのせいなのか、後年クラークから仕事量が多いと不満をもらされても、ほかの判事ほどにはとりあわなかった。

ギンズバーグ夫妻はニューヨークに居を構えた。マーティンはそこで税法の弁護士事務所を開き、ルースは大学で法律を教えるようになった。はじめはラトガーズ大学で教鞭を執り、その後一九七二年、コロンビア大学で終身在職権をもつはじめての女性教授となる。またＡＣＬＵにくわわり、当時のいわゆる「女性解放運動」において連合の先駆的役割を担った。ギンズバーグは決して急進派ではなく、訴訟を柔軟に使いこなすしたたかな戦略で有名になった。もちろん目標は、当時当たり前のようにあった女性差別に終止符を打つことだが、このころ男性ばかりであった判事を前にして、この問題を強調して提示する必要があった。

そこでギンズバーグは、典型的な性差別を反映する法律によって、女性でなく男性が迷惑をこうむっている例を探した。たとえば将校の夫は、自分が「扶養」家族であることを証明しなければ給付金を受けられない。ほかにも、オクラホマ州法では、女性ならば十八歳から二十歳でニアビア（アルコール分〇・五パーセント未満のビール）を買うことが許されるのに、同年代の男性は禁じられている。最高裁はこの両方の事件で規定を取り消し、法律が性別にかんする固定観念と思い込みにもとづいて制定されているとすれば存続すべきでない、という判決をくだした。どちらも名目上は男性に利益をもたらした事件だが、女性を差別する多くの法律の廃止につながった。全体でギンズバーグは、最高裁で弁論した六件の訴訟のうち五件で勝利している。そして一九八〇年、カーター大統領によって、アメリカで二番目に重要なコロンビア特別区連邦控訴裁判所判事に指名された。

この経歴を見れば、そしてクリントンが判事の顔ぶれに多様性を持たせると約束したことを考えれば、ギンズバーグの名前がいままで浮上しなかったことのほうが不思議である。もともとクラインとデリンジャーが作った五十人のリストには載っていたが、控訴裁判所判事として示した数々の判断のせいで、政府のリベラル派のあいだで疑念が生じていたのだ。ギンズバーグは、穏健・保守の立場を守っていて、とりわけ刑事事件ではそれが顕著だった。保守派の元同僚ロバート・ボークやアントニン・スカリアの意見に同調することも多かった（スカリアとギンズバーグはともにオペラ好きということもあって、連邦控訴裁判所で仲がよく、何年もいっしょに家族ぐるみで大晦日を祝っていた）。しかも彼女は法学論文でロー対ウェード判決を批判している。彼女への不信感はますます強くなった。

しかし、クラインがリノの推薦の言葉をたずさえてもどってくると、クリントンはいたく引きつけられた。「パット・モイニハンが毎日電話をかけてきて、ギンズバーグを指名したほうがいいってせっついてね」とクリントンはいった。このモイニハンとはニューヨーク州の民主党員で、上院財政委員会の委員長でもあった。財政委員会は大統領の医療制度改革にたいする最大の権限を持っており、そこからいってくるというのは倍の魅力がある。ヌスバウムはニューヨーク法曹界の仲間で古くからの友人であるギンズバーグの夫マーティンからもぜひよろしくと頼まれた、といった。ギンズバーグ夫妻は妻が寡黙であるぶん、夫が饒舌なのだった（最高裁初の女性判事ふたり、そのどちらもが、出世した敏腕弁護士で、妻の野心に肩入れする夫を持つことは偶然ではないだろう)。

クラインはクリントンに一つ警告した。ロー問題では、「彼女は大多数の意見と違っていますす」。先のグイニアの指名のさい、クリントンはスタッフが候補者の書いた法学論文の核心を押さえていなかったと感じていたので、ロー判決にかんするギンズバーグの発言や論文を提出するようクラインに指示した。その提出物からクリントンは、ギンズバーグもあきらかに女性が中絶を選ぶ権利は憲法によって守られていると考えていることを知った、ただロー判決と論理が違うだけだった。中絶を禁じる法律は、ブラックマンのいうプライバシーの権利を侵害するというよりも一種の性差別であり、法の平等な保護に反する、というのである。クリントンにはこれで十分だった。さっそくオリン・ハッチに電話をかけ、もう一度今度はギンズバーグの名前をあげて意見を求めた。ハッチはコロンビア特別区連邦控訴裁判所判事としての彼女の穏健な判断に好感を抱き、上院の承認は問題ないだろうと答えた。ブライヤーはケンブリッジに帰るよう告げられた。最高裁判事就任のチャンスは消えかけていた。

週末のあいだ、フォスターとクラインは民間弁護士ジム・ハミルトンとともにウォーターゲートのギンズバーグのアパートメントに行った。税法専門の弁護士らしく、また妻をなんとか最高裁判事にしてやりたいと懸命な男らしく、マーティン・ギンズバーグは自分たちの仕事についての資料や記録をきっちり整理しそろえていた(ブライヤー夫妻の乱雑な会計報告書とは正反対だった)。ウォーターゲートでの面談では、これもまた彼女らしいことだが、その間中ほとんど口をきかなかった。もしクリントンがブライヤーを好まないとすれば、ギンズバーグのようなよそよそしい態度の人物を気に入るとは思えない。それでも翌日の日曜日の朝、彼女はクリントンの面接を受けることになった。土曜日の夜、指名の行方はまだわからなかった。

アンドリュー・クオモがジョージ・ステファノポロスに人事は決まったのかと電話で尋ねたのは、そんなときである。

アンドリューは、最高裁への就任について父親の考え方が変わったといった。クオモはブライヤーがまもなく指名されるのだと信じていて、クリントンが白人男性を連続して指名するとは思えない。自分が指名される可能性は今回を逃したら二度とない、と思ったのだという。

ステファノポロスは懐疑的だった。「もし大統領が電話をかけたら、お父上は必ず承諾すると思いますか？　おなじ結果になるようなことは許されません。大統領が電話をかけようとすら思う前に、間違いなくイエスだということを確実にしておかなければならないのです」

「確かめさせてください」

アンドリューはそのままステファノポロスを電話口に待たせた。「聞いてきました。答えはイエスです」

ステファノポロスは上階のホワイトハウスの住居にいたクリントンに電話をして、いまから行ってもいいかと尋ねた。クリントンはクオモの堂々めぐりを聞いて困惑したような笑みを浮かべた。とはいえ、クオモのような劇的で変化をもたらす人事という線もまだ捨てがたかった。「マリオは国歌を歌うだろう。クリスマスにパヴァロッティを見るようなものだな」。その夜、英国大使館で催されたパーティでクリントンは、翌午前中、ギンズバーグにも会いたいとまだ考えているが、第一候補はクオモだとステファノポロスに告げた。深夜になって、ステファノポロスはまたアンドリューと話し合い、クオモに日曜日の夕方六時ごろ電話を入れるので待機しているよう伝えた。

クリントンとギンズバーグの面談はその日の午前中におこなわれた。それより先に、ヌスバウムは元ハーバード・ロースクール学長で訟務長官、尊敬すべきアーウィン・グリスウォルドからの報告書をクリントンに渡していた。そこにはサーグッド・マーシャルが公民権運動に熱心だったように、ルース・ベイダー・ギンズバーグは女性の権利擁護のために献身していたとあった。クリントンはこの種のシンボリズムが好きだった。それまでになくギンズバーグに気持ちが傾いた。彼女は、早くに母を亡くしたこと、そのあと夫が重篤な病気になったこと、自分をずっと社会的弱者だと思ってきたことなどを話した。その控えめな外面の裏にクリントンが見たもの——側近が見落としていたもの——は、勇敢なアメリカ女性の顔だった。間違いない、彼女は思いやりの心を持った女性だ。

午後五時に最終的な選考会議が招集された。三十分遅刻してクリントンが着席するなり、ステファノポロスが電話に呼び出された。マリオ・クオモからだった。クオモはまた考えを変えていた。「最高裁判事になったとすれば、いろいろな機会を放棄することになります。しなければならないことまであきらめなければならないような気がするのです」。ステファノポロスはばつが悪そうに大統領執務室にもどり、自分がまた誤解しており、クオモは完全に候補から外れたと告げた。翌日の午後、クリントンは、おそらく彼の七番目の選択だったルース・ベイダー・ギンズバーグを、第一〇七代最高裁判事に指名することを発表した。

セレモニーは六月の太陽があふれるばかりに降り注ぐローズガーデンでおこなわれた。ルース・ギンズバーグは亡き母に賛辞を捧げた。「わたしが知るなかでもっとも勇敢で強い人である母は、あまりに早く他界してしまいました。わたしは、母がもし、女性も大志を抱いて目標を達成でき、娘も息子とおなじように養育される時代に生きていたら、きっとそうなっていたであろう人間になりたいと思っています」。ギンズバーグと並んでホワイトハウスのなかへと歩を進めながら、クリントンは涙ぐんでいた。当時ABCニュースの記者だったブリット・ヒュームは、「今回の人事ではいくぶん迷走したようですが」とクリントンに尋ねた——どちらかといえば控えめな表現だ。

クリントンは声を荒らげた。「もうとっくの昔にしょうがないとあきらめているが、どうしてきみたちは重要な決定を政治の問題にすりかえて解釈しようとするんだ。彼女はわたしにできないスピーチをした。そのあとでよくそんな質問ができるものだ」。大統領が怒りを爆発させたこの言葉は翌日のトップニュースになった。とはいえ、ギンズバーグの指名は好意的に迎えられた。ハッチが確約したように、上院でも特にもめることはなかった。七月に開かれた彼女の公聴会は穏やかに過ぎ、九十六対三ですんなり承認された。

ふたを開けてみれば、ギンズバーグの指名はクリントン大統領にとってふさわしいシンボルであった。選ばれるまでのプロセスこそ混沌としていたが、結果は申し分なかった。選任した大統領の穏健＝リベラルな政治姿勢をきっちり反映し、しかもひろく人々から尊敬される判事が誕生したのである。実際ジョンソン大統領以来、クリントンはどの大統領よりも、最高裁を自分の見解にそう形にするために指名を利用することができた。とはいえ、クリントンにとってギンズバーグを指名するまでの紆余曲折は数年経ってもふれたくない出来事だったようで、自身の回顧録では、この指名にまつわる話は九五七ページ中二ページにも満たない。大統領として最高裁判事の選定は社会的にもっとも重要な仕事ともいえるのだが。

マリオ・クオモのその後だが、一九九三年に指名を辞退した理由は月日が経つうちさまざまに変化した。正直に話す権利がないとか、最高裁ではあつかわない経済問題のことが気になっていたとか。一番の理由は、ニューヨーク州知事の椅子を民主党のために守れるのは自分しかいないと思ったから。だが、いうまでもなく、そうはならず、一九九四年の知事選でジョージ・パタキに敗れている。ラジオのトーク番組のホストもうまくいかないまま終わり、結局ニューヨークシティで弁護士業を再開した。

6　追放者の帰還？

一九九三年七月二十日、ギンズバーグの指名承認公聴会初日にヴィンス・フォスターが自殺した。大統領次席法律顧問で、リトルロック時代からクリントン夫妻と親交が深く、最高裁の人選を中心になって進めていた彼だが、攻撃的なワシントン政界にはどうしてもなじめなかった。そんなところに、生まれてはじめて公的な立場で批判を受けることになり、その苦痛で以前からのうつ傾向が悪化したのである。ホワイトハウスは追悼ムード一色となり、ギンズバーグの指名が承認されたお祝い気分もすっかり吹き飛んでしまった。

クリントンの大統領就任一年目は、幸運と不運とに目まぐるしく揺れた一年となった。政治的にもほかの面でも、つねに綱渡り状態が続いていた。八月、クリントンによる経済政策は議会を通過したが、下院では二一八対二一六、上院では五十対五十となり、ゴア副大統領の一票によって可決された。翌九月、クリントンは、ホワイトハウスの南庭《サウスローン》で、イスラエル首相イツハク・ラビンとパレスチナ解放機構（ＰＬＯ）議長ヤセル・アラファトが握手をするという歴史的事件の立役者となった。反面、ヒラリーとともに推し進めてきた医療保険制度改革（ジョージ・ミッチェルが最高裁判事指名を断ったときの建前上の理由）では、はかばかしい成果をあげられなかった。さらに、アーカンソー州知事時代の一九七九年に不正な土地取引をおこなって利益をあげたのではないかという、いわゆるホワイトウォーター疑惑は過熱するいっぽうだった。一九九四年一月、クリントンは独立検察官に自分の行為を調査した上で起訴すべき理由があるかどうか判断するよう求めた。しかし、いうまでもなく、大統領在職期間の残り七年間でこの調査は性格を変え、ついには弾劾訴追へとつながっていく。

クリントンにしてみれば、一九九四年はじりじりと苦境に追い込まれる大難の年であった。倫理的な問題が（一つひとつはささいなことだが）つぎつぎに噴出した――ヒラリー・クリントンが商品取引でたまたま得た利益が暴露され、司法次官ウェブスター・ハッベルが辞職し、フォスターの自殺についての調査は長引いた。さらに二月十一日、保守派のある政治集会でアーカンソー州元職員ポーラ・ジョーンズが記者会見を開き、リトルロックの某ホテルでクリントンからとある不正行為を受けたと主張し騒然となった。議会においては、クリントンの最重要政策であるはずの医療保険制度改革がしだいに隅に追いやられ、そのまま消滅してしまった。

この惨憺《さんたん》たる一年の真っ只中、四月六日にハリー・ブラックマンが辞任の意向を表明した。前年に辞任したホワイトの場合と違って、今回はなんら驚きはなかった。ケイシー判決でブラックマンが提出した個別意見は、最高裁判事の辞任を考えていると知らせるようなものだった。一九九二年六月、「わたしは八十三歳である。永遠に最高裁にとどまってはいられない」と書いてあった。中絶支持派の大統領が選出され、ホワイトの代わりにギンズバーグが着任した。となれば、自分の金字塔ロー対ウェード判決はいまのところくつがえされることはない、と彼は語った（ギンズバーグが判事にくわわったことで、ケイシー判決当時に五対四だった票差は、中絶支持が多数の六対三となった）。一九九三年十二月、ルネサンス・ウィークエンド[*1]で、ブラックマンは明言こそしないものの、翌年退任する意向をクリントン

＊1　政治、文化、経済など各界のトップのみが利用できる排他的保養所。発言はオフレコとされる。

に示していた。それを実行しただけのことだった。

一九九四年は政治情勢の変化を受けて、選考の過程も、最高裁そのものさえも以前とは違っていた。憲法上の中絶の権利は守られていたかもしれないが、保守派の改革運動は頂点に達しつつあった。民主党がホワイトハウスと議会の上下院を支配しているとはいえ、勢いがあるのは共和党のほうだ。その風向きには、ある程度、クリントン新政権が直面している政治問題が影響しているといえた。しかし、もっと深いところでも動きは起きていた。司法における反革命運動のうねりは、ずいぶん前から押し寄せていたのである。

一九九四年四月、ブラックマンの後任探しは、十三カ月前のホワイトのときとほぼおなじやり方ではじまった。クリントンは今回も判事ではなく政治家を望んでおり、メイン州上院議員ジョージ・ミッチェルにふたたび打診した。すでに十一月の選挙には再出馬しないと発表していたから、受諾になんら問題はないように思われた。しかしミッチェルは、多数派党のリーダーとして医療保険制度改革案をもう一押ししたいのだとクリントンに告げた。この指名を受けたら立法は頓挫してしまうからという。つまるところ彼は、最高裁判事になりたくなかったのである。ブルース・バビットも悩んだ末、辞退した。

最高裁判事探しはいつもの場所——振り出しにもどった。しかし今回は前年には欠けていた真剣味があり、統制がとれていた。クリントンは候補になりそうな人物についてだいたい考えをまとめていた。大統領自身の政治的立場が弱くなっているため、総意にそう人物を選ぶことが肝要なのだ。ブラックマンの後任指名が自分にとって最後の指名になるだろうという認識もあった。最高裁の基準でいえば、一九九四年当時の現役判事は比較的若い。民主党で指名がささやかれる面々にとって、いまがだめならチャンスはもう二度となくなるのである。

ケネディ上院議員はふたたびスティーヴン・ブライヤーを推してきた。前回の選考過程の多くの情報とおなじく、クリントンがブライヤーと面談したときの暗い印象も知れわたっていた。そこでケネディはいつものように戦略を練り、以前、ロシアから視察に訪れた判事たちにブライヤーがおこなった才気あふれる講演のビデオテープをクリントンに送った。「どうです？　彼もそれほど頑固な気取り屋ではないんですよ」とマサチューセッツの上院議員はいっていた。ブライヤーはつきにも恵まれた。大統領法律顧問がヌスバウムからブライヤー贔屓の企業弁護士ロイド・カトラーに変わっていたのだ。

　だがクリントンの頭にあったのは、リトルロック出身の連邦控訴裁判所判事リチャード・アーノルドだった。

　アーノルドは地方の名家の出である。二十世紀はじめ、母方の祖父モリス・シェパードは約三十年にわたりテキサス州選出上院議員をつとめた。その娘が嫁いだ先が、テクサーカナ（テキサス州北東部とアーカンソー州南西部にまたがる都市）で代々法律を生業とするアーノルド家だった。一九三六年生まれのリチャードには伝統的教育が施された。フィリップス・エクスター・アカデミーでラテン語とギリシャ語を学び、その後進学したイェール大学を首席で卒業。オックスフォードやケンブリッジの学生との討論では、相手がキケロをラテン語で引用すると、アーノルドはその次のくだりをそらんじて鼻をあかした。ハーバード・ロースクールでも優秀な成績を収め、アントニン・スカリアを抑えて一九六〇年卒業生総代となった。卒業後は最高裁のブレナン判事の下でロークラークとして勤務。頭脳明晰でカリスマ性もあったため、弁護士活動をはじめる前から一種の伝説的人物となっていた。

　アーカンソー州に事務所を構えてからも、アーノルドは個人として弁護士活動をするいっぽうで、政府、おもにデール・バンパース知事（のちに上院議員）の片腕として働いた。あらたな州憲法も起草している。一九七八年、カーター大統領によって連邦地方裁判所判事に指名され、その二年後には第八巡回区控訴裁判所判事に就任した。ブッシュ大統領（父）が一九九一年に、リチャードの弟モリスを同裁判所判事に指名していることからも、アーノルド家という家名の大きさがうかがえる。おなじ連邦控訴裁判所判事を兄弟でつとめたのは、米国史上このふたりだけである。

最高裁判事にアーノルドを指名すれば、法曹界からは大いに歓迎されただろう。政治的立場は穏健だった。有名なのは一九七九年の判決で、アーカンソー州にたいし、高校のバスケットボールで男子にフルコート使用を許可しながら女子をハーフコートに制限することを禁じている。彼はイデオロギーよりもその雄弁さと公平さで知られ、政界全体から尊敬を集めていた。ブラックマン辞任後、百人以上の連邦裁判所判事がクリントンにたいして、「次期最高裁判事にアーノルドを」と求める共同文書を出すという異例の行動を起こしたほどだ。ロースクールの同期だったスカリアもアーノルドに電話を入れ、「おまえがとんでもなくすごいやつだと大声でふれ回ったら話が進むかな？」といった。クリントン自身、アーノルドをすばらしいと思っていた。尊敬していたといってもいい。ときたまいっしょにゴルフに行った。なにをやらせてもうまかったが、アーノルドはゴルフの腕もよかった。

ところが問題が一つあった。アーノルドは五十八歳で、二十年ほど前に癌と診断されていた。ありていにいえば、クリントンはもし判事として短命と思われるのならばアーノルドを指名したくなかったのである。


アーノルドのイエール大学時代以来の親友でワシントン在住の弁護士スティーヴン・ユーミンは、今回の最高裁判事の選考においてアーノルドの健康問題がネックになることを理解していた。反論するには単刀直入にいくしかないだろう。以前、法律事務所でユーミンがパートナーを組んでいたエドワード・ベネット・ウィリアムズとラリー・ルキーノ（のちに球団ＣＥＯとして有名になる）は、いずれもリンパ腫でリー・ナドラーの治療を受けていた。ナドラーはハーバード・メディカルスクールのダナ・ファーバー癌研究所教授で、アーノルドが患う癌の権威として世界トップクラスの評価を得ている。それだけではない。一九九二年の大統領選では、元上院議員ポール・ツォンガの癌について、「依然として命にかかわる」とコメントし、その可能性をつぶすのに一役買った（ツォンガは一九九七年、癌で死去した）。ツォンガと同様の癌を患うアーノルドについて、もしナドラーが予後は良好だと口添えすれば、クリントンは最高裁判事にアーノルドを指名するはずだ、とユーミンは考えた。

大統領首席補佐官（そして自身もアーノルドの支持者である）マック・マクラーティを通して、ユーミンは、クリントンから直接ナドラーに電話を入れてアーノルドの治療記録の調査を依頼するよう手を回した。自信過剰で好戦的なナドラーは、クリントンの依頼をあっさりはねつけた。「お役に立てることならなんでもおっしゃってください。でも、この人物のカルテを見てくれという依頼の場合、それは本人からでなくてはなりません。そうすればわたしから本人に報告し、大統領も本人からその内容を知ることができるでしょう」

なかなか気骨がある医者だなと驚きつつ、クリントンはアーノルドは承諾するはずで、記録はすぐにナドラーあてに郵送されるだろうと伝えた。その電話を確約するように、この時期電話を通じてアーノルドはナドラーにいった。「先生、きちんと診断してください。ほんとうのことをおっしゃってください」

二、三日後、ボストン郊外にあるナドラー宅にアーノルドの治療記録がとどいた。病状の深刻さを最初に予見させたのは、その書類の多さである——何千ページにもおよび、積み重ねると三メートルもの高さになるほどだった。アーノルドが癌と診断されたのは十八年前の一九七六年で、そのときは悪性度も低く、非ホジキンリンパ腫という診断だった。すぐに治療を受けたため、病気による悪影響もほとんどなかった。しかしアーノルドの癌は通常の経過をたどらなかった。一九九一年、大腸にリンパ腫が見つかった。一九九三年、上顎洞《じょうがくどう》にできた腫瘍を除去するために放射線治療を受け、さらに同年、骨と骨髄にできた悪性細胞を取り除くための化学治療も受けていた。

不思議なようだが、アーノルドはその後もほぼ普通に仕事をこなしていた。癌でも体力は衰えなかった。このような再発をくりかえしながら何年も生き延びる患者もなかにはいる。しかしナドラーは、腫瘍が生物学的に変化し、治療がますます困難になってきているのを読み取った。少なくとも、アーノルドはこの先何年も苦しい化学療法に耐えなければならない。五月十三日金曜日の午前中、ナドラーはミネアポリス州控訴裁判所の判事席にいたアーノルドに電話をかけ、結論を伝えた。アーノルドは答えた。

「先生、答えはあきらかですね。きちんと『ノー』といってください」

同日午後一時、クリントンにナドラーから電話が入った。クリントンは大統領執務室にいて、スピーカーフォンになっていた。会話はあかるい調子ではじまった。ランチを食べているのに気づいたナドラーがいった。

「大統領、ご昼食はなんですか?」

「ビッグマックとフライドポテトだよ」

「腫瘍学者としてはあまりお勧めできるメニューではありませんな」

ナドラーは、アーノルドの癌は、最高裁判事としての職務をまっとうするための「障害とならない」とは断じていえない、といった。癌は全身に転移している。アーノルドに必要なのは、熟練した医療スタッフの下で継続的に治療を受けることだ、と。

「この点について、先生の意見が変わることは?」とクリントンが尋ねた。答えは「ない」だった。

三時四十五分、クリントンはスタッフにどうするか考えるからひとりにしてくれるよう頼んだ。そして三十分後、アーノルドに電話をかけた。彼はリトルロックの自宅に帰るため、メンフィスの空港で乗り継ぎの飛行機を待っているところだった。彼に指名を見送ると伝えたとき、クリントンは涙をこぼしていた。

アーノルドはナドラーに不満を持つどころか、自らナドラーの治療を受けることにした。癌治療を続けながらも判事として目覚ましい活躍を続けた。しかし、しだいに化学治療も効かなくなってきて、二〇〇四年九月二十三日、六十八歳で永眠した。スティーヴン・ブライヤーをふくむ八人の最高裁判事がアーノルドの死を悼む声明を出した。下位裁判所の判事にこれほどの弔辞が寄せられたのは、まさに先例のないことだった。

五月十三日午後六時十五分、ブライヤーを最高裁判事に指名するというクリントンの発表がテレビで放送された。この発表は一風変わっていた。ローズガーデンでテレビカメラの前に立っているのはクリントンひとりだったのだ。夕方のニュースで大きく取り上げてもらいたいあまり、ブライヤーがボストンから到着するのを待たずに発表に踏み切ったというわけだ。ギンズバーグのときには八十七日もかかったのにたいして、今回は三十七日で決着した。とはいえ、今回の指名も、クリントンにとっては残念な結末に終わった。ブライヤーを紹介する言葉も通り一遍でしかない。その表情にはアーノルドの病気が重いと知った悲しみが浮かんでいた。それでもギンズバーグ同様、ブライヤーの指名もやがては大正解とみなされていく。またもクリントンはじつにみごとな人選をした――どの方面からも支持され、かつ大統領の価値観や意見をきっちり反映できる人物を最高裁判事に指名したのである。

週が明けて月曜日、ブライヤーはようやくホワイトハウスに到着した。前回の顔合わせでの悲惨な状況にそれとなくふれ、「今回は自転車で転ばなくてほっとしましたよ」といった。五十五歳の彼は指名されたことをまさに子どものように喜んでいた。ホワイトの後任人事では公の場で恥をかかされたも同然だったのに、それでもブライヤーがギンズバーグの宣誓就任式に駆けつけたことをクリントンは思い出した。

それはいかにもブライヤーらしかった。かなりさかのぼってみても、最高裁判事として彼ほど陽気な人物はいない。とにかく根っからの楽天家である。経歴からすると、アーノルドに負けず劣らず輝くばかりの学歴・職歴が並んでいる――スタンフォード大学卒、マーシャル奨学生としてオックスフォードで学び、ハーバード・ロースクール修了後はアーサー・J・ゴールドバーグ判事の下でロークラークをつとめ、若くしてハーバード・ロースクール教授として終身在職権を得る――が、もっとも大きな影響を受けたのは、それほど高尚でない学校での年月だった。

ブライヤーの性格を形作ったのは、一九五〇年代のサンフランシスコという特定の場所と時期であった。後年有名になってからも、講演で言及する「母校」とは決まってローウェル高校のことだった。戸惑い顔の聴衆に向かって、「みなさんにはなんのことはない学校でしょうが、わたしにとっては偉大なる母校です」といったものだった。ローウェル高校はサンフランシスコ一のエリート校で、入学もむずかしく、少し前の移民二世たちの野心と知性にあふれた場所だった。そこはヒッピーカルチャーで知られる一九六〇年代のサンフランシスコではなく、こぢんまりしながらも急成長しつつあるメトロポリスであった。ブライヤーは毎年夏にはシエラ高原の市営キャンプ場で給仕のアルバイトをした。このキャンプ場では消防士や警官や医師や弁護士の家族が隔てなくつきあいを楽しんでいた。市民が和気あいあいと地域社会にかかわるという点で、当時のサンフランシスコを超える町はまず見当たらない（とはいえ、ブライヤー自身がよく指摘していたように、黒人や女性にとっては白人男性とまったくおなじ選択の自由があるわけではなかった）。ブライヤーの父は四十年間、サンフランシスコの学校組織で弁護士として働いており、母親は主婦で、民主党と女性投票者連盟でボランティアをしていた。

輝かしい履歴のなかで、スティーヴン・ブライヤーにとってもっとも重要な経歴は、一九七〇年代半ば、連邦議会上院司法委員会（当時の議長はエドワード・ケネディ）の特別法律顧問としてハーバードからワシントンに通勤するようになったときにはじまった。最終的には主任法律顧問となったブライヤーは、ケネディに、彼の空論的なリベラルというイメージをやわらげるような課題を受け入れるよう助言した――航空業界、トラック運送業界および天然ガス産業の規制撤廃である。この時期、上院司法委員会はいつになく協調的かつ建設的で、重要な議事も速やかに進行していた。そのためブライヤーは政界の上院議員たちから高い評価を得ることとなった。

このことは、一九八〇年、ジミー・カーターがブライヤーを連邦第一巡回区控訴裁判所判事に指名したとき、とりわけ大きくものをいった。ブライヤーの承認審理の前に、大統領選挙でロナルド・レーガンが勝利を収めており、共和党の議長ストロム・サーモンドには、先の見えている無力な大統領に貴重な控訴裁判所判事指名の機会をあたえる理由などなかった。しかしケネディはオリン・ハッチをうまく説き伏せ、ブライヤーの指名を通すようサーモンド議長に頼むことを承知させた。ハッチはブライヤーを「仲間」と呼んで委員会での仕事ぶりを称え、立派な議長を動かした。こうしてブライヤーは、カーター大統領の在任中に承認された最後の判事となった。それとおなじような好意的なムードのなか、一九九四年七月二十九日、彼の指名は、上院から八十七対九で承認された。

最高裁判事に就任したブライヤーは、政府に純粋な愛情を抱いていた。政府は国民に奉仕し、その問題解決のために存在し、そしてその目的はほぼ果たされている、と確信していた。もっとストレートにいうと、国民の代表はおしなべて国民の利益のために働いている、と議会を称賛し信頼していたのである。判事の多くは、大統領の一般教書演説に一回か二回出席すれば、拍手のタイミングがつかめない上に、こうした場面でのややこしい立場にうんざりして、もう出たくないと思うものだ。ところがブライヤーは、自分が出席することで政府の他部門との結束が示されると考えていて、たとえ判事は自分だけだったとしても欠席したことは一度もなかった。

つまり、スティーヴン・ブライヤーは、最高裁判事として最初の一歩を踏み出したとき、国民からも、議会からも、そしてある意味であらたな同僚となる判事たちからもひどくずれていたのである。当時国は、もっぱら政府の概念そのものを、とりわけその象徴である連邦議会の議員を中心として展開していたように見える。一九九四年十一月八日の選挙で、民主党の上下院議員が多数議席を失った。たまたま同日、最高裁は、ブライヤーの信念をことごとく脅かす事件を審理していた。アメリカ合衆国対ロペス事件である。

フェデラリスト協会そのほかのメンバーは、最高裁が強力な連邦政府という憲法上の根拠を徐々に切り崩していくことを期待していた。それには、その問題が争点となる事件が必要だった。そこに、重要な事件ではよく起きる奇妙な幸運によって、絶妙なタイミングでアルフォンソ・ロペス・ジュニアの事件が浮上してきた。

一九九二年三月十日。サンアントニオのエディソン高校三年生のロペスは、三十八口径のピストルと弾丸五発を隠し持って登校した。匿名の情報がもたらされ、学校当局が追及すると、ロペスは隠していた銃を取り出した。彼は逮捕され、テキサス州法のもと、学校構内で銃器を所持していたかどで起訴される。しかし、州の起訴は翌日取り下げられた。連邦捜査官が一九九〇年の「学校区域での銃禁止法」（学校構内もしくは近隣での銃器所有を禁止）違反で起訴したからである。もし保護観察となっていれば、ロペスはなにもいわずに事件から引き下がっていただろう。しかし、懲役六カ月の刑がいいわたされてしまう。それでは予定していた海兵隊に入隊できなくなる。そこで彼は、公選弁護人に控訴を依頼した。事件の事実はごく単純だったが、法律はそうではないことがあきらかになった。

ロペス事件の審理が法廷ではじまるころには、フェデラリスト協会がかかげる思想は一枚岩となっていた。会員は四万人にまで増え、年間予算は三百万ドルを超えた。その運動は、一時話題になったダグラス・H・ギンズバーグ判事のおかげで一躍注目を集めた。ロバート・ボークの指名が上院で否決されたため、次にレーガンが指名したのが、コロンビア特別区連邦控訴裁判所判事のギンズバーグ（当時四十一歳）だった。しかし、「法学教授として教鞭を執っていたころマリファナを吸っていた」と報道され、指名はすぐ取り下げられた。それでもギンズバーグは熱心に保守派判事として控訴裁判所でがんばり続けた。のちに雑誌『レギュレーション』（自由主義《リバタリアン》を標榜するシンクタンク、ケイトー研究所の定期刊行物）に論文を載せ、経済を規制しようとする行為を最高裁が実質的にすべて違憲とした一九三七年以前の憲法解釈を称賛した。その当時の最高裁は、「州際通商条項」[*1]のような原則を根拠に連邦の規制を違憲としていて、いまやそれは、ギンズバーグのいう「追放された憲法」となっている。「かつての追放の記憶、際限のない政府の権限に敵対して追われたそれは、たとえ彼らの世では果たせなかったとしても、その自由なる憲法の復活と再来を願って尽力するわずかな学者たちによって生き続けている」ようするに、「追放された憲法」をめぐる運動とは、現代の社会保障制度にたいする直接的な脅威のあらわれであり、その最初の重大な試練として、アメリカ合衆国対ロペス事件が最高裁の前に立ちはだかったのだった。

いつものように、オコナーがまず訟務長官ドリュー・S・デイズ三世に質問した。デイズは学校内の銃所持にかんする法律の合憲性を擁護する立場で弁論をおこなっていた。

「学校構内もしくは近隣でなにかを所持することがそもそも『通商』にあたるものでしょうか？」

「そのご質問にたいする答えは、『そのとおり』だと考えております」とデイズは答えた。

「わたしはそうだと思っていませんでした。それに州際ではないと思っていました」オコナーは率直に言葉を返した。

それはデイズにとって不吉なはじまりで、口頭弁論はそこからどんどん下降線をたどった。オコナー、ケネディ、レンクイスト、スカリアは、そもそも学校近隣やほかの場所における単なる銃所持を連邦議会が規制できるものなのかを問いただした。

しかし、その質問の言外の意味もまた重要だった。判事たちの言葉から、連邦議会を軽視していることが

*1 合衆国憲法第一条第八節第三項で、連邦議会は、外国との通商、州際間の通商、インディアン部族との通商を規制することができると定めたもの。

とが見てとれる。連邦議会は非能率的で、形だけ立派に整えた組織にすぎない、と思っていることはあきらかだった。

スカリアは作り笑いを浮かべていった。「デイズ訟務長官、教えてください。ここ二十年で、連邦議会が検討の末に判断をくだして、なにか特定の命題に達しなかったと思われるものはありますか？」

デイズの答えの冒頭は笑い声でかき消された。

途中デイズは、議会には学校での暴力を通商に結びつける「合理的論拠」があるといった。

スーターは皮肉っぽく返した。「ベンジャミン・フランクリンがいっています。『合理的動物であることはたいへんすばらしい。動物の行動にはなんであれ理由がある』と」。またどっと笑いが起こった。

最高裁はその歴史のほぼすべてを通じて、議会と密接につながってきた。判事の多くは元上院議員だった。しかしレンクイスト・コートではそうしたしがらみがなかった。レンクイストとスカリアは行政機関で、オコナーとスーターは州政府で働いていたにすぎず、ケネディ、スティーヴンズ、ギンズバーグは個人で弁護士活動をしたりロースクールで教えたりしていただけだった。ロペス裁判の口頭弁論のあいだもいつもどおり黙ったままだったトーマスは、かつてミズーリ州選出のジョン・ダンフォース上院議員のスタッフとして短期間働いていたことがあったが、承認公聴会での痛烈なやりとりで議会にずっと嫌悪を抱いていた。唯一ブライヤーだけが、この対等の政府機関にたいしてある種の親近感を抱いていた。

このころブライヤーは最高裁判事としてまだ日が浅く、口頭弁論において（のちのように）自分の主張を強く押し出していなかったのだが、デイズにも同僚判事にもいらだちが募り、とうとうロペスの公選弁護人にぶちまけた。「このわかりやすい議論にたいし、つまり本件は州際の事件ではない、というあなたの主張とは異なる議論にたいしてなんと答えますか？」

ブライヤーは言葉を続けた。「銃器は書籍や机と同じように州際通商として取り引きされます。教員の異動もそれに当てはまるかもしれません。学校内で子どもが銃で殺されるような土地には、この国のだれも引っ越そうとは思いません。もし連邦政府がそれについてなんの対策も取らなければ、たぶん経済全体がさまざまな点であきらかに破たんすることでしょう」。ここでブライヤーは、地場産の小麦も州際通商と十分直結しており、通商条項によって規制されるとした一九四二年の最高裁判決を引いた。「もし地場産の小麦が州際通商に影響するというならば、わたしが思うにそれは経済的な境界線上の問題ですが、学校内の銃器所持も通商に影響をおよぼすのは間違いありません」。この発言は、半世紀以上ものあいだ、当然のこととして受け入れられてきた憲法解釈を呼び起こそうというものだった。

しかしブライヤーの主張（質問という形をとっているが）は同僚判事の賛成多数を得られなかった。一九九五年四月二十六日、最高裁は、連邦議会が可決した「学校区域での銃禁止法」を、州際通商条項を根拠に違憲とする判決を五対四でくだした。レンクイストの多数意見（オコナー、スカリア、ケネディ、トーマスも同意した）は、連邦議会が州際通商条項における権限を逸脱したという理由で法律を無効とする、一九三五年以来はじめての判決となった。ここでのレトリックは、新任された下院議長ニュート・ギングリッチの巧みな言葉遣いとぴったり一致する。レンクイストは、ジェームズ・マディソンによる『ザ・フェデラリスト』第四十五篇の文章を引用して、「提案された憲法によって連邦政府に委託された権限は、数が少なく限定されている。州政府に残される権限は、数も多く無制限である」と書いた。「大きな政府」という立場は、ファーストストリートの両側から公的な場で攻撃されたのである。

この判断にたいして、ブライヤーは声高に異を唱え、最高裁判事になってはじめて反対意見を書いた。「わたしの見解では、最高裁がここ半世紀にわたって解釈してきたとおり、本法律が通商権限の範囲内にあると考える」。さらには、多数意見は、すでに成立しているほかの多くの法律にとって大きな脅威となると述べた。「議会は多くの法律を制定してきた（アメリカ合衆国法律集には百以上の条項がある）。うち刑事法（少なくとも二十五の条項）では、その範囲を定めるのに『通商に影響をおよぼす』という文言をもちいている。本法廷の判決は……これまで十分確立されてきた法分野を不安定にするおそれがある」。しかし、いうまでもなく、そこがポイントだった。フェデラリスト協会と同志らがまいた種が実を結びはじめていたのである。

ウィリアム・ブレナンが自分のロークラークに尋ねたという有名な問いがある。最高裁判事なら知らない者はない。ブライヤーも知っていた。「最高裁においてもっとも重要な法とはなにか？」この問いに、ロークラークたちは困惑した。言論の自由？　それとも平等保護？　いや、権力の分離？　しばらく考えさせてから、ブレナン判事は小さな片手を上げてこういった。「五人ルールだよ！　五人の賛成票があれば、最高裁ではなんでもできるんだ！」。リベラル派がもっとも元気だった時代に最高裁でロークラークをつとめたブライヤーは、このエピソードを振られるとこういった。「彼がそういうのは簡単ですよ。なんといってもはじめから七票持っていたんですからね」。ところが、判事スティーヴン・ブライヤーのつとめる最高裁はまったく事情が違っていた。ロペス事件の判決後の夏、自分が書いた意見を友人にほめられたブライヤーは残念そうな微笑を浮かべ、四本の指を立てて見せた。「四票しかないからね。たった四票だよ」

7 なにが正統であるか？

一九九〇年代、最高裁のなかで保守攻勢を強めていたのはフェデラリスト協会に限らない。法学教授や学生たちも理論武装して、学術的な論文を書き上げ、新聞の論説ページを埋めていた。しかし、運動には歩兵として働く法的部隊、実際に最高裁に訴訟を持ち込み、議論を闘わせる法律家もいなければならない。政界とおなじように、法曹界においても、保守連合のなかでもとりわけ熱心にかかわっている一群から精鋭部隊があらわれた――福音派キリスト教徒である。

福音派が最高裁での闘いに参戦したのは、右派の批判的研究者以上に、アメリカの現状に激しい憤りを覚えていたからだった。保守派の学者たちが州際通商条項の適用範囲について理論を交わすかたわらで、福音派の活動家たちは、最高裁の判決による実質的な影響を目にしていた――中絶をおこなう病院の門前で。教育委員会の会議の席上で。高校のフットボールの試合で。この活動家たちの目に狂いはない。なぜなら最高裁は、彼らの関心事にことごとく反対の立場を示してきたのである。三十年以上にわたって、事実上、率先して憲法を宗教から分離しようとしていた。

国民の暮らしのなかの宗教にかんし、憲法の起草者たちは相矛盾する可能性のある二つの概念を擁護していた。アメリカ合衆国憲法第一修正によれば、「連邦議会は、宗教の護持にかかわる法律、または宗教の自由な活動を禁じる法律を制定してはならない」とされている。共和制国家が確立されてから百年以上のあいだ、裁判所は公共の場におけるかなりの宗教行為、たとえば、学校での祈禱《きとう》や聖書朗読、慣行的な神への祈りや、政府施設内（や貨幣）での十戒の喚起といったものを容認してきた。当時、宗教のこの種の「自由な活動」は、それを「護持」するものとはみなされなかった。実際、政府は一定の敬神の念、あるいは愛国心を国民に要求するのも意のままだった。

　これはとりわけ一九三〇年代後半、国内の公立学校が生徒たちに毎朝授業前に国旗へ敬礼し、忠誠を誓うよう強要した時代に顕著であった。多くのエホバの証人が、十戒の「我のほか何者をも神とするなかれ」に反するとしてこの儀式に異を唱えていた。第二次世界大戦の気運が高まるなか、彼らは手ひどいしっぺ返しを受けた。生徒が放校処分にされたのである。生徒たちの自宅前では抗議行動もおこなわれた。エホバの証人たちは最高裁に保護を訴えたが認められなかった（一九四〇年のマイナーズヴィル学区対ゴビティス事件）。最高裁の多数派は、学校には「民主主義の伝統的な理想にとって有効な忠誠心の確保」を目的とした儀式への、生徒の参加を要請する権利がある、として容認した。

　しかし、その判決がくだされてからわずか数カ月に満たないうちに、最高裁はアメリカ国民とともに、忠誠心が強要され、従わない人間が処罰される社会ではなにが起こりうるのかを目の当たりにする。背筋も凍るヨーロッパのファシズムの実例が、判事たちをふくめアメリカ国民に、言論と信教の自由のたいせつさを思い出させたのである。このようにして、ナチズムという実例が、アメリカ合衆国憲法のその後の方向性をはっきり形作ることとなった。移行もすばやかった。ゴビティス判決からわずか三年後の一九四三年、エホバの証人がそれとほぼおなじ訴訟を提起し、今度は勝利を収めたのだ。最高裁が最速で自らの判例をくつがえした裁判といえるだろう。

　このウエストヴァージニア州教育委員会対バーネット事件の多数意見を書いたのは、ロバート・H・

ジャクソン判事だった。最高裁の歴史においてもきわめて強い説得力をもつ彼の意見には、以降アメリカの指針となる原則が書かれていた。「愛国的儀式が、強制された日課ではなく、自発的で自然発生的なものとなれば愛国心は育たない、と信じることは、自由な精神に訴えかけるというアメリカの制度に不遜な評価をくだすことになる」。そして最後に、最高裁の歴史に残る有名な一文で締めくくった。「我が国の憲法という星座のうちに不動の星があるとすれば、それは、上位下位を問わず公職者が、政治、ナショナリズム、宗教といった多様な意見について、なにが正統であるかを示唆したり、国民に言葉や行為によって信ずるものの告白を強いることはできない、ということである。仮に例外を許す事態があるにしても、現在のわれわれには起こっていない」

この判決以降、公共の場におけるいかなる強制的な慣例にも、最高裁が制限を課すのは当たり前のこととなった。次の重要な判決は一九六二年、公立学校での祈禱を、参加しない権利が生徒にはあるにもかかわらず禁じたときだった。エングル対ビターレ判決でヒューゴ・ブラックは、国旗への強制的敬礼を禁じた当時のジャクソン判事とおなじ判決理由を採用した。「政府の威光と経済的支援という権力が特定の宗教的信念の背後に置かれた場合、正式に承認されている支配的な宗教に従うようにする宗教的マイノリティへの間接的かつ威圧的な圧力はあきらかである」。一年後、最高裁は公立学校で聖書朗読を義務づけることも禁じた。

このような判決にたいする激しい反発はすぐに起きた。祈禱と聖書朗読は、アメリカの公教育における柱として代々おこなわれてきたものである。最高裁が公立学校におけるそのような宗教的慣例の中止を命じたことで、一九六〇年代後半はたちまち混乱におちいった。因果関係は諸説のあるところだが、多くのキリスト教徒にとっては、社会的な世俗化が進んだことと、それに続く秩序を失った野放図な状況とのつながりはあきらかだった。このような状態のなか、ビリー・グラハム師は回りくどく、続くパット・ロバートソン師はあからさまに、自分たちの宗教的メッセージを保守派の政策に盛り込んだ。一九八〇年の選挙では、ジェリー・ファルウェルが民主党大統領と改選期に当たるリベラル派議員を打倒しようと、「モラル・マジョリティ」と称する団体を結集。ビル・クリントンが大統領選で勝利を収めるまでに、福音派の運動は、クリントンの対立軸である保守党の中核を担うものとなっていた。そんな彼らの政策上の双子の柱はあきらかだった——一つは、中絶の合法化をくつがえすこと。もう一つは、公的な場での宗教的表現、特に公立学校での祈禱を認めさせること。

ケイシー判決後、一九九〇年代半ばまで、すでに中絶問題にたいする意見を固めていた最高裁に中絶反対の訴訟を無理やり持ち込んでも意味がなかった。しかし、宗教的表現にたいしては議論の余地が十分あった。不思議なことに、福音派の運動は、甚大な政治的影響力を蓄積していたにもかかわらず、法廷ではそれに見合う指導力を発揮できないでいた。しかし、アメリカの社会運動は一つの例外もなく、最終的には、法廷において進むべき方向を画策する戦略家——それぞれのサーグッド・マーシャルやルース・ベイダー・ギンズバーグ——を探し出す。福音派がその人物を見出したのは、まさにこの時であった。妙な話だが、彼らの救世主ジェイ・セキュロウは、ブルックリン出身の気のいいユダヤ人青年だということがあとでわかった。

セキュロウの母親は、ルース・ベイダー・ギンズバーグとおなじ高校に通っていたが、一九五六年六月十日生まれのセキュロウは、新判事と単に世代が異なるだけではなく、異なる世界に生きることを選んでいた。彼の家族は、街にはじまり、次に郊外、やがてサンベルト地帯に移るという国内の移動パターンをなぞり、ブルックリンからロングアイランド、そしてアトランタへと移り住んだ。セキュロウは平凡な生徒で、優秀とはいえず意欲に欠けており、当初は二年の短期大学を出て仕事を見つけるつもりでいた。だが、短期大学で勉学の意欲に、熱烈とはいわないまでもそこそこ火がつく。大学を探すほどの熱心さのなかった彼は、家から近いアトランタ・バプテスト・カレッジへ進学することにした。正統ユダヤ教を順守する穏健な信者の両親にどういわれるか心配したが、父親は背中を押してくれた。「見せかけバプテストだな」と年配のセキュロウはいった。「行って、しっかり勉強するんだ」

必須の聖書の授業をなんとはなしに受講していたセキュロウだったが、友人のひとり、セキュロウいわく「キリストおたく」の影響でイザヤ書を勉強するようになった。ユダヤ人は救世主《メシア》がいつか救済に来てくれると信じるが、いまだにあらわれてはいない。なおも救世主《メシア》についてのくだりを読み進めるうちに、セキュロウは、それのいわんとする人物に思い当たる――イエス・キリストである。自分もやはりユダヤ人であると思ってはいたが、キリストこそは救世主《メシア》なのだと信じるようになった。やがて、ユダヤ人のなかにもおなじ信念を抱く仲間、「イエスのためのユダヤ人《ジューズ・フォー・ジーザス》」と称する団体を知る。セキュロウは、一九七六年二月の式典で、ジューズ・フォー・ジーザス教会の礼拝の祭壇へと歩み出て、イエス・キリストに生涯を捧げることを誓った。

とはいえ、生きる糧は必要である。セキュロウはジョージア州マーサー大学のロースクールに進み、国税庁関係の仕事についた。のちに友人と共同で弁護士事務所を立ち上げ、アトランタの歴史的建造物改修の節税対策を提供しはじめる。ふたりの事業はあたった。後日セキュロウが講演でふれた話によれば、クライアントが二万五千ドル以上もの報酬を支払ってくれることに驚いたという。二十六歳を過ぎたばかりのときだった。「家族関係もビジネスも順調でした。弁護士業のほかに、不動産開発会社を起業し、二年目には二千万ドルの総収益をあげました」と述べている。しかし、概して彼は先行きを考えてはいなかった。商売は行きづまり、弁護士事務所はつぶれた。彼の人生のあらたな章は、理想と迫り来る現実の狭間で揺れていた。

幸運なことにセキュロウは、約一年前、国内のジューズ・フォー・ジーザス団体と一般弁護士としての契約を結んでおり、組織は最高裁に提訴する案件を抱えていた。彼は弁護を請け負うことにして、結果としてアメリカの憲法を変えることになった。

ジューズ・フォー・ジーザスは、信者は改宗者を掘り起こす布教活動に従事すべきだと考えていた。もっともよく知られている（悪評高い）方法は、改宗を迫るちらしの配布で、特に空港などの公共の場でよく見受けられた。頻繁に乗客に迷惑をかけるこの活動に対抗して、ロサンゼルス国際空港運営委員会は、空港内での「アメリカ合衆国憲法第一修正にかんする活動」すべてを禁じた。一九八四年七月六日、空港警察はこの規則に従って、宗教のちらしを配布していたアラン・ハワード・スナイダー（ジューズ・フォー・ジーザスの「福音牧師」）に立ち退きを命じた。セキュロウがこの問題に関与する以前に、カリフォルニア州の同僚弁護士たちは、空港規則の無効を求めて提訴していた。

訴訟のもともとの理論はごくありふれたものであった。改宗させることは、ジューズ・フォー・ジーザスの信者にとっては宗教行為にほかならない。その行為を全面的に禁止されるというのは、合衆国憲法第一修正の「自由な宗教活動」の権利を侵害することにほかならない。このような訴訟事件で定石となっている主張である。宗教的表現は昔から、宗教活動の自由条項を楯に弁護されていた。

しかしセキュロウは、ややもすれば憲法に不案内とも映る戦法をとり、それが彼の最強の武器となった。たしかに、宗教がらみの訴訟事件は宗教活動の自由条項を軸に主張を展開するのがつねだった。だがセキュロウの論法は違っていた。宗教活動の自由条項をうたう合衆国憲法第一修正はさらに、連邦議会は、「言論の自由を制約する」法律を制定してはならない、と続く（最高裁は第一次世界大戦後の一連の訴訟において、合衆国憲法第一修正は連邦議会と同様に、州と地域にたいしても拘束力を持つ、と裁定していた）。セキュロウは、ジューズ・フォー・ジーザスの牧師にたいする立ち退き命令は言論の自由の問題であって、宗教の問題ではないと考えた。空港当局がおこなっていることは、自由な言論にたいする検閲なのであって、その内容が宗教だろうが政治だろうが重大ではないという、言論の自由を求める一般的な根拠をもとにしたのである。セキュロウの考え方が功を奏したのは、最高裁がいきすぎた宗教活動よりも議論の余地のある言論の保護にはるかに寛大になっていたからだ。セキュロウは、一般に嫌悪される行為が容認された事件を並べたてた。そのなかには、わいせつなもの（こと）を流布したり、プラカードを振りかざしたりといったこともふくまれており、ロサンゼルス郡裁判所のなかで「召集令にけつまくれ《ファック・ザ・ドラフト》」と書かれたジャケットを着ていたという有名な事件まであった。セキュロウには、このような行為が容認され、穏やかにちらしを配る行為がなぜ規制されねばならないのか納得できなかった。

それは判事にしてもおなじであった。一九八七年三月三日の口頭弁論について、のちにセキュロウは次のように述懐している。「法廷に足を踏み入れながら、イエスのことを、彼がいかにして寺院の両替屋の屋台をひっくり返したのかということを考えていました。イエスは行動の人でした。自分が正しいと考えることのために立ち上がったのです。わたしはイエスを手本として自分を奮い立たせました」。しかし、判事を前にしたセキュロウは宗教をおくびにも出さなかった。訴えはあくまで言論の自由についてであると主張した。被告が空港内においてジューズ・フォー・ジーザスのちらし配布を禁じた理由を列挙するのを聞き、彼はいけると思った。途中、すでに病んでいて、気むずかしく、法廷ではたいてい押し黙っているサーグッド・マーシャルが身を起こしてうめくようにいった。「一つ尋ねたいのだが、これらの人たちがやっていることでなにが問題だというのかね？」

「やっていることにはなんの問題もありません」被告の弁護人は答えた。

「それでは、なんの問題もないことをどうして禁ずることができるのかね？」

マーシャルは問題の核心にふれていた。空港側の主張する意見すべてをもってしても、この事件は、不人気集団にたいする検閲でしかない——まぎれもなく、合衆国憲法第一修正の言論条項で禁止している行為であった。ロサンゼルス郡空港行政委員会対ジューズ・フォー・ジーザス法人事件の判決は全員一致となり、規制は合衆国憲法第一修正に反するとする法廷意見がオコナーから出された。

セキュロウはすぐさまこの見識をより広汎な福音派の運動に注ぎはじめた。ネブラスカ州オマハ市のウエストサイド高校の生徒グループが、授業後にいっしょに聖書を読んだり祈禱をしたりするキリスト教徒クラブの設立を希望した。校長と市教育委員会は、公立学校でキリスト教徒の生徒グループを認めることは、宗教を「護持」することになり、合衆国憲法第一修正に反するとして許可をあたえなかった。セキュロウはさっそくこれを最高裁に持ち込んだ。

セキュロウはまたもや憲法第一修正にもとづく宗教議論を遠ざけた。彼にとってこの訴訟は、生徒たちの自由な言論の権利についての裁判であった。もしほかの生徒グループが学校の施設を使うことができるのなら、キリスト教徒の生徒たちにもできるはずでは？　ふたたびセキュロウは圧倒的多数で勝利した。またもやオコナーが法廷意見を書き、反対意見を出したのはスティーヴンズだけだった。さらに重要なのは、オコナーは事実上、セキュロウや同志たちに、公立学校における宗教の立場を拡張するための指南書を提示したということである。ウエストサイド・コミュニティ・スクール教育委員会対マージェンス判決の重要なくだりで、オコナーは次のように述べた。「宗教を是認する政府の言論（宗教護持条項が禁ずるもの）と、宗教を是認する個人の言論（言論の自由と宗教活動の自由条項が保護するもの）とには、きわめて重大な相違が存在する。中等学校の生徒は十分おとなであり、学校側が生徒の言論を是認あるいは支持するわけではなく、単に差別をしないために認めたことであると理解できるはずである」。最高裁は、公立学校での宗教活動を、教師や管理者ではなく生徒がはじめる限り歓迎するといっていた。福音派の生徒やその両親たちは大喜びでこれを受け入れた。

一九九〇年のマージェンス事件におけるセキュロウの勝利は、パット・ロバートソンの関心を引いた。上院議員の息子で、イェール・ロースクール出身の彼は、政治、金融、宗教界の有力者として君臨していた。一九六〇年にクリスチャン・ブロードキャスティング・ネットワークを創設し、当時その番組放送を続けるのに月七千ドル必要だと知るや、ひとり十ドル寄付してくれる七百人を集めるため、「七百クラブ」と称する長時間テレビ番組を放映した。ヴァージニアビーチを拠点に、放送網とその代表的な番組により、ロバートソンは巨大帝国を築き上げ、一九八〇年代までには、放送局、不動産業、ケーブルテレビ、さらには大学（千人以上の学生を擁するリージェント大学）をも手中に収めた（後年、ロバートソンと共同経営者は、運営会社の一部を民放テレビ局ＡＢＣに十九億ドルで売却した）。一九八八年の共和党大統領候補指名争いには敗れたものの、かなりの善戦だった（対抗馬に、アイオワ州の党員集会を制した当時副大統領のジョージ・Ｈ・Ｗ・ブッシュがいた）。だが彼は、法廷に闘いを持ち込むためのこれといった方法を見出せずにいた。

そこで一九九〇年、ロバートソンはＡＣＬＵなみの保守派の組織を一緒に立ち上げようとセキュロウに声をかけた。ＡＣＬＵとおなじように、あたらしい団体は妊娠中絶や学校での祈禱といった個別の問題にとどまらず、あらゆる政治的課題を主張していくつもりだった。名称も、ライバル組織のＡＣＬＵに対抗し、「法と正義のためのアメリカ国民センター（ＡＣＬＪ）」とした（ロバートソンがＡＣＬＪのためにその卓越した直接反応型資金調達という専門技術を駆使したため、この構想によってセキュロウ個人の経済的問題も解消された）。ロバートソンの資金と政治的影響力によって、セキュロウは興味深い考えを提示するフリーの弁護士から、最高裁に課題を提起する重要人物へと変貌を遂げた。とはいえ、彼には自分に有利な判決を判事にくださせる事件が必要だった。

セキュロウの任務は、少なくとも最初のころは容易ではなかった。一つには、その任には見えなかったことがある。抜けないニューヨークなまり、キザなスーツに派手なネクタイ、ロゴ入りシャツといういでたちは、福音派の活動家というよりも七番街（通称ファッションアヴェニュー）のアパレル業界幹部のようだった。ある審理で妊娠中絶に反対する団体「オペレーション・レスキュー」の活動家を弁護したさいには、病院側職員は、早口でまくしたてる男は自分たちを弁護しているものと勘違いしたほどだった。「逆だよ」彼はいった。

とはいえ、福音派のコミュニティは急成長しており、ことあるごとに政府規制と衝突していたので、事件はＡＣＬＪにあふれていた。その多くは、福音派のグループがどれだけ多くのキリスト教の教えを学校に持ち込めるかという問題だった。組織立った祈禱はアウト、キリスト教徒の学生グループはセーフ。では、学生でない福音派のグループが放課後学校の施設を利用するのはどうなのか？

それはセキュロウにとって、ロバートソンの庇護の下でのはじめての重要な訴訟だった。ニューヨーク州法は、コミュニティの集まりに学校の施設利用を認めていたが、それは「社交上の市民の娯楽的な集まり」で、「排他的でなく、一般大衆に開かれたもの」としていた。ロングアイランドの小さな福音派教会ラムズ・チャペルは、六本立てのシリーズ映画を見せるためにセンターモリシェズ学区の施設利用を申請した。映画は、国内の福音派運動の中心人物ジェームズ・ドブソンの講義だった。ドブソンは、コロラド州コロラドスプリングズ市に「フォーカス・オン・ザ・ファミリー」を創設し、それを広範な（しかもかなり保守的な）政治的かつ宗教的目的を持つ、拡大する組織にした人物である。講義は、「メディアの影響を軽減する」ための手引きで、「幼いころにはぐくまれた伝統的なキリスト教の価値観に回帰することでしかそれは達成できない」と説いていた。たとえば、「フォーカス・オン・ザ・ファミリー」の講義のなかには次のようなくだりがある。「『危機にさらされる家族』では、『価値観をめぐる市民戦争』がおこなわれている今日の社会に照らして家族というものを考察します。ドクター・ドブソンは、親たちに、政府の介入や妊娠中絶、ポルノの影響に目を向け、積極的にかかわることを強く求めています」（以下の注意事項が次に続く。「注意：この映画にはポルノ産業にかんするありのままの情報がふくまれています。若年層の視聴は勧められません」）。同学区は映画を上映するという要求を、「教会関連と見受けられる」という理由で却下した。さっそくセキュロウはこの事件を最高裁に持ち込んだ。

そこでふたたび、彼は冒頭からお決まりの主張をくりかえした。「長官ならびに判事の皆様方、おそれながら申し上げます。この事件は、ラムズ・チャペルの言論にたいする検閲という問題であります。この活動は、学校施設でシリーズ映画を上映し、現代の家族問題の概要を示し、話し合おうと企画されたものです。学区の利用方針の下、宗教的な目的を直接問題視してこれを除外することは、内容と見解にもとづく差別であり、憲法の審査にかなうものとはいえません」。ロサンゼルスのジューズ・フォー・ジーザスの活動やオマハのキリスト教徒の学生たち同様、ラムズ・チャペルの福音派教会員は政府による自由の抑圧の犠牲者であって、国の宗教を護持するための派遣要員ではないのであった。

「それでは、憲法のどの条項に依拠するというのですか?」オコナーが訊いた。

「合衆国憲法第十四修正を通じて州に適用される、第一修正の言論の自由です」

「どの部分についてですか?」

「自由な言論です」

憲法上宗教を特別あつかいすることはできないが、罰も科されるべきではない、とセキュロウは主張した。「被上訴人の弁論では、無神論者は許可、不可知論者は許可、共産主義者は許可、宗教団体は不許可、というように受け取れます」セキュロウは判事に向かっていった。「これは、本最高裁が正当とは認めない、見解による差別に該当します」。ラムズ・チャペル対センターモリシェズ・ユニオンフリー学区事件は、全員一致によるセキュロウのさらなる勝利となった。最高裁はおなじ理論をもって、一九九五年にヴァージニア大学にたいし、生徒による発行物のなかには補助金を出すことができないものも存在するが、『目覚め——ヴァージニア大学におけるキリスト教徒の視点』と題する発行物への補助金支給を拒否することもできない、との判決をくだした。法廷意見でケネディは、「大学側が規制によって在学生の特定の見解を否認することは、国内における知的生活の中枢をなすであろう大学構内での自由な言論と創造力の探求を抑圧するおそれがある」と述べた。

一九九〇年代半ばまでには、その問題に決着がついた。最高裁に提起された訴訟の基準に照らすと、セキュロウはどこからともなくあらわれ、いつの間にか重要な法の原則を革命的に変えていた。彼の努力によって、学校、空港、そのほかの公的機関が個人や団体にその施設を開放する場合、その当局者は宗教発言者を対象から除外できないことが明確になったのである。これは重要な勝利ではあるが、福音派はさらにその先に目標を据えていた。下院も上院も、さらには多くの州議会でも保守党が主導権をにぎるなかで、政府による宗教的活動の助成が開始される可能性が急速に現実味を帯びてきた。ギングリッチたちは、あらゆる政府の行政——職業訓練から学校や刑務所の運営に至るまで——を、教会は従来の官僚機構よりも巧みにおこなえると主張しはじめた。単に連邦政府にこれらの活動を認めさせるだけでなく、可能であれば奨励し、助成金を出させようと考えたのである。そこで問題となるのは、教会と州のより密接なつながりが最高裁によって認められるかということだった。

それは、レンクイスト時代でもっとも激しい論争を引き起こした事件の一つで花開いた、あたりさわりのない言葉が答えとなるだろう——「レモンテスト」である。これは、一九七一年、当時の長官バーガーが意見を書いたレモン対カーツマン判決に由来する。年月を経て内容は徐々に変化してきたが、教会と州の役割にかかわる法律はすべて、合憲となるには次の三つの基準を満たさなければならないとする。（一）世俗的な目的を有し、（二）宗教の促進でも抑止でもなく、くわえて（三）政府と宗教との過度の「かかわり合い」でないこと。最高裁は長年にわたって、そのような数多くの「審査《テスト》」を要求してきた。言うは易く行うは難しを実証するようなものばかりで、レモン判決もまさにそれだった。教会と州の問題となると、レンクイスト・コートの現実的な原則はずっとわかりやすい。妊娠中絶などの多くの法分野がそうであるように、線引きはオコナーの投票となるからである。彼女が法は合憲だと考えればそうなのであり、違うと考えれば違うのだ。

スカリアにとってレモンテストは、現代の憲法、とりわけオコナーの法学にかんして彼が嫌悪するありとあらゆるものを具現化したものだった。「あたかも深夜のホラー映画の、何度殺され埋められようとも墓から抜け出し徘徊するゾンビのごとく、レモン判決がふたたび宗教護持条項の法にしのび寄り、センターモリシェズ・ユニオンフリー学区の生徒や学校関係者らを脅かしている」とラムズ・チャペル判決の印象深い補足意見を書いている。スカリアの見解では、レモン判決は判事に、自分たちが公平と考えることに従って事件を裁定する事実上無制限の決定権をあたえていた。かたやスカリアは、憲法起草者の意図から読み取った明快な規則を適用するよう判事に求めていた。宗教とアメリカ国民の生活がかかわり合ってきた長い歴史は、彼の原意主義を支えるのに十分であった。学校での祈禱、政府敷地内での宗教展示（たとえば飼い葉桶のなかの幼きキリスト像）、神とその偉業を讃える公的な祭事――すべて憲法起草者の時代におこなわれていたもので、今日でも容認されるべきだとそう信じていた。彼からすれば、憲法起草者は、単に宗教護持条項によって、州が単一の宗教を護持することや、政府が一つの宗教をほかより有利にあつかうことを禁じたにすぎず、総体的に宗教を是認したり、すべての宗教を平等に助成したりする政府の行為は、ごく当たり前のことなのだった。おぞましきレモンテストの言葉を借りれば、憲法は教会と州のかかわり合いを容認しているばかりか、奨励しているのである。

少なくとも一つだけ、スカリアは核心を突いていた。六人にものぼる判事がレモンテストを批判してきたが、ほとんどの場合オコナーがそれを支持しているという理由から、それは最高裁につきまとって離れようとしなかった。教会と州の問題でもほかの多くの事件同様、オコナーが判決の行方をにぎっていた。しかしそれは、彼女がリベラルにつくか保守につくかを決められないということではない。オコナーにとって、中道主義こそが司法哲学だったのである。最高裁を案内するとき、彼女は決まって中庭にある鋳鉄製の美しい灯柱を指し示す。「灯柱の下を見てください。カメがまわりを取り囲んで柱を支えています。わたしたち最高裁の判事のようです。わたしたちはゆっくり着実に歩みます。どの方向にも急速に進むことはありません」。オコナーは着実さに価値を認めていた。そしてオコナーこそが、そのカメのように、最高裁の意見を背負って歩いた人物であった。

第一期クリントン政権終盤に持ち込まれた事件には、スカリアとオコナーの教会と州の問題にたいするアプローチの違いが如実に示されている。以前からよくあるように、単純な事実関係が最高裁では複雑な結果をもたらすことがある。一九九三年秋、オハイオ州のさまざまな市民グループが、コロンバス市の州議会議事堂近くの十エーカー（一エーカー＝四〇四七平方メートル）の広場にクリスマスのための展示用スペースを要求しはじめた。州当局は、州にクリスマスツリーの装飾を、地元のシナゴーグ（ユダヤ教会堂）に九本枝の飾り燭台《しょくだい》の設置を、慈善福祉団体ユナイテッドウェイに募金集めキャンペーンの進捗を知らせる案内板の掲示を認めた。だが、クークラックスクラン（ＫＫＫ）地元支部からの、広場へラテン十字を設置するという申し出は認めなかった。公共の敷地におけるそうした十字は、州の宗教の「護持」を意味することになり、アメリカ合衆国憲法第一修正に反するという理由だった。オハイオ州のＫＫＫリーダー、ヴィンセント・ピネッテは、十字を立てる権利を得ようと提訴した。

最高裁は一九九五年、七対二の評決で、ＫＫＫにはキャピトルスクエアに十字を立てる権利があるという判決をくだした。判事九人がそれぞれの意見の全部または一部に同意するという、六件もの異なる意見が出された。スカリアとオコナーはどちらもＫＫＫの法的主張を容認したが、その論理的根拠にはふたりの違いがはっきりあらわれていた（スティーヴンズとギンズバーグは反対意見を表明した。ＫＫＫに十字設置を許可することは、宗教護持条項に反するという立場であった）。

スカリアにとって、この問題は明快そのものだった。彼からすれば、宗派による宗教についての言論は、ほかの種類の言論とまったくおなじように、合衆国憲法第一修正の保護を受ける。「先例により、私的な宗教的言論は、合衆国憲法第一修正により、言論の自由条項のもと世俗の私的な表現として完全に保護されている。実際、アングロサクソン系アメリカ人の歴史を見ると、少なくとも、政府による言論の抑圧が日常的におこなわれてきたのはまぎれもなく宗教的言論で、宗教をふくまない言論の自由条項は、王子不在の『ハムレット』のようなものである」。たしかに、政府自体は宗教的シンボルを設置できないかもしれないが、政府が民主党員や共和党員に公共の広場で演説する許可をあたえるならば、キリスト教徒、ユダヤ教徒、さらにはＫＫＫにもおなじようにそれぞれが希望するシンボルを設置する許可をあたえなければならない。スカリアにとって、宗教護持条項は、「政府の言動にだけ適用される。個人の純粋な宗教的発言の妨げになるものではなく、また本最高裁において一度たりともそのように解釈されたことはない」のであった。

　オコナーにはそこに同意できるものはなに一つなかった。彼女の見解によれば、民間の宗教展示は、「妥当な知識のある監視者……が、州は宗教あるいはある特定の教義を是認している、とみなした場合」宗教護持条項に反する可能性がある。コロンバス市の場合、州がＫＫＫの十字を是認している、と考える妥当な人物はいない。したがって、ＫＫＫはそれを展示する権利を有するのである。問題にたいするオコナーの対処法は、天秤のような、いわゆるレモン判決に見られたものとおなじだった。いうまでもなく、そんな対応で問題となるのは、判事らが、仮想の「妥当な知識のある監視者」であればなおさら、目の前の宗教展示についてどう結論づけるか必ずしも明確ではないということである。スカリアは、彼らしい辛らつな（とりわけオコナーが関与した判決で顕著な）言葉をもって、彼女の意見は、「ひねくれた」「とっぴ」なもので「混乱を招く」と述べた。それでもこの事件は、ふたりの判事双方が判決に同意したものであった。

　一九九五年になるころには、オコナーはスカリアの手厳しい攻撃をかわせるようになっていた。最高裁判事として十四年。彼女は自分の判断に大きな自信を持つようになり、見解が下位裁判所に指針を示すものにならなかったとしても、正しくあるほうが一貫性を保つよりもましだと考えていた。言い訳がましさなど微塵も感じさせずに、「最高裁はコモンローの裁判所です」とよくいっていた。「あたりまえのことですが、進んで行くにしたがい、法を『定める』こともあります」。オコナーは、毎年キリスト生誕の像や九本枝の飾り燭台、それに類するものの一群が、自分の承認または否認を待ち受けながら最高裁の訴訟事件一覧表を通過する光景にすっかり満足していた。

次に差し迫った問題は、のちに「宗教的倫理にもとづいた社会活動」として知られることになる、民間や宗教団体に引き継がれた政府の政策だった。セキュロウなどの訴訟当事者たちが戦略を練るさい、問いの行きつく先はいつも一つに絞られた。「オコナーはどう出るか?」

最高裁に出廷する弁護士が「クラレンス・トーマスがどう出るか？」とあれこれ考えることはめったになかった。オコナーが最高裁判決を左右するかなめの立場を満喫するいっぽうで、トーマスはもう一つのモデル、つまり自分の意見が過半数を左右するか、単なる追加の一票に終わるかにこだわらない、規律を持ったアウトサイダーという役割を受け入れていた。同僚判事に影響を受けもあたえもしない存在といっていい。

トーマスが口頭弁論の場で発言することはまれだった。判事のなかで、承認をめぐる過酷な闘いを切り抜けてきたのは彼ひとりである。最高裁唯一のアフリカ系アメリカ人判事で、ほとんどの同僚より十歳以上も若かった。まったく別の世界に出入りし、オートキャンプ場や全米ストックカーレース協会（NASCAR）のトラック競技場に足を運んだり（ここではほとんど正体を気づかれなかった）、右翼活動家のサロン（ここでは尊敬をもって迎えられた）を訪れ、会話に興じたりしていた。だれより気さくで人情味にあふれ、満腔《まんこう》の怒りを抱いていた。自己憐憫《れんびん》を非難しつつ、自らを不憫《ふびん》に思っていた。最高裁において彼ほどかけ離れた者はいなかった。思想面にしても、法律専門家としても、あるいは一個の私人としても。

　トーマスは最高裁判事としての約十年のあいだに、判事たちのなかでいちばん特徴的な見解を示すようになっていた。レンクイスト・コート九人のなかで群を抜いて保守的なのである。フランクリン・ルーズヴェルト大統領の宿敵、ニューディール政策に真っ向から反対した「四騎士《フォー・ホースマン》」*1が最高裁判事をしりぞいて以来、もっとも強硬な保守派といってもいい。トーマスの意見は、もし最終的に過半数を左右することになれば、あらたな先例——ロー対ウェード判決はくつがえされ、事実上すべての宗教行為が容認され、事実上すべての死刑が執行される——を築き上げただけでなく、国家そのものを一変していただろう。州際通商条項をめぐって争われたロペス事件でトーマスが示した意見からは、そんなあたらしい国家の形が垣間見える。トーマスは学校区域での銃禁止法を違憲とするレンクイストの多数意見にくわわったが、同意意見で、最高裁はもっと踏み込むべきだったと述べている。

「われわれの判例法が、州際通商条項の本来の解釈からかけ離れてしまったことについて個別意見を著する」として、一七八九年における「通商」という言葉の意味を事細かに分析する前に、たとえば「製造業と農業」は十八世紀当時「通商」にはふくまれていなかった、とする彼の見解を示した。したがって、製造業や農業にたいする連邦の規制はなんであれ違憲なのだという。トーマスにとって、ここ二百年の変化よりも憲法起草者の意図を守ることのほうがはるかに重要だったのである。「通商とほかの問題のあいだの線引きが『経済的現実』を無視し、それゆえ専断的あるいは人為的に映ったとしても、連邦議会には州際通商に実質的な影響をおよぼすあらゆる行為を超えて規制する権力はあたえられていない、という憲法上の境界線は尊重しなければならない」。過去数十年、このような意見を表明した判事はおらず、トーマスの考え方に従えば、当時の連邦政府の規制の大半が無効となるが、彼はそんなことはまったく意に介さなかった。「本来の憲法解釈に立ちもどりたい思いはやまやまだが、過去六十年間について根本的な見直しをおこなうにはもう手遅れだ、と考える向きも多いことは認識している」とも述べている。

トーマスは「追放された憲法」、すなわち一九三七年以前の最高裁時代の判例を復活させようと孤軍奮闘していた。同僚判事にはあまり賛同してもらえなかったものの、少なくとも自分の執務室では反対意見を聞かなくてすむ。最高裁判事のなかで、トーマスほどロークラーク選考のさい思想面でのチェックが厳しい判事はおらず、候補者がどんな思想の持ち主であるか、あらかじめ元クラーク数人に判断させていた。ほかの判事は全般的に見解がおなじ人物を雇うところを、トーマスだけは具体的な問題について候補者の思想的立場をきっちり確かめた。クラーク志願者は三つの関門を突破しなければならない。通常それは、ジョン・ユー法学教授、またはトーマスの初代クラークをつとめたワシントンの弁護士クリストファー・ランダウによる一次面接からはじまる（ユーは、ジョージ・W・ブッシュ政権で法律顧問となり、テロとの戦争での抑留者の拷問を正当と認める悪名高い意見書を出した）。その後ようやく現役のクラークが登場し、思想――妊娠中絶、連邦主義、州際通商条項、死刑、捜査押収――について質問し、候補者がトーマス（および自分たち）とおなじ極端な見解を有するかを確認する。これら面接官たちが適性があると一致した場合に限り、トーマスとの面接を受けることができるのである。トーマスはたいてい、候補者の家族や興味にかんする控えめな雑談にとどめた。クラークの採用にあたり、思想面のチェックが厳しいことについて保守派のシンクタンク、全米政策分析センターで尋ねられたときにはこう答えた。「わたしと大きく意見を異にするクラークは採用しません。豚をしつけるようなものです。時間の無駄であり、豚も焦れるだけです」。最高裁判事となってから採用した最初の四十人のクラークのうち、黒人はひとりだった。

トーマスの極端な見解は、州際通商条項にとどまらなかった。一九九〇年代を通じて、レンクイスト、ケネディ、（従来どおり）オコナーは、州権の法理を復興させようとし、いくつかの連邦法が州の主権

＊1　ウィリス・ヴァン・デヴェンター、ジェームズ・マクレイノルズ、ジョージ・サザランド、ピアス・バトラー。

を侵害していると裁定した。こうした動きを「連邦主義革命」と呼ぶこともあるが、いまとなってはいささかおおげさにも聞こえる。最高裁が連邦対州の関係に課した変更は、全体としてかなり穏当だった。たとえば、州の公務員を訴える機会を市民にあたえる法案を成立させる連邦議会の権利を制限する。同様に、連邦法の解釈において、連邦法は州を訴える権利を市民にあたえられないとする。たしかに連邦の権力にたいする重要な制限ではあるが、革命的というほどではなく、大多数の国民の暮らしに実際的な影響はほとんどなかった。

トーマスはこうした州権重視の判決に毎回賛同したが、最高裁は連邦の権力をもっと削減すべきだとする同意意見を書くことも多かった。たとえば、州公務員や地方公務員への贈賄を連邦犯罪とする権利は、連邦議会にはないと強く主張した――地方の連邦検察官が数十年にわたって起訴しているたぐいの事件である。最高裁は一九九七年、「ブレイディ法」の一部（連邦による銃規制法で、州公務員にたいし、拳銃購入希望者の身元確認をおこなうよう命じていた）を違憲とした。トーマスはもちろんスカリアの多数意見に同調したが、短い同意意見で、あらゆる銃規制が違憲なのではないかという、より広範な問題を指摘している。「堂々たる歴史的証拠を並べてみると、増え続けている学術的解釈から、『武器を保有し携帯する権利』は、アメリカ合衆国憲法修正条項が示すように、個人の権利である」。憲法起草者の意図を重視するトーマスのリバタリアン流の見解は、言論の自由（最高裁の穏健派判事と意見が合いやすい分野）の定義を拡大することもあったが、全般的にトーマスの司法判断はあくまで一貫した保守派路線だった。自分のロークラークに孤独な改革運動の心構えをさせるため、新人には必ず映画『水源』（一九四九年公開）を見せた。アイン・ランドによる個人主義へのオマージュといえるこの映画は、体制への服従が強いられる世界で、自らの信念に正直であろうと闘う建築家の姿を描いている。

レンクイストは、トーマスに重要な多数意見を書かせることはあまりなかった。見解が極端すぎて、多数派の判事を説得して賛同を得るのが困難だったからだ。一九九九年後半、最高裁は、政府から州と市の行政機関に補助金を出し、そこから学校備品の貸与という形で公立・私立・宗教系学校を援助する連邦政府プログラムを容認した。この法律は宗教護持条項に違反しない、という認識である。レンクイストはトーマスに法廷意見を割り当てたが、彼は四人の同意すら得られなかった。よってその意見は、そのような状況下では通常なら「法廷意見を述べる」とするところを、「最高裁の判決を発表する」という、ややまごつくようなはじまりになった。トーマスの意見に同意できない理由を説明する個別意見で、オコナーは「政府の援助を宗教啓発へ転用する」のを認めさせようとしているのは受け入れられないと述べた。

実際、トーマスが書いたほんとうに重要な多数意見を一つあげるとなると答えに詰まる。彼が書いたのはあまり重要でない裁判における全員一致の意見ばかり――最高裁用語でいう「売れ残り《ドッグズ》」である。一番気に入っている意見はと訊かれると、二つの車両間の連結操作で負傷した鉄道労働者への賠償を全員一致でくつがえした、一九九六年の判決をよくあげた。トーマスはいった。「だれにとっても重要でない、小さな訴訟事件でした。取るに足らないといっていいほどです。意見といっても愉快でささやかなものでしたよ。鉄道の歴史までさかのぼってみましてね」(ところが実際は、ジャーナリストのトニー・マウロが最初に伝えたように、取るに足らない事件などではなかった。トーマスの書いた意見のおかげで、鉄道労働者は車両の連結作業中恐ろしい事故に遭っても損害賠償を得ることがむずかしくなったのである。判決からだいぶ経ったあとも、原告ウィリアム・ハイルズはほとんど寝たきりの生活を強いられていた)。

トーマスが同僚判事ともっとも異なる点は、基本的に先例拘束性の原理を認めていないということだろう。もし判決が間違っているのなら、どれほど前から定着していようともくつがえすべきだ、と考えていた。かつて次のように述べたことがある。「憲法の原則と、その内容や歴史、構造から乖離《かいり》した一連の不合理な判決が衝突していた場合、憲法本来の意味にのっとって対立を解消することを躊躇《ちゅうちょ》してはならない」。左派のブレナンから右派のスカリアまで、最高裁判事はみな最高裁の先例にたいして崇敬に近い感情を抱いている。トーマス以外はだれも、二百年のあいだ守られてきた先例拘束性の原理をこれほど無遠慮に否定したりしなかっただろう。二〇〇五年、ニューヨークのシナゴーグにあらわれたスカリアは、トーマスの司法哲学との比較を問われて答えた。「わたしは原意主義ですが、変わり者ではないですよ」

このようにトーマスは、思想的に孤立し、戦略的に辺縁に身を置き、周囲を当惑させるほどの沈黙を守っていた。そしてまた、周囲から慕われてもいた。

同僚判事やロークラークだけでなく、警察官も、カフェテリア従業員も、ビル管理人も、みな一様にトーマスの気のいいあかるさにふれていた。そのほがらかな低い笑い声は、最高裁の静まり返った廊下に頻繁に響きわたっていた。ほかの判事は新米クラークの名前を覚えようとしなかったが、トーマスは思想的に対立するクラークをふくめ、毎年新人の名前を全部覚え、若手を自分の執務室にたびたび招き入れては気楽に話をした。二、三時間におよぶこともしょっちゅうだった。ある年は、スティーヴンズのロークラークと親しくなった。彼女はプロのスノーボード選手の恋人を持つレズビアンで、トーマスはこのふたりと意気投合し、選手の写真をしばらくデスクに飾っていたという。かつて自分の下にいたロークラークの妻が病院で死の床にあったときには、彼らがその試練を乗り越えるまで夫婦で幾晩も見舞い続けた。

気配りはロークラークにたいしてだけではない。ロースクールの模擬裁判では学生と、野球の試合や自動車レースでは周囲の人と知り合いになり、最高裁の執務室に招待することもよくあった。最高裁にそうした客が来ると、夜まで話し込むこともめずらしくなかった。テレビでアメリカンフットボールの試合中継がはじまると（贔屓にしているダラス・カウボーイズの試合であれば特に）、いっしょに試合を見たい人全員に葉巻を配った。最高裁判事になったばかりのころは、最高裁最上階の体育館（有名な「全米で一番高いコート」）でクラークたちとバスケットボールに興じていた。しかし一年もしないうちにひざを痛めてしまい、コートから遠のいた。

口頭弁論では弁護人にたいしてほとんど質問しなかったとはいえ、無言で判事席に座っていたわけではない。トーマスの席はブライヤーの右隣で、ふたりはしきりに小声で話し、冗談を言い合っては笑いをこらえたりしていた。トーマスの右隣のケネディは、時折度がすぎるふたりの耳障りな声を避けようと、思わず身を乗り出すほどだった。ブライヤーとトーマスはメモもやりとりし、あからさまにたがいの立場を茶化し合った。ブライヤーが「国の権限はすべてに勝る」と書けば、ほかの裁判ではトーマスが「つねに犯罪者に有利に、違いますか？」と走り書きをする。見せかけの友人関係ではなかった。それは同僚として、純粋にたがいへの思いやりにあふれる姿であった。

この時期、トーマスはプライベートにもうれしいことがあった。一九九〇年代半ば、最初の結婚で生まれた息子ジャマールがヴァージニア州立軍学校のカレッジに進んだのだ（これが理由でトーマスは、とりわけギンズバーグを満足させた一九九六年の裁判で自らを不適確とした。ギンズバーグは、州立の学校は女性の入学を拒むことはできないとする意見を書いた）。翌年からは甥の息子マーク・マーティン・ジュニア（六歳）の面倒を見ることになった。マークの父親はコカインの違法売買のかどで刑務所に入っており、母親は女手一つで四人の子どもを育てようと必死だった。トーマス自身、およそおなじ年齢で祖父に引き取られ、似たような悲惨な状況から救われた経験がある。五十歳を目前に、父親としてあたらしい息子の相手をする、このことでトーマスは活力を回復し、家庭生活は幸福で満たされた。

通勤スタイルも変わった。長いあいだコルヴェット（アメリカの偉大なスポーツカー）に執着して、ヴァージニア州フェアファックス・ステーション郊外の自宅から最高裁まで四十キロほどの距離もよくコルヴェットで通っていたのだが、マーク・ジュニアを迎えてほどなくして、プレヴォーの特注大型バスを買った。内装が革張りで衛星テレビと調理室まで備えており、トーマスいわく「走るコンドミニアム」だった。トーマスは「バス」と呼ぶこの車をたいそう気に入り、ブッカー・T・ワシントン、フレデリック・ダグラス、ウィンストン・チャーチルの写真と並べて、その写真をデスクに飾っていた。休暇や、週末にも、妻とマークを車に乗せて出かけ、キャンプ場やNASCARの競技場そばの駐車場で過ごした。ウォルマートではこのような車両の夜間の駐車場利用を容認しており（このことはRV車の世界では有名）、トーマスもよくそこに停めていた。そのような場所でトーマスはすぐにほかの「RV仲間」とうちとけた。なかには彼の正体に気づく者もいたが、多くは気づかなかった。二〇〇四年、トーマスはレクリエーション用車両協会から「アメリカの精神《スピリット・オブ・アメリカ》」賞を受賞した。授賞式のスピーチでいった。「RVに乗っているおかげで、仕事にずいぶんプラスになっています。というのも、わたしの職場は浮世と隔絶した世界ですし、わたしは成人してからほとんどの時間をワシントンDCで過ごしてきました。それでもRVに乗れば、そこから抜け出しほんとうのアメリカを見ることができます。RVのキャンプ場では、だれもが手を振ってあいさつし、だれもが手を振って返事してくれますからね」

執務室という居心地のいい空間にいても、トーマスは承認公聴会以来抱き続けている恨みを忘れることはなかった。デスクの引き出しには、氏名点呼投票によって五十二対四十八で承認されたリストが何年もしまってあった。だが、彼の恨みは自分に反対票を投じた上院議員だけに向けられていたわけではない。一九九三年、ジョージア州メーコン市での講演で次のように述べている。「二十五年前にここジョージア州を出た当時、人に冷淡な態度を取ったり失礼なことをいったりするのは、考えの狭い頑固な人間だけでした。皮肉なことですが、今日、固定観念に凝り固って他人を攻撃する人間が我が国の大学構内や国内メディア、ハリウッドなど、はからずも『文化エリート』と呼ばれる者たちのあいだで多く見られるようになりました。その標的となるのはだれでしょう？　現在の文化・社会の仕組みにあえて疑問を呈する人たちであり、これまで社会のためになっている価値を受け入れ、役に立たなくなったものは捨てるべきだと唱える人たちであり、最新の一時的に流行している思想に異議を唱える人たちです」。これはその後十年にわたって、トーマスの講演テーマ――自分の足をすくおうとした「エリート」に抗して闘う勇気――となる。友人や同僚たちはトーマスの怒りはおさまっているといったが、実際はそうでもなかったようだ。二〇〇七年、めずらしくインタビューに答え、『ビジネス・ウィーク』で語っている。マスコミは「例外なく信用できません。わたしがどう考えるべきだとか、どうすべきだとかという独自の見解をもっているのですから」

トーマスは敵を名指しにしたことはない――「知ったかぶりのコメンテーターと自称博識家」といったことはある――が、だれのことかはほぼあきらかだった。筆頭はもちろん、自分の承認に反対した上院議員である。さらにマスコミも大半は敵とみなしていた。友人に、『ワシントン・ポスト』の購読をやめた日くらい幸せだった日はない、と語っている。母校イェール・ロースクールも毛嫌いしており、一時期、執務室のマントルピースに「くそったれイェール」というバンパーステッカーを貼っていた。在学中は家父長主義的にあつかわれ、承認公聴会のあいだは（もうひとりのイェール卒業生アニタ・ヒルの味方をして）見捨てられた、と信じていた。話のなかで皮肉っぽくイェールに言及するのはお決まりのことだった。一九九八年『ヘッドウェイ』（保守派雑誌、現在は廃刊）の取材で、「イェール・ロースクールを出ても仕事につけませんでしたからね。どれだけ役に立ったかわかりますよ。ことのついでに学位を返そうと思っています」と語っている。六年後、カトリックの法学原理にそって新設されたアヴェマリア・スクール・オブ・ローの学位授与式の講演で、名誉学位を授与されたトーマスはあてこすりをいった。「母校とまだ和解できていませんので、どこか別のロースクールから学位をいただく必要がありました」。トーマスは、小規模なロースクールやカトリック系・福音派系大学で何度も模擬裁判をおこなったり、卒業式の演説をしたりしたが、イェール大学に出向くことはなかった。演説を頼まれると、自分のルールを「アイヴィーリーグ（米国北東部の名門八大学）ではやらない」と説明している。

トーマスが口頭弁論で質問を拒むのは、爆発寸前にまで募った恨みや憤りのしるしと解釈することもできる。といっても、一九八〇年代の段階では、ブレナン、マーシャル、ブラックマンなど、めったに質問をしない判事もいたから、トーマスが黙っていてもたいして目立たなかっただろう。しかし一九九〇年代になると、ほかの八人の最高裁判事がそろって積極的に質問をし、それだけにトーマスの沈黙は目についた。公的な場に出て行くと、しばしば発言しない理由について質問された。その答えはいろいろで、自分の関心を抱いている問題をほかの判事が取り上げない場合にのみ発言することにしている、ということもあれば、発言するよりも聞いているときこそ理解が深まるからということもあった。いっぽう私的な場では、ほかの判事は話に割り込みすぎで、知識をひけらかしてばかりいる、といらだちを口にしていた。二〇〇〇年には、幼いころジョージア州沿岸部の地域方言ガラ語[*1]が出るのではないかと気になって、「自分で話すより人の話を聞くくせがついた」と学生たちに説明した。しかし、この最後の説明はとりわけ妙である。ジョージア州ピンポイントに住んでいた時期にはたしかにガラ語を話すこともあったかもしれないが、六歳以降は、サヴァナ（ジョージア州東部）の英語を話す祖父のもとに移り住んでいる。サヴァナではガラ語を話す人はほとんどいないし、通っていた学校は厳格なカトリックで、英語だけの環境できわめて優秀な成績を収めていた。

トーマスが口頭弁論で口を開こうとしなかった理由の一つは、メディアが特にそのことに注目したからかもしれない。いまさらなにか発言して、自分を批判する連中にやり方を変えた自分を見せて喜ばせるつもりはなかったのだろう。友人たちのあいだでは、リベラル派のマスコミが左派に変わった判事を「進化した」とか「成長した」というのを小馬鹿にしていた。「わたしは進化なんかしないよ」といっていた。

公的な場では、自分の人生を形成したのは怒りだったと幾度となく述べている。ジェリー・ファルウエル師によって創設されたリバティ大学の一九九六年の卒業式における演説で、トーマスはそのような場でのお決まりの話ではなく、異例ずくめの自分の体験を語った。二十五年前、自身がホーリー・クロス・カレッジを卒業したときを振り返っている。そのころは、世界を変えるという漠然とした夢を抱く、オーバーオールを着たブラックパワーの熱心な信者で、急進派に近い考えを持っていたという。「わたしはすべての答えを知っているつもりになっていました。明快そのものでした。カレッジを卒業したことですっかり安心していたのです。それまでは何度も勉強をやめて家に帰りたいと思ったものでした。骨の髄までフラストレーションや怒り、失望、不安でいっぱいでした。たぶんそこにはかすかな希望の光もあったのでしょうが、闇に隠れて見えなかったのです。大部分はただ混乱していました。祖父とは疎遠になっていて、カトリックの司祭様になりたい、という子ども時代の夢も消え失せていました。まさに魂の暗闇だったのです」（もっとあかるい調子で、当時抱いていたアフリカ中心的世界観から息子の名前がひらめいたと回顧することもあった。「息子にはジャマール（「高雅」の意。アラビア語起源）とつけました。その当時、わたしがなにを考えていたかおわかりになりますよね」）。

つらかったことといえば、決まって承認公聴会の話題になった。「わたしたち夫婦があの不快きわまりない公聴会に耐えられたのも、神のお恵みであり、その壮大なお力によるものです。ついにはなす術もなく神にすがるばかりのわたしたちは、苦しみに耐え、続く苦難を克服するために一つになり、より深い絆で結ばれたのです。わたしたちは祈りを聞きとどけてくださったことを深く神に感謝するばかりなのです」

トーマスもほかの判事とおなじ程度に公的な場に顔を出していたが、聴衆にはこだわった。最高裁判事としての最初の十年間で一度だけ、あたたかく迎え入れてくれるのが確実な、安全で好意的な聴衆か

＊1　ジョージア州とサウスカロライナ州の沿岸または近海の島に、奴隷として定住した黒人が話すクレオール語。アフリカの影響が強い。

ら離れ、あえて違う人々を前にしたときがある。そのとき選んだのはきわめて扇動的なテーマ、「人種」であった。

人種問題についてのトーマスの立場ははっきりしている。スカリアやレンクイストとおなじく、「白人と黒人の区別をしない憲法」を信じていた。つまり、憲法は人種に斟酌をくわえることを禁じている、というものだ。なかでも注目すべきは、いうまでもなく、アファーマティヴ・アクションはなんであれ平等保護条項の下で禁止されるべき、と考えている点である。トーマスは、ブッカー・T・ワシントンの公民権運動（黒人にたいする政府の援助よりも、自立と自助努力による個人の意欲に焦点を置いた）を継承する誇り高い後継者だといえる。そもそもトーマスが人種差別を話題にする場合、自分の若いころのいまはなき南部――あるいは当時のトーマス自身にたいする偏見――に照らして語るのがつねだった。無理もないが、トーマスは法廷でスカリアの手先になっていると一般的に（誤って）思われていることを気にしていた。ふたりの投票記録が異なる（トーマスは先輩同僚よりもずっと右寄り）点からもこれは不合理だったが、注目に値するのは、トーマスがこの風評を政治的偏見ではなく人種的偏見のせいにしていたことである。ケンタッキー州ルイヴィル市でおこなった講演で次のように述べている。

「わたしが黒人だから、わたしの仕事はスカリア判事が肩代わりしているのだ、といわれています。まことしやかな噂です。しかし、彼と顔を合わせることはめったにありません。わたしの頭にはマイクロチップが埋め込まれていて、彼の指令なしには動けない、とでもいうのでしょうか」

トーマスがアファーマティヴ・アクションに反対しているからといって、貧しい人たち（特に黒人）を助けようとする努力もやめろといっていたわけではない。伝統的な公民権運動は、黒人には被害者意識の文化を、白人には家父長主義の文化をもたらしたと考えていた。貧困の根本にあるのは人種問題でなく経済問題だと確信しており、おなじように考える人たちに自分の執務室を開放している。新聞記事を読んでいて奮闘努力する黒人青年の名前を見つけると、さっそく招いて激励した。友人のトニー・ウエルターズ（アフリカ系アメリカ人のヘルスケア事業の起業家）がニューヨーク大学のロースクールで、人種に関係なく「身近な家族のなかではじめて大学院の学位取得を目指している優秀な学生」にたいする奨学金給付制度を立ち上げると、トーマスも大いに共感し、同ロースクールが毎年最高裁で最終面接をおこなうことを許可した。

個人的な場では認めていたが、じつはトーマス自身、これまで重要なステップで毎回アファーマティヴ・アクションの恩恵を受けていた。ホーリー・クロス・カレッジやイェール・ロースクールへ入学できたのも、レーガン政権で公民権担当の職を得たのも、最高裁判事に指名されたのもそうだった。ところが彼は、人々にたいするこのような援助は結局当人がだめになる、と考えていた（黒人青年弁護士には必ず、税金や財産法などの問題を専門にし、いわゆる公民権問題を専門とするのは避けたほうがいいと助言した）。人種統合しても、黒人にとってはメリットもあるいっぽうでデメリットも大きい。彼は幼年期を過ごした、人種隔離された、黒人だけの世界であるサヴァナを愛していた。隔離は廃止されたが、アフリカ系アメリカ人にとってなんの利益もないと思っていたのである。

たしかにトーマスは、政府による黒人支援策はたいてい最後には裏目に出る、と信じていた。サウスカロライナに残ったひとにぎりの黒人農場主が、環境規制のせいで土地を最高価格で売れないことをよく指摘した。尊敬する奴隷解放運動家フレデリック・ダグラスを好んで引用していたが、その言葉から彼の思いがうかがえる。「アメリカ国民は、われわれのあつかい方がわからずにいつも不安なのだ……。はじめから答えは一つしかない。われわれのことはほうっておいてくれ！……自分の脚で立てない黒人がいたならば、倒れたままにしておいてくれ」

一度、過去に一度だけ、トーマスはこの主張を懐疑的な聴衆にたいして訴えたことがある。一九九八年、彼は最大の黒人弁護士協会である全国法曹協会からの全国大会での講演依頼を承諾した。その一カ月前になって、協会のメンバーから依頼を取り消したい趣旨の手紙が送られてきた。それでもトーマスは行くことにした。会場には二千人もの弁護士や判事が詰めかけており、トーマスが演壇に着くと緊張が走った。多くが公民権問題でトーマスの意見に激しく異議を唱えていた面々である。マーティン・ルーサー・キング・ジュニアの暗殺から三十年目の節目の年にメンフィスで催された大会ということで、出席者の思いはいやが上にも高まっていた。

トーマスはまず、キング牧師の死と「全世界が狂ってしまった」という自分の認識について振り返った。そのときから、キング牧師の後継者とされる人たちは、「人種による格差は永遠のものとなった……。さらには、人種によってわたしたちひとりひとりを定義し、さまざまな思想や意見まで実際の行動でなく肌の色で決めようとさえする人もいます」。つまり、黒人であることは、公民権運動の正当性を共有することになる。「わたしからすれば、これはわれわれの権利を否定するのとほぼおなじことです。まさに人間性の否定にほかなりません」

さらに続けて、彼がロースクールで学んでいたころ、絶望がやがて「怒り、恨み、憤り」に変わっていった過程を話した。しかし、やがて開眼したのだという。「集団で運動を起こすよりも、個人単位で立ち上がるほうがより効果的で、人々に受け入れられ、支持も集めやすく、危険が少ないのです。このアプローチは、我が国の根本的な原理原則とも一致します」。ひとりの黒人として、彼はこのような観点を持つに至る。「わたしは自分が何者かを知っていました。自分のアイデンティティを主張するのになんの小細工もいりませんでした。そしてまた、くわえていえば、今日の自分が何者であるかをいわれる必要もないのです。これは特に、ルーツを忘れたり、自己嫌悪におちいるといった魂の愚かさもふくめてです」

トーマスは沈痛な調子で講演を締めくくった。「本日ここにまいりましたのは、怒りに駆られたわけでも、みなさまの怒りを買うためでもございません。もちろん、わたしが単にここにいるだけでも、十分目障りなこととして怒りを感じる方もいるでしょう。ここにまいりましたのは、自分の考えを弁護するためではなく、むしろ自分自身の考える権利を主張するためであり、黒人であるというだけで、あたかも知性のある奴隷のごとき思考を強要されることを拒むためです。わたしは一個の人間であり、自由に考え、自らの意志で行動する者である、と表明するためです。わたしは裁判官であり、他者の疑問の余地のない意見によって保証される必要は決してないのだと宣言するためであります」

聴衆の反応は礼儀正しかったとはいえ、トーマスと反対論者たちはここまで、まったく話がかみ合っていなかった。自分の批判者を相手にするのではなく、トーマスはあえて架空の相手に攻撃を仕掛けた。現実にはトーマスが自らの見解を持つ権利に異議を唱える者はだれもいないし、黒人は声を一つにしなければならない、という者もいない。だれもアファーマティヴ・アクションのような活動を支持するのがトーマスの義務だと主張してはいない。トーマスを批判する人たちも「その場しのぎでない解決策を熱心に」模索していた。彼らが攻撃したのは、トーマスの見解の内容であって、見解を持つ権利ではなかった。トーマスの講演は、彼が被害者であるという訴えに終始していた——自身の反被害者意識哲学を擁護するものだった。いずれにしても、対立する思想を持つ人たちに向けて公的な場でおこなった講演は、あとにも先にもこの一回である。この後はまた、自分に共感してくれてもっと居心地のよい場所でのみ講演して回った。

一九九四年五月二十八日、クラレンス・トーマスと妻のヴァージニアは、ラッシュ・リンボーの三度目の結婚セレモニーを主催した。新婦はエアロビクスのインストラクター、マータ・フィッツジェラルドでネットで知り合った（リンボー夫妻はやがて離婚した）。トーマスにとって、ワシントンでの講演といえば保守派のシンクタンクやロビー活動団体にほぼ限定されていた。最高裁判事指名承認後はじめて出演したのはナショナル・エンパワーメント・テレビジョンの番組だが、同社はトーマスの旧友で「新右翼《ニューライト》」創設者ポール・ウェイリッチが運営する自由議会財団《フリー・コングレス・ファウンデーション》の傘下にある。トーマスはウェイリッチのオフィスを何度も訪れており、一九九三年にグループの十五周年記念式典で講演している。おなじく著名な保守系団体ヘリテージ財団でも講演をおこない、アメリカン・エンタープライズ研究所が毎年開催する夜会服着用のパーティ（ワシントン周辺では「保守主義者パーティ」と呼ばれる）のフランシス・ボイヤー講演でも話をしている。

そうした講演の場で国内有数の権力者らに囲まれ、トーマスは保守派にくみした自らの勇気を称賛した。彼の講演のテーマは、最高裁判事としてのキャリアにも反映されている「アメリカ社会における勇気の問題」であった。「いやしくもわたしが考えますに、重要な論争に参加する人たち、通説に異議を唱える人たちは、ひどいあつかいを受けることを覚悟しなければなりません。しかし怯んではいけません。くじけてもいけません。それが必要です。自由を確実に手に入れるには勇気こそが必要だからです」。トーマスは誇張気味に、かつての自分のような勇気を持つことに「価値がある」のかを尋ねた。「もし人気者になりたいならば、多数派に反対するのは逆効果です。次の休暇まで無難にやり過ごしたいだけなら、悩む価値はありません。なんとか切り抜ければいいというだけなら、そうする価値はありません。わたしの執務室には小さなプレートがかかっていて、それには『批判を受けたくないなら、なにもいわず、なにもせず、おとなしくしていろ』と書かれています」。このような場でトーマスは、自分が無人の荒野にいる孤独な人間などではなく、たいてい多数意見に属する最高裁判事であることを決して認めようとしなかった。

保守派ヒーローとしての彼の立場は、精神面からだけでなく、報酬面からも明白だった。彼は判事になる前は決して裕福ではなかった。学生ローンを完済したのは最高裁判事になってからだ。しかし同僚判事のだれよりも、最高裁判事としての、さらに民衆のヒーローとしての立場から収入を得ていた。保守派の支持者であるメディア企業の起業家ルパート・マードックが経営する出版社からは、本の執筆料として前払いで一五〇〇万ドルを受け取った。レンクイストとブライヤーも本を執筆していたが、どちらもこの種の前払いはいっさい受け取っていない。自著を出版社に売り込むときには、リンボーが本を番組で読んでくれることになっている、とアピールした。キャスターからの批判が嫌だから朝のテレビニュース番組には出ないが、好意的に話を聞いてくれるフォックスニュースならばインタビューを受ける、とも話した（著書『祖父の息子』は二〇〇七年秋に出版された。彼は好意的なインタビュアーに囲まれて本を宣伝し、売れゆきは順調だった）。

仕事ではもっと直接に経済的利益があった。提出が義務づけられている資産公開報告書によれば、トーマスは六年間で四万二二〇〇ドルの贈与を受けている。これは同僚の七倍以上もの金額で、同僚たちが受け取る贈答品といえば、小さなクリスタルの置物や飾り板が一般的だった（判事の大部分は、世界各地への招待旅行を受け入れており、大学で講演をしたり判事たちと会合したりしていた。唯一の例外はスーターで、贈答品も招待旅行も毎年「なし」となっていた）。トーマスの場合、贈答品の大半は彼の最高裁での仕事ぶりを称賛する保守派からだった。たとえば、テキサスのビジネスマン、ハーラン・クロウが贈ったのはかつてフレデリック・ダグラスが所有していた聖書で、一万九千ドルの価値があるものだった（クローはトーマスの故郷、ジョージア州ピンポイントの地元図書館に開設されたクラレンス・トーマス・コーナーにも十七万五千ドルを寄付している）。トーマスの甥の息子の教育費の足しにと五千ドルを贈った会社重役もいた。ネブラスカ州のあるビジネスマンからは価格にして一二〇〇ドルにのぼるタイヤがとどいた。連邦法によれば、最高裁判事は同法廷で事件が審理されていない個人からであれば、詳細が開示される限り、無制限に贈り物を受け取ることができた。

政界・ビジネス界の保守派とのつながりをますます強固にしたのが妻ヴァージニアの存在だった。一九八七年に結婚した当時、ヴァージニアはすでに合衆国商工会議所のロビー活動家としてよく知られていたが、一九九〇年代にリチャード・アーミー（戦闘的なテキサス州選出の共和党員で、下院多数党院内総務をつとめる）の上級補佐官として、その真価を発揮した。一九九六年の大統領選挙では、業務の一環として古参の共和党下院議員にメモを送り、クリントン大統領にダメージをあたえるような情報を「できるだけ早く」教えてほしいと要請している。彼女が特にほしがっていたのは、「浪費、詐欺的行為、性的虐待」「ワシントンの労働組合幹部への影響力の行使」「不正行為」にかんする情報だった。後年、彼女はヘリテージ財団の上級理事に就任している。

このように、ワシントンおよび最高裁において、トーマスは独特の立ち位置にあったのだが、それをもっとも印象づけたのが、一九九九年十二月におこなわれた一風変わった催しである。ほとんどの最高裁判事が大学や法曹協会のような場の表彰パーティには出席していたが、たぶんこのような催しに出席した判事はいないだろう。

「本日は、リベラルなメディアのなかでも特に目覚ましい活躍をみせた方々の功績を表彰する会に、ようこそお集まりくださいました」。M・スタントン・エヴァンズが開会の辞を述べた。ワシントンのモナークホテルで開かれた、自称保守派のメディア監視組織、メディア・リサーチ・センターの年次祝賀晩餐会である。この晩は、主催側により偏向を認められた報道事例に「栄誉」を授ける授与式という体裁だった。保守派の大物がつぎつぎに賞候補のジャーナリストを「ノミネート」し、ほかのゲストがしゃれの利いた名前の賞——たとえば「最優秀マスコミうけルインスキーに、大統領のひざ当て賞」——を「授与」する。その場の雰囲気は雑然としてくったくのないものだった。『ウォールストリート・ジャーナル』社説面で、ジョン・ファンドは記している。「右翼の壮大な陰謀はそこにはなかった。偏狭に的を絞ったそれがこの会場にはあった！」

大統領の息子でトーク番組の司会をつとめるマイケル・レーガンがスピーチをし、おなじく右派ラジオ番組で有名なオリヴァー・ノースが続き、パーティはクライマックスを迎えた。その晩の目玉となる「わたしは情け深いリベラル派だけどあなたには死んでほしいで賞」が発表された。これは保守派を嫌うメディアを対象とするもので、ジュリアンヌ・マルヴォーという無名のコラムニストに贈られた。ケーブルテレビのインタビューで、トーマスについてこう答えたのだ。「奥さんが彼に卵とバターをたらふく食べさせて、黒人男性にありがちな早死にをさせてほしいものだわ」

トーマスはパーティのはじまりからずっと大笑いしていたので、司会のエヴァンズは、「トーマス最高裁判事、判事は最高の観客でもありますね」といった。トーマスがマイクに近づき、マルヴォーの代わりに賞を「受賞」すると、一同立ち上がって拍手喝采した。

「ありがとうございます」判事は笑いながらいった。「ふだんは毎日あわただしくしております。今週は開廷しているので、明朝九時半に裁決する事件も数件抱えています。いつもなら今夜も仕事ですが、これはひじょうに重要なイベントであり、個人的な義務やアメリカ合衆国憲法、最高裁の役目、甥っ子のことなどはこのさい忘れて出席するべきだと考えたわけです。……スザンヌ・マルヴォーの代わりにこの賞をいただけてまことに光栄です」。トーマスはジュリアンヌとは遠い親戚にあたるCNN記者スザンヌと混同していた。両者ともアフリカ系アメリカ人女性だった。

例によって、承認公聴会のことは頭から離れていなかった。「いまこの授賞式を拝見して、ニーナ・トーテンバーグも来てくれたらよかったのにとつくづく思いました」。トーテンバーグはアニタ・ヒルの主張を大きく報道した、ナショナル・パブリック・ラジオの法務問題担当記者だった。「背中いっぱいに突き刺されていた彼女のナイフをようやく摘出できましたのでね。そいつをお返ししたいんですよ」

トーマスには釘を刺しておきたいもっと重要なことがあった。敵にたいする最高の復讐は、こんなスピーチではなく、最高裁での仕事こそがそれであるということだ。彼は今後とも長いこと最高裁で仕事をするつもりだった。トーマスはマルヴォーをはじめ、自分の死を待ち望んでいるだれもが長いこと辛抱を強いられるだろうとして、またもや大喝采をあびて話を締めくくった。彼は笑顔でいった。「血圧もコレステロール値も正常。健康状態はひじょうに良好、と主治医から太鼓判を押されていますのでね」

9　カードは左に

ルインスキー・スキャンダルにたいする最高裁の反応は、全体として一般国民が見せた一連の反応をなぞるものだった。大統領の行為が露見した当初こそ、国民全体に衝撃と怒りが噴出し、最高裁もクリントンにたいして厳しい姿勢を示した。ところが大統領の政敵がしだいにこの問題を憲法論議に仕立て上げ、約三十年ぶりとなる弾劾訴追手続きに着手すると、国民感情に変化が生じた。それは最高裁でもおなじだった。クリントンが政権二期目の後半からさらに支持を伸ばすにつれ、最高裁は急速に大統領寄りになっていく。これは、一つには、当時の最高裁判事の大多数が世論の中心近くにとどまろうとしていたことがあげられる。だが、一九九〇年代後半の最高裁が左寄りになったのにはほかの理由もあった。長官であるレンクイストの役割が変化したことに関係していたのである。

大統領とルインスキーとの不倫問題があきらかになった一九九八年、長官はすでに七十三歳で、かつての覇気はもうなかった。はるか昔ガーデニングのさいに痛めた腰は完治しておらず、いつも足を引きずるようにして歩いていた。しかし、体力面の衰えもさることながら、知力の衰えのほうが目立った。レンクイストはこれまで四半世紀以上にわたり最高裁判事をつとめ、長官としても十年を超えている。

たいていの場合、どの判事がどの意見に票を投じるか把握できていた。彼はだれの意見も——会議でも意見書でも——変えようとはしなくなった。それとなく、しかしあきらかにレンクイストは審理から手を引いていた。ここ数年はおもに管理者という立場に徹し、最終段階で意見をまとめ上げるよりも、道筋に従って裁判を効率よく進めることに心を砕いていた。必要なことだけに仕事を絞り、朝、意見の進捗についてロークラークと話し合い、連邦司法に影響する問題について秘書と打ち合わせ、デスクで昼食をとり、その後事務書類をチェックし、四時にはリムジンで帰宅の途につく。

一カ月に一度、ポーカーをする。それは変わらなかった。だが、ルインスキー・スキャンダルのせいで、プレイヤーの顔ぶれは変わった。

ボブ・ベネットとウィリアム・レンクイストは、一九七二年マクリーン・スイム・アンド・テニス・クラブで顔を合わせた当時、まだ子育ての真っ最中だった。レンクイストはニクソンから最高裁判事に指名されたばかりで、ベネットは連邦検事事務所を辞めて民間弁護士として独立したところだった（ベネットはその後、国内でもっとも有名な弁護士のひとりとなる）。ふたりは友好を深め、ベネットは月に一度開いているポーカーの集まりにレンクイストを誘った。それから三十三年間（亡くなるまで）、レンクイストはほぼ毎回出席している。

このあいだ、数名の出入りはあったものの、ポーカーの中心メンバーは意外なほど固定していた。ベネットとレンクイストのほかに、ウォルター・バーンズ（ジョージタウン大学憲法学教授）、マーティン・ファインスタイン（ワシントン・ナショナル・オペラ監督）、トム・ホワイトヘッド（ワシントンのビジネスマン）、最終的にはアントニン・スカリアもメンバーになった。そのほかにもボブの弟ビル・ベネット（元麻薬取締最高責任者で保守派活動家）、デイヴィッド・センテル（連邦地裁判事）、トーマス・ホーガン（同）、ロイス・ランバース（同）がいた。ゲームは札を配る者がゲームのやり方を指定するディーラーズ・チョイスでおこなわれ、セブンカード・ハイロー、ファイブカード・ドロー、スカリアの好きな通称チューズゼムが多かった。手にしたカードは「左にわたす」――このフレーズはそのつどメンバーの失笑を誘ったが、この席ではたいていボブ・ベネットが唯一民主党員だったからである。この会の存在自体は秘密ではなかったが、人目を引くのは避けたかった。ワシントンの弁護士レナード・ガーメントは記者にこのことを話して以来、ぱったり声がかからなくなった。

ゲームの会場はメンバーの自宅を順ぐりにめぐった。レンクイストは自分の番が来ると、いつもヴァージニア州アーリントン郊外にあるつつましい自宅に客を招いた。ゲームは毎回儀式どおりにおこなわれた。午後七時から七時四十五分のあいだにメンバーが到着し、ホストの用意したサンドイッチで腹ごしらえをする。ゲームは八時開始で、十一時終了。雑談は必要最低限にとどめる（一時ロバート・ボークも仲間にくわわっていたが、だれもポーカー以外話題にしないので早々に抜けてしまった）。長いことファーストネームで呼び合っていたが、レンクイストが一九八六年に長官になると、メンバーたちは彼のことを「長官《チーフ》」と呼ぶようになり、またゲーム中の揉め事にはレンクイストの判断をあおぐようになった。賭け金は高額でないにせよ、はした金というわけでもなく、一晩のゲームでひとりが百ドル勝ったり負けたりする場合もあった（レンクイストが長官に指名されたさい、ベネットは慎重を期して、このゲームがワシントンDC、ヴァージニア州、メリーランド州の賭博条例に抵触しないか事務所の同僚に調査させた。問題のないことが判明し、以降この問題が取り沙汰されることはなかった。これはレンクイストにとって幸運だった。最高裁内で、ＮＣＡＡバスケットボール、ＮＦＬアメリカンフットボール、ケンタッキーダービーなどで賭けの胴元をしていたのだ）。

ポーラ・ジョーンズがクリントン大統領の不適切な行為を告発してから三カ月経った一九九四年五月、ベネットのもとに、今回のセクシャルハラスメント裁判でのクリントンの弁護依頼が舞い込んだ。ポーカーの席で通常最高裁の話題は出なかったけれども、ベネットはこの問題がひじょうに注目されており、最後は最高裁で審議される可能性が高いことを考え、大統領の弁護をするあいだはゲームの参加を見合わせることにした。とりわけスカリアはやめないよう説得したが、ベネットは用心するに越したことはないと考えた。この判断は正しかった。彼は一九九七年一月十三日、最高裁で九人の判事の前に立ち、クリントン対ジョーンズ事件の口頭弁論をおこなっていた。

ジョーンズ事件では当初、最高裁判事はクリントンに対抗する形で結束していた。この事件は、判事の多くにとって、大統領にたいして長いあいだ抱いてきた個人的嫌悪感の格好のはけ口だった。クリントンが一期目の大統領選挙で勝利してまもなく、レンクイストはロークラークから新大統領が夫人を司法長官に指名するつもりのようだと聞かされ、「ローマ皇帝カリグラも自分の馬を執政官に指名したといわれているからね」と皮肉っぽく答えた。オコナーは、クリントンにたいするポーラ・ジョーンズの主張の下劣さに生理的不快感を覚えていたし、ジョーンズの主張するクリントンの行為は、嫌悪をあらわす彼女の多目的語「見苦しい」ものであった。スティーヴンズとスーターもおなじようにこの問題を見苦しいと見ており、ほとんどのほかの問題のほうが取り上げる価値があると思っていた。スカリアとトーマスは、クリントンとその政策に敵意をむき出しにしていた。クリントンに指名されたギンズバーグとブライヤーは、大統領に肩入れしていると思われないよう苦心した。

クリントン対ジョーンズ事件では、高潔さが問われていたかもしれないが、つぎつぎにあきらかになる事実は、最高裁で審理する事件というよりも、ありきたりなホームコメディに似ていた。ジョーンズの主張を簡潔にいえば、一九九一年五月八日、彼女（当時はポーラ・コービン）はリトルロックのエクセルシオールホテルで、クリントン知事が主宰する品質管理会議の受付をしていた。クリントンは彼女を見ると、州警察官を通じて彼女をホテル上階にとっていた自室に誘った。ジョーンズが指定された部屋に行くと、彼女が断言するには、クリントンが「いい体をしているね」といって自分の下半身をさらし、「これにキスしてくれ」と迫ったのだという。彼女はぞっとして逃げ出した（クリントンのほうは、その女性と会った記憶がないと一貫して否定し、不適切な行為はいっさいなかったとしている)。ジョーンズは、クリントンの誘惑を拒んだことにたいし、秘書をつとめていたアーカンソー産業活性化委員会の上司から報復を受けたとしてセクハラ訴訟を起こした。

判事たちの前に提起された法的問題は、大統領としてのクリントンの責務はきわめて重大であり、ジョーンズ事件のあらゆる裁判手続きは、開示手続きや宣誓供述をふくめ、クリントンが大統領の職を辞するまで免責される、というベネットの主張だった。つまりは、「アメリカ合衆国大統領は、審理にせよ開示手続きにせよ、訴訟の対象となるべきではありません。絶対的な必要性がない限り、憲法に定められた職務から離れるべきではありません」と判事に述べた。

口頭弁論では、判事たちはベネットをつぎつぎに攻撃した。レンクイストは、この裁判はクリントンの「大統領としての公的権限」とは無関係だと断じた。ギンズバーグもおなじ点を指摘し、訴訟の焦点となっているのは、「職務とはまったく関係のない行為」だと述べた。スーターは、少なくとも大統領の職務に関係のない開示手続きは進めるべきだと思うといった。

スティーヴンズが尋ねた。「本件の審理に何日かかると思いますか?」

ベネットは先行きを予見するように答えた。「はっきりした答えはわかりかねます。申し上げられるのは、大統領はこの事件についてすでに相当な時間を……個人として……費やしているということです。この事件の性質がひじょうに個人的なものですから、裁判となれば大統領が深く関与する必要性が生じます」

通常の裁判では行政権力の拡大を支持するスカリアだが、今回は違った。クリントンはそんなに忙しいはずはないと断言した。「われわれは目にしていますからね、大統領が乗馬や薪割り、フライ用の魚釣り……」

傍聴席からは失笑がもれた。

「……ゴルフ、ほかにもなんやかんやされています。ほうっておいてあげたらいかがでしょうか。裁判所に出廷しなければ敗訴になるまで、そして、わたしはほんとうに忙しすぎるんだと腹の底からおっしゃることになるまで――つまり残りの任期中はゴルフをしている姿を見られなくなります。そうなってこそはじめて、われわれは……われわれは問題を解決してさしあげることができるでしょう」

クリントンにとって、なんとも最悪のタイミングだった。共和党の大統領候補ボブ・ドールが選挙運動で支持を拡大しきれなかったこともあり、クリントンは手堅く勝利を収めたばかりだったが、圧倒的な再選とはいいがたい。その選挙戦の土壇場になって資金集めにかんするスキャンダルが浮上し、本来ならばひたれたかもしれない選挙後の祝賀ムードに取って代わった。一九九七年一月、判事たちはこの裁判でクリントンをやり込められると思っていたが、この論争はクリントンにとってまだ大統領の地位を脅かすほどのものでなく、国家の憲法の危機でもなかった。いっぽうクリントン本人は、レンクイストと、彼がこの裁判で果たす役割について想像をたくましくしていた。クリントン対ジョーンズ事件の口頭弁論からちょうど七日後に、二期目の宣誓就任式がおこなわれた。クリントンが友人に語ったところでは、このときレンクイストは握手しながら「幸運《グッド・ラック》を祈ります。運が必要でしょうから」と声をかけたという。クリントンは漠たる脅しのようなものを感じ取った。

暗に人を脅すのはレンクイストらしくないが、最高裁が当時、その裁判においてクリントンの法的主張をくつがえそうとしているのは確かだった。いつものことながら、レンクイスト・コートでは、口頭弁論の空気で結果も読める。一九九七年五月二十七日、最高裁は満場一致で、クリントンは大統領を辞めるまで訴訟を延期することはできないという判決をくだした。スティーヴンズが書いたクリントン対ジョーンズ判決の法廷意見には、「何人たりとも法律を超越してはならない」という立派な原則が反映されているだけでなく、現代の法と政治にたいして驚くほど率直な意見が述べられていた。本裁判は大統領としての責務に大きな負担となるだろう、というクリントン側の主張を棄却し、スティーヴンズは叙事詩的には正しくない予測を書いている。「われわれには、〔クリントンの〕時間が相当つぶれる可能性があるとはとうてい考えられない」

最高裁の決定を受け、七カ月後の一九九八年一月十七日、クリントンはホワイトハウスからほど近いベネットの事務所で、ジョーンズの弁護団による質問に宣誓供述をさせられた。最高裁判事たちはたいがい、自分たちの決定が現実社会にどのように受け止められるかということをよく理解していた。しかし、齢八十に近づき、ケーブルニュース時代の世の喧騒から身を引いたスティーヴンズには、今回のジョーンズの訴訟に大統領の政敵が食いつくとは――そしてほかの判事たちが大喜びする結果になるとは――予想しえなかった。あまつさえ宣誓供述の場で質問に答えるあいだに、クリントン自身がホワイトハウスでモニカ・ルインスキーとふたりだけで会った記憶はないとの虚偽の証言をし、自ら傷口を大きくひろげてしまったのである。

クリントン対ジョーンズ事件で最高裁がくだした決定から生じた事態は、アメリカ史に残る画期的出来事となった。一九九八年一月、クリントンがジョーンズの弁護団と対決しているあいだ、土地取引にかんするホワイトウォーター疑惑を調べていたケネス・スターは、ジョーンズ事件においてもクリントンに不適切な行為がなかったかを探りはじめた。八月十七日、スターの捜査の一環として、クリントンはホワイトハウスで大陪審における宣誓証言を強いられた。その四カ月後の一九九八年十二月十九日、彼は大陪審における偽証および司法妨害のかどで下院で弾劾決議された。

下院議会で可決したということは、じつに一世紀以上ぶりに上院において大統領の弾劾裁判がはじまることを意味し、そのさいは憲法のもと、連邦最高裁長官が議長をつとめることになっていた。実際のところ、レンクイスト以上の適任者はアメリカ中探してもいなかったであろう。彼は夏期休暇を費やして、面白味には欠けるが読みやすい一連の手引きを書き上げた。そこには一九九二年出版の自著『大審問――サミュエル・チェイス判事とアンドリュー・ジョンソン大統領の歴史的弾劾裁判』もふくまれていた。

ミシシッピ州の共和党員で当時の上院多数党院内総務トレント・ロットは、今回の審理を、一八六八年に大統領としてはじめて弾劾訴追されたアンドリュー・ジョンソンの裁判にできるだけそわせて演出しようと計画した。レンクイストもしきたりにやかましく、古めかしいこうした儀式を復活させることに乗り気だった。こうした儀式のなかで、とりわけ上院議員にとって苦痛なものが一つあった。弾劾裁判の慣習にしたがって、上院議員百人全員が議場の自分の席から沈黙してこの裁判を最後まで見守らなければならなかったのだ。いつもは、投票や話をするときだけ議場を訪れ、用がすんだら退席していた。

ふたを開けてみると、レンクイストがやるべきことはほとんどなかった。実際の証人たちから意見を聞くこともなく、「審理」は、下院の「担当議員」――訴追者である下院司法委員会――による陳述と、クリントン側の弁護団による反対弁論にほぼ終始した。政治的状況を把握している人物ならわかることだが、レンクイストにもクリントンを辞任に追い込むために必要な賛成票（上院議員の三分の二）は集まらないということが見てとれた。そこで賢明に一歩下がって、審理がのろのろと決まった結論に達するままに任せた。気が滅入るような裁判は五週間続いた。

そのあいだにレンクイストがくだした実体的決定は一つだけだった。弾劾裁判担当議員は冒頭陳述のなかで、上院議員を「陪審員」と呼んだ。これにたいして民主党は、憲法上、大統領を弾劾するさいの礼儀として、上院議員には刑事事件の陪審員のような狭量な判断だけでなく、より幅広く政治的な判断が求められていることを強調しておきたかった。訴追側がいくつか陳述したあと、アイオワ州選出の上院議員トム・ハーキンが立ち上がっていった。「アメリカ合衆国大統領の弾劾裁判において、事実認定者として参加している上院議員を『陪審員』と呼ぶこと、および反復して呼ぶことに反対します」

レンクイストはいつものごとく冷静に、ハーキンの指摘はもっともだといった。「議長として、アイオワ州選出上院議員の反対意見を採用すべきだと考えます。したがって双方の弁護人は、上院議員を陪審員と呼ぶのをやめること」

ハーキンは喜んだ。すぐに隣席のニューヨーク州選出上院議員ダニエル・パトリック・モイニハンにささやいた。「初の最高裁事件で勝利を収めましたよ！」

はじめのうち、弾劾裁判は最高裁に疾風のごとき興奮を引き起こした。判事やスタッフに割り当てられるわずかな席をめぐって順番待ちリストができたくらいだ。しかしまもなく、希望する者はいなくなった。感想を訊かれると、レンクイストはだれにでも、退屈だよと答えた。とはいえ、さすがに一九九九年二月十二日、裁判が終わりを迎えるときには、それが上院議会における歴史的瞬間であることは否めなかった。この裁判ではじめて、レンクイストの声が神経質にくぐもった。「被上訴人ウィリアム・ジェファーソン・クリントンは有罪であるか、無罪であるか？」

結果は火を見るよりあきらかだった。弾劾賛成票は最初の投票で四十五票、二度目で五十票にとどまり、可決に必要な六十七票には遠くおよばなかった（ペンシルヴェニア州選出の偏屈な共和党系無所属議員アーレン・スペクターは、かつてのスコットランドの陪審評決「未証明」と投票し、それは「無罪」票に数えられた）。

厳粛な面持ちで居並ぶ上院議員席を前にして、レンクイストは宣言した。「これによって、当該ウィリアム・ジェファーソン・クリントンを無罪とすることをここに宣告する……」

後日、レンクイストはクリントンの弾劾裁判での自分の仕事ぶりについて、ギルバートとサリヴァンによるお気に入りのオペレッタ『アイオランシ』からおあつらえ向きの文言を引用して総括した。「特別なことはしなかった、そしてそれをとても上手にやり遂げた」

『アイオランシ』はまた、レンクイストの美意識の変化を象徴していた。弾劾裁判より二、三年前、レンクイストは両袖に金色の縫いとりが四本入った新調の法服で最高裁にあらわれた。『アイオランシ』の地元の舞台に出てくる大法官の衣装を模したのはあきらかだった。レンクイストの身なりにはかつてリチャード・ニクソンも眉をひそめたが、最高裁判事になってからは無難にまとめられていた。とはいえ、以前ほど外見にこだわっているようには見られなかった。レンクイストの法服について、「てっきり冗談だと思いました」とオコナーはいった。袖の装飾はほんの気まぐれだったのかもしれないが、同僚判事たちもまねるべきことでないのは承知していた。もっとも頓着しなかったはずの判事が、自分の特権護持に固執する長官となりかわっていた。弁護士がたまにうっかり「レンクイスト判事」とでも呼ぼうものなら、すかさず「長官」と正すのだった。

このころになると、レンクイストは判決の内容よりも、最高裁の整備——老朽化した建物を修繕する必要性など——にエネルギーを注ぐようになっていた。最高裁の執務全般を滞らせてはならないという思いが頭から離れなかった。クリントン対ジョーンズ事件の裁判が進行中のある日曜日、ワシントンは吹雪に見舞われ、五十センチ以上の積雪を記録した。ほんの少しの雪でもすぐ都市機能が麻痺してしまうことはよく知られており、そのため翌月曜日、連邦政府は業務を休止した。しかしレンクイストは、最高裁はそんなことを理由にすべきでないと考えた。月曜の審理を決行することを命じ、最高裁のスタッフに指示して、判事たちの自宅へジープを差し向けた。

この雪の朝の出勤風景で判事らの性格がうかがえる。当日の朝、最高裁で口頭弁論することになっていた著名な弁護士カーター・フィリップスは、ヴァージニア州の郊外にあるスカリアの自宅近くに住んでいたため、車に同乗させてほしいと頼んだ。スカリアは快諾し、ケネディもいっしょだと伝えた。しかし道路は通行不能になっており、スカリアは車に乗るまでに腰まで積もった雪のなかを八百メートルも歩かなければならなかった。ロシア風の帽子をかぶり、コートの下は半袖シャツ姿のスカリアは汗だくでかんかんだった。

「ばかげてる。長官はなにを考えてるんだ。こんなところにいたら俺たちの命のほうが危ない」

とはいうものの、判事たちはレンクイストのことを尊敬していた（少し恐れてもいた）ので、やはり遅刻したくはない。間に合わないのではないかと焦り、スカリアは運転手にいった。「最高裁判事として、信号が赤でも突っ切ることを認める」

「ニノ、最高裁判事といえども赤信号を無視する権限はないからね」とケネディは警告した。一行は九時半に到着し、まだ三十分余裕があった。「摘要書を読む時間もあるよ、フィリップス」とスカリアは冗談をいった。

ブライヤーとギンズバーグのところには別の車が向かった。ふたりの自宅はブライヤーがジョージタウン、ギンズバーグがウォーターゲートのしゃれた複合施設のなかと近かった。いくらか浮世離れした感のあるギンズバーグは、いつものごとく上品に、この日はタイト気味のスカートにハイヒールという格好だった。降り積もる雪にこの身なりとあって、ふだんはクラークオフィスに勤務する運転手は小柄なギンズバーグを抱き上げて車に乗せた（のちにギンズバーグはこの仲間のためにロースクールへの推薦状を書いている）。到着すると、勤勉なブライヤーは、最高裁地下駐車場の車の誘導をした。

自給自足を旨とするニューイングランド人のスーターは、これまで雪国での暮らしに慣れていたこともあって、いっさいの申し出を断った。自分で車を運転して来るといったものの、雪だまりですぐに立ち往生してしまった。あげく最高裁警官に救出され、最高裁にただひとり遅刻する羽目になった。

レンクイストは悪天候のことにはひと言もふれず、口頭弁論は予定どおりおこなわれた（このとき審議されたのが作業中に負傷した鉄道労働者の事件で、全員一致でフィリップスが勝訴し、トーマスがお気に入りとなる法廷意見を書いた）。

しかしレンクイストがもっとも変わったのは、意見の書き方だった。まだ若手判事だった一九七〇年代は、長たらしく散漫な意見を書くことで知られており、自分の保守的な哲学を、多くは反対意見のなかに事細かに書き込んでいた。だが長官になると、意見は短くなった。一つには、自分の役割の変化——アウトサイダーから最高裁における憲法の体現者——を反映していた。しかし、疲労も要因の一つだった。レンクイストは、流れ作業的に業務を回しており、十日以内には意見の最初の草稿を提出するよう自分のロークラークに求め、負荷がかかりすぎた場合に限り自ら起草した。彼は容赦ない編集者であり、クラークの書いた草稿をぎりぎりまで削り落とし、やや侮蔑気味に「理由づけ」と呼ぶものを抜き出した。

こうしたことにより、一九九九年秋、最高裁はまた別の転換点を迎えた。高齢のため、レンクイストは以前のような効率で仕事をこなせなくなっていた。その上、多くの国民が、ギングリッチ率いる共和党——一九九四年中間選挙で下院で優位に立ち、一九九八年の弾劾騒動の口火を切った——にたいし幻滅を感じていた。クリントンの人気はかつてなく高まり、空前の好景気に浴していた国民が劇的な右傾化を望んでいるようには見えなかった。

ようするに、一九九九年十月、そもそもまったく革命的でなかった「レンクイスト革命」に終止符が打たれたのである。レンクイストにとっての重大問題（州権、宗教と政治の関係、刑法、妊娠中絶など）が争われた裁判では、いくつかの重要な事件で敗北を喫した。アリゾナ州で若手の共和党員として活動していたころから堅持してきた原則までも、譲らざるをえなかった。

レンクイストは歌が好きで、最高裁で催されるクリスマスパーティでは毎回キャロルを指揮していた（毎年のようにロークラークの何人かが、パーティはキリスト教徒以外の人間にとって疎外感を味わわされる場だとの不満をレンクイストに手紙で真剣に訴えた。レンクイストはあえて「祝日のパーティ」という言葉をもちいずに招待状を出すことで、事実上一蹴した）。最高裁判事になったばかりのころは、クリスマスパーティのために短い曲を書くことさえあった。最初に報道したのはジェフリー・ローゼンだが、一九七五年には、もっとも嫌う最高裁のミランダ対アリゾナ州判決について歌を作っている。「みそらをはせゆく」の音楽に合わせて歌が続く。「理論の王国からいでしリベラルたちよ　我らが高貴なる法廷を飾りたまえ／悪党どもには　つねに用心深くはあるけれど／警察の悪行には　たじろぐばかり」ここでコーラス隊がひざまずいて歌う。「ミランダを守れ、ミランダを守れ　ニクソンが指名した四人の判事から守れ」。ニクソンが指名した四人とは、ウォーレン・バーガー、ハリー・ブラックマン、ルイス・パウエル、そしてもちろんレンクイスト本人である。

ミランダ判決は、一九六〇年代にウォーレン・コートが標榜したリベラルな行動主義を包括するもので、レンクイストはこれを毛嫌いしていた。一九六六年、最高裁は、アール・ウォーレン長官自らが書いた判決で、身柄を拘留されたいかなる刑事事件被疑者にも、被疑者自身の有する権利を告知しなければならない、との決定をくだした。そのような警告を必要とするとした憲法起草者や最高裁判事は、この一七五年を通じて見られない。ウォーレンらは単に刑事司法制度の欠陥とみなしたものを補完するために考案したのである。レンクイストは法廷意見で何度もはっきりと、ミランダ警告は不要であり、有罪で危険のある犯罪者に有罪判決をくだせないようにする、判事が作った障害である、とする考えを明確にしていた。一九九九年、ミランダ判決の有効性が争点となった事件が最高裁に持ち込まれた。レンクイストはようやくここでこの判決を打ち倒す機会を得たのである。

この事件における実質的な問題は、ミランダ判決がそもそも誤りだったにせよ、最高裁はかくも浸透している前例をくつがえすことができるのか、ということだった。事件の口頭弁論でブライヤーはこの点を指摘し、ミランダ判決について次のように述べた。「おそらく世界中で二十億もの人たちがこの言葉の意味を知っているでしょう。被疑者には、取り調べの前に、黙秘権があること、自分の供述は裁判のさい自分に不利な証拠としてもちいられる可能性があること、弁護士の立ち会いを求める権利があること、もし弁護士を雇う経済的能力がないならば、被疑者のために当局が弁護士を任命すること、これらを告知せねばなりません。おわかりでしょうか？　ここ三十年というもの、ミランダ警告は我が国の正義の特徴となっているのです」

この事件は、最高裁における「保守派」の立場を垣間見せた――レンクイスト流か、スカリアやトーマス式か。レンクイストは、彼の経歴を知る多くの者を驚かせたが、ミランダ判決を支持する七対二の多数派にくわわっただけでなく、自ら意見を書いた。このディッカーソン対合衆国事件でのレンクイストの意見は、例によって簡潔明瞭で、彼の嫌う「理由づけ」もほとんどないどこか恨めしげなものだったが、考え方は明白だった。「ミランダ警告は、警察での慣例的手続きとして根づいており、われわれ国民の文化の一部になっている。われわれがミランダ警告の理由づけ、および結果として生じた規則に同意するか否かにかかわらず、この問題を対処するにあたり真っ先に考えるのは、先例拘束性の原理は、この問題をくつがえすよりもきわめて重要だということである」。スカリアはトーマスもくわわった、いつもながらの攻撃的な反対意見を記した。それには、先例に縛られない最高裁保守派が、ミランダ（およびロー対ウェード）のような画期的判決にたいしてどう出るかということがはっきり示されている。

例によってスカリアは、相手が友人であり長官であるにもかかわらず嘲笑せずにはいられなかった。たしかに、スカリアがその反対意見で矛先を向けたとおり、レンクイスト自身、過去に「ミランダ判決の核となる前提の完全否決」を主張していた。スカリアの反対意見は、転向した当事者は差し置き、目を引く美文調で締めくくられている。「本日の判決は、司法の越権を示す画期的出来事であったミランダ判決を、まさに司法の傲慢の象徴たるクフ王のピラミッド（スフィンクスとしたほうがより適切であろうか）へと変えたのである」。この時点でスカリアには、多数派になるためのより巧妙な議論など必要なかった。必要なのは、あたらしい判事であった。

10　敗北の年

クリントン政権が終わる年まで、最高裁における保守派の改革は火花を散らしていた。フェデラリスト協会のメンバーたちにとっての最重要課題、とりわけ妊娠中絶、連邦主義、教会と国家の関係、死刑制度において、最高裁で実権をにぎっていたのは穏健派であった。

共和党はこのときには議会多数派の立場に慣れ親しんでおり、いまやほぼ意のままにできる連邦政府の権限を制約することにあまり関心を示さなかった。教会と州の関係についても右派の勢いは鈍っていた。いっぽうジェイ・セキュロウは、一旗揚げようとワシントンに出る者の典型的な出世街道を邁進《まいしん》していた。

なかでも、目標としていたＡＣＬＵに類似する右派組織の設立においてはかなりの成果を上げていた。セキュロウ率いる「法と正義のためのアメリカ国民センター（ＡＣＬＪ）」は、ＡＣＬＵ同様、賛同者たちへのダイレクトメールおよびＥメールで募る善意の寄付をもとに一大金融帝国を築き上げた。しかし、その相違は、類似をはるかにしのぐものであることがやがてあきらかになる。セキュロウは、ＡＣＬＵを模した組織ではなく、自身の金字塔を打ち立てることに狙いを定めていたのだった。

セキュロウは年間六十万ドル以上の報酬を手にしていたが、それはACLJとその関連組織から巧妙な会計処理で抜き出した富のほんの一端にすぎない。しかも彼は、その非営利企業をファミリービジネスへと転換した。ACLJは年間約一四〇〇万ドルを集めていたが、その多くは、セキュロウ、妻のパム、息子のジョーダンが代表取締役をつとめるケース(CASE)と呼ばれる別の団体に注ぎ込まれていた。両団体の最高財務責任者をつとめていたのはセキュロウの弟グレイである。グレイ、パム、ジョーダン、セキュロウ全員が在任し、その報酬を得ており、セキュロウのもうひとりの息子ローガンには、CASEがスポンサーのクリスチャンテレビ番組で深夜コメディショーの仕事があたえられていた。ジャーナリストのトニー・マウロによるグループの財務状況調査によれば、セキュロウの団体は、彼のフルタイムの運転手の費用と、専用飛行機リース料(弟の妻が経営する会社の所有)を支払っており、さらに家屋も数戸購入している。すべてセキュロウと家族に恩恵をもたらすものだった。

そんなセキュロウ帝国の中心に鎮座するのは、最高裁から一ブロックも離れていないタウンハウスだった。ACLJが五百万ドルで購入し、隅々まで念入りに改修をおこなった。目玉の一つは、一階の会議室に手描きされた空を背景にしたワシントン市の壁画だった(壁画だけで四万ドル以上)。さらにACLJは、セキュロウとその家族が使用するために、本部の隣のタウンハウスを一五〇万ドルで購入し、ヴァージニアビーチにも八十五万ドルの家、ノースカロライナ州にも「隠れ家」を購入している。ワシントンの持ち家の至便さにより、一九九〇年代後半には、セキュロウは最高裁でもすっかり顔なじみとなっており、口頭弁論への出廷のほか、単に最高裁の番記者たちと立ち話をするために立ち寄るときもあった。

あいかわらず最高裁に訴訟を持ち込み続けていたが、一九九九年から二〇〇〇年の開廷期で、彼はいままでの自由な言論という主張の限界を知ることとなる。テキサス州在住者にとっては最大の年中行事でもある高校のフットボールの試合に端を発した訴訟だった。

テキサス州南部の小さな町サンタフェ（ニューメキシコ州の州都ではない）の教育委員会は、金曜日の晩におこなわれるフットボールの試合でなんとか祈禱を実現させようと最高裁の先例を詳細に研究した。徹底的に議論し、広範にわたる判例を調査した末に、教育委員会は、選ばれた学生ひとりが各試合の開始にあたって、「宗教を問わず、改宗をも奨励しない」祈禱を主導するという策を練り上げた。だが、ふたりの学生（カトリック教徒とモルモン教徒）がこれをやめさせるために訴訟を起こす。宗教護持条項に反するという主張であった。

教育委員会を弁護していたセキュロウは、過去に成功を収めた論法を楯に判事の前に立った。「サンタフェ独立学区は、フットボールの試合にさいして、生徒が主導しておこなう言論を許可するという、なんら偏りのない施策を採り入れたまでです」と切り出し、これについて次のように主張した。「生徒ひとりひとりがそのメッセージに込められた意味を判断することができます。生徒の自由裁量により祈禱をふくむこともあるでしょう……。サンタフェ独立学区の施策は、生徒の表現の場を作り出すものです。言論が宗教に関係するかしないかという点にかんしては、まったくの中立です」

しかしながら今度ばかりは、判事たちもセキュロウの説明の裏にある実態に気づいていた。その裁判記録から、施策全体が学校当局により生徒主導の祈禱を許すように企画されたものであり、単なる試合に先立つ「言論」ではないことはあきらかだった。スーターはセキュロウにいった。「これは偏りのない言論のための施策などではありません。単に宗教を主題とするものでもありません。これは宗教上の礼拝にあたります。宗教的実践行為です」

「それでもし、生徒が祈りを捧げようと決めたとしても」とセキュロウは応じた。「それはアメリカ合衆国憲法第一修正で保護される言論であり、その場合、施策は――」

「個人的な言論となると」とスーターは反論した。「その言論が事実上、州の権力によって、それを望まない者の意図に反して押しつけられたかどうかが問題になります」

スカリアが教育委員会の施策を弁護しようと割って入るが、いつものおおげさな物言いで逆に自滅に追いやられる。彼は訴訟を起こしたふたりの生徒が本名を出そうとせず、それゆえ「サンタフェ独立学区対ドウ」と名づけられている点を指摘して、論争を矮小化《わいしょうか》しようとした。「その理由とはなんでしょうか？　この訴訟でわたしが知りたいと思っているのはまさにそれです。だれが提訴人であるのかすらわからないのです。国民は連邦裁判所に匿名で提訴する権利を有するのでしょうか？　訴訟を起こしたことを知られたくない、羞恥を覚えるなんらかの理由があれば、匿名で訴えることができるのでしょうか？」

しかし、それは羞恥の問題などではなかった——恐怖である。施策に異議を申し立てた生徒たちは、疎外され、脅され、危険な状態にまで追いつめられたため、州の裁判官がふたりの名前を訴状から削るよう指示したのである。いうまでもなく、それはまさに核心を突いている。州当局は、宗教への服従を強いるという手段をもって異端者を締め出したのである。

スティーヴンズが書いた意見で、最高裁はサンタフェの生徒主導による祈禱を六対三で無効にした。反対に回ったのは、レンクイスト、スカリア、トーマスだった。スティーヴンズの多数意見の核にあったのは、祈禱は生徒たちの単なる「個人的言論」であるとするセキュロウの主張をしりぞけるものだった。「これらの祈禱は、政府の施策として承認され、州政府後援の学校関連行事において、州政府所有の地所でおこなわれるものである。この施策の公表されている目的は、宗教的メッセージの選択を奨励するものであり、それはまさに、学生たちにその施策どおりの解釈を迫ることにほかならない」。祈禱を不快とする者は、単に試合に行かなければよいというのは答えにはならない、とスティーヴンズは続けた。「級友とともに学校代表チームのフットボールの試合に参加する代償として、生徒に宗教的服従を強要することはできない」

当然セキュロウは落胆した。しかし、この事件の敗北は、最高裁において以前彼が勝訴した判例をくわえることにより、事実上、最高裁の判断指針を見きわめるモデルとなった。最高裁の多数派は、政府の地所における宗教的式典にたいし、合理的で妥当なルールを決めた。政府は、純粋に私的な宗教活動は認めなければならないが、同時に、公務員はそのような儀式を支持、是認してはならない。サンタフェ事件の判決後、下位裁判所でもほぼこれらのルールを適用することができたため、最高裁はこのような訴訟をあまり取り上げなくなった。この最高裁の妥協は、万人を納得させるものではないが、万人の感情を害するものでもない。これは、当時のレンクイスト・ナインの典型的なあり方であった。それはスカリアやトーマスのような強い信念を持つ者の最高裁ではなく、もはや当のレンクイストのものでもなく、むしろ中道を進む多数派のそれであった。

たいていの場合、それはオコナーであり、やがてスティーヴン・ブライヤーであることも増えていった。

大多数の判事同様、ブライヤーも最高裁になじむまでに数年かかったが、クリントン政権最後の年にはその本領を発揮するようになっていた。ある側面では、ブライヤーは思いもよらないような黒幕的存在だった。だが驚くほど周囲に無頓着にもなれた。あるロークラークはいつも昼まで出勤せず、別のひとりは腰が悪いため長時間床に横になっていた。どちらの場合についても、問いたださなかったばかりか、執務室内の業務が滞らない限り気づかなかったらしい。さらに、レストランなどの公共の場で最高裁での職務を声高に討論することもロークラークのあいだではよく知られていた。最高裁の仕事にたいそう熱心に取り組んでいたため、日常の急を要するつとめすら無視してしまうこともしょっちゅうだった。

しかし、ときには対立していた相手とも一時的な連立を組み、上院で法案を押し通す元上司のテッド・ケネディを見ていたころは、ずっと彼に注目していた。ブライヤーもおなじやり方で、礼儀正しく、節度をもって確実に、自らの見解にそうよう同僚に働きかけた。このやり方は、最高裁の歴史においては決して特別なことでなく、ブレナン伝説では不可欠でありながら、レンクイスト・コートにはそうする者はいなかった。スーターとトーマスはまったく隠遁しており、スティーヴンズとギンズバーグもその傾向にあった。ケネディといえば、ときに怒りっぽく、しばしば謎めいており、やはり人を避けた。スカリアはロビー活動しないことを自負しており、レンクイストは口頭弁論にはじまり、会議、意見へと、裁判の速やかな進行を妨げるものにはいっさい関心をはらわなかった。

その当時のことだが、オコナーを攻撃するスカリアの草稿意見を読んだレンクイストは、即座に彼を電話口に呼び出した。「ニノ、またサンドラを怒らせるじゃないか。やめてくれ！」。オコナーは、女王然として最高裁中央の高座から快く訴訟当事者をもてなしはしたが、ブライヤーとは異なり、票のために采配を振るうことはなかった。

そのようにたがいに孤立した状況にあったので、もっとも効果的に見解を主張できるのは、唯一、全員が嫌でも聴衆とならざるをえない口頭弁論の場であった。そのためブライヤーは、特に回答への関心からではなく、同僚たちへの主張の手段として質問を丹念に練り上げた。法学教授時代と変わらず、ブライヤーは仮説にもとづいた質問を好んだ。あまりにも長く複雑になりすぎ、ときに焦点がぼやけることもあった。妙なことに、ペットの牡蠣を公園の散歩に連れて行くことについて質問したこともあった。しかしほかの場面では、問題の核心に迫っている。ブライヤーが一九九九年十一月十日に投げかけた一つの質問が「連邦主義革命」を終わらせたというのはいささかおおげさかもしれないが、いいすぎではないだろう。

一九九〇年代初頭、いくつかの州は、陸運局のデータバンクに保管してある情報をダイレクトメール事業者、保険会社、マーケティング業者に売りわたして数百万ドルを稼いでいた。この行為に市民たちが苦情を申し立て、連邦議会はその対策として一九九四年、運転免許プライバシー保護法を可決。ようするに州にたいし、運転者の同意なしにそのような販売行為をしてはならないとする内容だった。サウスカロライナ州は、連邦法は州の権利を侵害しているとし、この法の施行停止を求めて提訴した。

この訴えは、レンクイスト・コートの連邦主義への取り組み方にうまく合致するように思われた。ここでは、連邦議会が州政府の古くからの機能である運転免許の管理方法について命令をくだしている。最高裁は一九九七年、銃を規制するブレイディ法の一部をくつがえし、連邦議会は州にたいし、拳銃購入希望者の身元確認をおこなうよう強制する権利はないという判決をくだしている。その判決における意見でスカリアは、「連邦政府は、特定の問題に対処するよう州に求める指示を出すことも、連邦の規制条項の管理や施行を州公務員に……命じることもできない」と述べた。運転免許にかんする規制もおなじで、特定の問題を解消するために州に指示を出しているのではないか?

ブライヤーは、大規模で複雑な国家経済の規制は連邦政府のみが主導でき、連邦議会はこのような法を可決する当然の権利がある、と考えた。だが、この訴訟の事実関係のなかでどうやってそれを立証できるのか?

サウスカロライナ州の弁護人は、州司法長官チャールズ・コンドンであり、彼はまたこのレノ対コンドン事件の提訴人でもあった。最高裁の口頭弁論は、州の司法長官のような公選された役職者は弁論に立たないほうがよい、という不変の法則がある。とりわけ、判事たちが積極的に質問するのがつねのレンクイスト・コートでは、非専門家はたいがい判事たちの前でうまく訴訟を展開できず惨憺たる結果に終わる。一般的に政治家は、口頭弁論を有利に展開するためになくてはならない資質――最高裁の先例にたいする経験に裏打ちされた知識、複雑な概念をもちいた巧みな駆け引き、むずかしい質問に簡潔に答える能力――をまったく持ち合わせていない(ジョン・アシュクロフトは、ミズーリ州司法長官時代に最高裁で惨敗したことがあり、賢明にもそれ以降、アメリカ合衆国司法長官は訴訟事件の弁論をおこなうとする非公式の慣例には従わなかった)。それにもかかわらず、自我を抑えて自ら主張する機会を見送ることができる州司法長官はほとんどいない。チャールズ・コンドンもそうだった。

「この事件はプライバシーの保護にかかわるものではありません」コンドンは自信満々にはじめた。「争点となるのは、連邦規制法を施行するために、連邦議会は、国中の厖大《ぼうだい》な州公務員にその業務を命じることができるのかということです。運転免許プライバシー保護法は複雑です。それは耐えがたい負担となる上に、アメリカ合衆国の州にのみその負担が課されます」

コンドンが「われわれは連邦議会のあやつり人形にされています」といったとき、ブライヤーは作戦を実行に移した。

「それは州政府がおこなっているあらゆる連邦規制に当てはまることではないでしょうか？　たとえば、州の公園でホットドッグを販売するとします。その場合、食品や医薬品にかんする法律を遵守しなくてもいいのでしょうか？　つまり、それらの法律は複雑かもしれませんが、ホットドッグやスタンドの種類を申告したり、最低賃金を上回るといったことをする必要があるのではないでしょうか？　やらなければならないことはそれよりずっと少ない、ということです。いいかえれば、この部分にかんする弁護人の主張は、州にたいする禁止事項を定めているすべての連邦規制条項を無効にするものではないでしょうか？」

この質問はコンドンを完全に打ちのめした。彼には、州が公園で劣悪なホットドッグ販売を認める、とはいえなかった。最低賃金を下回るのを認めるともいえなかった。はたしてコンドンはなんと答えたのか？

「ブライヤー判事、またしても的を射たご質問ですが、問題の核心にもふれることと思われます。われわれはここでホットドッグを販売しているわけではありません」。コンドンの答えはきわめて的外れで、傍聴者から失笑がもれた。たたみかけるようにオコナーが続けた。

「それでは、ほかの事例について聞かせてください。連邦議会はインターネット非課税法案を通過させ、インターネット取引に一定期間課税することはできない、と州に命じました。弁護人の理論にもとづくなら、それも無効になると思われます。それは州と政府機関のみを対象にしています。それも無効、そういうことですね？」

その質問はさらに巧妙なものであった。というのも、オコナーが取り上げたのは保守派お気に入りの法案だったからである。連邦議会による、インターネット取引にたいする州の課税禁止は、リベラルな連邦政府の圧制とみなすことはとてもできなかった。しかし、それはまぎれもなく、州権にたいする連邦規制であった。コンドンには、「それはなにがしかの問題を生じさせるかもしれません」とつぶやくことしかできなかった。

質問を通じてブライヤーは、連邦規制から州を切り離そうとするのは愚行であることをはっきりと知らしめた。それはできないことであり、してはならないことであった。訴訟は大敗を喫した。会議での評決は八対一で連邦側が支持された。だがその判決でレンクイストは、州権の偉大なる後援者でありながら自ら法廷意見を書くことにし、それにより反対の立場であったスカリアを翻意させ、全員一致を導き出した。

もちろんレンクイストは、連邦主義革命に見切りをつけたわけではない。おなじ開廷期中に、連邦政府の「女性にたいする暴力阻止法」の一部を無効にしている。争点となった条項は、性別のために暴行を受けたと主張する女性に連邦裁判所への提訴を認めるものであった。それは政治的宣伝のたぐいで、連邦議会はレンクイストらのひんしゅくを買った。暴行の被害者はいつでも州裁判所に訴えることができるのであり、連邦法は象徴にすぎず、行使されることもめったにない。最高裁は五対四で州際通商条項違反と裁定した。とはいえ、現実社会における判決の影響はないも同然である。もともと行使されない提訴の権利を奪っただけであった。長官となって十二年を過ぎたが、レンクイストはいまだに連邦政府の権力を制限できずにいたのである。

その年の敗北につぐ敗北のなかで、レンクイストは妊娠中絶問題についても進展させることができなかった。おおむね彼に有利であった事件においてである。

最高裁は一九九二年のケイシー判決以来、もっぱらその問題から距離を置いていた。オコナー、ケネディ、スーターの三人組による裁定で、論争に終止符が打たれたわけではないが、おもなものにはだいたい対処できていた。妊娠初期三カ月での中絶は禁止できない、親の承諾にかんしては許されるが、オコナーの嫌悪の的である配偶者への通知は不可。偶然ではなく、世論もおおむね最高裁が考案した裁定で納得していた。クリントン大統領も現状に満足していた。妊娠中絶にかんする法は破綻しておらず、判事たち、特にオコナーは、それをわざわざ修正しようとは思わなかった。

ケイシー判決後しばらくのあいだ、中絶反対運動にたずさわる者たちは、政界と法曹界双方で巻き返しをはかれるような事件を探していた。そんなある日、匿名の情報提供者が「生まれる権利を守る全国委員会」の気鋭のロビー活動家ダグラス・ジョンソンのもとへ、世に知られていない医学論文をすべり込ませた。全八ページにわたるそれは、全米妊娠中絶連盟（人工中絶を提供するグループ）向けに書かれたもので、二十週以降の妊娠中絶の詳細な手引き書だった。著者であるオハイオ州シンシナティ市在住マーティン・ハスケル博士が編み出した手法とは、子宮頸部《けいぶ》を数日間ひろげておき、その後、足を下にして胎児を引き出すというもの。そこで外科用ハサミをもちいて頭蓋に切り込みを入れ、中身を吸引して頭のサイズを小さくした上で体外に取り出すのである。ハスケル博士はこの方法を「拡張と摘出（D＆X）」と称していた（それまで妊娠後期の中絶は、胎児をばらばらにして取り出していた）。ジョンソンは、この論文が中絶反対運動メンバーにひろくゆきわたるように手を回した。この手法は、手術開始時にはまだ胎児が生きていることから、「不全出産型」中絶といわれるようになった。

そのむごたらしい内容は、運動の内部のみならず外部へも電流のような激しい衝撃をあたえた。中絶反対者たちはその手法を野蛮で言語道断、嬰児《えいじ》殺し以外のなにものでもないとみなした。すでに共和党支配となっている州や連邦議会では、中絶反対派議員たちが即座にそれを禁止する法の制定に動き出す。中絶する権利の擁護者たちは窮地に立たされ、そのような中絶法はひじょうにまれであり、国内で年間に実施される百万件以上の中絶手術の一パーセントにも満たないと強調した。さらに、この方法がもちいられるのはほとんどが、深刻な合併症をともなう妊婦か、胎児に著しい欠陥が見られる場合であるとした。それでも、この過程でひろまったイメージが政治的に説得力を持っていたのは間違いない。共和党支配の連邦議会は一九九〇年代に二度、これを禁ずる法案を通過させ、クリントンは二度とも母体の健康を守る除外項目がないとして拒否権を行使した。だが中絶反対派は、州レベルでは大きな成功を収めており、十年のあいだに、中絶を禁ずる法案を可決する州がつぎつぎにあらわれた。そして不可避的に、不協和音を生じる課題にもどりたくないという九人の気持ちとは裏腹に、最高裁はこれらの規制の合憲性を判断することとなった。

二〇〇〇年四月二十五日、訴訟が最高裁に持ち込まれた。前年十月にはじまった会期の口頭弁論があと二日で終わるというときである。問題が複雑で闘争的なことを考えると、この重大な判決を六月末の夏期休暇前に出すことはあきらかに無謀であった。州規制を擁護するためにネブラスカ州司法長官ドン・ステンバーグが立ち上がると、法廷は緊張につつまれた。その州法については、ステンバーグ対カーハート事件で連邦第八巡回区控訴裁判所が違憲の判決をくだしていた。「本日の争点は、中絶を希望する女性にたいし、異なる安全な方法が提供されている現実を前に、めったにおこなわれることのない、嬰児殺しも同然の手術処置を州が禁止できるかどうかです」

口頭弁論ではいつもだれよりも多く質問するスカリアではあるが、ステンバーグ事件の論点のせいで、これまでになくけんか腰で饒舌になっていた。弁論は見苦しいまでに彼の独壇場と化した。「ステンバーグ長官」とスカリアは口をはさんだ。「長官が嬰児殺しも同然とおっしゃるのは、胎児の生存可能性の問題とは関係がなく、その手法が胎児を子宮内ではなく子宮外で殺すので嬰児殺しに近く、そしてそれが、子宮外の胎児や子どもを殺すほかの形態との一般の認識を混乱させる、という意味と受け止めました。議会が問題にしたのはそれではありませんか？」（そのとおりだ、とステンバーグは答えた）。さらにスカリアは、この訴訟を起こしたネブラスカ州の産科医の弁護人にたいし次のようにとうとう語った。「ロー判決もケイシー判決も、憲法には明記されていません。憲法には、考慮されていたかもしれない適切な利益すべては列挙されていないのかもしれません。嬰児殺しに社会が無感覚になることを州が懸念することが、なぜ適切な利益とされないのでしょうか？　古代ギリシャをはじめ、嬰児殺しを認め、両親の権利には、望まない子ども、とりわけ奇形児にたいする責任を負わない権利がふくまれるとする、ひじょうに文明の進んだ社会が数多く存在しました。そしてそれがゆえに、この社会がそのような無感覚に退行してゆくことを防ぐために、数多くの州でこれらの法律を制定しているのです。医学的なことはさしたる問題ではないと考えます。子宮から出された生きている人間が切断されるのを目にする、その恐怖こそが懸念されるのです」

法廷内のだれもがオコナーの出方をうかがっていた。ようやく彼女が口を開いた。「ステンバーグ長官、お聞かせください。この法律のなかには、わたしが理解する限り、女性の健康にかんする除外規定がふくまれていません。その認識は正しいですか？」「間違いありません、判事。それは必要ないと考えます」

もちろん、それは見解上の問題であった。その質問は、中絶問題にかんするオコナーの優先度を如実に物語る。彼女は制限や規制に賛成だったが、女性の健康を犠牲にしてまでではない。法律が中絶を妨げようとする意図があろうと彼女は意に介さなかったが、中絶を選ぶ権利は最終的には女性自身に属さなければならなかった。

ステンバーグ事件の問題は単純ではない。ネブラスカ州法で非合法化された手法についての医学的証明と、禁止されることによる母体への影響は、口頭弁論でも訴訟事件摘要書でも詳細に述べられていたものの、結論には結びついていなかった。四月二十八日金曜日に開かれた会議の結果も同様に不透明であった。四人の判事（レンクイスト、スカリア、ケネディ、トーマス）は州法維持を望んだ。ほかの四人（スティーヴンズ、スーター、ギンズバーグ、ブライヤー）はロー判決とケイシー判決に反するとして無効にしたいと考えた。オコナーは、それが実際に女性の健康を害するのであれば無効とするほうにくわわると述べた。

結論は、かりそめの多数派の上位判事スティーヴンズに託された。このような状況であれば、いつもなら賛同者のなかで一番揺れているオコナーに意見を割り当てていたが、彼はそうせずにブライヤーを指名した。オコナーはかなりためらいがちに多数派にくわわっており、たまに判事がおちいるように、意見を「書かなくなる」、つまり、法の違憲性を説明しているあいだに、敵対する少数派の意見に翻意してしまうかもしれないと考えたのだ。いまやブライヤーとオコナーは親しくつきあう仲であり、その上ブライヤーには上位の同僚をつなぎ止めておける政治的手腕があった。法の無効性を裏づける複雑な医学的証拠を取りそろえられるだけの技術的専門知識も持ち合わせている。こうして閉廷日を目前にして、ブライヤーは、最高裁判事としての六年間でもっとも重要な意見になるであろう、多数派を守りきるための法廷意見に着手した。

ブライヤーはかつて友人から、「スティーヴ、きみはワシのような考え方をするくせに、書くとなるとずいぶん事務的なんだな」といわれたことがある。だが、修辞を極力もちいない彼の文章はステンバーグ判決の意見に効果的に作用した。彼はロー判決にもケイシー判決にもプライバシーの権利にもほとんどふれないことにし、これらの二つの判決について、「われわれは、これらの法的原則をふたたび取り上げるべきではないと考える。それよりも、その判決に本件の現状を当てはめるべきである」と述べた。そうするためにブライヤーは、口頭弁論でオコナーが問いただした質問に焦点を据えた。ネブラスカ州法は、健康を維持するために最適な医学的選択をする女性の権利を奪うものだと指摘し、事務的な文章で次のように述べた。「州は、健康上の除外規定をもうけずに〔この種類の中絶を〕禁止しても、女性に重大な健康被害が生じることはないという事実を実証できていない。なぜなら、状況によっては〔それが〕もっとも安全な手法であるとする説明が、医学的権威によって裏づけられている」

ブライヤーはほぼ毎日、自分のロークラークをオコナーの執務室に行かせ、この事件で彼女が自分の意見に賛成かどうかを確認させた。すぐにでも多数派から抜け、判決にだけ賛同する同意意見を書くかもしれないと思ったからだ。そうなれば、ブライヤーの意見ではなく、オコナーの意見が中絶法を左右する判例となるだろう。そのためブライヤーは、政治的判断として、オコナーから多数派支持の確約を得るまで同意意見を回覧しないよう、スティーヴンズとギンズバーグを説き伏せた。彼らのさらにリベラルな意見で、オコナーがすべてに反感を抱いてしまうのをおそれたのである。ブライヤーとオコナーは、基本的には理論よりも事実に重きを置いており、このような複雑な裁判では、どちらも米国医師会のような専門家の意見に従っている。医師会はネブラスカ州法に反対だった。閉廷が数日後に迫ったときになってようやく、本件担当のオコナーのクラークがおなじくブライヤーのクラークに、「お待ちかねのものがある」と電話で告げた。数分後、ブライヤーあてにオコナーからのメモがとどく。そこには「あなたの意見に同意する」と書かれていた。

反対意見は多数意見のように決まった方法で割り当てられるわけではないが、少数意見の上位判事が担当を決める場合が多い。ステンバーグ判決でレンクイストは、トーマスにその反対意見を任せ、反対意見ではあるけれど、重要な判決で意見を書くという希有な機会を彼にあたえた。トーマスとブライヤーのクラークは、それぞれの立場を支持する専門的な医学定期刊行物を見つけ出そうと、最高裁の図書館で先を争った。トーマスがまもなく書き上げるというときになって、ケネディがなんの前ぶれもなく、ひじょうに長い熱のこもった反対意見を出してきた。ケネディは、ケイシー判決の三人組であるオコナーとスーターに裏切られたように感じていた。あの判決は、中絶する権利のぎりぎりの境界を示すものだと考えていたのに、いまや最高裁は、ケネディの見解では、その先にまで解釈をひろげている。彼いわく、ネブラスカ州は、「多くの道徳にかなった教養深い人々が、人命にたいするもっとも重大な犯罪と考える忌まわしき手法を禁ずる選択をしたのであり、いっぽうで州は、ケイシー判決を追認して、女性自らの選択の権利を保障し続けている」。

ケネディの反対意見は、特にめずらしくもないちょっとしたこだわりとして最高裁を一巡した。だが、彼の分析はトーマスのものより詳細かつ周到だったので、ブライヤーは答弁のなかで、ケネディの意見を少数派の「反対意見」と述べた。ちょっと待ってくれ、とトーマスが異議を唱えた。レンクイストは、自分の意見を少数派の「反対意見」に割り当てたのである。どちらが「代表」の反対意見なのか？ケネディとトーマスはどちらも譲らなかった。ブライヤーは途方に暮れた。そこで三人の判事――ケネディ、トーマス、ブライヤー――はこの事態を解決してもらおうとレンクイストのもとを訪れた。彼らが長官をどれほど尊敬していたかのあらわれである。このような問題が起きたときはみんなレンクイストの意見に従った。レンクイストは賢明な解決策を導き出した。ブライヤーは、「ケネディの反対意見」、「トーマスの反対意見」として参照し、そのどちらも反対意見を「代表」するものではないとした。いっぽうスカリアも、独自の反対意見を書き上げた。それは感情を爆発させた、いつもの攻撃的な意見をも上回るものであった。「いつの日かステンバーグ対カーハート判決も、コレマツ判決やドレッド・スコット判決と並び、最高裁判例の正当な位置に帰するであろうと楽観している」（コレマツ判決は、第二次世界大戦中、西海岸に住む日系アメリカ人を軍が隔離するのを容認し、ドレッド・スコット判決は、解放された黒人であっても、アメリカ市民にはなれないと裁定した）。

一九九九年から二〇〇〇年の開廷期における保守派の敗北はかなり広範におよぶ。ステンバーグ判決では、オコナーは彼女が法を考えるさいの基本的原則の一つから逸脱している。彼女の意見は世論に支持されてはいなかった。逆に「不全出産型」中絶の禁止は国全体から支持されており、三十一の州がそれを禁じ、ネブラスカ州法に至っては、わずか反対一票で州議会を通過していた。ステンバーグ判決でオコナーは、専門家にたいする敬意と家父長主義への疑念、さらにブライヤーの巧みな働きかけにより、判事としてかつてないほど左へと傾いたのだった。

もちろん、最高裁がいきなりリベラルなウォーレン・コートに生まれ変わったわけではない。独自のリベラルな方向に進むというより、むしろ保守派の法的攻勢——教会と州、連邦主義、中絶問題——を巧みに回避したといえる。彼らは現状を維持した。それは国が望んでいたことでもあったが、保守派の運動を煮えたぎらせたままほうっておくことでもあった。共和党大統領指名の判事が最高裁に七人いるにもかかわらず、しかも過去十三人のうち十一人を共和党大統領が指名しているというのに、判事たちは右に急カーブは切らず、保守派がこの三十年求めてやまなかった方向へは行かなかった。その年の判決から、最高裁が穏健な道を進み続けるだろうということはあきらかだった。

フェデラリスト協会の法学生や教授をはじめ、ジェイ・セキュロウやジェームズ・ドブソンといった福音派の闘士に至るまで、怒りとフラストレーションが募っていた。保守派の勝利となる事件もなくはなかったが、彼らにとってもっとも重大な問題で最高裁を支配することはできなかった。あらゆる最高の弁論をもってしても、目標には達しない。最高裁に挑む残された道はただ一つ。ホワイトハウスに自分たちの人間を送り込むこと。大統領の地位を牛耳ることが、最高裁を牛耳る唯一の道であった。

いっぽう最高裁はといえば、二〇〇〇年十月にあたらしい開廷期がはじまり、静けさに満ちていた。議論の的となる事件は訴訟案件のなかから消えてしまったかのようである。判事たちにとって、目ぼしいもののない訴訟事件一覧表は、前年度に劇的な事件が続いていたこともあり、喜ばしいものであった。その秋、あたらしいロークラーク集団を迎え入れるなか、デイヴィッド・スーターは今後を予想してにんまりした。「退屈な一年になりそうだ」

第2部

11　瀬戸際

選挙の行方を左右する一つの州でたまたま想像を超える接戦が展開されたことで、二〇〇〇年大統領選挙の結論は連邦最高裁にゆだねられた。判事ら各人の個性が、この滅多にない機会を、最高裁史上まれに見る最悪の一瞬とすることとなる。二〇〇〇年大統領選挙をめぐる闘いは三十六日続いたが、そのうち二十一日の舞台となったのが最高裁である。しかし、そのわずか三週間のあいだに判事たちは、虚栄心、自信過剰、忍耐力の欠如、傲慢、単純な党員根性といった悪しき性癖を残らずさらけ出した。この三週間は、おおむね称賛すべく語り継がれたはずの最高裁の歴史に汚点を残すものとなった。判事らは失態続きで不面目を味わい、最高裁そのものの面目をもつぶしてしまった。

彼らは一様に、自分が政治的な人間ではないと思いたがっていたが、スティーヴンズとスーター以外はみな政界にたいしてごくまっとうな関心を持っていた。そもそも政治に無関心ではありえなかっただろう。最高裁判事の指名を勝ち取るには、政界事情に精通する必要がある上に、最高裁判事になれば終身保証されるといっても、だから選挙の勝敗に熱くならないというわけではない。

サンドラ・オコナーが特にそうだった。彼女は最高裁判事となっても政治を愛していた。もっとはっきりいえば、共和党を愛していた。レンクイストが選挙について賭けをしたとき、オコナーから提出されたメモでは、共和党員を「わたしたち」と呼んでいる。しかし二〇〇〇年の時点で、彼女の記憶にある共和党と現実は少しずつずれていた。政治的には、オコナーはアリゾナではじめて政治を学んだ当時の指導者バリー・ゴールドウォーター（一九五八年の上院選挙運動には、オコナーも参加した）とおなじ足跡をたどっていた。ゴールドウォーターは一度は共和党極右派の権化となったが、のちに自由主義に傾き、福音派を奉じる保守派の方針にはしっくりしないものを感じていた。小さな政府と州権を守るべきとしながらも、公の場で信仰を表明することや、私的行動を規制することはよしとしなかった。オコナーもほとんどおなじだった（ジェリー・ファルウェルが「善良なるキリスト教徒」はオコナーの指名を警戒せよ、といったことにたいして、ゴールドウォーターが「善良なるキリスト教徒はみなファルウェルに一発食らわせるべきだ」と辛らつな反応を見せたことを、彼女は片時も忘れなかった）。

オコナーが本気で尊敬していた当代の政治家がひとりいた。テキサス州知事ジョージ・W・ブッシュである。オコナーはブッシュの両親と古くからの友人で、元ファーストレディの母親とはテニスでペアを組む仲だった。父ブッシュには政治家として限界があったけれども、息子のW・ブッシュ、二〇〇〇年の共和党大統領候補の手法やスローガンには、自分の「思いやりのある保守主義」と重なる点がある、と思っていた。一九九〇年代後半にブッシュの全国的知名度が高まる様子を見て、中道派の彼であれば有権者を味方につけ、共和党を過激論者から守れるだろうと考えた。個人的なつきあいはないものの、いろいろな意味でジョージ・W・ブッシュのことを魅力的な人物だとみなしていたのである。

オコナー夫妻は最高裁判事という立場ゆえ政治イベントへの参加を控えていたが、ワシントンでのパーティなどにはよく顔を出した。おそらくもっとも有名なのは、一九八五年、ワシントン記者クラブ後援による正装のパーティに出席したときのものであろう。このときジョン・リギンズ（ワシントン・レッドスキンズのランニングバックの花形選手で、金持ちではなかった）とおなじテーブルだった。さんざん飲んだあげく、リギンズはオコナーに、「ねえ、ユルくいこうよ。あんたちょっとカタすぎるぜ」というと、ずるずると床に落ちてそのまま寝てしまった。オコナーがなんといって応えたかはあまり知られていないが、二、三週間後エクササイズのクラスにあらわれたとき着ていたTシャツには、「最高裁でユルくいこう」と書いてあった。数年後、リギンズが長続きしなかった俳優に転身したときには、ワシントンのコミュニティシアターでおこなわれた初舞台に、たくさんのバラを抱えて駆けつけた。

パーティに不義理をしないオコナー夫妻らしく、二〇〇〇年大統領選挙の夜も、あるパーティに出席していた。夫妻が特に親しいフォルジャー夫妻はよく知られた慈善家で、ワシントンのセレブリティだった。著名な外交官ウォルター・ストーセルの未亡人で、選挙の夜オコナー夫妻を招いたパーティの主催者メアリ・アン・ストーセルもおなじく上流の出身で、その洗練されたセッティングのパーティには上品な客が集まり、ほかとは違う雰囲気を醸し出していた。

この大統領選挙は接戦だ、とだれもが知っていた。世論調査によれば、アル・ゴア副大統領とブッシュ知事の闘いは、いくつかの州（特にフロリダ）次第で決まる。十一月七日火曜日の夜、ストーセル邸のあちこちにテレビが置かれ、七十人ほどの客は、部屋から部屋に移動しながら選挙結果を追うことができた。小さな地下室に腰を落ち着けていたオコナーの前に置かれたテレビでは、ダン・ラザーが「ミシガン州とイリノイ州はゴア勝利」と予測した。七時四十九分、NBCはフロリダ州でゴア勝利と判定し、一分後にCBSが、さらに七時五十二分にはABCも同調した。

フロリダ州でゴアが勝利と聞いて、オコナーはがっかりしていた。「こんなことになるなんて。もう終わったわ」と吐き捨てるようにいうと、不愉快そうな顔で歩いて行ってしまった。のちに、パーティでのこの発言が公になると、友人に苦しい言い訳をしている。ゴアが大統領選挙に勝つという予測が気に入らなかったわけではない、西海岸での投票が完了する前にテレビが結果を決めつけたから怒ったのだ、と。サンドラ・オコナーの発言の意味に議論の余地があるとしても、ジョン・オコナーのその夜の発言はほかに解釈のしようがない。

二〇〇〇年、オコナー夫妻はともに七十歳で結婚四十八周年を迎えていた。このふたりほど幸せな夫婦は想像できない。結婚してからいままで、ジョンはサンドラに負けないほどのエネルギーを発揮してきた。しかし彼には、堅苦しい妻もいつも笑ってしまうような突拍子もないユーモア感覚があった。オコナー判事の伝記を著したジョーン・ビスクーピックによると、フェニックスのロータリークラブ会長選挙に出たとき、ジョンは資格として「美人の妻あり。義父は資産家。玉突き名人」とあげている。妻が最高裁判事に指名された直後にハリー・ブラックマンに渡した名刺には、「特技はじゃじゃ馬ならし。飲んだくれること。宴会係」と書かれていた。ジョンはフェニックスで著名な弁護士となったが、サンドラが判事に指名されると、迷わず自分のキャリアを捨ててワシントンに移った。二つの法律事務所で仕事をしたとはいえ、ワシントンではアリゾナにいたときのようにはいかなかった。妻の仕事と衝突するかもしれない、その可能性を考えると活動の幅は狭まった。けれども、妻の影に隠れて生活することを気にしていたとしても、それはジョンひとりの胸のうちにしまっていた。

二〇〇〇年大統領選挙を控え、ジョンの体調は悪化していた。フェニックスを訪れたときに失神し、心臓が一時停止したため、ペースメーカーを埋める手術を受けた。それまで、最高裁にかかわることについては沈黙を貫いてきたジョンだが、選挙の夜にはサンドラがなぜあそこまで落胆したか詳しい説明をしている。ふたりは引退してフェニックスに引っ込みたいと思っていた。しかし、判事のポジションを民主党に譲るのは嫌だ。ゴアが大統領選挙に勝ったとすれば、少なくともあと四年はワシントンでがんばらざるをえない。ほんとうはすぐにも引退したいのに……。だから妻はあんなにがっくりしたのだ、と。半ば公的な場で彼が夫婦の計画について話すのはめずらしいことだった。いずれにしても、サンドラ・オコナーがあまりに思慮を欠いた発言をしたこと自体はささいな失敗にすぎない。問題なのは、その先の失敗であった。

フロリダ州での開票は、ドラマか小説のように僅差で競っていた（選挙の夜、テレビは「フロリダ州でゴア勝利」という一報を撤回し、ブッシュ勝利と報じた。最終的にはあまりの接戦で判定不能としている）。十一月八日の水曜日、フロリダ州ではじめて集計結果が発表された。ブッシュがリードしているとはいえ、二九〇万九一三五票対二九〇万七三五一票で一七八四票の差にすぎない。フロリダ州法では、こうした接戦の場合、州内全郡でただちに自動的な再集計をおこなうことになっている。全投票用紙をもう一度集計機械に通すわけだが、これには丸一日かかった。十一月九日の木曜日に発表されたあらたな結果では、票差は三二七、つまり〇・〇〇五六パーセントに縮まっていた。

選挙が終わった直後の二、三日に起こった事態は、まさに悪夢のごとき様相を呈していた。両党の熱心な支持者もこうした展開には経験がなかった。政治に通じている者は多くても、実際どのように投票され集計されるかになるとみな知らないも同然である。再集計についてはもっと知られておらず、この問題に詳しいのは両党のわずかな非常勤の専門家だけだった（再集計は専門家ひとりを必要とするほどもおこなわれない）。もちろん、この論争がいつまで続くかだれにも見当もつかなかったため、両党ともみな寝る間も惜しんで必死になっていた。

当面の焦点はフロリダ州最大の行政区にしてもっとも民主党支持傾向が強いパームビーチ郡である。同郡選挙管理の責任者テレサ・レポアは、多くの高齢者が投票しやすいようにと、投票用紙に通例の十ポイントでなく、十二ポイントの活字を使った。しかしポイントが大きくなると、一ページでは十人の候補者の名前が入りきらない。それで見開き二ページに名前を並べ、投票のためにパンチする穴を中央に並べた。あの有名な「バタフライ・バロット」である。見開き二ページにしたおかげで、保守派無所属のパトリック・ブキャナン候補のパンチ穴が上から二番目になり、ゴアは三番目になった（フロリダ州では、ほかのほとんどの州同様、通常当事者は直近の知事選挙の結果で記載される）。その結果、パームビーチではブキャナン候補に三七〇四票が入った。ほかの郡での得票数に比べて、二七〇〇票ほど多い。本人も認めていたが、このほとんどはブキャナンでなく、ゴアに投票されたものだった。選挙が終わったいま、この間違いをどうすればいいのだろう。それはあきらかでなかった。ウエスト・パームビーチの庁舎には、抗議する人々やテレビ局のカメラが押しかけた。

選挙の二日後の十一月九日。希望を捨てまいと、ゴア陣営がまず行動を起こす。フロリダ州法に従って、州の全六十七郡のうち四郡の手作業による再集計を求めた。票が正しく読み取られているか、一票一票見直すというのだ。再集計を求めたのはブラワード、マイアミ・デード、パームビーチ、ヴォルーシアの四郡。州のなかでもっとも民主党が強い郡である。バタフライ・バロットでもめたのはパームビーチだけだった。ほかの州で浮上したのは、判定不能で無効票あつかいされた票、つまり、集計機で読み取れなかった票の問題だ。ゴア陣営は、無効票あつかいになった票を見直して、どの候補に入れたのか判定するために再集計が必要だと考えた。各郡では、三人の地元役人からなるあまり知られていない調査委員会が再集計をすべきかどうか票決する。ゴアは訴訟を起こす代わりに手作業での再集計を求めていた。フロリダ州法では、それが異議申し立てになるのである。

だが、調査委員会が判断をくださないうちからブッシュ陣営は反撃を仕掛けた。大統領選挙後の闘いがこれから一カ月どう展開していくか、このときのブッシュのやり方を見れば十分予想できる。彼らは選挙に勝つためならどんな手段でも講じるつもりだった。選挙後の論争がはじまって以来、共和党は勝ちたいという情熱に突き動かされてきた。長いあいだ思うままにならなかった最高裁を今度こそ支配したいという欲望もあった。ブッシュのために尽力していた元閣僚ジェームズ・A・ベーカー三世は頭が切れる人物で、ここは訴訟に持ち込むべきだと考え、元ミズーリ州選出上院議員ジョン・ダンフォース（牧師専従ではないが廉直な人物として全国に知られていた）にブッシュの弁護を依頼した。ダンフォースは「候補者は訴えるべからず」という古いルールを持ち出して断った。そこでベーカーはもっと熱心なワシントンの弁護士セオドア・B・オルソンに声をかけた。オルソンは二つ返事で引き受けた。

すさまじい勢いの展開に後れることなく、オルソンは十一月十一日の土曜日に訴訟を起こす。二日後、マイアミの連邦裁判所でドナルド・M・ミドルブルックス判事にたいして、まだはじまってもいない再集計の中止を要求した。彼の理論的根拠はいささか薄弱だった——四つの郡だけを「選択」して再集計させるゴアのやり方は、郡の票の重さに優劣をつけることになり、アメリカ合衆国憲法第十四修正の平等保護条項に反する(もちろんブッシュが自分の希望する郡で再集計させれば、この問題は解決できただろうが)。ミドルブルックス判事もオルソンに負けず一生懸命になっていた。月曜日の口頭弁論が終わるころには、考えを一つに固めていた。

ミドルブルックス判事はブッシュの主張を認めず、再集計を進めることを許可した。「アメリカ合衆国憲法の下、大統領選挙人を選択する責任はおもにフロリダ州民、その選挙管理委員、もし必要であれば州法廷にある。フロリダ州が採用した手続きは中立であると思われる……。連邦地方裁判所による介入は、特に予備選挙段階においては適当とはいえない」。しかし、これで終わりではなかった。ベーカーはじめブッシュ陣営にはまだ多くの手が残されていた。選挙に端を発した訴訟攻撃ははじまったばかりであった。

最高裁では判事も職員も、困ったと思いながらフロリダ州での成り行きを見つめていた。この点は国民とおなじだが、すでに数歩先を考えている人物がひとりいた。アンソニー・ケネディである。

とはいえ、ケネディは単に自分の仕事をこなしていただけともいえる。判事たちは連邦巡回区控訴裁判所による手続き上の責任を分担しており、ケネディの割り当てはフロリダ州をふくむ第十一巡回区だった。というわけで、ケネディはフロリダ州での展開を監視する立場にあり、ミドルブルックス判事による判決が出た日、判事全員の執務室にコピーを回した。表紙にはこう書いてあった。「最新情報をお知らせします」

これは最高裁のエリート的慣習をささやかだがはっきりと破る行為であった。判事は全員新聞を読んでいたから、フロリダ州での経緯を知っていた。あえて最新ニュースを教えてもらう必要はない。ケネディがこの問題の成り行きをひそかに調査していたことは、不愉快というよりおかしかった。このメモからは、自分もこの闘いにまじりたいという強烈な熱意がうかがえる。最高裁では、彼以外にだれもこんなメモを送らなかっただろう。ほかのどの判事よりも、ケネディはドラマを愛し、「法の詩学」なるものを愛した。ケネディの虚栄心は人畜無害で、一種の魅力にもなっていた。そう、執務室のカーペットのように。

判事執務室には、内装は控えめにというルールがあった。もちろん、その人なりのセンスも少しは盛り込まれている。オコナーは南西部をモチーフとし、ネイティヴアメリカンの毛布や骨董を飾っていた。ギンズバーグはオペラの記念品を、スティーヴンズは一九三二年のワールドシリーズで、ベーブ・ルースがシカゴ・カブスのピッチャーから予告ホームランを打った試合のスコアブックを飾っていた（この試合を観戦した当時、スティーヴンズは十二歳だった）。対照的に、ケネディの執務室には、劇場に敷いたほうがふさわしい毛足の長い豪華な赤いカーペットが敷いてあった。悪趣味なことには（見る者によっては、すばらしいことに）、カーペットは金色の星を連ねた花綱で飾られていた。このけばけばしいカーペットのおかげでケネディの執務室は、ロークラークら内輪の者にとって、失笑を誘う観光名所となっていた。判事はみなナショナルギャラリー（国立美術館）から絵画を借り出す権利があるが、ケネディはこの立場を最大限に利用し、コレクションから佳作を数点選び出していた。またデスクをドアから離れた奥に置いていたため、ケネディと握手する訪問客は広々とした部屋を横切らなければならない。つまり、自己アピールに懸命な、必死なほど懸命な執務室なのである（ケネディは連邦議会東正面の壮大な眺望にもこだわった。最高裁と議会のあいだに巨大な観光センターを建設する計画を議会が発表すると、ながめが損なわれるから観光センターは完全地下に造ってほしい、とロビー活動の先頭に立って議員説得にあたった。ひどく込み入った交渉で、決着には何年もかかったが、結局ケネディは闘いに勝った。最高裁執務室からのながめはほぼ守られた)。

ケネディが同僚に送ったフロリダ州における法廷舞台裏のメモは一回に終わらず、二回、三回と続いた。司法の場での実況といってもいい。是が非でもこの事件にかかわりたい、と思っていることはあきらかだった。

再集計の一斉中止要求が連邦裁判所からはねつけられて、ブッシュ陣営は、今度は郡ごとに切り替えた。両陣営ともいまでは再集計の原則を隅から隅まで知り尽くしていた。劣勢の候補者は再集計を急がせ、できるだけ多くの地区でできるだけ多くの票の数え直しを進めようとする。優勢の候補者はちょうど反対で、再集計の数と地区を制限しようとする。高邁な原理でもなんでもなく、政争の別ヴァージョンにすぎなかった。

再集計をめぐる闘いのなかで、ゴア陣営にはフロリダ州法という重要な利点が一つあった。反面、キャサリン・ハリスという大きな欠点もあった。州法の前提にあるのは、再集計をおこなって正確な結果を得るということだ。いっぽうハリスは州務長官になる前は無名だったが、不動産を相続し、尊大となり大きな野望を抱いていた。フロリダ州上院議員から一足跳びで全州的職務についたいま、これから共和党の出世階段をのぼろうとしていた。その年のはじめには、大統領選挙のためにニューハンプシャーに飛んで、ジョージ・W・ブッシュの応援演説をし、その後フロリダでおこなわれたブッシュの選挙演説会では共同司会者をつとめた。国内の多くの州務長官同様、ハリスは共和党員選出の役人であるいっぽうで、表面的には州の選挙の中立な調停役という立場にあった。

選挙直後、ブッシュ陣営はフロリダでとりわけ信頼が厚い法律顧問マック・スティパノヴィッチを代理人としてハリスのもとに送り込んだ。ハリスはこの期間、彼への相談なしにはなんの決定もくだしていない。決定すべきもっとも重要な問題は再集計にかかわるものだった。再集計が選挙後七日間を超して、十一月十四日の火曜日以降まで続いてもいいのか。州法によれば、ハリスは七日間のうちに結果を認証しなければならないが、再集計期間の延長を許可することもできる。もちろん、ハリスは許可しなかった。七日間で再集計が終わらなかったら（実際、四郡のうち三郡では終わっていなかった）、郡には――アル・ゴアにも――気の毒ではあるが。十一月十七日の金曜日、フロリダ州最高裁は自らこの問題に踏み込み、ハリスの決定をくつがえして、郡での再集計続行を許可した。フロリダ州最高裁の判事は十一月二十日の月曜日に弁論を予定したが、そのあいだにも再集計を進めるよう命じた。

月曜日には、フロリダ州におけるブッシュ対ゴアの票差は三〇〇から九三〇に開いていた（ヴォルーシア郡の再集計は完了していた。ゴアは二十七票増、また在外投票分を集計した結果、ブッシュに六三〇票の積み増しとなった）。フロリダ州最高裁で審理された問題は、パームビーチ、ブラワード、マイアミ・デードでの再集計続行を認めるかどうかだった。そこで再集計にストップがかかったら、ゴアの勝利はない。

二〇〇〇年の段階で、フロリダ州最高裁は州政府の一部として特別な立場にあった。州知事は共和党のジェブ・ブッシュであり、州議会は上院も下院も共和党が多数を占めていた。州で唯一の民主党権力の中枢が最高裁であり、七人の判事全員が民主党知事によって指名されていた（ひとりの判事だけは、ブッシュと民主党元知事ロートン・チャイルズ両方から指名されていた）。ブッシュの選挙運動本部も気づいたように、州最高裁はなんの躊躇もなく進歩派（民主党）に肩入れした。十一月二十一日の火曜日、州最高裁は再集計の締切りを五日間延長し、ハリスにたいして「二十六日の日曜日まで結果を認証してはならない」と命じた。州最高裁の判事はみなあきらかにハリスに憤りを覚えており、ハリスの行動を「不当」「不必要」「独断的」「法に反する」「制定法の明白な意味と相容れない」としていた。全員一致だったが、意見はあまり論理的とはいえなかった。どうして五日間延長したのか——四日間でも六日でもなく——なんの説明もなかった。「ハリスは政治に走っている」と非難したフロリダ州最高裁自体が政治に傾いていた。とはいえ、ゴア陣営はひとまず息を吹き返した。

次に問題となるのは、連邦最高裁がこの事件にかかわろうとするかどうか、そしてブッシュの攻防には最高裁での審理に値する正当性があるか、ということだった。フロリダ州最高裁で弁論がおこなわれた二日ほど前、ジョン・G・ロバーツ・ジュニアは州都タラハシーを訪れた。まだ四十五歳ながら、ロバーツはすでにその世代でトップクラスの法廷弁護士であった（八年前、ジョージ・H・W・ブッシュはコロンビア特別区連邦控訴裁判所判事にロバーツを指名していたが、上院の民主党員は時間を稼いでこの人事を闇に葬った）。タラハシーでロバーツは、マイケル・カーヴィンがフロリダ州最高裁でブッシュ側の（失敗に終わった）弁護に立つ準備を手伝った。そしてベーカーに、どうしたら連邦最高裁にこの事件を取り上げさせられるかを助言した。これまでの慣例を考えれば、最高裁判事はこんな論争の渦に首を突っ込みたいと思わないはずだった。しかしロバーツの考えは違った。この事件は連邦最高裁で審理され、勝利を収めるだろう、とベーカーに断言した。

選挙から二週間と一日。フロリダ州での論争は、まだ最高裁とは縁のないところにあるように見えた。ミドルブルックス判事がいったように、選挙は従来州法によって管理され、その州法は州法廷によって解釈される。フロリダ州最高裁にたいしてフロリダ州法をどう解釈するべきかを命じる権限は、連邦最高裁にはなかった。連邦最高裁の歴史において、判事がある州の票集計に口を挟んだことなど一度もなかった。なぜいまになってこんなことを？

ロバーツは最高裁で別件の弁護を抱えていたためワシントンにもどらなければならなかったが、ブッシュ陣営はロバーツの助言に従って、感謝祭前日の十一月二十二日の水曜日、裁量上訴の嘆願書を提出した。共和党側は九人の判事たちに事実上選択肢をあたえていた。フロリダ州最高裁は、選挙管理という点で違憲である。大統領選挙にかんする規則は、州裁判所でなく州議会が制定すると定めたアメリカ合衆国憲法第二条に違反する。再集計の手続きは、憲法の「法の平等な保護」と「法の適正な手続き《デュー・プロセス》」に違反する。このように訴えた。

オルソンの訴訟事件摘要書のポイントは、内容よりも語調にあった。ケネディだけでなく判事全員の虚栄心をくすぐるように、ひと言でいえば、法廷でまともに話のできるおとなは連邦最高裁判事だけだというようにささやきかけたのである。ほかの連中はみな――フロリダ州最高裁の判事は特に――党利党略にしか関心のない下衆ばかり。フロリダ州最高裁は「選挙大崩壊」への扉を開いてしまったため、連邦最高裁は「合法性が疑われる大統領が就任し、アメリカ合衆国憲法が危機にさらされる事態」を防ぐためこの問題に介入する必要がある、とオルソンは主張した。

この主張にたいしては、当然もっともな議論があった。選挙を管理するのはつねに連邦裁判所ではなく州である。フロリダ州がしていることは諸州でもずっと前からやってきたことである。フロリダ州は再集計にかんする州法に従っているだけであり、票の集計が連邦憲法違反とみなされたためしはない。その上、現実的に見てフロリダの状況は日々変化していた。連邦最高裁でこの事件を審理するころには、現場の事情もかなり違っているだろう――だからすべて決着がつくまで、最高裁が事件を取り上げることはまずありえない。しかし、こうした論理展開に判事たちが理解を示すことはなかった。共和党から、この事件について迅速に検討してほしいという要求があったからだ。共和党は、民主党陣営がフロリダ州最高裁の統制を守ろうと動き出す前に、裁量上訴の請求が認められるよう望んでいた。

一般に連邦最高裁での訴訟の場合、当事者は迅速な進行を求めるが、その希望が聞き入れられることはまずない。特に能率を重視するレンクイスト長官のもと、ここ数年はたいてい慣例のスケジュールがきっちり守られていた。事件の審議はほぼ一定のテンポで進んだ。両者から摘要書が全部提出されるまで、判事たちは事件にほとんど目もくれず、結論を出すのに何カ月といわないまでも何週間とかかるのが普通だった。

しかし二〇〇〇年大統領選挙にかんしては、いつものパターンから外れた。秩序も、規則も、正式な手続きも二の次で、判事たちはもろもろの事柄を大急ぎで決めていった。この裁判での口頭弁論を傍聴したいから入場券がほしいと旧友から頼まれたスティーヴンズは、通常の手続きに従って座席を押さえるようそっけなく返事をした。「この界隈で従わなければならない通常の手続きといったら、これだけになりそうだ」

十一月二十二日の水曜日、判事のほとんどは最高裁判所内にすらいなかったため、ロークラークと職員が居所をつきとめ、共和党側から提出された摘要書を渡した。ロークラークの多くは感謝祭のためすでに帰郷したあとだったため、ブッシュの裁量上訴についての決定は判事自身にゆだねられた。民主党側の主張を聞くために待ちはしなかった。

第十一巡回区控訴裁判所を担当する判事として、ケネディは判事たちの裁定を取りまとめた。とどいたのは十一月二十三日と翌二十四日金曜日の朝だった。各判事の票はこうなっていた。

レンクイスト　許可
スティーヴンズ　不許可
オコナー　許可
スカリア　許可
ケネディ　許可
スーター　不許可
トーマス　許可

ギンズバーグ　不許可
ブライヤー　不許可

裁量上訴の請求は四票あれば認められるため、必要な票数より一票多いことになる。これで、この事件はついに連邦最高裁で争われることになった。

金曜日の正午ごろ、ケネディはクラークオフィスで働いている弁護士をひとり呼び出した。一年ごとに入れ替わる判事個人つきのロークラークと違って、彼らはいわばプロであり、最高裁のやり方に精通し、判事の言動を予測することなどお手のものだった。ケネディに呼ばれた弁護士は、最高裁は裁量上訴を拒否したといわれるはずだと思い込み、ペンと紙すら持っていかなかった。「拒否」この一語なら書き留めるまでもない。

判事執務室でケネディは開口一番こういった。「メモ用紙を持ってくると思っていたが」

連邦最高裁は、裁量上訴と迅速な検討の請求を認めただけではない。共和党の裁量上訴で提示された三つの問いのうち二つを受け入れていた。フロリダ州が連邦法、つまり合衆国憲法第二条に違反しているか否かについて、判事たちはブッシュ陣営の主張を聞くつもりでいた。だが、フロリダ州が平等保護に反するという主張をあらためて審理する必要はないと考えていた。

しかしここで――ケネディが最高裁の決定を弁護士に書き取らせているこの場面で（ほとんど彼自身の仕事なのだが）――もっと重要なのは、裁量上訴に賛成した五人の判事が、共和党からの提案よりも日程をくりあげることに同意した点である。これだけでも前例のないことだった。判事たちが自分のスケジュールを前倒しするのもきわめてめずらしいが、当事者の要望以上に早い日程を決めたことはかつて一度もない。オルソンは口頭弁論を十二月五日に要望していたが、ケネディは十二月一日としたのである。

ケネディはクラークオフィスから呼び出した弁護士が手ぶらで来たことに顔をしかめ、きつい口調でいった。「出す前に、いったんわたしのところにメールで送ってくれ。いちおう確認するから」。判事たちは――正確にいえば五人だが――この事件をやりたがっていたのである。

ブッシュ対パームビーチ郡調査委員会事件の口頭弁論の時点で、そもそも連邦最高裁はこの事件を取り上げるべきでなかったことがあきらかになった。ゴアの選挙結果への「抗議」にかかわる法的問題は、ハリスによる最終的な選挙結果の認証を、三つの郡での再集計後とするよう求めたことにある。最高裁で結果が出るまでの一週間、再集計を完了したのは三つの郡のうち一つにとどまり、ブラワードでゴアは、五六七票を上積みした。いっぽうマイアミ・デードでは、ブッシュの支持者がいわゆる「ブルックス・ブラザーズ暴動」を華々しく展開し、選挙委員会は再集計を中断した。またパームビーチでは、選挙委員会は再集計を進めたものの、ハリスの指示した期限には間に合わなかった。いずれにせよ十一月二十六日の日曜日の晩、荘重にも全国的にテレビ放送された儀式でハリスは選挙結果を認証し、五三七票差でのブッシュの勝利が確定した。ゴア陣営はただちに「異議申し立て」をおこない、事前認証の「抗議」に引き続き、選挙結果に反論する次の法的手続きに入った。

十二月一日金曜日の朝、判事は分厚い緋色のカーテンの裏からあらわれ、選挙結果にかんする「抗議」についてゴア側の主張（この選挙問題でいえばすでに古い話になっている）を聞いた。ここで論じられる問題はもはや重要ではなかった。それでも判事たちはご機嫌で、有頂天といってもよかった。フロリダ州の手続きは奇々怪々で、この先なにがあるか読めない。最高裁がそれを正せるならば望ましく意味のあることではないか、という期待に満ちていた。

判事席にもっとも近い、傍聴人にとって名誉ある席に座っていたのは、バイロン・ホワイトだった。元アメフトの花形選手の彼も老人となり、背が丸くなっていた。生気がなく、体調も悪いように見えたが、このチャンスを手に入れたほかの人たちとたがわず、一生に一度のこのイベントをみすみす見逃す気にはなれなかった。

ところが、議論はあっという間に行きづまった。セオドア・オルソンにたいする質問から見て、オコナーとケネディは裁量上訴を認めたことを後悔しているように思われた。オコナーは次のように述べている。「もし純粋に州法という問題であるならば、通常、干渉せず州最高裁の考えに任せるのがいいと思います。ですので、ここに連邦法がかかわるということを、わたしたちが納得できるように説明してもらわなければなりません」

ケネディはいった。「連邦がかかわる問題はどこにあるのでしょうか？」ゴア側の弁護士でハーバード・ロースクールの教授ローレンス・トライブにたいする質問も容赦なかったが、判事たちはおおむね体面を保ちつつ退去できる出口を探しているように見えた。

判事会議は口頭弁論とおなじ金曜日の午後におこなわれた。慣習どおりの正式な投票ではなく、満場一致の決定を出そうということになった。政治が二極に分裂しているいま、最高裁がただ一つの結論でまとまれば国民を安心させることができるだろう。どのみち、たいした賭けではない。抗議はすでに過去のことで、最高裁にできることはあまりなかった。保守派、とりわけスカリアは、フロリダ州最高裁が州の選挙法を書き直そうとしていると憤慨していた。少なくとも言葉の上ではフロリダ州最高裁を一喝したいと思っているようだった。オコナーも、フロリダ州の判事たちが勝手な振る舞いをして、ゴアの得になるよう動いているように思えて不満を感じていた。スティーヴンズなどリベラル色の強い判事は、フロリダ州がやっていることは一般の州法廷とおなじ、州法を解釈しているだけだと考えた。選挙結果について「異議申し立て」はもう現実におこなわれている。スティーヴンズたちは、この訴えをしりぞけ、フロリダ州での手続きが進むのに任せるべきだ、と考えた。

会議があいまいな結果になると、レンクイストはよく自分で意見を書いて、全員を納得させようとした。しかし、これほど重要な事件であっても、レンクイストは自分では書かず、代わりにロークラークのルーク・サボタに第一稿を書かせた。

レンクイストは「無効」を決めた。フロリダ州最高裁の決定をくつがえすことにしたのだが、あらたな法原則を設けようとはしなかった。「フロリダ州最高裁の意見を精読すると、この決定の根拠には厳密にいってかなり不確定な部分がある。その問題は、存在するといわれている連邦問題の審理をこの時点でしりぞけるのに十分な理由である」。つまり、フロリダ州最高裁により詳しい説明を求めたのであり、誤りだとの裁定をくだしたわけではなかった。フロリダ州の判事たちに「この事件についてこれ以上動かないように」と警告したのだが、この遅い時期にあっては、それほど意味をなすものではなかった。

十二月四日の月曜日、連邦最高裁の意見が発表された。だれか特定の判事でなく判事全員でくだしたという形を取っている。「最高裁による決定」通常この言葉は、比較的重要でなく議論がもめないような意見のときにもちいられる。もしも二〇〇〇年大統領選挙をめぐる争いにおいて、これが最高裁のくだした唯一の判決であったならば、判事たちの役割は選挙のストーリーのなかで目立たない脚注として記憶されたことだろう。判事自身にもわかっていたように、そもそも選挙に首を突っ込むべきではなかったのだ。すでにそうしてしまったが、ここまでは少なくともたいした損害はあたえていなかった。

十二月四日のさらに重要なニュースは、州都タラハシーで、地元判事がゴア陣営の「異議申し立て」について判断をくだしたときにもたらされた。判事は再集計をしりぞけ、ハリスがブッシュを勝者とした認証を支持したのである。この判決はフロリダ州最高裁に、そして最終的にはまた連邦最高裁へと差しもどされた。

12　決壊

二〇〇〇年の大統領選挙をめぐる一連のごたごたほど、連邦最高裁のロークラークが振り回された事件はなかった。天下分け目の十二月は、両陣営の策略と理非に激高しているうちに過ぎた。では、彼らは結果にどんな重要な役割を果たしたのだろうか。

影響力の大きい策略家というロークラークのイメージをはじめてひろめたのは、ウィリアム・レンクイストその人である。四十三年前（一九五七年）、ロバート・H・ジャクソン判事の下でロークラークとしてつとめてからほどなくして、レンクイストは『USニュース&ワールド・レポート』誌に記事を寄稿し、「リベラル」なロークラークが最高裁の仕事を左傾化していると断じた。「共産党員やその他刑事被告の主張に過剰な配慮を見せ、州権力を犠牲にして連邦権力を拡大しようとし、政府が企業に課す規制をやみくもに支持する」クラークがひじょうに多い、というのである。彼の描くリベラルなロークラークの要塞という最高裁のイメージは、長年にわたり揺るがなかった。

一九九八年、ハリー・ブラックマン判事の元クラーク、エドワード・ラザラスがこのイメージを一八〇度変えた。彼からすれば、多くのクラークは保守派の課題を推進している。彼の著書『閉ざされた判事執務室』によると、こうした右派のクラークは秘密結社を気取って「党利のために……ひじょうに重要な役どころ」を演じていた。ロースクール時代にフェデラリスト協会の教えを学んだ彼らは、最高裁のカフェテリアや連邦議会の安っぽい中華レストランで、自らが信じるイデオロギー上の目標のために力を結集させていたのだった。

とはいえ、最高裁のロークラークの真実の姿はもっとあたりまえで日常的だといえる。ほとんどが二十代後半で、著名なロースクールを首席で卒業したのち、下位裁判所の判事の下で一年クラークとして働いていた（クラークを定期的に最高裁に送り込む判事たちは、「クラーク供給係」といわれる）。クラークらは、裁量上訴の申し立てを精密に調べ、八千件ほどの事件を選りすぐって審理の価値がある八十件前後に絞る手伝いをする。判事たちと事件を議論し、口頭弁論の準備をする。特に注目に値するのは、判決の理由説明である意見書の最初の草案を書くことである。細かいやり方は判事によってさまざまだ。トーマスは代表のクラークを指名する。オコナーはクラークに各事件での議論を要約した「法廷メモ」を作らせる。ケネディはほとんどの口頭弁論の前に、クラークと教室風な準備ミーティングをおこなう。スカリアは長いあいだクラークをほうっておく。スティーヴンズはまったく違った。裁量上訴の「プール制度」に参加しないのは彼だけだった。これは彼をのぞく八人の判事のロークラークのうちのひとりに、各裁量上訴の案件をそれぞれ割り当て、詳細なメモの準備をさせるというものである。最初の草案を自ら起草するのもスティーヴンズだけだった。またレンクイスト同様、ほかの判事は四人雇うところ、一年にクラークを三人しか雇わなかった。

ロークラークがほとんどの意見の草案を書いているという事実は、いろいろな誤解をあたえている――特に一部のクラーク自身に。彼らは「草案を書く責任があるから」と自分の仕事を実際以上に重要だと思い込みやすい。最高裁の意見とは様式化された文書であり――事実が陳述され、そのあと法的分析が続く――この形はどの事件でもほとんど変わらない。一般的に、年月が経っても重要性が変わらないのは各意見のごくわずかな部分だけで、そこは判事自身が念入りにチェックする。レンクイストはいったん判事になると、ロークラークの権力について考え方ががらりと変わった。相手を引き込むような率直な口調で、気持ちとして束縛されるのは脚注よりも過去の意見のほうだ、通常脚注はクラークが書くからとたびたび口にしていた。なにより重要なのは、賛否どちらに票を入れるか決めるのはほかのだれでもない、判事自身なのであり、最高裁で票よりも重要なものはなかった。

それでもクラークたちは毎年毎年、組織にあたらしいエネルギーを注ぎ込み、最高裁の雰囲気を作っているといえた。オコナーはアリゾナ州出身者がお気に入りで、レンクイストはテニスをやる者、ギンズバーグは音楽好きを集めたがった。スーターは一風変わったインテリが好みだった。もちろんロークラークどうしの仲のよさは毎年違う。一九九九年から二〇〇〇年の大統領選挙前は、あるクラークがほかのクラークに最高裁の噴水に突き落とされるという事件はあったものの、人間関係はおおむね良好だった。その翌年、再集計をめぐって激論が闘わされた年は、はじめから不穏な空気が漂っていた。この年は特に、スティーヴンズ、ギンズバーグ、ブライヤーをはじめとする左派の判事たちのもとにひじょうにリベラルなクラークが集まっており、イデオロギーの溝を挟んで、みな自分の考えに固執していた。最高裁がこの大統領選挙をめぐる最初の事件に判決をくだすころ、裁判所内の空気はぴりぴりと張りつめていた。それでも、ブッシュ対パームビーチ郡調査委員会事件の判決が出たあとは、二〇〇〇年の選挙についてはけりがついたかのように見えた。判事たちの当たり障りのない意見が、この問題にたいする最後の言葉と思われた。

しかし、フロリダ州での闘いは続いていた。認証された選挙結果にたいするゴアの「異議申し立て」が、タラハシーのN・サンダーズ・ソールズ判事のもとへ持ち込まれていた。ソールズは狭量で執念深く、反動的で、同郡最悪の判事といわれていた。一九九八年にはフロリダ州最高裁から「判事の執務をたびたび妨害している」という理由で降格のおそれがあると告げられたこともある。だがソールズに割り当てられたことで、結果的にはゴアにとって逆に幸運な展開となった。

アルバート・ゴア・ジュニア対キャサリン・ハリス事件を仕切ったソールズの手腕は評判にたがわぬものだった。十二月四日月曜日の午後遅くに出されたソールズの意見は短く粗雑であり、フロリダ州の投票機では、「記録からは投票者違いが認められ、完全に正確とはいえない」と認める反面、票が正確に集計されていたとしても「合理的に考えて、全州的な選挙結果が違ってくる可能性」はない、とつっぱねていた。夕方には、ゴア側の弁護士はこの事件をフロリダ州最高裁に上訴していた。いまやまたしても、フロリダ州最高裁こそがゴアの唯一の希望となっていた。

前回同様、フロリダ州法もゴア側に有利だと思われた。フロリダ州での投票用紙の集計に大きな誤りがあったことはあきらかであり、手作業で再集計をおこなえばもっと正確な結果が出るのもはっきりしていた。しかしソールズは再集計をしてもおなじ、とはなから決めてかかっていた。

十二月七日の木曜日の朝、弁護団はフロリダ州最高裁にもどった。ブッシュ陣営は「これは当然の結果」と強気の表情だった。ベーカーらおもな補佐官は口頭弁論に姿さえ見せず、「もはや法的手続きは重要でない」といわんばかりであった。しかし、少なくとも判事のうち何人かは、ソールズの判断は間違っている、再集計すべきだ、と思っていた。重大な問題ははじめから判断不可能な疑問票をどうするかであった。

当初、ブッシュの核となる主張の一つは、ほかの六十三郡では無視しておきながら四郡だけ疑問票を確認するのはそもそも不公平だというものであった。それがここへ来て、選挙がブッシュのリードと認証されたため、パームビーチとマイアミ・デードでの再集計再開だけを要求していたゴアにとって、その主張は逆に好都合となっていた。しかも判事たちからあがった疑問はそれ以上に期待を持たせるもので、すべての州で疑問票を残らず再集計する可能性を示唆していた。たしかに、判事たちの疑問からもわかるように、正当に記入された投票用紙が集計からもれていないかどうか調べるには、これがもっとも公平なやり方だろう。四郡以外で疑問票が六万ほど出ているのである。すべてを見直してしかるべきではないか?

民主党はとても全面的な勝利を望むことはできなかったが、十二月八日の金曜日午後三時五十分、タラハシーの裁判所前で法廷スポークスマンのクレイグ・ウォーターズから判決が伝えられた。まず、ソールズが二郡での結果を認証したのは誤りであったことを認める——これによりフロリダ州におけるブッシュのリードは五三七から一五四(あるいは一九三)票に縮まった。この結果は差しもどされ、一五四と一九三のどちらを正しい数値とするかの決定はソールズの責任とされた。しかしこのあと、さらに驚くべき発表がなされた。「四票対三票で、フロリダ州最高裁判事の多数派は、第一審裁判所の裁定を破棄する。巡回裁判所は、フロリダ州内の再集計がまだ実施されていない郡の疑問票についても手作業による再集計を命じるものとする。時間は重要であるから再集計はただちに開始すべきものとする」

フロリダ州最高裁はゴアを政治的な死からよみがえらせたのである。

ゴアの法律家チームは、タラハシーの小さなオフィスビルに弁護士三人からなるささやかな事務所を構えていた(実際は同州南東部の都市フォートローダーデールの中堅法律事務所の支部である。同州のもっと大きな法律事務所は、共和党権力の顔色をうかがってゴアの依頼を断った)。当初、この貧弱な作戦本部は、ケーブルテレビにも高速インターネットにも接続できず、ゴアのためにはせ参じる多くの弁護士を迎え入れる余裕もなかった。

対照的に、共和党は州内で二番目に大きい法律事務所のタラハシー支部を使い、また別の広々としたオフィスも借りた(のちにもう一つ別の場所も手に入れたが、マスコミには極秘にしていたため、ブッシュ陣営は邪魔されることなく闘いの準備をすることができた)。それだけでなく、ブッシュ陣営はワシントンにもっと都合のよい本部を設けており、フロリダ州最高裁が州内全域での再集計を命じたとたん、活動の中心はそこに移った。

ブッシュの最高裁対策チームはギブソン・ダン・クラッチャー弁護士事務所でセオドア・オルソンの執務室を本部とし、ベーカーの指示を受けて、あらゆる不測の事態に備えていた。そのため十二月八日の金曜日午後には、最高裁にたいし、介入してフロリダ州最高裁が命じた再集計を中止させるよう求める摘要書の最初の素案がすでにできあがっていた。起草したのはおもにオルソンの年下のパートナーふたり（ミゲル・エストラーダとダグ・コックス）と、ワシントンの（他事務所に属する）弁護士マイケル・カーヴィンである。カーヴィンはフロリダ州最高裁で審理された最初の事件でブッシュ側の弁論に立っていた。彼らの頭から離れないのは、同僚ジョン・ロバーツの「最高裁はこの事件をあつかいたがっている」という言葉だった。レンクイスト・コートで弁論を担当する弁護士ならだれでもそうだが、ブッシュ側弁護団も最高裁で鍵をにぎるのはだれの票か、だれを一番納得させるべきかを熟知していた。そう、サンドラ・オコナーである。

いつものことながら、オコナーが重視するのは法理論よりも現実的な重要性である。そこでオルソンは摘要書の焦点をここに据えた。「この事件で提起される問題よりも重要なものはないものと考えられる。危機に瀕しているのは、合衆国大統領選挙の合法的解決である」。最高裁には介入の必要があり、裁量上訴を認めるだけにとどまらず、むしろ事態がこれ以上収拾不可能になる前に手続きの停止を命じ、フロリダ州での再集計をやめさせるべきである。「アメリカ合衆国大統領および副大統領の選挙手続きの信頼性を損なわないため、またフロリダ州最高裁による憲法上の重大な誤りを正すため、連邦最高裁の再審理は必要不可欠である。不当な判決の結果、〔ブッシュにたいして、〕選挙手続きにたいして、さらに国民にたいして取り返しのつかない損害がおよぶのを未然に防ぐため、停止の措置が必要である」

ブッシュ側の主張の法的根拠は二次的であり、強固とはいえなかった。おもな論点は、「各州はその立法府の定める方法によって」選挙人を任命するという合衆国憲法第二条の解釈である。ブッシュ陣営によれば、ここに来て、州議会ではなく、フロリダ州裁判所がフロリダの選挙人投票の勝者をどう選ぶか「定めている」。この唯一の根拠となったのが、一八九二年に出された連邦最高裁の理解に苦しむ意見であった（フロリダ州裁判所は、通常法廷でやっていることをおこなっているまで――フロリダ州選挙法を解釈しているだけで、制定しているのではない――としてこの合衆国憲法第二条の議論をしりぞけていた）。ブッシュ陣営はほとんどさりげなく、「再集計は合衆国憲法第十四修正の平等保護条項に違反する」とつけくわえた。四十二ページの摘要書のうち三ページだけで軽く平等保護条項に言及したのは当然だった。最高裁はパームビーチ事件の裁量上訴を受け入れたさい、平等保護の議論はきわめて根拠薄弱とし、この問題について口頭弁論すら許可しなかったからである。

しかし基本的に、最高裁（特にオコナー）にたいするブッシュ陣営の訴えは、法的というより政治的なものだった。つまり、あきらかに民主党と目的をともにする法廷が規則を作り上げて選挙を混乱させているというのである。フロリダ州最高裁の判決はゴア対ハリスと称されたが、オルソンのオフィスにいる弁護士たちはこれをブッシュ対ゴアと呼んでいた（歴史にはこちらの名称が残る）。摘要書が最高裁のクラークオフィスに到着したのはフロリダ最高裁の裁定から五時間後、十二月八日金曜日の夜九時十八分だった。

そうこうしているあいだ、タラハシーのある第一審裁判官は、再集計をおこなったら混乱し収拾がつかなくなる、という共和党の予言の誤りを立証していた。フロリダ州最高裁が裁決をくだしてからわずか数時間後、テリー・ルイス判事は、州全域で六万にのぼる疑問票の集計方法の手順を解決するために当事者を呼び集めた（事態が急スピードで動いたため、取材に行けたはずの法廷記者もさすがに間に合わず、自宅のケーブルテレビチャンネルで審理の様子を見守った）。

ソールズ判事はじつに無能だったが、ルイス判事はじつに有能だった。ルイスの法廷では、ブッシュ側の有名なシカゴの法廷弁護士フィル・ベックがフロリダ州最高裁の意見に見られる弱点を攻撃していた。州最高裁は投票用紙を集計する上で郡がもちいる単一基準を示していないという。それなら基準はどうすべきかとルイスが尋ねた。ベックは、単一の基準を設けることはゲームの途中でルールを変えることになるので不可能であると応じた。ブッシュの立場は堂々めぐりであった。単一の基準は必要である。だが単一の基準を作る方法はない。

それに惑わされることなく、ルイスは一つの計画を打ち出した。金曜日もそろそろ日付が変わるというころ、土曜日の朝八時からレオン郡公立図書館で票の再集計をはじめると宣言した（投票用紙の多くはすでにタラハシーに搬入されていた）。ほかの全郡は午前中までにルイスに計画を送る。集計はすべて一日強で、十二月十日の日曜日午後二時までには完了させる。ルイスは週末ずっと執務室に残り、論争の解決にあたる。

土曜日の夜明けになると、事態は目を離せなくなっていた。両陣営ともそれぞれ夜を徹して結集し、集計を監視させるため同州各郡に人員を派遣した。州各地で自ら申し出る判事が続出し、ルイスは集計の監督係になっていたメンバーを総入れ替えすることができた。午前九時五十一分、ルイスはタラハシーの図書館で宣誓をおこなった。十時七分、集計がはじまった。テーブルが四台置かれ、各テーブルにふたりの判事がつく。判事の前には「ブッシュ」「ゴア」「その他」「白票」「要再検討」と書かれた五つの箱が並んでいた（五つ目の箱の投票用紙をルイスがチェックする）。州各地で同様の光景が見られた。

ブッシュ陣営では当初から、フロリダ州最高裁は民主党に勝たせたいがため無法な混乱を生み出している、という議論を中心に据えていた。しかし土曜日の朝、集計にあたった判事と郡担当者らは、党派にかかわらず、その議論の誤りをあきらかにしていた。粛々と、効率的に——たしかに完璧ではないにせよ——彼らは投票用紙を目で見て集計した。同日の昼になると、テリー・ルイスが示した「翌日午後」という期限は理にかなっていると思われた。

たまたま金曜日の夜、オコナーのクラークのひとりで保守、リベラル双方の同僚と良好な関係を築いていた人物が、ワシントン近郊のアダムズモーガン地区のバーでパーティを開いていた。まもなくとどく予定のブッシュの摘要書を読みに職場にもどる前に、多数のロークラークがパーティに立ち寄った。アルコールのせいで、法廷にもどると、これまでのぴりぴりした空気がいっそう不安定になり、一触即発ムードになった。保守派判事の執務室では、フロリダ州最高裁にたいして激しい怒りをむき出しにしていた。州最高裁の判事たちは、十二月四日のパームビーチ事件の法廷意見で連邦最高裁判事たちが提示した質問に答えていない。連中は不正をしてでもゴアを勝たせようとしている、それだけでもひどい話だが、それ以上に連邦最高裁を無視している、と右派のクラークは非難した。州最高裁が連邦最高裁の判事の問いに答えることなく、どうして選挙に舞いもどったりできるのか。

この時点まで、連邦最高裁はとってつけたような全員一致の意見にしがみついていた。この大統領選挙関連で最高裁が出した法廷意見は、パームビーチ事件での簡潔な裁判所による意見《パー・キュリアム》だけだった。しかし金曜日の夜、そんなうわべの超党派的姿勢は泡と消えた。スカリアが最初にブッシュの摘要書に応えた。彼の怒りは沸点に達していた。フロリダ州最高裁は人をばかにしている。傲岸《ごうがん》で、手に負えない。そのままにしてはいけない。ほかの判事に回したメモで、再集計の中止を求めるブッシュの主張を認めるだけでは足りない、と書いている。再集計中止の命令を出し、ブッシュの主張どおり裁量上訴を認め、フロリダ州最高裁の判決をくつがえしたい——土曜日の朝までにすべて、口頭弁論をいっさい聞かずにやってしまいたい、というのであった。保守派判事の執務室は夜通し協力して、第二条、制定法、平等保護、とおのおのが一部分ずつ担当して議論をまとめた。

金曜日の夜、停止を支持する判事はレンクイスト、オコナー、スカリア、ケネディ、トーマスの五人であった。このときは最高裁がスカリアの意見を採り入れ、口頭弁論なしにフロリダ州最高裁の判決をくつがえすのではないかとさえ思われた。しかし、少数派の上席判事スティーヴンズは、土曜日にせめて会議を開いてこの問題を取り上げてほしい、とレンクイストを説得した。レンクイストはやむをえず同意した。会議は午後一時に予定されたが、再集計をできるだけ早く中止させたい一心のスカリアがレンクイストを説き伏せ、午前十時にくりあがった。

十二月九日、フロリダ州で票の再集計が進むなか、最高裁判事たちは長官のもと気詰まりな会議に出席していた。スカリアはまだ口頭弁論なしに州最高裁の裁決をくつがえすことを望んでいた。レンクイストとトーマスもそうだった。オコナーとケネディは両者の主張を進んで聞こうとしていたものの、投票では再集計中止を支持した。スティーヴンズ、スーター、ギンズバーグ、ブライヤーの四人は異議を唱え、今回最初の訴訟ですでに浮上していた点を指摘した。なぜ票の集計を進めないのか。おそらくどちらにしてもブッシュが勝つだろう。しかし多数派は意見を変えようとしなかった。レンクイストはきっかり一ページで裁判所命令の草案を書いた。再集計の中止を認める。口頭弁論は十二月十一日の月曜日におこなう。スティーヴンズは反対意見を出すといった。

執務室にもどると、シカゴ出身の老スティーヴンズはキーボードの前に座り、三段落からなる長い文章を打ち出した。すでにパームビーチ事件で全員一致にくわわる判断をくだす前から反対意見を準備していたため、一部書き上がっていたものに手をくわえていった。彼らしく韻を踏み格調高い文章でこう書かれている。「合法的な票の再集計を中止することで、多数派は、連邦最高裁がその歴史を通じて守ってきた司法の自己抑制という三つの尊い規則から逸脱している。州法の問題では、連邦最高裁は一貫して州最高裁の意見を尊重してきた。解決が、少なくとも大部分は連邦政府の他部門にゆだねられるような問題では、自らの司法権を厳格に解釈し、慎重に行使してきた。裁判所に合法的に提示されず、法廷の判断が現に見直されている連邦憲法にかかわる問題では、細心の注意をはらい意見表明を避けてきた。多数派の行動は賢明ではない」。合法的な票を再集計したところで「取り返しのつかない損害」になるはずがない、すなわち再集計を中止する必要はない、とスティーヴンズは主張した。

スカリアはあえてなにも書かないつもりでおり、中止されれば自明の理だと考えていた。だが、スティーヴンズの反対意見に憤慨し、席に着き書きはじめた（怒り心頭に発しており、書く時間を確保するため、中止の発表を遅らせたほどである。そもそもスピードを最優先していたのは彼なのだが）。スカリアが書いた三段落からなる同意意見は、共和党の法的戦略——法的というよりはるかに政治的な戦略——の成功を如実に示している。共和党はフロリダ州最高裁を、理念より党利におちいっている機関のようにうまく見せかけていたが、ここでスカリアも同様の偏向ぶりをさらけ出した。ただし、もちろん共和党寄りである。「合法性が疑われる票を集計するならば、〔ブッシュにも〕国民にも取り返しのつかない損害をおよぼすおそれがある。ブッシュのいう今回の当選の合法性に疑念を生じさせるからだ。まず集計して、あとから合法性について裁決する、こんな方法では、一般国民が支持する選挙結果は得られない。国民の支持こそ民主主義の安定のために必要なのである」

通常の状況であれば——今回以外のどんな状況でも——最高裁は本当の意味で法的損害をあたえかねない、このようなあいまいな事件を取り上げようとは考えなかったはずだし、ましてや、異例な手段で中止を発表することなどまずありえなかった。その上、複雑に錯綜した訴訟で、第十一巡回区連邦控訴裁判所は（ミドルブルックス判事がくだしたマイアミ州の控訴裁判所の予備判決において）、ハリス州務長官がブッシュ以外の人物をフロリダ州の勝者と認証することを禁じていた。したがって、損害をおよぼす唯一の可能性は、フロリダ州が票を再集計した結果ゴアがリードする場合だけであり、第十一巡回区連邦控訴裁判所の裁定が有効である限り、ゴアは同州の勝者になれない。だがスカリアの考えでは、票の集計問題でこじれてしまう事態はブッシュにとって政治的問題であり、「取り返しのつかない損害」も同然なのだ。スカリアは完全にブッシュの立場でこの選挙を見ていた。本人もいっているが、重要なのは共和党が堂々たる勝利を収めることであり、フロリダ州の意思は二の次でしかないのである。特筆すべきことに、スカリアが書いた同意意見は極端にすぎ、ほかの判事はだれも同調しなかった。

土曜日の午後二時四十分、最高裁の広報スタッフは徹夜で待機していた記者を呼び込み、最高裁の決定を配布した。フロリダ州最高裁の判決の手続きは停止。裁量上訴は承認。摘要書の期限は翌日。最高裁での口頭弁論は四十八時間を切る、十二月十一日の月曜日午前十一時。最高裁史上、例のないスピードだった。

ゴアは、海軍観測所敷地内の副大統領公邸でこのニュースを家族に伝え、テレビで速報を見た。午後三時十一分、彼は首席報道官マーク・ファビアーニとクリス・ラヘインにブラックベリーでメッセージを送った。「だれも最高裁を中傷することがないよう気をつけてくれ」

13　完璧なまでの敗者

　ブッシュ対ゴアの訴訟事件摘要書の期限である十二月十日の日曜日朝、最高裁正面の歩道にたくさんのテレビカメラが列をなしていた。予想外の大ニュースが予想外のスピードで最高裁から発表されるとあって、ニュース機関はどこも万全の準備を整えていた。メディアの注目度もひじょうに高く、判事たちは、高性能のカメラなら書類の字が読み取れるかもしれないからカーテンを閉めておくようにと最高裁警官に注意されたほどだ。

　建物の内側では、クラークはひとり残らず頭に血がのぼっていた。保守派もリベラル派もおなじことを考えていた――向こうは不正を働いて自分の党を勝たせようとしている！　クラークどうしの人間関係はあいかわらずピリピリしており、事態は比べものにならないほど悪くなっていた。

　スティーヴン・ブライヤーはこの期におよんでも道徳的理想を追っていた。たしかに、いま事態はよくないが、きっと良識が――自分の良識が――勝つはずだ。彼は決して希望を捨てなかった。これだけでなく、ほかのすべてにたいしても。なるほど、最高裁判事の多数派は再集計の中止を認めた――つまり、法的基準の下では、本案についてブッシュに有利な裁定がくだる「可能性は高い」――しかし、それでは解決ではない、少なくともブライヤーにとっては。彼は理性にたいしてほとんど信仰にも近い畏敬の念を抱いていた。同僚には正しい理論を認める能力がある——自分には彼らを説得して理解させることができる、ブライヤーはそう信じて疑わなかった。

それにくわえ、ブッシュ対ゴア事件にかんしてのブライヤーの立場は保守派とさほど違わなかった。元大学教授であった彼は、法理論のボキャブラリーやレトリックを同僚に劣らずみごとに駆使できた反面、政治家然としたところも多分にあった。政治家としてのブライヤーは、フロリダ州最高裁のやり方が気に入らなかった。タラハシー州最高裁の判事たちは、ゴアを助けようと躍起になっているようにしか見えない。もっと始末に悪いのは、再集計の基準を設定しなかったことで、判事らの動機がいっそううさんくさく思える。これが法の適正な手続き《デュー・プロセス》や平等保護そのほかの法的範疇《はんちゅう》に入る問題だといわれようと、あまり気にしなかった。彼の考えでは、フロリダ州最高裁判事のしたことは論理的ではない。彼にとって問題はまさにそこであった。

とはいえブライヤーには一つの単純な解決策があった。この事件をフロリダ州最高裁に差しもどし、判事たちに全州の明確な基準を作るよう命じた上で、票を再集計する。ブライヤーは妥協をいとわなかった——それに、この妥協案は悪くない。

そこで十日の日曜日、ブライヤーはロークラークを偵察に送り出し、多数派の判事のうちだれが考えを変えそうかを探らせた。候補者はふたりしかいなかった。レンクイスト、スカリア、トーマスは公私両面で自らの立場を明確にしていた。彼らはフロリダ州の判事のやり方に憤激しており、選挙を終結させたいと思っていた。説得の余地はない。

では、オコナーとケネディはどうだろう。オコナーの法的立場については多くの者が誤解していたが、今回ブライヤーもおなじ間違いをした。通常、オコナーが中道の立場にいるのは考えを決められないからではない。ブッシュ対ゴア事件について、このとき彼女はすでに確固たる考えを決めていた。選挙でもこの事件でもブッシュが勝つべきなのだ。都会から遠く離れた牧場で育ったことからオコナーが学んだものがあるとすれば、それは他人任せにしない自立の精神である。人は自分が間違いを犯したといって、だれも――政府をも――責めることはできない。今回、フロリダ州で起こった問題の根本にあるのは、正しい投票の仕方を知らなかった有権者がいたにすぎない。あいまいになされた投票用紙の真意に頭を悩ませるのは、選挙管理委員会の仕事でも裁判所の仕事でもない。投票する人間が正しい投票の仕方を知ろうとしないならば、そのような不運な者たちがだれに投票したかったのか州が理解しようとする必要はない。フロリダ州最高裁判事は民主党ギャングの一団でしかない。オコナーはそう思っていた。

フロリダ州法では集計機で投票者の意思を判断することが求められているとか、集計作業を進める権限がフロリダ州最高裁にあたえられているとかはどうでもいい（フロリダ州の裁判所は一度、指定されていたＨＢの鉛筆ではなく、ボールペンを使って印をつけた投票用紙の集計を郡に命じていた）。投票者が無能なせいでなく、集計機の欠陥のせいで多数の投票が無効となっても構うことはない。オコナーにはもう我慢の限界だった。一つには世論だと彼女の思うものに従っていたからでもある。アメリカ国民はこの論争にあきあきしている、もういいかげん終わってほしいと思っている、と考えていた（しかし世論調査によれば、「再集計をいっさいやめるほうがいい」と考えていたのはわずかで、実際、かなりの人々は、フロリダ州での再集計を完了すべきと考えていた）。いずれにせよ、ブライヤーの説得はうまくいかなかった。オコナーはブッシュ支持で固まっていた。そのあとスーターもオコナーの支持を取りつけようと個人的に頼み込んだ。オコナーはギンズバーグとおなじく、孤独を好む独身判事がお気に入りだったが、そのスーターの説得も今回は功を奏さなかった。

十日の日曜日、リベラル派のクラークは、オコナーはこの事件から降りざるをえないかもしれないと考えた。最初に報道したのはデイヴィッド・マーゴリックだが、『ウォールストリート・ジャーナル』に弟が勤務しているギンズバーグのクラークから、選挙の夜のストーセル邸パーティでのオコナー発言が翌月曜日に報道されるのを知ったからである。ブッシュに勝たせたいという思いをこれだけ露骨に示してしまった以上、オコナーは今回自ら不適格として降りるだろうと考えたのだ。しかし彼らはオコナーを、そして法律を見誤っていた。パーティでのオコナー発言は奇妙ではあるが偏向とはいえない。どのみちオコナーはこれほど重要な事件から降りるつもりなど毛頭なかった。

ケネディの場合はまた違っていた――と思われる。彼にとって、今開廷期は容易ではなかった。選挙二週間前には、法律扶助機構対ベラスケス事件で意見を書くよう割り当てられた。ここで、ケネディはリベラル派判事（スティーヴンズ、スーター、ギンズバーグ、ブライヤー）に同調し、国選弁護士が福祉法の合憲性に異論を唱えることを禁じた法律を無効とした（議会は、政府から資金援助を受けている弁護士がリベラルな政治活動をおこなってはいけない、とする法案を可決していた）。合衆国憲法第一修正、ならびに弁護士の重要性についてケネディが最初に書いた草案は凝りすぎていて、同僚判事の抵抗に遭っていた。無意味な美辞麗句は抑えてほしいといわれ、ケネディはやむなく表現を変えた。今回のブッシュ対ゴア事件では、おなじリベラル派判事四人がケネディの票をどうしても必要としていた。

十二月十日の日曜日、判事たちにはあまり動きがなかった。クラークが数人、最高裁で摘要書を待っていた。それを使いの者が各判事の自宅にとどける。正規の法廷が開かれるのは月曜日の朝十一時。今回の選挙をめぐる事件の弁論はこれが最後だった。

十二月十一日、最高裁で最初の口頭弁論がおこなわれてからまだ十日しか経っていないのに、法廷はいまではすっかり別の場所のようだった。十二月一日には陽気ではずんだ空気で満ちていたそこは、不平不満で満ちあふれていた（バイロン・ホワイトは二度目の口頭弁論にはあらわれなかった。まもなくワシントンのオフィスをたたんでコロラドにもどり、二〇〇二年に八十四歳で亡くなった）。パームビーチ事件の最初の口頭弁論では、最高裁はフロリダの論争に象徴される政治的小競り合いを避けるのではないかと思われた。しかし再集計を中止したことで、党派的偏向を露呈してしまった。最高裁は、崇高な装いはもとより、公平無比の存在であることすらすでに放棄していた。

再集計の中止という判決を勝ち取ったセオドア・オルソンは、いまや試合終了まで時間稼ぎをしているようなものだった。口頭弁論がつつがなく終われば、おそらくこの事件で（そして選挙でも）ブッシュを勝たせることができるだろう。ところがケネディの最初の質問は意外なものだった。「まず、連邦の司法権についての説明からはじめてください。本事件ではどこが連邦問題にあたりますか？」これこそ、ゴア側の弁護士がずっと指摘し続けてきたことだった。今回の選挙は根本的に州の問題であって、連邦最高裁であつかう問題ではなかったはず。オルソンは、フロリダ州最高裁は、大統領選挙のルールを策定するのは州裁判所でなく州議会であるという合衆国憲法第二条に違反している、と淡々と答えた。ケネディはまたしてもゴア側の主張をもちいて反論した。「州議会にその州の憲法が適用されず、州法廷においても機能しないとあれば、共和国の統治理論にとってゆゆしき事態です」

ケネディは考えを変えたのだろうか。いや、必ずしもそうとはいえなかった。次ではブッシュに有利と思える発言をしている。「オルソン弁護士が問題としているのは、手続きが平等保護条項に違反しておこなわれていること、かつ基準がないことであると考えます」。それもある、とオルソンは同意した。

ブライヤーは、ケネディの質問を自分側に彼の票を引きつける好機と見た。もしフロリダ州最高裁が疑問票の集計基準を設けていないことに問題があるとするならば、いま基準を設ければいいだけの話である。フロリダ州最高裁に基準を作らせてもいいし、キャサリン・ハリスにやらせてもいいだろう。その上で再集計をまた再開したらいいのではないか。オルソンは、あたらしく基準を設ければ問題の解決にはなるかもしれないとしぶしぶ認めた。スーターも同様の指摘をした。あらたに基準を設けて再集計を再開すればいいではないか。

次に、ハリスの代理をつとめるマイアミの著名弁護士ジョゼフ・クロックが登場し、緊張のあまり礼を失し、名を馳せることとなった。スティーヴンズからの質問に答えるさい、クロックは「ブレナン判事」と呼びかけ（ブレナンは十年前に引退し、三年前に亡くなっていた）、一瞬のちに、今度はスーターを「ブライヤー判事」と呼んでしまう。スーターはいらいらしたようにため息をついた。さらに笑い声があがった。皮肉っぽく「わたしはスーター判事です。もうそのくらいにしてください」。ほかの判事にスポットライトをさらわれまいと、判事席から別の声がかかった。「ミスター・クロック、わたしはスカリアですよ」

ゴア陣営は今回、弁護士を変えてのぞんだ。第二回口頭弁論は、ハーバード・ロースクールの法学教授ローレンス・トライブに代わり、フロリダ州最高裁で実績のあるニューヨークの弁護士デイヴィッド・ボイズに任せられた。「一週間前、事件が差しもどされたことにたいして、フロリダ州最高裁からなんの返答もありません。それが問題だと思うのですが」とオコナーはボイズにいった。基準の有無をめぐる論争にかんしていえば、オコナーは騒ぎの意味を理解していなかった。「そもそも、投票者に指示されている基準ではどうしていけないのでしょう。それ以上はっきりさせようがないということです。その基準を使えばいいだけの話ではないでしょうか」。オコナーが口頭弁論で口にする控えめな感嘆詞（「あらまあ！」「え？」など）から、彼女がどちらに票を投じるかは明白だった。

ボイズの口頭弁論はなかなか思いどおりにいかなかった。スーターはフロリダ州最高裁の判決において基準がないという点（また、郡によって適用する規則が異なる可能性）についての懸念をくりかえした。だがいっぽうで、集計を再開する方法を探っており、ボイズにこういった。「この段階で、やり方がじつにさまざまであるという前提に立つべきだと考えます。そしてわれわれには、その点の対処の仕方をフロリダ州最高裁に指示する責任があるでしょう。この前提に立った場合、ボイズ弁護士ならばフロリダ州最高裁にどのように指示を出しますか？」

ボイズは躊躇した。「なかなかむずかしい質問ですね」――これには聴衆から神経質な笑い声があがった。実際のところ、これはむずかしい質問でもなんでもない。連邦最高裁が一つ基準を設ければそれですむ話である。あるいはフロリダ州最高裁に基準を設けるよう指示してもよい。

もっといい答えがあった。スティーヴンズは話に割り込むと、こういった。「ここで実施されている手続きは、最終結果が、すべて同一の判事による再チェックを経ることで一貫性が保たれるのではないでしょうか？」フロリダ州最高裁の判決では、タラハシーのルイス判事が票集計をめぐる論争をすべて監督することになっていた。判事がひとりで再チェックすれば、ばらつきは解決されるだろう。ボイズは機転を利かせ、スティーヴンズが投げた命綱をつかんだ。「そのとおりです。そう申し上げようと思っていたのです」

オルソンの反論は短かった。能弁な弁護士のつねとして、聞き手の関心事に合わせて議論を移していく。はじめは憲法第二条に焦点を当てていたが、予想に反して平等保護条項のほうが問題視されていると見た。オコナー、ケネディ、スーター、ブライヤーらは郡によって基準が異なる可能性を懸念していた。オルソンはいった。「資料によれば、郡ごとに基準が違うことに疑問の余地はありません。手続きが主観的で完全に役人の裁量にゆだねられるという状況ではどうしても生じることであり、そこに統一性は求められていません。その上われわれは、さらに深刻な問題を抱えています。六十四の郡それぞれに異なる基準があるのです。投票用紙の刻み目が一票として数えられるところがあったり、いっさい集計されないところがあったりというなかで、われわれは疑問票をどうするかばかり考えているということです」。こうした実情を聞いたのち、判事たちは退廷し会議に移った。

これは通常の会議ではなかった。緊急のため、判事たちは口頭弁論が開かれるよりも先にこの事件についてメモを交換していた。そのためおたがいに顔を合わせたときには、レンクイスト、スカリア、トーマス、（そしておそらく）オコナーが、フロリダ州最高裁の裁定をくつがえすつもりでいるのははっきりしていた。スティーヴンズとギンズバーグは同州最高裁の判断を支持し、スーターとブライヤーは再集計を進める方法を探っていた。以前、ケネディは保守派に同調することを強くにおわせるメモを回していたが、会議では態度をはっきりさせなかった。そのため、どちらの側もケネディは自分のほうに票を入れるだろうと思っていた。

十一日月曜日の午後、会議終了後、まずスティーヴンズがケネディの支持を得ようとした。ケネディが再集計に単一基準がないことを問題にしているのを考慮して、州全体の統一基準を作り、再集計を続行させるためにフロリダ州最高裁に事件を差しもどすという、数行の法廷命令書を起草した。それを使いの者に託し、大理石の廊下をケネディとほかの判事たちのもとへとどけさせた。反応があったのはギンズバーグだけで、これで全員一致が導き出せるのであれば同調するとの返事を得た（ブッシュ対ゴア事件の嵐のような展開のせいで、最高裁ではテクノロジーに過大な負荷がかかっていた。二〇〇〇年当時の最高裁はまだ原始的だった。安全のため、Eメールが送受信・閲覧できるのは建物内のみ。判事とクラークがインターネットに接続できるコンピュータは共有で、しかも一台しかなかった。日常的にコンピュータを使っていたのはトーマスとブライヤーだけだったため、改善してほしいという要求も出なかった。判事たちがたがいに連絡を取る場合は、秘書にタイプさせたメモを手渡しするのが普通だった）。

レンクイストはいつものように、多数派となると決まったわけでもないのに自ら法廷意見を書きはじめた。合衆国憲法第二条を根拠とし、州議会による選挙計画を改めようとしたフロリダ州最高裁の判断をしりぞけた。だが書きながらも、確実なのは四票しかないと認めていた──自分、スカリア、トーマス、そしてたぶんオコナー。

すべてはケネディ次第となった。ケネディにとって、まさに望むところだ。事件の重大さは、自己演出を大いに好むケネディにうってつけだった。レンクイストが意見の草案を回したあと、月曜午後にはケネディも自ら意見を書くことに決めていた。レンクイストはわかりにくい憲法第二条に依拠しているが、これはここで問われている問題の重大さにふさわしくない。それよりも、平等保護を根拠としてフロリダ州最高裁の裁定をくつがえすほうがいい。妙なことに、中道を求めるブライヤーの主張は、彼の理念の後押しとはならず、むしろ不利に働いた。ケネディからすれば（そして、のちにオコナーも同調するのだが）、フロリダ州最高裁の判決にかんしてブライヤーとスーターが示した疑念のおかげで、反対の立場がより道理に合うように見えた。オコナーはこれほど政治色の濃い事件で、三人の保守派判事と足並みをそろえることを望まなかった。ケネディの側、少なくともこの件におけるブライヤーとスーターの見解に近い立場であれば、自分がたしかに最高裁の中道にいると確信できる。

十一日の夜にかけ、ケネディとオコナーはクラークたちと協力し、ここ二週間で議論されたこの選挙の二つの事件で書かれたメモを中心に意見の草案に取り組んだ（めずらしいことにスカリアがふたりのもとを訪れて激励した）。ふたりはレンクイストが回した草案から事実の陳述を抜き出し、平等保護の議論を組み立てた。夕方、ケネディは自分の書いた文章に満足していた。どちらに票を入れるか、もう迷いはなかった。ケネディのクラークは、スティーヴンズの意見に同調しないと伝えてきた。それを受けてスティーヴンズは、十二月十二日午前発フロリダ行きの飛行機の予約をキャンセルしないことにした。反対意見は電話でクラークと仕上げればいいのだ。

平等保護条項についての議論は、ケネディの最高裁の職務にたいするロマン主義志向にそうものであった。そもそもこの条項は、最高裁がくだしたもっともドラマチックで歴史的に意義深いブラウン対教育委員会判決（一九五四年）や、レノルズ対シムズ判決（一九六四年）の根拠となっていた。後者は全選挙区における「一人一票」のルールを確立したものである。ケネディ自身によるもっとも有名な意見も平等保護が関係していた。一九九六年、ローマー対エヴァンズ事件の判決（コロラド州は同性愛者を差別から保護する立法を禁止することはできないとする）で、彼は多数派判事六人の代表として意見を書いている。もちろんリベラル派ではないが、全国民を平等にあつかうことを保証する動力源としてアメリカ合衆国憲法をもちいるのにためらいはなかった。

そういうわけで、レンクイストの意見が根拠にしたわかりにくく専門的な合衆国憲法第二条よりも、平等保護条項を根拠としたのは当然の成り行きであった。最大限に寛容な見方をするならば、ブッシュ対ゴア事件での彼の意見は、「一人一票」の原則を、投票以前の選挙区ごとの問題から、選挙後の票集計のやり方の問題にひろげた、といえるだろう。ケネディは書いている。「投票権は……基本的なものであり、これが基本的であるゆえんは、各票の重みが等しく、各投票者に等しい尊厳があたえられていることにある」（「尊厳」はケネディお気に入りの言葉である）。きれいに穴が開かず読み取り不能な票の集計方法について郡ごとに規則が異なり、一つの郡のなかでも集計の途中で基準が変わることもある。「これは平等なあつかいが十分保証された過程たりえない」と堅苦しく書いた。

のちに多数の評論家が指摘したように、ケネディの分析における問題は、アメリカの法廷では、たとえ連邦最高裁といえども、票の集計に統一性という憲法上の原則を課したことはいっさいないということである。フロリダもふくめ、たいていの州では、一つの選挙にさまざまな投票方法をもちいている。再集計をすれば矛盾が生まれ、いろいろな例外が出てくるのではないかと考えたところまでは正しかった。しかしケネディは、もっと重要な点で間違いを犯している。再集計をすれば認証された総計よりも正確な結果が得られていたはずである。最高裁の意見は、公平でも正確でもない票集計を維持し、支持していた。

オコナーは、ケネディの分析の裏にあるこうした問題を認識していた。口頭弁論の場でも、「郡ごとに基準が異なる」ことの不備を強調したオルソンにたいする最終質問で、自ら問題提起している。「たしかに、郡によって投票用紙もさまざまです。わたしが理解できないのはその点なのです。機械で投票するところもあれば、光学スキャナーをもちいるところもあります。投票用紙もじつにさまざまです。話題にのぼっているバタフライ・バロットもあれば、ほかのパンチカードの投票用紙もあります。これほどたくさん投票方式があるのに基準を一つに絞ることなどどうしてできるでしょうか？」

みごとに問題点を突いていたが、結局オコナーはそれを無視した。平等保護の議論に潜む問題を認識しているにもかかわらず、ケネディの意見に署名することを決めたのである。しかしそのやり方はいかにも彼女らしかった。彼女の立場はまさにブライヤーの見解とおなじであった――手続きは公平に思えない。したがってやめるべきである。オコナーにとって、平等保護条項のほうが、レンクイストの憲法第二条をもちいたアプローチよりも中道的だった。しかしケネディと違い、オコナーは包括的な意見表明を嫌っていた。意見は最高裁に提出された事実に綿密にそわせたいと考えており、とりわけブッシュ対ゴア事件ではそうであった。あたらしい原則をあれこれ作りたいとは思わなかった。そんなことをしたら、今後なにか事件があったとき、またその原則が最高裁につきまとって面倒を起こしかねない。そういうわけで十二月十二日火曜日の昼近く、ケネディの意見が最終的な形にまとまりかけたとき、オコナーは、この意見が選挙にかんする権利と規制をあらたに作るものではないことを、はっきりさせたいと申し出た。

オコナーの求めに応じて、ケネディは本意見でもっとも悪名高い短文をくわえた。そこには最高裁がしていることのどこが誤りなのかが如実に示されている。「われわれの考察は現在の状況に限ったものとする。なぜならば、選挙プロセスにおける平等保護という問題は往々にして、多くの複雑性を呈するからである」

つまり、この意見にはなんの普遍的法原則も反映されていない。むしろ、最高裁は一個人、ジョージ・W・ブッシュを助けるためにだけ動いている。ケネディの意図とは違ったが、書いているのはそういうことだった。二〇〇〇年大統領選挙に最高裁が間違ってかかわった当然の結果といってもいい。本来、最高裁とは一般的に当てはまる原則を確立できる事件をあつかうのが仕事である。しかしケネディの文章がほとんど認めているように、ブッシュ対ゴア判決には一般的な原則などなにもなかった。あるのは、ある選挙の勝者を指名することだけである。ケネディがつけ足したこの文は、なににも増して本事件における多数派の真の動機について疑いを呼び起こした。

少数派判事四人が反対意見を回している十二日火曜日の昼下り、みな次第にいらだってきた。ギンズバーグはこれまで、法律家としてのキャリアを通じて合衆国憲法第十四修正の平等保護条項の実現のために尽力してきた。この条項がケネディの意見によって捻じ曲げられるのを見るのは、どうしても我慢ならない。彼女は稿を重ねた反対意見のなかで、フロリダ州の黒人票にかんするはじめのころの特定の報道を引いて、フロリダ州がなんであれ平等保護条項に違反するとすれば、州最高裁によるよりも州政府・地元当局による可能性のほうが高いとする脚注をつけた。これにスカリアは憤慨し、わざわざ封筒に入れ本人以外読めないように封をしたメモをギンズバーグに送りつけた。なかには、「最高裁の面汚し」「アル・シャープトン（黒人運動指導者）ばりの策略」と非難の言葉が並んでいた。ギンズバーグは撤回して脚注を削除した。

それでも、反対意見の声がどんどん大きくなり、ケネディとオコナーは頭を悩ませた。自分たちの見解が異議を唱える者たちが主張するほど特異ではないことを示す必要がある。それで、スーターとブライヤーの意見（本質的な部分でスティーヴンズとギンズバーグも同調していた）がフロリダ州最高裁に差しもどして基準を作らせるべきとしている点に目をつけた。ケネディはこう書いている。「最高裁の八人の判事は、フロリダ州最高裁の命じる再集計には憲法上の問題があり、改善策が必要という点で合意している。相違点はその改善策についてだけである」。これは虚偽との境界線上にある。スティーヴンズ、スーター、ブライヤーの意見のかなめは、再集計を続けるべきだという点であり、それに「問題」がある、という点ではなかった。

スティーヴンズはすでにフロリダにいたが、彼のクラークが、スティーヴンズの意見がゆがめられた文章だとケネディのクラークに猛抗議した（このとき混乱のあまり、彼らはたがいに相手を間違え、ブッシュ対ゴア事件の担当でないクラークにわめきちらしていた)。スティーヴンズ側から非難の演説が延々と続き、ケネディはこれを「七人の判事」に改めた。スーターとブライヤーもおなじように抗議できただろうが、そこまでするつもりはなかった。しかしそれは誤りだった。ケネディの目論みどおり、この文のおかげで支持者側にはブッシュ対ゴア事件は七対二の大差がついたといわれる。だが実際には五対四でしかなかった。

ブッシュ対ゴア事件が竜巻のような勢いで最高裁に突如襲いかかり、通常の仕事もいつもどおり続くなかで、ときに喜劇的な事件も起こった。十二日夜九時ごろ、意見の最終版を地下の印刷室に回す前の校正作業中、控訴裁判所のアニル・カルハンというロークラークがやってきた。翌日にオコナーとの面接が予定されており、その前にここでクラークとして働いている友人を訪ねようと思ったのだが、なかには激高するクラークもいた。カルハンのような部外者がブッシュ対ゴア事件の結果をだれにも話さないと信じるわけにはいかない、と思ったのである。まじめな顔で、カルハンを「拘留」して建物から出ることも外に電話することもできないようにすべきだと提案する者もいた。いずれにしても、だれも彼に結果を教えることはなく、カルハンは会議室にふらりと入り込んだ。そこには判決についてのマスコミ報道を見られるようにテレビが設置されていた。彼は拘留されなかった。そしてクラークにもなれなかった。

その日、最高裁記者室には、最高裁担当のいつもの記者十数人のほかに五十人ほどの記者が集まっていた。夜九時四十分、副広報担当官エド・ターナーが記者室に入って「列に並んでください」といった。まず最高裁記者団正規メンバーの名前が読み上げられ、呼ばれた者たちは大理石の廊下にいわれた通り列を作った。そのうしろに新顔が並んだ。午前九時五十二分、法廷意見が入った大きな段ボール箱が到着すると、まるで飛行機から落下傘部隊がつぎつぎに飛び降りたように、せかせかと小走りで列が動いた。広報担当スタッフは、記者が最高裁のみやげ物店のドアを抜けてすばやく街路に出られるよう手配していた。テレビの記者たちは全力疾走で広場を駆け抜け、ファーストストリートの歩道に設置された自局カメラの前でマイクをにぎった。

通信員たちは猛烈な勢いでページをめくり、判決の意味を理解しようとした。急な事態だったため、クラークオフィスでは、慣習として法廷意見の冒頭に置く判決要旨を用意していなかった。記者たちが混乱したのは無理もない。最高裁の混乱ぶりがそこにあらわれていた。ケネディがその大部分を書いた意見は、またしても「裁判所による《パー・キュリアム》」とされていた。通常それは、論争のない判決にたいして使われるものである。レンクイストは頑として「裁判所による《パー・キュリアム》」にこだわった。最終的な法廷意見は判事らが共同で組み立てたものであり、この言葉によって最高裁の決定がいかにも全員一致であるかのように装うことができる。意見の最終部分は、「本意見と矛盾しないさらなる手続きをおこなうため、差しもどす」と記されていた。これは最高裁の判例としてめずらしくないが、ブッシュ対ゴア事件の情況ではなかなかすぐにはわかりにくい。再集計を続けてよいという意味だろうか？　考えの筋が通っていないため、曖昧模糊とした文章になっていたが、よく読めば答えは「ノー」だというのがわかる。

最高裁では、ロークラークのため、二カ所の会議室にテレビが設置されていた。リベラル派と保守派はそれぞれ別の部屋に移動した。二つの部屋はほぼ半々に分かれていた。そう、一般のアメリカ国民とおなじように。リベラル派クラークはタイ料理を囲んでビールを飲み、保守派クラークはスコッチを手にピザをつまんだ。ただ、双方ともテレビ記者にたいする軽蔑の言葉はおなじだった。判事はだれも見に来なかった。とっくに車で帰途についていた。

これほど重要な問題を解決する最高裁に、国民全体の注目が集まったのは少なくとも二十五年ぶりである。一九七四年、アメリカ合衆国対ニクソン事件の判決で最高裁が大統領にホワイトハウスの録音テープの提出を求め、ひいては法の支配に従うように満場一致で命じたとき、判事たちはうまく難局を乗り越えた。いま、おそらくそれよりも重要なこの事件で、組織としての最高裁も、一個人としての判事も難局にうまく対処できなかった。この件にかんする彼らの行為は、判事としての最悪の欠点を一望のもとにさらけ出した。

とはいえ、ブッシュ対ゴア判決で最高裁が受けた批判のなかには不当なものもあった。多数派の判事がブッシュを勝たせたいがために「不正を働いた」という批判がそれである。最高裁は不正をしたのではなく、結果についてのいかなる不確実性をも排除したにすぎない。もし最高裁が公平に判決をくだしていたら――あるいは、そもそもこの事件をあつかっていなかったら――ゴアが選挙に勝った可能性はある。再集計の結果、フロリダ州ではゴアが勝ったかもしれない。もちろん、最高裁が適切に行動してフロリダ州最高裁に選挙の解決を任せたとしても、結局ブッシュが勝った可能性もある。六万の疑問票を再集計したら、ブッシュがリードを守った、あるいはひろげたかもしれない。フロリダ州議会は共和党が牛耳っているから、選挙人投票もブッシュの勝ちとなっただろう。もし論争がもつれて連邦下院議会――憲法上、選挙人団がかかわる論争を解決する義務がある――にまでいったとしても、やはりブッシュが勝ったのではないか。二〇〇〇年の大統領選挙における最高裁の悲劇は、それがブッシュの勝利につながったことではない。判事が判事にあるまじきやり方で権力を行使したことであった。

荒涼たる風景のなかでも、光が一つある。ジョン・ポール・スティーヴンズの頭脳明晰にして力強い、雄弁な意見は、最高裁に輝きをもたらした。考え方にぶれがなく論理的で、憲法と照らしても矛盾がなかったのは判事のなかで彼だけだった。フォートローダーデールの自宅で彼がしたためた始末記は、最高裁の歴史におけるこの痛恨の一幕を刻む墓碑銘としてもっともふさわしい。「この最高裁の多数派による〔裁判所による意見《パー・キュリアム》〕は、全国の判事の仕事にたいするもっともひねくれた評価の信頼性を高めるにすぎない。法の支配において真の中枢にあるのは、司法制度を管理・施行する人間への信頼である。今日の判決を受けて、その信頼に傷がついても、時が経てばいつの日か癒《いや》されるだろう。しかしながら、ただ一つ確かなことがある。この大統領選挙における勝者がいったいだれなのか絶対の確信が持てないまでも、敗者の正体は歴然としてあきらかである。それは偏向のない法の支配の守り手として国民の信頼を失った判事である（最終段階でスティーヴンズのクラークが、今回に限り彼の好む言葉である「歴然として」をよりなじみのある「完璧なまでに」に代えてはどうか、と進言。これが名だたる一節として現在に至る）。

ひとりを除いて、判事たちはさっさとこの事件のことを忘れ、いつもどおりにもどろうとした。三週間後、スカリアとギンズバーグは例年どおり、二家族いっしょに新年を迎えた。ブライヤーはいかにも彼らしく、がっくり肩を落としているリベラル派のクラークたちをわざわざランチに連れ出した。レストランで、ときにはこちらが気恥ずかしいほどの大声をまじえながら、最高裁への信頼を捨てるべきではない、各々の見解がいつの日か支持を得ることもあると信じることだと力説した。オコナーはこの事件について議論するまいとした。ケネディは、この問題全体がそもそも重要ではなかったというふりをした。

ただひとり、デイヴィッド・スーターだけがひどく打ちのめされていた。もともと彼は、最高裁判事のなかでは異色であった。妻子の有無だけではない。法廷外での生活が、彼とほかの判事たちとでは根本的に異なっていた。みなパーティや会議に出かけ、講演をし、最高裁での職務をふくめ、何事も冷笑的にやり過ごすワシントンでの日常になじんでいた。世俗的な暮らしをたくましく、あるいは荒っぽく生き抜き、肩をすくめて次の仕事に移っていけた。だがスーターにはそれができなかった。彼には判事として生きることがすべてであった。司法の独立とは法の支配の基盤であるとの理念を原点とする彼にとって、今回のブッシュ対ゴア事件はその理念を根底からあざけるものでしかない。同僚判事の見え透いた行為、露骨な党派性を目の当たりにし、もはやこれ以上いっしょにやっていけないと思った。

スーターは真剣に辞任を考えた。何カ月ものあいだ、去就への決心がつかなかった。最高裁が彼の嫌う都心部を離れることはありえず、それも苦痛の種であった。わずかな親しい友人に強く説得されて残ることを決断したものの、最高裁にたいする以前のような思いは失せた。ことあるごとにブッシュ対ゴア判決を思い出しては、涙を落とすのだった。

第3部

14 「特定の性行為」

二〇〇一年一月、判事たちがクリスマス休暇を終えてもどったとき、残りの開廷期に予定されている訴訟事件一覧表はようやく前年秋のスーターの予測、「退屈な一年」を裏書きするものとなっていた。

ことさらに安堵の声が聞こえたのは、ブッシュ対ゴア判決の批判で疲れ切っていた判事もいたからだ。誤っている、あるいは反動的、極右的だとさえいわれるのはいつものことだが、今回は判事たちの動機と誠実さへの批判があとに続いた。判決は、ごまかし、政治的解決、反乱であると評された。

判決にたいする反発に接した多数派判事の受け止め方もそれぞれだった。いまやほとんどの同僚より年長で、同時代の政治情勢に距離を置いていたレンクイストは、騒がしい批判を無視した。好戦的なスカリアは、この論争をも受けて立った（特筆に値するのは、ブッシュ対ゴア判決について自らの言葉で弁解しようとしなかったことである。制御不能な選挙への介入は国体への止血帯として不可欠であり、「なにかしら手を打たなければならなかったのさ。なにせ国中がわれわれを笑っていたのだから」「フランス野郎がわれわれを笑っていた」スカリアはそうくりかえした）。トーマスは、ブッシュ対ゴア判決への怒号のなかで弁明をくりかえすばかりだった。

対象的にオコナーは、その判決で果たした役割を思い返すことはなかった。彼女は最高裁における穏健派の中心的存在という立場に価値を見出しており、判決と連携をとったことが党派心による暴挙とみなされていることにいらついていた。スカリア同様、オコナーも判決の功罪について弁明することはまずなかった。いらだちを隠そうともせず、マスコミ主導の再集計の結果をあげ、ブッシュ対ゴア判決は批判されるほど影響はなかったとした。遺憾の意をあらわすことはなく、そんな反省は間違っても彼女の辞書にはないのだが、この裁判を語ろうとすることもなかった。

多数派五人のうち、ブッシュ対ゴア判決でもっとも深い痛手を負ったのがケネディだった。彼は成人して以来ほとんどを判事として過ごし、「判事の職能組合《ギルド》」と称するほど、その職になみなみならぬ愛着を抱いていた。のちにあきらかになるのだが、最高裁にはふたりのアンソニー・ケネディ、二〇〇〇年十二月十二日以前とそれ以降のケネディが存在する。彼の変貌は、まぎれもなくこの画期的裁判における予期せぬ最大の遺産であった。

ブッシュ対ゴア判決後の判事ケネディは、なによりも、外国法と外国の判事たちとの出会いによってその人格を形成された。二〇〇〇年以降、ワシントンの政治闘争から逃れたいとの思いもあり、ケネディは外の世界との交流を深め、そのなかで変貌を遂げていく。彼のきわめて重要な役割を踏まえると、最高裁と国はがらりと変わった。ブッシュ対ゴア事件の矛盾とは、大統領の地位を保守派にあたえたことで、判事らが最高裁を近年でもっともリベラルな方向に推し進めたことであった。

表面的には、ケネディより地方の経歴が長い最高裁判事は近年ほとんどいない。一九八七年、レーガン大統領から最高裁判事に指名された彼は当時五十一歳。依然としてカリフォルニア州サクラメント市の生家住まいだった。

しかし、アンソニー・ケネディを、生来おなじ小さな街にとどまる地方弁護士として思い描くのは誤りであろう。彼には地方社会に暮らす者にありがちな偏狭さはほとんど見られなかった。十代のあいだは、石油採掘業者のおじに雇われ、毎夏、カナダやルイジアナ州の油井の採掘場で働いた。大学卒業前には、ロンドン・スクール・オブ・エコノミクスに数カ月留学し、さまざまな学生と意見を交わし、活発な政治討論をくりひろげた。カリフォルニアの州都にある小さな会社だったが、若手弁護士として一筋縄ではいかない国際業務の実績を積んだ。出張で頻繁にメキシコを訪れていたので、アメリカの弁護士としては数少ない現地での開業資格を得て、アメリカ資本の工場としては草分けのマキラドーラ[*1]設立でクライアントを助けた。

ケネディの父親はサクラメントでは伝説的なロビー活動家で、とりわけカリフォルニアの酒類業界のために支援を取りつけるよう尽力（と接待）したことで知られている。ケネディは会社のクライアントをしっかりつなぎ止めていたが、サクラメント周辺でまったく異なる役割、商売人ではなく教授としての地位をも築き上げていった。ロースクールを卒業してまだ数年という一九六五年、二十九歳の若さで地元のマクジョージ・ロースクールで憲法学の教鞭を執りはじめる。教育者としての、また社会の価値観を伝達する手段としての法への思いこそが、彼の核をなすものであった。

ケネディは、まだ四十歳にも満たない若さでジェラルド・フォード大統領から連邦第九巡回区控訴裁判所判事に指名された。控訴裁判所判事の仕事は、特に若い人にとっては退屈かもしれない。というのも、主要な任務としては、訴訟事件摘要書を読み、口頭弁論を聞き、意見書を書くデスクワークに明け暮れるのだ。しかしケネディは、その枠にとどまっていなかった。バーガー長官から南太平洋の準州裁判所監督に指名され、それを受け入れたときには、グアム、パラオ、サイパン、アメリカ領サモア、オーストラリア、ニュージーランド、日本へ訪問する権利を手に入れた。教壇にも立ち続け、彼の判事としての経歴を一変することになったのも、サクラメント市のロースクールを通じてひろがった関係からであった。そのマクジョージ・ロースクールに要請され、オーストリアのザルツブルク大学で法学生対象の夏季講座を持つことになったケネディは、レーガン大統領から最高裁判事に指名された一九八七年にそこではじめて教鞭を執る。一九九〇年にはふたたびザルツブルクにもどり、それ以降毎年、開廷期最後の意見がいいわたされるや、妻のメアリーとともに荷物をまとめてアルプス山脈のふもとの牧歌的な街へ向かうのだった。

ケネディが最高裁判事となった翌年、ベルリンの壁が崩れる。共産主義の崩壊に続く政治的な展開は、彼の憲法解釈の手法に強い影響をおよぼした。にわかに、世界中の多くの国々が充実した成文憲法を採り入れはじめた。これら意欲的な民主主義国は、当初はソビエト連邦の元共和国や衛星国に限られていたが、やがてアジア、中東、アフリカ諸国にもひろがり、各国が民主政治の法的な専門知識を得ようとしはじめる。事実上、このような諸国すべてが教えを求めてアメリカに、より正確にいえば最高裁に注目したのである。

ケネディは意欲的に要請に応え、チェコスロヴァキア（現チェコ共和国とスロヴァキア共和国）やロシアをふくむ新興の民主主義国にたいして、各国の憲法にかんする助言をあたえはじめた。一九九〇年代初頭になると、アメリカの法的概念を輸出する何十もの事業がはじまった。判事たちの大半はいくつかの事業にたずさわっていたが、ケネディとオコナーは群を抜いて積極的だった。オコナーは一九九〇年、一連の制度構築団体でのちに最大級となるアメリカ法曹協会（ＡＢＡ）の中欧ユーラシア法律イニシアティブ（ＣＥＥＬＩ）の設立にたずさわった。第一回目の会合がザルツブルク市で開かれることになっており、オコナーはもともとそこに行く予定だったケネディに同行しないかと声をかけた。

ケネディは、きわめて重要な国際司法会議が数多く開催される街での夏を毎年大いに満喫した。活動

＊1　保税加工工場。外国企業が輸入部品を輸出部品に組み立てるために安い労働力を利用してメキシコに設立した工場。

はザルツブルク・セミナーとして知られる団体に集約されていた。その団体は一九四七年、欧州にもアメリカの理念を学ぶ場が必要と考えた三人のハーバード大学卒業生が設立したもので、彼らは数千ドルを調達し、ナチスに接収されたのち荒廃していた十八世紀の宮殿、レオポルズクローン城を借り受けた。やがてセミナーは「心のマーシャル・プラン」として知れわたり、学者や判事たちの議論の場として維持された。一九七一年以降、九人の最高裁判事が宮殿でのセッションに参加しており、その多くが複数回足を運んでいる。ケネディはセミナーに四回参加し、公的に関与していない夏のあいだも、諸外国の判事に会って話すために頻繁に宮殿を訪れていた。

レオポルズクローン城は、ザルツブルクの鷹揚な基準に照らすとセキュリティが厳しいが、それは法律家たちによるものではない。宮殿は一九六五年公開の映画『サウンド・オブ・ミュージック』の舞台として使われており、多かれ少なかれ、ファンの往来が絶えないからである。かなめとなるロマンチックな二つの場面（リーズルとロルフが『もうすぐ十七才』を歌う場面と、マリアと大佐が『何かよいこと』を歌う場面）の舞台は、もともとは庭に設置されていたガラス張りの見晴らしのよいあずまやだった。やがて観光客が殺到するようになり、あずまやはザルツブルクの中心に近い場所に移設された（宮殿の外、道路に一番近い壁にかかげられた標識には英語で、「不法侵入者は起訴される――ツアーグループもふくむ」と書かれている）。ケネディにとって宮殿は、ザルツブルクの第二の家であり、ひとりの最高裁判事として、対等の立場の人たちと容易に交じり合える世界でもまれな場所でもあった。

欧州では、ジョージ・W・ブッシュは大統領就任時から、単独行動主義的な外交政策や、国際機関の軽視、特にカウボーイまがいの尊大さが軽蔑されていた。二〇〇一年以降、ケネディは夏中ずっとブッシュの支援者たちと顔を合わせずにいられるようになり、ブッシュ対ゴア判決の話題は身内の悲劇のように避けられていた。諸外国の同僚が自分たちの大統領のことをどう思っているか、さらには彼を大統領に据えた自分の判決をどう考えているか、ケネディにはよくわかっていた。

ブッシュ対ゴア判決後のある日、ケネディは、元南アフリカ共和国憲法裁判所判事で講演のためザルツブルクを訪れていたリチャード・ゴールドストーンと昼食をともにした。彼もまたケネディ同様、他国の判事と会うことに熱心だった。ふたりは宮殿の二階、防音を施しフォン・トラップのダンスホールとして再現された、壁に金張りの燭台のある鏡張りの部屋で会食した。

「ロシアの判事にお知り合いはいらっしゃいますか?」ケネディはゴールドストーンに尋ねた。「ずいぶん順応性のある方ばかりですよね」

「良い人もいたし、悪い人もいましたよ。いまや裁判所は大統領のものですからね」彼はウラジーミル・プーチンを引き合いに出していった。

ケネディは、アメリカ法曹協会グループのメンバーで、中国の判事や弁護士にアドバイスをしており、一年に一度現地に赴くのだといった。「副首相との晩餐会がありましてね。贈り物が必要だとわかっていましたが、予算がありませんでしたので、最高裁のギフトショップに行ったんですよ。そこで最高裁のカレンダーを見つけましてね。気の利いた革のケースに入っていて、日付のところにはアメリカ憲法のなにがしかの記念となるものが書かれていました。そうして晩餐会に出席し、そのカレンダーを贈ったのです。本人はたいそう喜んでくれました。そこでわたしはいったのです、『誕生日はいつですか? ぜひなかをご覧になってください』ってね。副首相は何日だといって通訳者にカレンダーを手渡しました。通訳者は呆然とした顔でわたしを見つめ、あたりを見わたしました。こんな風にシーンとしてしまいましてね。とまどっているのは一目瞭然でした。そこでわたしは『いいから声に出して読んでみてください』といったのです。書いてあったのは、アメリカ人共産党員十一人の懲役刑を支持したデニス対アメリカ合衆国判決でした。またしても場は静まり返ってしまいましてね。わたしの警備担当者はドアのほうへ向かいました。そのとき主賓が大声をあげて笑い出したのです」。ケネディも笑いながらつけくわえた。「わたしは国際レベルの外交官ではありませんね」

ワシントンでもおなじような交流が続けられた。レンクイストは、定例の昼食の席では事実上最高裁関連の話題を禁じており、判事らもひたすらたがいの孫たちへの関心を装うしかなかったので、やがて外部からゲストを迎え入れはじめた。そのなかには、コフィー・アナン、コンドリーザ・ライス、ヘンリー・キッシンジャー、歴史家のデイヴィッド・マカルー、ソプラノ歌手キャスリン・マルフィターノ、アラン・グリーンスパン（二度招かれた唯一のゲスト）といった顔もあったが、もっとも頻繁なゲストは海外の裁判官たちだった。ゴールドストーンもそのひとりで、イスラエルの最高裁長官アハロン・バラクやもっと無名の裁判官たちもいた。冷戦終結直後、このような裁判官の交流は、アメリカの憲法主義を輸出する手段としてはじまったのであろうが、やがて思想は双方向に流れはじめ、最高裁にも強い影響をもたらした。

双方向の対話は、最高裁を、とりわけケネディを左へと押しやった。アメリカ合衆国は、世界でもきわめて保守的な民主主義国で、小さな政府と低率の税制を国民が幅広く支持している。実質的に欧州やそのほかの民主主義国はすべて、もっと公共部門に有利になるような、たとえば国民健康保険や高率の税制を実施している。したがって他国の裁判官たちも、アメリカの同僚たちに比べ、よりリベラルな判断をくだす傾向にあった。特に死刑制度にその違いが顕著に見受けられる。民主主義国の大多数が死刑制度を廃止しており、さらには国際社会からもその制度をなくそうと尽力していた。欧州連合（ＥＵ）へ加盟を希望する国は、死刑制度の廃止を明言しなければならない。欧州の裁判官のほとんどが、死刑執行に反対なばかりか、嫌悪していた。七〇年代風金属フレームからヨーロッパ風のフレームレスへとメガネが変わったのと同様に、ケネディの裁定も目立たない変化を遂げていった。

新世紀に入り、そのような世界主義が最高裁にもさまざまな方向から押し寄せ、新世代のロークラークたちにより、同性愛にたいするあらたな意識がもたらされた。この時期、同性愛者の権利が政治の主流のなかで勝利を収めることはまれだったが、その動きは法学エリートの世界を一新していた。主要なロースクールやロースクール卒業生（および多くの元最高裁のロークラーク）が働く大都市圏の企業では、同性愛者も平等であるという主張は、ほぼ全員一致の支持を受けており、学校や企業は、同性愛者を積極的に受け入れる姿勢を前面にあらわしていた。かなりの数にのぼる同性愛者の法学生たちがそのような環境のなかで成長し、それを当然とみなし、最高裁クラークとして働きはじめた。

そんな同性愛者クラークたちが最高裁を変えたのだが、変えたのは彼らの主張ではなく、存在そのものであった。もちろん彼らは、同僚の非同性愛者《ストレート》となんら変わらず、まさにそこがポイントだった。判事たちは例外なく教養と良識を備えた者たちで、同性愛者クラークに礼儀正しく接した。最高裁スタッフである古参弁護士の長年暮らしたパートナーが亡くなったとき、残された相手に最初にとどいた弔意のメッセージはレンクイストからであった（長官はまた、ためらうことなくスタッフとして同性愛者を採用していた）。トーマスは、同性愛者クラークのパートナーにも分け隔てなく、仰々しいほど愛想よい態度で接した。スティーヴンズのロークラークのパートナーであるスノーボード選手の写真をデスクの上に飾っていたのもごく自然なことだった。オコナーは、子どもが生まれた自分のロークラーク全員に、「偉大な《グランド》クラーク」と書かれたTシャツを贈っていた。二〇〇〇年に入ってすぐ、元クラークの同性愛者の男性がパートナーとともに子どもを養子に迎えることを知り、いつものようにてきぱきと、当時のクラーク室をのぞいて事情を説明して尋ねた。「Tシャツを贈ったほうがいいわよね、どうかしら？いい考えだと思わない？」みんなうなずき、Tシャツは郵送された。

最高裁内のこのような社会的変化は、まったく異なる法の場面でも起きた。最高裁は一九八六年、バウワーズ対ハードウィック判決で、合意の上で同性と性行為をしていたジョージア州の男性にたいする有罪判決を合憲とした。バイロン・ホワイトが書いた五対四の多数意見は、同性愛者の権利の概念そのものを完全に軽蔑したものだった。「そのような行為に関与する権利は、『この国の歴史と伝統に深く根差している』、つまり『秩序ある自由の概念に事実上ふくまれる』という主張は、よくても冗談にしかとれない」。バーガー長官も短い否認の同意意見で次のように書いた。「同性間の性行為がなんらかの形で基本的権利として保護されているとすることは、何千という道徳教育を放棄することになるであろう」。多勢の同性愛者と支持者たちにとって、その判決は傷口としてぱっくり開いたままだった。

一九八六年春のとある土曜日、ルイス・パウエル判事がめずらしく、自分のロークラークであるキャベル・チニス・ジュニアに話しかけた。同性愛者の権利をめぐる最高裁史を著したジョイス・マードックとデブ・プライスに語ったチニスの回想によれば、パウエルは同性愛が普及し、最高裁の友人の推測によれば約十パーセントにのぼるといわれたことについて尋ねている。チニスは納得のいく値だと答えた。「いままで同性愛者に会ったことはないと思うんだがね」とパウエルは応じた。チニスはそれはありえないだろうといった。おなじ日、パウエルはふたたびチニスのもとを訪れて、「どうして同性愛者は女性とセックスをしないのだろう?」と尋ねた。「パウエル判事、それは同性愛者の男性は、女性とのセックスでは勃起しないからです」。この会話は、内容が露骨だというだけでなく、チニス自身が(同様にパウエルの複数の元クラークも)同性愛者だということからもずいぶん奇妙なものだった。チニスはクラークになった当初、パウエルに同居している男性を紹介していたが、実際パウエルが彼の性的指向を理解していたのかはわからずじまいだった。その出来事は、ふとしたときに交わされた重要な話以上の意味を持っていたことがのちにあきらかになる。パウエルは、ひどく悩んだ末にバウワーズ対ハードウィック事件のホワイトの意見を支持する五票目を投じたのだった。

十七年後、最高裁がバウワーズ判決をくつがえすかどうかを再考したときには、同性愛者に会ったことはないといえる判事はいなかった。しかし、同性愛者を知っているからといって、必ずしも全員がまだ歴史も浅い判例をくつがえしたいと考えているわけではなかった。

あらたな訴訟ローレンス対テキサス州事件の事実はごく単純で、バウワーズ事件で提起された問題と酷似していた。武器を持って騒いでいるとの通報を受けたヒューストン市警がアパートメントに突入すると、そこではジョン・ゲディス・ローレンスとタイロン・ガーナーがセックスしていた。ふたりの男性は、「逸脱した性交」——オーラルセックスとアナルセックス——を禁じたテキサス州法に反したとして逮捕される。最高裁での争点は、州は憲法上、成人間でおこなわれる合意の上での性交を禁止できるのか、であった。

口頭弁論からでさえも、この数年のあいだに最高裁がいかにさまがわりしたかが一目瞭然だった。テキサス州法を擁護するためにレンクイストがいえたのは、「われわれが論じているたぐいの行為は、長年にわたり禁じられてきた」だけであったし、レンクイストやオコナーとともにバウワーズ判決を支持したスカリアでさえも守勢気味だった。「それはプライベートでおこなわれる行為なのです。警察は、寝室のドアをノックして歩き、人がしていることを見回ったりしません。つまりですね、これは警察がわざわざ出向いて捜索するたぐいの犯罪ではないということです」。ブライヤーは、ハリス郡地区検察官チャールズ・A・ローゼンタール・ジュニアへの質問で、バウワーズ判決は「結果として害悪を生み出し、理論的に誤っていて、憲法の価値を過小に述べています。これにたいしてどう反論しますか？」と問いただした。

ローゼンタールは話をはぐらかそうとした。

しかしブライヤーは「率直《ストレート》な答えをお聞かせください」とたたみかけた。

最高裁にいた世事に長けた傍聴者たちは、ブライヤーが意図せず、また気づきもしなかった二重の意味にくすくすと笑っていた。

会議でテキサス州法を支持したのは三人の判事（レンクイスト、スカリア、トーマス）だけだった。オコナーはバウワーズ判決の自分の投票を完全に否定することはできなかったが、それをふたたび容認することもできなかった。そこで、（異性愛者ではない）同性愛者の起訴が平等保護条項に反するという理由でローレンスの有罪判決をくつがえすことに賛同するという、いかにも彼女らしい妥協点を見出した。残りの五人（スティーヴンズ、ケネディ、スーター、ギンズバーグ、ブライヤー）は、バウワーズ判決をくつがえすことに賛同し、スティーヴンズは賢明にもケネディに法廷意見の執筆を任せた（最高裁内でケネディは、「クラーク主導」、いうなればロークラークの意見に流されることもままあるといわれていた。ローレンス対テキサス州事件は、それが公正でも正当でもないのを証明した。というのも、その年のケネディのクラークは、四人のうち三人が保守派であった）。

最高裁はよく、もっとも論争の多い訴訟の判決を開廷期の最終日まで残しておく。そのためローレンス対テキサス州事件の判決が二〇〇三年六月二十六日にくだされるだろうことは織り込みずみだった。判事たちは、そこに居合わせた見学者や（往々にして）複雑な気持ちの傍聴者のために、意見の全文ではなく、たいがい要約版を読み上げる。しかしこの日は、国内各地から訪れた同性愛者の権利擁護者たちが傍聴席を埋め尽くし、ローレンス対テキサス州事件の判決を待ち構えていた。観衆は、レンクイストのいつもの落ち着いた声にざわめき立った。「第〇二の一〇二、ローレンス対テキサス州事件の法廷意見を判事ケネディより発表します」

ケネディの声はがらにもなく震えていた。ルイス・パウエルより世俗的で、同性愛者の知人も多いケネディだが、その開廷期におけるほとんどの裁定理由からして、保守的な男でもあった。敬虔で宗規を遵奉するカトリック教徒の彼には、同性愛行為における宗教と道徳的禁制についての指導は不要だった。彼は、純粋に一個の人間として、変わり続ける世界によって変貌を遂げたにすぎなかった。

「われわれは、バウワーズ対ハードウィック判決をくつがえすべきか否かという論点をふくめ、提起された憲法上の訴えを検討するために裁量上訴を受理した」と述べ、その法廷意見の一文を引用した。「提起された問題は、同性愛者が性行為をおこなう基本的権利をアメリカ合衆国憲法が認めているか否かである」。しかし、その質問を投げかけること自体についてケネディは、「提案された権利を卑しめるものであり、婚姻関係とは単に性行為をおこなう権利のみを指すかのように、夫婦の関係性を卑しめるものでしかない。バウワーズ事件と本件の争点となっている法は、たしかに、特定の性行為を禁じた制定法である。しかし、それらの刑罰や目的は、性行為というもっとも私的な人間の行為と、住居というもっとも私的な場所にかかわり、より広範囲な影響をもたらすものである。州法は、個人の選択の自由の範囲内にあり、また犯罪者として処罰されることのない個人的な関係を規制しようとしている」と述べた。さらに、国を形作ってきたのは「宗教的信念、正しく真っ当な行動にたいする観念、伝統的家庭を尊重する心である。それらはささいな関心事ではなく、倫理と道徳の基本として受け入れられてきた深遠な信条であり、人々に強く求められ、それゆえ人々の人生の方向を決定づけるものである」。これはまぎれもなく自分自身を物語ったもので、ケネディの人生はこのような信念をもとに築かれてきたのである。だがいっぽうで彼は、これらの原則で憲法が万人に命じることを定めることはできないとも述べた。

次のもっとも重要な部分には、ケネディの法哲学におけるザルツブルクの影響が浮き彫りになっている。バウワーズ判決は、西洋文明において同性間の性行為が長年禁じられてきたことを「広範囲にわたって引き合いに出した」。しかしながら、そこには「欧州人権裁判所のダジョン対連合王国事件の判決といった、逆の立場の裁定が考慮されていない。バウワーズ判決や本件に類似する事実を有するその判決では、この種の行為を規定する法律が欧州人権条約にもとづき無効であると裁定されている」。ザルツブルクでの影響を受ける前のケネディであれば、もちろんブッシュ対ゴア事件以前の彼も、そのような引用は決してしなかったであろう。

法廷の緊張が高まるなか、ケネディはようやくこの事件の判決を述べた。「本件では、バウワーズ判決自体が依然として合憲であるか否かの明示が求められる。われわれは、バウワーズ判決の論理的根拠は、注意深い分析に耐えうるものではなく、その判決当時においても、今日においても正しくない、と結論づける。それは拘束性のある先例として残しておくべきものではない。バウワーズ対ハードウィック判決は破棄されるべきであり、これをもってくつがえすものとする」

ケネディの意見の重大性は疑うべくもなかった。それは最高裁がいままではまれとなった同性間の性行為の訴追を禁じたからではない。そうではなく、同性愛者たちは、単に同性愛者であるという理由で犯罪者のレッテルを貼られることはない、と宣言したことにある。彼らは市民であり、ほかの人たちとなんら変わることはないのだ。「上訴人は、自分自身の個人的な生活を尊重される権利を有する」とケネディは簡潔に述べた。「州は、その者たちの私的な性行為を犯罪とみなし、その存在を卑しめることも、その運命を支配することもできない」。その主張に命をかけてきた人々は、なにが起こったのかを正確に理解できた。だからこそ、最高裁史上かつてないほどに、傍聴席は歓喜の涙にむせぶ男女で埋め尽くされたのであった。

15 「法を専門とする文化の賜物」

ローレンス対テキサス州事件の判決にだれしもが歓喜したわけではない。その裁判は、のちに文化的価値観をめぐる紛争の重大な節目であったことがはっきりした。ケネディ判事の意見は、主要紙誌の社説面やロースクール、国内の大都市や各国の首都では熱烈に歓迎された。しかしスカリア判事が間髪を容れず指摘したように、その声は最高裁のみを支持するものではない。エリートの意見と大衆の意向をめぐる攻防に覇者はいなかった。

ローレンス判決は、ケネディとスカリアの断絶を決定的なものにした。誕生日は数カ月違い、おなじ大統領に約一年差で指名され、ロースクールも同期、かつてのジョギング仲間のふたりは、しばらく前から対極の方向へ進んでいた。しかし、ブッシュ対ゴア判決後のケネディは、スカリアにとって未知の他人となった。事実ケネディは、ローレンス事件の法廷意見において、スカリアの受け入れられない近代の憲法をことごとく並べ連ねた。ロー対ウェード事件同様、ローレンス対テキサス州事件の判決も「プライバシーの権利」を基盤にしていたが、スカリアは憲法にそれがふくまれているとは考えていなかった。ケネディはケイシー事件の判決（オコナーとスーターとともに極秘で書き上げた一九九二年の画期的判決）を長々と引用しており、なかでも注目すべきはしばしば引き合いに出される次の一節だった。「人の一生でもっとも私的で個人的な選択、個人の尊厳と自立の中核をなす選択にかかわる問題は、アメリカ合衆国憲法第十四修正によって保護される自由の中核をなすものである。その自由の核心にあるのは、存在、意味、宇宙、人間の生命の神秘にかんする各個人の概念を定義する権利である」。ローレンス判決の反対意見でスカリアは、それをケイシー判決の「甘美なる人生の神秘についての、名高き一節」といって皮肉った。

スカリアは単にケネディの判決文を侮辱しただけではない。ローレンス判決は、原意主義者であるスカリアが嫌悪してやまないもの、憲法起草者によって定められた不変の法則とは無縁の、時代のすう勢におもねって進む最高裁を象徴するものであった。だがスカリアは、さらに鋭い考察をくわえていた。一九八六年以降、世の中は大きく変化しているとケネディは主張した。しかし、大多数のアメリカ人、おそらくはほぼ全員が、同性愛にたいして自分とおなじ嫌悪感を共有しているはずである。ローレンス事件の判決は、それにたいする総意から生まれたとはいいがたく、むしろ「ある種の」意見の産物でしかないとして反対意見で次のように断じた。「本日の意見はある最高裁によって生み出されたものであり、それは法を専門とする文化の賜物である。いわゆる同性愛者の金科玉条、つまり同性愛行為に昔からつきまとう道徳的非難を排除したいという、その活動家たちの推進する策謀を追認したにすぎない」。さらに「最高裁は文化的価値観をめぐる紛争の片棒を担いだのである」とつけ足した。

スカリアは、少なくともいくつかの問題にかんして世論——ほんとうの世論——は自分の側にあると感じていた。おそらくほとんどの問題についていえるだろうが、特にローレンス判決の背後にある問題について狂いはないと見ていた——同性間の結婚である。ケネディも自分の意見が拡大解釈されすぎないよう警戒し、多数意見のなかで、判決は「同性愛者たちが踏み込みたいと願ういかなる関係についても、政府が正式に認めるべきか否かということに関与するものではない」と釘を刺している。

だがスカリアは、もっと単刀直入に言い返した。「それを信じてはならない……。この判決が同性婚の問題に『関与するものではない』とするのは、当最高裁の判決は原則と論理と無関係であると受け取る者にとってのみ可能となろう。最高裁が寛大にも確約する、そのとおりのことを多くの者が望むであろう」。スカリアの予言を証明するかのように、そのわずか五カ月後、マサチューセッツ州最高裁判所はローレンス判例に大きく依拠して、同性婚も許可されるべきであるとの訴えを容認した。

その時点でケネディは、それとおなじくらい論争の絶えない問題についても、前面に押し出すことを決意していた——死刑制度である。

夏ごとのザルツブルク訪問により影響を受けてきたケネディではあったが、最高裁でもっとも熱心な国際主義者はじつはブライヤーであった。

俳優たちがかつて完璧な英米折衷の発音を求めたように、ブライヤーは完璧な英米折衷の人生を見出した。スタンフォード大学を卒業後、マーシャル奨学金を得てオックスフォード大学で学び、帰国してハーバード・ロースクールに進学。その後アーサー・J・ゴールドバーグ判事のロークラークになるためワシントンに移り、そこで、ロンドン『サンデー・タイムズ』のワシントン事務所でアシスタントをしていた若きイギリス人女性ジョアンナ・ヘアと出会う。彼女は英国の裕福な貴族の家柄で、父親のジョン・ヘア（初代ブレイクナム子爵）は、英国貴族の政治家として一九五〇年代から六〇年代にかけトーリー党の党首をつとめていた。ふたりはイングランドで結婚し、ジョアンナ・ブライヤーはのちに臨床心理学者となり、ボストンのダナ・ファーバー癌研究所で若い患者とその家族の治療にあたる（ブライヤーはフランス語にも堪能であったが、ブッシュ政権とフランスとの関係も考慮し、その事実を吹聴することはなかった）。

ブライヤーは、ハーバード・ロースクールでも、一九八〇年から一九九四年までつとめた連邦第一巡回区控訴裁判所でも、最高裁でも、他国の判事たちとの交流に熱心だった。アメリカの憲法を解釈する手段として外国法を引き合いに出した近代では草分けの判事でもある。とはいえ彼もはじめは控えめだった。最高裁は一九九九年、死刑囚監房に二十年以上収監されているのは残酷かつ異常な刑罰にあたり、アメリカ合衆国憲法第八修正に違反すると訴えた死刑囚の上告を受理しなかった。裁量上訴を認めなかったことにたいし、ブライヤーは短い反対意見を出した。それは、特に重要性のない、たとえば最高裁の多数意見と比べるとささいなものにすぎないが、そうした意見を出すのは、あたらしい理念を試すときの判事の常套手段であった。ブライヤーはナイト対フロリダ州事件の上告拒否に異議を唱え、ジャマイカ、インド、ジンバブエ、欧州人権裁判所からの法的見解を引用してみせた。「アメリカ合衆国……以外の裁判所では、法にもとづく死刑執行の大幅な遅延は、非人道的で、下劣で、残酷な究極の処刑であると判示する国が増えている」。ブライヤーは、これらの見解はアメリカの裁判所にたいする拘束力はないが注目に値する、と慎重に言及した。それでも、この控えめな外国法の引用にクラレンス・トーマスがすぐに飛びつき、最高裁は決して「アメリカ国民に、他国の潮流、流行、スタイルを押しつけてはならない」と短い意見のなかで反論した。そんな短いやりとりをもって攻防が続いていった。

その概念を次の段階まで引き上げたのがケネディである。その問題は、諸外国の同僚たちにとってきわめて重要なものであった。二〇〇四年十月十三日、州が未成年者（殺人を犯した時点で十八歳未満の者）を処刑できるかについて口頭弁論が最高裁で開かれた。

ローレンス事件同様、数年前に審議したばかりの問題だったため、これもひじょうに物議を醸していた。最高裁は一九八九年、スカリアの書いたスタンフォード対ケンタッキー州事件の判決で、州は十六歳と十七歳の犯罪者を死刑に処することができるとしていた。しかし二〇〇三年、ミズーリ州最高裁判所はローパー対シモンズ事件の判決をくだし、スタンフォード判決以降の法の変化により、憲法は少年犯罪者の死刑を禁じていると解釈することができると裁定した。

死刑制度をめぐっては、情緒的側面にも変化があらわれていた。レンクイストは最高裁判事になってからの数年間、国内における迅速な処刑を推進しており、その意見書のなかで、リベラルの敵対者――おもにブレナンとマーシャル――が築き上げた手続き上の障壁にたいする不満を露骨に口にしていた。この点において、ビル・クリントンはレンクイスト長官と思想をともにしており、オクラホマシティ連邦政府ビル爆破事件の余波を受け、「一九九六年・反テロリズムおよび効果的な死刑にかんする法律」に署名した。異様な題名を擁するこの制定法は死刑囚の上訴を制限するためのものだったが、時代の潮流もありさして問題視されなかった。クリントン政権時代は、犯罪が劇的に減少し、いっぽうで多数の収監者の冤罪が証明され――往々にして死刑囚監房から――釈放されていた（その多くがあたらしいDNA鑑定技術により容疑が晴れている）。ブッシュが大統領に就任するまでには、死刑にたいする世論の支持も、陪審員による死刑の評決も、死刑執行数もすべて減少傾向にあった。死刑は一九九九年の九十八件をピークとして、事実上、下降の一途をたどっていた。

ブッシュ政権時の最高裁は、ブレナン、マーシャル、（最終的に）ブラックマンのような死刑制度撤廃を全面的に打ち出す判事がいなくとも、死刑にあらたな制限を設けはじめた。二〇〇二年には、陪審員の同意なしに裁判官単独で死刑を科することはできないと裁定され、さらに同年、精神遅滞者の死刑は、残酷かつ異常な刑罰を禁じた合衆国憲法第八修正に反するという判決もくだされた。すべて死刑制度の熱心な支持者であるレンクイスト、スカリア、トーマス（ときにケネディやオコナー）の痛烈な反対意見をあびたが、最高裁全体としての方針転換は疑いようがなかった。

だが、このような移り変わりに照らしても、ローパー対シモンズ事件の口頭弁論におけるケネディの議論の進め方は驚きだった。

「まず『異常』という言葉に焦点を当て、とりあえず『残酷』という言葉は忘れることにしましょう」

ケネディはミズーリ州法を擁護するジェファーソンシティの地元検察官ジェームズ・R・レイトンにいった。「われわれは、世界の総意は死刑に反対で、とりわけ欧州連合の指導者たちがそうだというひじょうに具体的な証拠を目にしています。それは『異常』であることと関係ないのでしょうか？ アメリカ合衆国が未成年者の死刑を執行しているひじょうにまれな国であることが証明されたとしましょう。それは真実です。その事実は、それが『異常』かどうかということと関係ないのでしょうか？」

レイトンは関係ないと答えた。「合衆国憲法第八修正にかかわる判断は、諸外国での事象を基盤にすべきではありません。アメリカ社会の道徳的慣習を基盤とすべきものです」

スカリアが一般受けする常套手段で割り込んだ。「欧州連合は一般投票で死刑制度を廃止したのでしょうか？」レイトンはこの未知の領域への逸脱にたいして当惑もあらわに知らない、と答えた。しかしスカリアは答えを知っており、「世論調査によれば、多くの国が死刑制度を支持している」にもかかわらず、欧州のエリートたちがその制度を廃止したのだと指摘した。

スカリアの意図を見透かしたケネディがいった。「その点はわたしの質問でも認めています。多くのそのような国の指導者たちがそれに異議を唱えていると認識しています。ですがここでは、道徳上の理由から、未成年者には死刑を執行しないとする、ほとんどの諸外国が受け入れている実態を前提にしましょう。それは、アメリカの行為が『異常』かそうではないかに関係はないのでしょうか？」

なんの関係もない、とレイトンはくりかえした。

ブライヤーがケネディの援護に入り、ジェームズ・マディソンや同僚たちが憲法の起草にあたり海外の情報源を利用したことをあげ、憲法起草者たちが「世界各地での事象は『異常』という言葉にまったく無縁であると考えていた」とする理由はどこにもない、と述べた。さらに、エイブラハム・リンカーンが偉大なるイングランドの法学者ウィリアム・ブラックストーンを研究したことにふれた。「リンカーンは、建国の父たちがブラックストーンを研究したと考えたのであり、イングランドにおける事象はすべて関係するとみなしたと思われます。海外で起きたことが、この案件では無関係であるとする特別な理由はあるのでしょうか?」(いつもの口頭弁論のように、判事たちがつぎつぎに発言し続けるあいだ、弁護人たちはもっぱら傍観者となっていた)。

ケネディが質問の内容を反転してみせた。「われわれは、アメリカ国内の行為をもって、他国の人々の考え方に影響をあたえるべきだという姿勢をこれまでに示したことはないのでしょうか?」彼は、憲法の民主主義と法の支配の伝道師として、「人々の考え方」に影響をおよぼすことにこの十年の大半を費やしてきた。しかし、多くの伝道師がそうであったように、考え方を転向させようとした人々に劣らず、本人もまた自身の伝道活動により考え方が変わっていたのである。

「ジェファーソンは、ここアメリカで起きていることは他国にはなんの関係もないと考えた、と弁護人はお考えでしょうか?」ケネディは続けた。

レイトンはトーマス・ジェファーソンの代弁はできない、と返した。

ギンズバーグがアメリカ独立宣言にその答えが提示されているとの意見を述べた。「ですが、世界を牽引するために、『人類の意見にしかるべき敬意』をはらわなければならない、といっていたのではありませんか?」

国際間の思想の交流という話をいっさい受け入れられないスカリアは、皮肉をあびせてさえぎった。「ジョン・アダムズはフランス人のことをどう思っていたのでしょうね?」傍聴席は笑いにつつまれた。

それでもケネディは、自分の立場を鮮明に示した。会議での投票は五対四で、未成年者の死刑を違憲とみなし、合憲としたスカリアの十五年来の意見をくつがえす。多数派の上席判事スティーヴンズは賢明にも、スーター、ギンズバーグ、ブライヤーではなく、この問題に強い熱意を示したケネディに意見を割り当てた。その意見は最高裁史上例のないものであった。ケネディは冒頭で、依然として二十州が未成年者にたいする死刑を執行しているにもかかわらず、「未成年者への死刑執行に反対する国民的合意」があると指摘した。だがケネディの意見の核心であり、まったくもって異例であったのは、その結論を導き出すために海外の事例に依拠した点である。

「死刑が十八歳未満の犯罪者にたいする不相応な刑罰であるとするわれわれの結論は、アメリカ合衆国が未成年者の死刑を公式に認可し続けている世界で唯一の国であるという厳然たる事実によって肯定される。しかしながら、この事実は支配的なものではなく、アメリカ合衆国憲法第八修正を解釈するという任務こそがわれわれの責務である」。外国の実例は「支配的なもの」ではないかもしれないが、ケネディやほかの多数派判事にとってひじょうに重要なものであったのは間違いない。アメリカは、一九九〇年以降、少年犯罪者の死刑を実施してきた国々（イラン、パキスタン、サウジアラビア、イエメン、ナイジェリア、コンゴ共和国、中国）にくわわった唯一の陰うつな同志である。だがそれらの諸国でさえも、それ以後死刑を認めていない、とケネディは指摘した。

「つまり、現在アメリカ合衆国は世界で唯一、未成年者にたいする死刑から目をそむけている国であるといえよう。国際社会の総意は、われわれの結論を支配するものではないが、われわれがくだした裁定の重要かつ立派な裏づけとなりうる」とつけくわえた。そして、仰々しく、わかりやすいとはいえない言葉でローパー対シモンズ事件の判決意見を締めくくった。「憲法を尊重する少なからぬ理由は、結局は、それがわれわれ自身のものだとわかっているからである。他国や人々があきらかに肯定している特定の基本的権利が、われわれ自身の自由の伝統における同等の権利の重要性を単に強調するものであると認めることは、合衆国憲法にたいする忠誠や本来のわれわれの誇りを傷つけるものではない」

ここでふたたびスカリアに、ケネディが受け入れる諸外国の法源が真に意味することをただす役目が回ってきた。「われわれ国民の見解は、本日の最高裁の判決とは本質的に無関係である。そこでは、他国やいわゆる国際社会の見解が中心に位置している」と彼らしい辛らつさで指摘した。だがケネディは、どんなときにアメリカが他国に同調すべきで、どんなときにそうすべきでないかを判断するための基準はなにも示していない。スカリアは、アメリカの法が他国とは異なる分野――陪審員への信頼、違法収集証拠排除規則、宗教と国家の分離――を並べたて、いつものようにもっとも忌み嫌う問題をくりかえした。「最高裁によって体系化された中絶の法理についても忘れてはならない。このおかげでわれわれは、母体外での生存可能性が保証される時点まで、要求に応じて中絶が認められるという、たった六カ国のうちの一カ国となっているのである」

そしてやや強引に、最高裁が外国法にふれるのは、「世界がこうあるべきだという判事たち自身の概念にそって」法を形作る口実だと締めくくった。「自分自身の判断を是認させるために国外の法律に頼り、別な状況ではそれを無視するのは、妥当な意思決定ではなく、詭弁にすぎない」

外国法の影響をめぐるこの辛らつな議論から、ケネディが当時の共和党の価値観からいかに乖離していたかが読み取れる。オコナー同様、ケネディも共和党が低い税率と小さな政府のために闘っていた時代の判事だったが、自分の政党が明確な立場を打ち出している社会問題にどんどん目を向けていった。ケネディもすぐに学んだように、国際法――および国連のような国際機関――を断固受け入れないということもまた共和党の核をなす信条となっていた。ケネディは素朴ともいえる熱心さで、外国法を認めることが、世界に自由をひろめるとするブッシュの福音主義に結果として結びつくものと信じていた。「各国にアメリカの自由の概念を採り入れるよう求めるのであれば、そこにはなんらかの関係が必ず生じると思われます。諸外国や国民は、少なくともわれわれにとってためになるやり方で自由を定義し解釈できるのだと思います」と述べている。

ケネディの言動すべてが、実際のところ彼がどれほど当時の共和党の実態を把握していなかったかを物語る。ローパー判決後、下院の共和党議員五十四人が最高裁の外国の法源の援用を批判する決議案の発起人に名を連ね、アイオワ州選出の下院議員スティーヴ・キングは、提出が義務づけられている明細書をもとに判事たちの海外出張の調査に乗り出した。「一九九八年から二〇〇三年にかけて、判事たちは合計九十三回、海外へ出かけています。その意味するところは、少なくともその内の数名は、おもにケネディ判事とブライヤー判事ですが、我が国の憲法に束縛されるよりも世界を『啓蒙すること』に魅了されているということです」とキングは述べた。

毎年、最高裁の年間予算請求のため、判事がひとりかふたり、連邦議会で証言することになっていて、ケネディはそれをよく引き受けていた。ローパー判決後に証言するさい、彼は話のなかでふと法律的な調査にインターネットを利用すると述べた。これに下院多数党院内総務トム・ディレイが飛びついて、フォックス・ニュース・ラジオでのインタビューで次のように語った。「アメリカには、合衆国憲法ではなく、国際法に依拠して判決文を書くケネディ判事がいますからね。それだけでも許しがたいというのに、こともあろうに議会で、法的調査にインターネットを使うとさえ述べています。もう唖然としてしまいますよ」(どうやらディレイは知らなかったようだが、実質的にはいまや国内および海外法にかんする法律上の調査はすべてインターネットが活用されている)。

数週間後、まもなく閉廷というとき、ケネディはディレイに皮肉で返した。レンクイスト長官のロークラークらの親睦会用に短いビデオを作った彼は、パソコンを前に画面に収まり、ちょっとした調べものをしているのだといった。そして数カ国語で「さよなら」と締めくくったのであった。

ケネディはビデオ画面で陽気なウィンクをして見せ、ディレイの批判を軽くあしらった。しかしブッシュ政権は、最高裁内部までとはいわないまでも、それを取り囲む空気を息苦しいものにしていたのは確かだった。ケイシー判決での中絶問題にたいする背信以来、保守派から見てケネディは憎むべき存在となっていたが、外国法を引用したこともまた、右派の根強い排外主義を刺激した。反発はすさまじかった。一時期、共和党の標的はスーターだったが、衆目を集めた意見のせいで、ケネディは保守派の裏切り者の烙印を押された。

ローパー判決直後に開かれたワシントンでの保守派の会議で、古参のアンチフェミニスト指導者フィリス・シュラフリーは、ケネディの判決を「弾劾の正当な根拠」だと主張した。ホームスクール法的擁護協会の会長マイケル・P・ファリスは、ケネディが外国法を引き合いに出したことにたいし、「弾劾の対象とすべき人物である。下院ならびに上院議員がケネディ判事を弾劾訴追し、辞職に追いやる勇気がないのであれば、議員たちもまた弾劾されるべきだ」と断言した。文化的価値観を争う裁判の最高裁におけるケネディの役割を考えると、フォーカス・オン・ザ・ファミリーの創設者兼指導者のジェームズ・ドブソンがケネディを称して「アメリカでもっとも危険な男」だといったのも、あながち誇張とは言い切れなかった。

しかし、右派だけが党派心むきだしの辛らつな皮肉をいう独占権を持ち、判事たちを標的にしていたわけではない。左派にもおなじような格好の標的がいた。もちろんトーマスは、アニタ・ヒル問題や最高裁での裁定のせいでいまだに露骨な侮蔑を受けていたが、彼は自分に好意的な人々以外には近寄らなかったため、敵の視界にはほとんど入らなかった。リベラル派が罵詈雑言せずにはいられない保守派の人物、それは鉄面皮で歯に衣着せず、飽くことを知らない対立者、スカリア、その人である。

スカリア本人にとってきわめて意義深いものとなった批判合戦は、奇妙なところに端を発する。一九九〇年、バイロン・ホワイトは、判事として連邦第五巡回区控訴裁判所を監督するのにうんざりしていた。ニューオーリンズ市を拠点とする第五巡回区控訴裁判所の管轄には南部の一部もふくまれ、そこは国内でも死刑執行数が多い。必然的に最高裁への緊急申し立ても多くなる。巡回区裁判所の判事は同僚判事に回す書類を管理しなければならず、ホワイトはその監督の任から逃れたがっていた。さらに巡回区判事の職務には、会議のために定期的に管轄区域に出向くという任務もあり、それには往々にしてパーティやレセプションといった社交上の催しがふくまれた。スカリアがホワイトから第五巡回区控訴裁判所の職務を引き継ぐと、弁護士や判事たち数人が地元のスポーツである狩猟を楽しんでもらおうと招待した。

意外にもスカリアは狩猟家であった。一九三六年、ニュージャージー州トレントン市生まれ、ニューヨーク市クイーンズ、エルムハースト育ちの完全な都市型家族の一人っ子。父親はロマンス語の翻訳者で、ブルックリン・カレッジで教鞭も執っており、森に出かけるようなタイプではなかった。「父はわたしよりもずっと学者肌の聡明な人でした」「いつも本を読んでいました」とマーガレット・タルボットの著書で述べている。スカリアは由緒あるカトリック校で教育を受け、ラテン語を四年、ギリシャ語を三年間学び、その後ジョージタウン大学に進み、討論クラブで活躍。クラスでトップの成績で卒業した。卒業生総代での演説は、彼の文章スタイルがどんなもので、関心がどこにあるかをうかがわせる。「毎日狩猟ばかりしていました。しかし、わたしたちの真の獲物は、森の鹿や山の熊、大草原のバッファローよりも捕らえがたく、貴重なものです。なぜなら、わたしたちは真実の求道者だからです」。その後彼はハーバード・ロースクールに進み、法律を学び、オハイオ州クリーヴランド市の法律事務所にしばしつとめたのち、著名なロースクール数校で教鞭を執る。一九七〇年代と八〇年代は、学問の世界と、ニクソンおよびフォード政権下の司法省で徐々に重要度を増す仕事とを行き来している。その間、妻のモーリーンとのあいだに九人の子どもをもうけ、ひとりは司祭となった。

とはいえ、スカリアを単なる本の虫とみなすのは間違いだろう。高校時代はライフルチームに所属し、二十二口径のカービン銃を携帯してニューヨーク地下鉄で通学し、ピアノを弾き、文化祭では歌を披露し、知的信念をめぐっては、つかみかからんばかりの激しさで抗弁した。彼の父親にとっては、たとえ目下の学問的な風潮がどうあろうと、宗教や政治にたいし不変の信念を持ち続けることは、強さの証明であって弱さではなかった。スカリアは喜んでカトリック教義の真理を受け入れ、現代社会の道徳的相対主義をしりぞけた。「神の息子がひとりの処女のもとに生まれたとするからでしょうか？　まさにそれなのです。死からよみがえり、自ら天に昇られたと信じる。なんとばかげた話でしょうか」。スカリアはカトリック教徒の友愛組織、コロンブス騎士会の集会で述べた。「世の中の賢い者たちがキリスト教徒をばかにするのを神は最初から覚悟しており、神はそのことで落胆などなさらないのです」

スカリアは評論家のキリスト懐疑論を好んで取り上げ、仲間の信徒たちにいった。「イエスのためにばかになるのです。お上品ぶった社会からこばかにされようが一向に構わないという気概を持ちましょう」。スカリアの考え方は、いうまでもなくケネディとは正反対だった。その同僚とは対照的に、スカリアは世界のエリートから失笑をかっていた。

こうした心境で、スカリアはずっと狩猟に心を寄せていた。連邦第五巡回区控訴裁判所に出向くようになったおかげで、ふたたびその情熱に火がともる。やがて自分の執務室をみごとに剝製博物館に変え、壁のあちこちに獲物を陳列するようになった。執務机のうしろにはスミソニアン協会から拝借したギルバート・スチュアート作のジョージ・ワシントンの肖像画をかかげていた。しかし、巨大なヘラジカの頭が、まるでアメリカ合衆国初代大統領とお近づきになりたいとばかりに部屋を横切って鼻面を寄せていたため、すっかり影を潜めていた。来客時に使う応接セットの小さなテーブルには、ずっと小ぶりだがもっと興味をそそる、スカリアがカモ狩りでは国内トップクラスの腕前であることを思い起こさせる、木彫りのカモが飾ってあった。

ディック・チェイニーは行政府版のアントニン・スカリアといったところで、政敵のあいだでは嫌悪と疑惑の対象であった。このふたりもろとも最高裁にあがってきた事件は、当時のワシントンの裏事情を白日の下にさらした。

ジョージ・W・ブッシュが大統領に就任して数日後、副大統領のチェイニーは、自身を議長とするエネルギー政策の特別部会を立ち上げた。およそ五カ月後、特別部会は報告書を作成し、役目を終える。その後二つの公益団体（保守系行政監視団体の「ジュディシャル・ウォッチ」とリベラルな環境保護団体「シエラ・クラブ」が、特別部会で作成した全書類と議事内容の公開を求めてチェイニーを訴えた。だがチェイニーは、行政府はそのような議事録を部外秘にする権利を有するとしてそれを拒否した。

利害関係の少ない論争に想像をめぐらせるのは容易なことではない。首府から出される数多の特別部会報告書とおなじように、これもすぐに忘れられ、提言もおおむね一蹴された。チェイニーの部会が多数のエネルギー会社と協議したというのは周知の事実で、すべては予定の範囲内であり、なんらやましいものではなかった。原告ですら、特別部会の記録からなんらかの違法や不正行為が見つかるとは思っていなかった。訴訟は単なるワシントンの権力闘争でしかなく、このようなささいな訴訟をともなうことが多い。これはのちに、チェイニー対アメリカ合衆国地方裁判所として知れわたった。裁判は二年間、法体系のなかを当然のごとくひっそり、紆余曲折しながら進んでいった。

この時期、スカリアは南部の森に獲物を求め狩りを続けていた。毎年十二月には、メキシコ湾の石油採掘関連会社を経営するウォレス・カーラインとともにルイジアナ州郊外までカモ狩りに出かけた。二〇〇二年、スカリアはフォード政権下での元同僚で、当時副大統領であったチェイニーにカーラインがいたく敬服していることを知る。彼の要望もあり、スカリアはチェイニーも狩猟に誘った。だが一行の予定はなかなか合わず、スケジュールの調整がついたのは二〇〇四年一月だった。偶然にも狩猟旅行の三週間前、最高裁はエネルギー政策特別部会の議事録をふくむチェイニーの裁判にたいする裁量上訴を受理していた。

二〇〇四年一月五日からはじまった狩猟は、まったくの大失敗に終わった。スカリアは息子と娘婿とともに往復航空券を購入していたが、チェイニーから副大統領専用機エア・フォース・ツーでパターソン市の小空港に行くので同乗してはどうかとの誘いを受けた。チェイニーとその取りまきのものものしさには、現地住民も目を見張った。すでに十一月と十二月に政府による二度の予備調査旅行がおこなわれており、当日は、戦闘機ブラックホーク二機が滑走路上空を舞うなか、副大統領専用機が到着し、副大統領の職員や警備団を乗せた二機目がそれに続いた。チェイニー、スカリアほか約十三人は続々とスポーツ用多目的装甲車に乗り込んだが、その写真撮影は禁じられていた。

カーラインの複合施設は狩猟キャンプと称してはいるが、実際は巨大な艦艇（長さ四十五メートル幅十五メートル）のようなもので、湿地帯の狩猟に適した場所に停留することができた。その最上階は住居のようになっており、数室の寝室を備えていた。通常一部屋を二、三人で使用するのだが、チェイニーには専用の部屋が割り当てられた。食事はビュッフェスタイルで、狩猟は適宜二、三人組に分かれておこなわれた（チェイニーとスカリアが組むことはなかった）。

チェイニーの専用機が到着したときには雨模様で、二日間の副大統領滞在中ずっと降り続いた（スカリアたちは四日間滞在した）。予想に反し、天候はカモにとっても湿り気がありすぎたようで、目当ての雄マガモもコガモもほとんど見つからず、獲物はさらに少なかった。カーラインいわく、三十五年来最悪のカモ猟であった。

その月の後日、『ロサンゼルス・タイムズ』とルイジアナ州モーガンシティの地元紙『デイリー・レビュー』が狩猟旅行を暴露し、シエラ・クラブがスカリアに、四月に口頭弁論が予定されているエネルギー特別部会の訴訟で自らを不適格とするよう求めた。意外なことに、最高裁判事が裁判からしりぞかなければならない条件を定める公式な規則はない。そのような規則が厳然と存在する下位の連邦裁判所判事とは異なり、提訴された事件で最高裁判事を入れ替えることはできず、同票の判決の場合は、下位裁判所の判決を支持するとみなされる。このような不都合が生じるがゆえに、判事たちは辞退したがらなかった。内容にかかわらず、一般的に自らの「公平さが合理的に問題視される場合」には身をしりぞくべきだとされていた。

スカリアを外そうとする動きは、具体的な問題にたいする意見の相違を個人的な倫理問題にすりかえるという、当時のワシントンにおける常套手段だった。一九九〇年代、共和党はクリントン大統領に愚にもつかない論争をつぎつぎと突きつけた。その後、上院でも下院でも主導権をにぎれずにいた民主党は、限られた選択肢のなかで腹いせをくりかえし、このスカリアにたいする攻撃――狭量な嫌がらせのたぐい――もその一つであった。スカリアとチェイニーが事件について話したという証拠も、行政府の権限にたいする確固たる意見を有するスカリアが、チェイニーと狩猟をともにしたことで影響を受けたという証拠もいっさいない。辞退すべきとするスカリアへの訴えは、総じて根拠が希薄だった。いっぽうチェイニーは、個人としてではなく、公的な立場で訴えられていた（つまり、副大統領職を辞任しても裁判が続くということである）。最高裁では始終、有力な政府役人にたいする事件の審理がおこなわれている。肝心なのは、過去の基準に照らしても、スカリアとチェイニーとの関係はとりたててめずらしいものではないことで、実際、もっと親密な交流のある政府役人と最高裁判事もいたのである。

ブライヤーは率先して、スカリアに論争を回避して辞退し、なかったことにすることを強く勧めた（論争嫌いで有名なブライヤーらしい助言だった）。だがスカリアはそれを拒否した。それどころか、腹立たしい思いで過ごした数週間ののち、異例の、意図せずして愉快なものとなった覚書を書き、特別部会事件の口頭弁論直前に配布した。二十一ページにおよぶその恨み言には、常識についての見解（「多くの判事が最高裁にたどり着いたのは、在職大統領の友人だったからにほかならない」）や、過去の詳細な引用（ルーズヴェルトやトルーマン大統領とポーカーゲームに興じた判事たち）や、「いわゆる調査報道にたずさわる記者」の誤報にたいする余計な攻撃（『サンアントニオ・エクスプレス・ニュース』はカモ狩りが九日間続いたと報じている）がめんめんとつづられていた。

その覚書には、狩猟旅行の詳細な説明やスカリア自身の個人的費用明細までもがふくまれていた（往復航空券は、未使用の片道をふくめても片道航空券より安価で、チェイニー機を利用したからといってスカリア一族の経費節減になってはいない）。スカリアは一種の自己憐憫とともに独善を膨張させ、自分は「（覚書が無残にも的確なように）深夜番組のコメディアンたちの格好の餌食《えじき》となった」と述べていた。シエラ・クラブは、訴訟事件摘要書のなかで補足資料としていくつかの事例をあげており、その一つでは、「ザ・トゥナイト・ショー」の司会者ジェイ・レノが、チェイニーの「恥ずかしい瞬間」として彼がホワイトハウスを訪れたときのことをネタにしていた。「警備係がポケットの中身を全部出させると、なんとあらわれたのはアントニン・スカリア判事でした！」

結局、裁判を辞退しなかったスカリアは正しかったのであろう。やや意見が入り乱れたが、基本的にチェイニー側に有利な裁定がくだされた（スカリアはチェイニー側に投票し、スーターとギンズバーグが反対意見を出した）。スカリアは持ち前の虚勢から、チェイニー論争を判事として「もっとも誇らしい」ときであったと公然と語りはじめた。「残ることには才覚が必要でした——勇気という才覚がね」。大統領選任や、文字通り生きるか死ぬかの数多の議論よりも、むしろこのとるにたらない事件を取り上げることが、救い主然としたスカリア本人の感覚に訴えかけたのだった。

同僚たちは彼の法廷内外における芝居がかった物言いに慣れており、総体的にこの最新の論争をあきれ気味にながめていた。オコナーが「ニノのことだから」とよく口にしていたとおりだった。おそらくギンズバーグが数カ月後にハワイでおこなった演説が一番的を射ているであろう。新年恒例の両家そろった祝いの食卓、そこに供されたスカリアの仕留めたみごとな鹿肉に言及し、「スカリア判事は、カモ狩りより鹿狩りのほうがずっとお上手でした」とそっけなく述べている。

ケネディとスカリアへの個人攻撃は、分極化したイデオロギー環境が最高裁そのものにどのような影響をおよぼしたかをはっきりあらわしている。判事らは一つひとつ誠意をもって応じてはいたが、最高裁外部の特定のイデオロギー信奉者たちは、あたかも九人を党派的な一団であるかのように接した。最高裁は政治と一線を画するものであるという虚構を維持するのはますます困難になっていった。

最高裁を政治に引きずり込もうとする引き波に九人は一様に頭を悩ませたが、とりわけオコナーがそのあおりを受けた。彼女にとって無理なく妥協できる訴訟もあったが、すべてがそうとはいえなかった。

ブッシュ政権になってほどなく、最高裁史上ほぼ前例のない、特定の判事を狙い撃ちにした訴訟が持ち込まれた——矛先はオコナーだった。最高裁を国民生活の中心に据え、ひいては自らを最高裁の中心に位置づけようとしたその裁判における葛藤は、彼女の命運を決定づけるものとなった。

16　話す前にいうべきこと

問題は、ジョン・アシュクロフトを皮切りにはじまった。

元ミズーリ州上院議員であり、ブッシュ政権の初代司法長官に指名されたアシュクロフトは、近年の共和党についてオコナーが侮蔑するもののすべてを体現していた。過激でひどく偏向しており、しかも道徳主義一辺倒――見苦しい。オコナーお気に入りの元ロークラークに、ボート難民としてベトナムから命がけの脱出をし、のちにジョージタウン大学法学教授となった非凡な経歴を持つヴィエト・ディンがいた。その彼がアシュクロフトのもとで上級職についたことを知ってオコナーは驚愕した。「アシュクロフトにつくなんて、キャリアを傷つけるだけだわ」と別の元ロークラークにもらしていた。

しかし、それはオコナーの誤りであった。逆にディンはアシュクロフトにつくことでキャリアを高めていた。ジョージ・W・ブッシュ政権下のワシントンでは、オコナーのそれではなく、アシュクロフトの保守主義こそが隆盛をきわめていたのである。やがて彼女自身もこのあらたな現実を身をもって知ることとなる。オコナーが共和党、さらにはブッシュ本人に幻滅してゆく過程は、最高裁判事としての彼女の晩年とレンクイスト・コートの最終的な変容の物語でもあった。

ブッシュ政権がオコナーの期待に反する方向に進む予兆はかなり前からあった。一つにはアシュクロフトの指名であり、くわえて9・11の同時多発テロである。テロ攻撃当日、オコナーとブライヤーはインドを訪問中であり、現地の判事たちと会談を予定していた。ふたりは帰国便の確保のため数日間、現地に足止めされることになる。しかし、事件にたいする彼女の目立たない言動こそが、ブッシュ政権の主流から彼女が逸脱していくさまを別の角度から映し出していた。

ケネディとおなじく、世界を旅することはオコナーのイデオロギーの変遷に多大な影響をおよぼした。七十歳を過ぎた二〇〇〇年以降も、彼女はあいかわらず最高裁随一の飽くことなき旅人だった（招請団体の受付窓口だったギンズバーグの秘書は、オコナーの訪問先のあまりの多さに、内緒の双子の妹がいるに違いない、と冗談をいうほどだった）。

オコナーは持ち前のそつのなさで、最高裁きっての著名人という利点を生かし、女性も統治機構の最高レベルで任務を果たせることを国内外に示した。その限りでは、彼女の存在そのものが伝えたい唯一のメッセージともなっていた。しかし、しばしば、とりわけ後年には、より焦点を絞って自ら考えを伝えようとしていた。一例は、アメリカと中国のあいだの初の裁判所間交流で中国へ裁判官代表団を率いていったときのことである。北京の美しく整えられた部屋でのことだった。彼女は江沢民国家主席とひざを交え、優美な磁器で茶を飲みつつ、テキサス州クロフォードにあるブッシュ大統領の牧場への主席の訪問について歓談していた。そして会見終了間際、国家主席の方に身を乗り出すと、ゆっくり慎重に言葉をついだ（双方ともに通訳者が介在している）。「国家主席、帰国前にどうしてもお伝えしたいことがございます。我が国は、貴国の政治犯のあつかいについてたいへん危惧いたしております」。江沢民の答えはなかった。

オコナーは、いまだくすぶり続けるグラウンドゼロの廃墟を自らの目に焼きつけておきたいと考えていた。まだニューヨークに行くのが困難だった二〇〇一年九月二十八日、オコナー夫妻はかねてからの約束だったニューヨーク大学のロースクールの新校舎着工式を指揮した(これはオコナーにとって、さしてかかわりのないニューヨーク大学への七度目の訪問にあたる。同様に彼女は、国内の数多くのロースクールもくりかえし訪れている)。熟達した政治家にふさわしく、オコナーは歴史的瞬間をその声明に織り込みつつ語りはじめた。「アイルランド人がいったように、話をはじめる前にいうべきことがあります。ジョンとわたしは、西部人がよくすることですが、折にふれてニューヨークを訪れています。わたし自身が東海岸に居を構えてからの二十年はとりわけそのようにしてまいりました。本日早朝、わたしたちは遠回りをし、もし可能であるならば、九月十一日になされた信じがたい惨禍を一目見ようと、島の端までまいりました。思い浮かべるだけで涙を禁じえません」。折しも、ここでサイレンの音が鳴り響いた。ニューヨークを震撼させた日々、絶え間なく響きわたっていた音である。型通りの話をする日ではなく、むろんオコナーもそうしなかった。

「我が国の負った精神的な深手によって、わたしたちの生き方は変わらざるをえないでしょうし、すでに変化は起きはじめています。これからは犯罪の監視、通信傍受、出入国管理などに関連する数々の法律の見直しが迫られるでしょう。国家の安全を脅かす犯罪の刑事訴追のために、わたしたちの大切な憲法の基準よりも国際的な法の原則に依拠することも、可能性としては低いかもしれませんが、まったくないとはいえません。その結果、個人の自由にたいする規制が、いままでになく強まるかもしれません。わたしたちは、テロリズムにたいする国の対応のあらゆる側面を考察し、議論していくことになるでしょう。そんな必要がないことを願わずにはおれません。平和で繁栄に満ちた時代に時計の針をもどせたらと願わずにはおれません。しかしもはやそれは不可能となりました。わたしたちは恐ろしい敵、我が国に危害をおよぼすために命も惜しまない者たちに立ち向かわねばなりません。マーガレット・サッチャー氏が述べたように、法が断たれたときに暴政がはじまるのです」

オコナーは立場上そうせざるをえなかったように、最高裁に持ち込まれそうな問題について意見を述べるようなことは慎重に避けたが、深い洞察と懸念を示した。事件からまだ日が浅い時点でも、国家の安全と国民の自由をめぐって論争が起きることを警告していた。アシュクロフト率いる司法省にはよい印象を持っていなかった上に、適切な均衡を保つであろうという信頼感も十分ではなかった。彼女が「国際的な原則」についてあからさまに口にしたのは意図してのことである。ブッシュ政権はすでに国際法や国際機関にたいして敵意をむき出しにしていた。それとは明確に対比させてオコナーは、世界の法曹界に絶大なる信頼を寄せていることを暗に示したのである。

ブライヤーとともに滞留を余儀なくされた数週間前のインドの旅は、彼女の旅の典型だった。オコナーの海外歴訪は、ケネディのように法の支配についての飛躍した修辞論議にふけるのではなく、むしろ問題の解決を主眼としていた。特に関心を持っていたのが未成年者にたいする公正と法曹界における女性の役割で、それに関連する施策を模索していた。そんな彼女が最高裁きっての実務家、ブライヤーという協力者を得たのも偶然ではない。彼もまた特定の問題（女性弁護士を増やす方法や、陪審員のための保育を提供する方法など）にたいする現実的な解決策を探っていたからだった。オコナーとブライヤーは、旅のおかげで、そしておそらく最高裁のなかでも飛び抜けて図太い気性のために、もっとも結束の固い同志となっていった。

オコナーの旅には、イデオロギーの伝播という要素もふくまれていた。昔インドを訪れ、ニューデリーの最高裁判所で開かれた口頭弁論を視察したときの話をよく引き合いに出している。それはヒンズー教徒とイスラム教徒間の政府の利権がからんだ紛争だったが、口頭弁論がはじまるや、驚いたことに、双方の弁護人たちがそれぞれの立場を主張するためにアメリカ最高裁の判例を引用したのだった。さらにその途中、オコナー自身が書いた州と教会の分離にかんする意見の解釈について議論を闘わせたという。帰国してからの講演でオコナーはいった。「命や自由が争点となる場合、合衆国最高裁の画期的判決が……ワシントンD・Cやワシントン州、イリノイ州スプリングフィールドとおなじ関心をもって、ニューデリーやストラスブールで考察されます。ですが残念なことに、この信頼関係はまだ相互的なものとはなっておりません」

オコナーは、所属党と一夜にして疎遠になったわけではないし、完全に縁を切ったわけでもない。彼女の反逆は、おもに文化戦争にかかわる問題――妊娠中絶、州と教会の関係、同性愛者の権利――にたいしてで、決して全面的にリベラルに転向したわけではなかった。死刑制度をふくむ刑事事件では強硬な姿勢を崩さなかったし、連邦主義や州の権利ではレンクイスト連合と断固たる同盟を結んでいる。しかし、国家および最高裁におけるある問題をめぐり、オコナーは真っ只中で均衡を取らざるをえない運命にあった――人種問題である。

オコナーが最高裁にくわわった一九八一年、公民権問題は依然として九人の判事にとっての中心的な課題だった。彼女は一九八九年に書いた最高裁初期の多数派意見で、その問題についての自分の見解を述べた――例のごとく不明瞭なやり方で。

ヴァージニア州リッチモンド市は、市の公共事業について、下請け契約の三十パーセントをマイノリティが経営する企業に割り当てるという条例を可決した。要求されているマイノリティの下請け業者の基準を満たしていないため、市刑務所へのステンレス製トイレの設置契約を逃したJ・A・クロソン社は、平等保護条項違反だとして市を訴えた。最高裁は訴えを認め、リッチモンド対クロソン判決において、六対三で割当プログラムを無効とした。オコナーに意見が任された。

起草にあたりオコナーは、憲法の論争の最難関に踏み込まざるをえなかった。五十年前、ルーズヴェルト大統領指名の判事らは、ニューディール政策の合憲性が正当であることを最高裁で追認した。それ以降最高裁は、連邦議会や州議会が法律を認めた場合、その民主的な手続きに干渉しようとしなかった。しかし、そうすることで重大な問題が未解決のまま残された。もし州がマイノリティグループを差別する法律を――たとえば南部の州がよくしているように――可決したとすれば？　もし州が予備選での投票や陪審員をつとめられるのは白人だけ、と宣言したら？　このような法律も最高裁は放置しておくのか？　判事らはそのような問いに、最高裁史上もっとも有名な「脚注」で答えた。ほかの点では地味な訴訟、一九三八年のアメリカ合衆国対カロリーヌ・プロダクツ判決の脚注四で、ハーラン・F・ストーン判事は、異なる種類の法律には異なる対応をすると示唆した。経済や財産権についての訴訟事件では政治的手続きに従う。しかし、あきらかに人種的マイノリティやほかの「切り離され孤立したマイノリティ」を対象とする法律の問題であれば、最高裁は「より厳密な司法審査」を適用する、とした。

これは、のちに判事らがその有名な脚注を解釈したように、黒人にたいする差別とみなされた法律の場合、その正当性を判断するため、「厳格審査」と呼ばれるようになるものを適用することであった。一九六〇年代の公民権革命時代、最高裁は人種による分類――黒人差別――がふくまれるあらゆる法律に厳格審査を適用し、無効の判決をくだし続けた。判例が増えるに従い、最高裁が厳格審査で法律を検証したときには、それは必ず無効になるというのがはっきりした。

一九七〇年代、この法理をめぐるきわめて厄介な問題が持ち上がった。政府や企業が黒人などのマイノリティを救済すると思われる数々のプログラムに着手したときである。これらのアファーマティヴ・アクションの施策にはあからさまな人種の分類がふくまれていた。最高裁は、黒人に被害をおよぼすと思われる法律を無効にしたように、黒人を救済すると思われる法律にも厳格審査を適用し無効とすべきなのか？　黒人への時代遅れの差別に対処したのとおなじやり方で白人への「逆差別」にも対処すべきなのか？　オコナーがクロソン事件で答えを出さなければならなかったのはこの問題であった。具体的にいえば、公然と人種均衡の割合を要求している割当プログラムに厳格審査を適用すべきか、ということだった。

その答えとしてオコナーは、彼女にとって自然ともいえる選択をした――妥協である。彼女からすれば、リッチモンド市の条例はあきらかに白人に不利な人種の分類がふくまれる。「リッチモンド市の施策は、単に人種だけにもとづいて市発注の契約率を固定しており、特定の市民に競争の機会をあたえていない」。つまり彼女は、施策は最高裁による厳格審査を受けるに値するとして、「平等保護条項にもとづく審査基準とは、一定の分類によって負荷や利益を受ける人種に依存するものではない」と宣言したのである。このこと自体、ひじょうに大きな進展であった。黒人の救済を意図した法律に、最高裁がはじめて厳格審査を適用したのである。

それまでは、法律や政策に厳格審査を課すことは、自動的に無効を意味した。オコナーは恵まれない立場のマイノリティ救済を目的としたものもふくめ、人種を考慮したあらゆる施策を違憲としたのか？いや、正確にはそうではない。オコナーは抜け道を作っていた。リッチモンド市は、マイノリティの下請け業者が実質的に差別されているかどうかの調査をおこなわずして、割当プログラムを実施した。市の条例は、その分野に昔から差別があったという一般認識だけを根拠としていた。オコナーの立場からすれば、それでは正当化するのに不十分なのである。だが彼女は、人種を考慮した割当プログラムも容認されうると市に示唆していた。「本日の判決は、州や地方自治体がその管轄において、確認された差別の影響を是正するための行動をいっさい妨げるものではない。非マイノリティの請負業者がマイノリティの企業を、組織的に下請け契約の機会から排除しているとの証拠をリッチモンド市が事前に把握した場合、その差別的排除をやめさせる策を講じることができる」

つまりオコナーの立場は、アファーマティヴ・アクションは容認されうるが、特定の人々にたいする、あきらかにそれとわかる差別の矯正手段に限るというもののようだった。彼女の基準はその判決同様、数々の疑問を浮上させた。組織的差別とは？　それを認識する方法は？　救済措置は特定の被害者だけを対象としなければならないのか？　あるいはマイノリティ社会全体に利益をあたえてもいいのか？オコナーはこれらのあいまいな問題にたいしていっさい答えを示そうとしなかったが、続く事件でも基本的におなじ方針を貫いた。容認できるアファーマティヴ・アクションもあるが、やりすぎは認めない。人種問題にかんするオコナーの見解には謎が残されていたとしても、同僚判事たちのそれははっきりしていた。四人の判事（レンクイスト、スカリア、ケネディ、トーマス）は、「白人と黒人の区別をしない」憲法を信じていた。マイノリティの救済を意図するものもふくめ、人種を基準に線引きするいかなる法律をも無効とすべきと確信していた。ほかの四人（スティーヴンズ、スーター、ギンズバーグ、ブライヤー）は、過去の差別是正のためでも、多様性促進のためでも、政府や企業は人種的マイノリティにたいし優遇措置を施せるとほぼ信じていた。最高裁は、ほかのどんな問題よりも、四対四対一にはっきり分裂していた。

国内でミシガン大学ほど、とりわけ入学選考にかんしアファーマティヴ・アクションを精力的に導入していたところはない。その巨大な規模を踏まえて、大学は入学判定のほとんどに、おもに成績評価と大学進学共通テストＳＡＴの結果をもとにした統計審査をもちいていた。黒人はどちらの分野においても一般的に得点が低いため、純粋な数字だけの入学選考ではほぼ白人とアジア人だけのクラスとなっていたはずだが、大学が導入したプログラムにより、マイノリティ入学志願者はかなり底上げされていた。成績評価点が平均３・５、ＳＡＴの合計点が一二〇〇のマイノリティ志願者は無条件で入学が認められ、おなじ成績の白人の志願者はほぼ全員だめだった。志願者がずっと少ないロースクールの入学選考では、志願者にたいしもっと個別の評価がおこなわれていたが、それでも黒人への有意な優遇措置が取られていた。ある年は、成績評価点が３・25から３・49で、ロースクール入学共通テストＬＳＡＴの点数が一五六から一五八の志願者のうち、白人は五十一人中ひとりしか入学が許可されなかったのにたいし、黒人は十人中十人が許可された。

「個人の権利センター《センター・フォー・インディヴィジュアル・ライツ》」のような保守系の公益団体——ジェイ・セキュロウ率いる宗教を基盤と

する団体に相応する公民権を基盤とする団体——は、アファーマティヴ・アクションの合憲性に異議を申し立てるにふさわしい訴訟を求めて国内を探し回っていた。ミシガン大学の厳然たる数値は、大学を標的とするのにうってつけだったし、支持を得やすそうな原告がいたのも好都合だった。

バーバラ・グルッターは九人きょうだいで、カルヴァン派キリスト改革派教会の牧師の娘である。彼女自身、子どもが幼いときには自宅で医療コンサルタント業を営んでいたが、やがて専門分野の健康管理と法律の両方を学べるミシガン大学のロースクールに進むことを決意した。彼女の学部での平均成績評価点は3・8、LSATは一六一点。おなじ成績の黒人学生であれば間違いなくロースクールへの入学が認められた。だがグルッターは補欠となり、最終的には不合格となった。おなじく白人のジェニファー・グラッツも、やはりミシガン大学の学部課程の入学には十分な成績だったが、補欠となって最終的には不合格とされた。一九九七年後半、ふたりの女性はそれぞれ訴訟を起こし、連邦地方裁判所から控訴裁判所へと続く長い道のりを歩みはじめた。

二つの訴訟事件——グルッター対ボリンジャーとグラッツ対ボリンジャー——は当初から衆目を集めていた(リー・C・ボリンジャーは当時のミシガン大学学長)。最高裁はあらゆるアファーマティヴ・アクションを無効とする方向に進んでおり、見方によればミシガン大学の訴訟はその姿勢を裏づけるほぼ完璧に近い手段に思われた。オコナー自身もこの問題にかんして徐々に右寄りの姿勢を見せはじめていた。なかでも注目すべきは、一九九五年のアダランド建設対ペナ事件の判決意見で、彼女はマイノリティの請負業者にたいする連邦政府のアファーマティヴ・アクションプログラムを支持した下位裁判所の判決をくつがえした。だが同時に、その一つの判決内容だけでアファーマティヴ・アクションプログラムすべてを判断する必要はないとも考えていた。それでも裁判の勢いや論調からして、そのようなプログラムには反対しているように思われた。スカリアがアダランド判決の補足意見で述べたとおり、「政府からすれば、われわれにはただ一つの人種しかない。それはアメリカ人という人種である」であった。一九九六年、連邦第五巡回区控訴裁判所はテキサス大学の入学選考におけるアファーマティヴ・アクションを違憲とした。国民の多くがこれを、最高裁でも全国的な事件で同様の判決がくだされる前兆とみなした。最高裁はテキサス大学事件にたいする裁量上訴を受けつけなかった。

だが、そのとき、ミシガン大学プログラムの救世主、ひいてはすべてのアファーマティヴ・アクションの救世主にはなりそうもなかった人物が名乗りをあげた——そして思いがけず国内で一番有名なミシガン人となった。

ジェラルド・R・フォードは、歴代大統領のなかでもとりわけ、退任後に政治論争から距離を置いていた人物である。とはいえ、母校の動向には特別な関心をはらっていた。一九九九年、当時八十六歳の元大学フットボールのスター選手は、ミシガン大学におけるアファーマティヴ・アクションを支持する立場を公の場ではっきりさせようと、『ニューヨーク・タイムズ』に「包括的国家、存亡の危機」と題する記事を寄稿した。「二つの訴訟事件は……〔ミシガン〕や他大学において、入学選考委員たちが比較検討する多くの要素の一つとして、人種を考慮することさえも妨げることになるだろう」。そうなれば「未来の学生たちを、われわれの世代を悩ませた文化的、社会的貧困に苦しむ」状況に追いやることになる、と主張した。

記事の掲載から一カ月後の一九九九年九月十五日、フォードはグランドラピッズ市でホワイトハウス時代の補佐官ジェームズ・M・キャノンと食事をともにした（どちらもフォード大統領博物館で開かれた、フォードが唯一指名した最高裁判事ジョン・ポール・スティーヴンズの講演に訪れていた）。フォードはキャノンに訴訟で大学を援護するあらゆる手段を講じるよう命じ、翌日キャノンは、ミシガン大学のあるアナーバーで学長のボリンジャーと会談した。キャノンはかつて米海軍兵学校理事会の委員長をつとめており、軍にとって、とりわけ士官軍団にとってアファーマティヴ・アクションがいかに重要なものであるかをよく理解していた。海軍からはことあるごとに、白人のみの士官グループが、ほとんど黒人になりがちな下士官兵を満載した軍艦を統括する事態は避けたいとの要請を受けていた。アファーマティヴ・アクションは社会工学ではなく、軍にとって「必要不可欠」――ボリンジャーが判事たちにわからせようとしていたメッセージ――であったのだ。

　最高裁で大学側が披露したのは選挙運動ともいえる戦術であり、それは論争になる問題では確実に世論に歩み寄ろうとしていた最高裁にはうってつけだった。ボリンジャーとそのチームは、オコナーの票を得て勝訴するかなめは、アファーマティヴ・アクションへの確固たる支持を結集させることであるとわかっていた。公民権グループや、他大学もミシガン大学の立場を支持するだろうが、アファーマティヴ・アクションへの支持が、従来の民主党連合が立証してきたものをしのぐということを判事らに知らしめねばならない。

　訴訟がまだ地方裁判所で争われていたとき、ボリンジャーと大学の顧問弁護士マーヴィン・クリスロヴはゼネラルモーターズ社を説き伏せ、ミシガン一の有名企業市民にとって多様な従業員を擁することがいかに大切かに的を絞った、大学のプログラムを支持する法廷助言人《アミカス・キュリー》による意見書を提出させていた。最高裁に持ち込まれたときには、大学はフォーチュン五百社のうちの六十五社から大学のアファーマティヴ・アクションプログラムを支持する意見書への同意をとりつけた。つまりそれは、国内最大手で評判も高いほとんどの企業（ボーイング社、コカ・コーラ社、ゼネラルエレクトリック社、マイクロソフト社など）から支持を得たことになる。これらの大手企業は意見書で、「今日の世界市場や、アメリカ国民のますます増大する多様性には、学生が多様な仲間や考え方や視点にふれ、相互交流できる場としての学校教育から得られる異文化間の経験と理解が欠かせない」と述べた。

　しかし、軍は大学にとってより強力な援護団となる力を秘めていた。現役士官はこのような論争の的となっている問題にたいして立場を表明できない。そこでフォードが発動したチームは次善の策を取り、引退した軍当局者に協力を求めた。クリスロウヴは、ワシントンの弁護士でクリントン政権時代に陸軍次官をつとめたジョゼフ・リーダーに連絡を入れ、リーダーは意見書にサインしてくれる著名な退役軍人たちをかき集めた。最終的に、H・ノーマン・シュワルツコフ、ジョン・シャリカシュヴィリ、ヒュー・シェルトン、ウィリアム・J・クロウほか二十数人の署名が並んだ。軍の意見書の起草に大学が雇ったのは、カーター・フィリップスと彼の同僚ヴァージニア・セイツである。ふたりは最高裁弁護士会の中心的人物であり、公民権訴訟に名を連ねたことはまったくなかった。

「法廷助言人は、数十年におよぶ経験にもとづき、国の安全を守るという軍の主要な任務を遂行するための能力には、アメリカの多様な人種からなる下士官階級に命令をくだすよう教育と訓練を受けた、高い技能を有しかつ多様な人種の士官部隊が必要不可欠であるとの結論に達した」。フィリップスは冒頭でこう切り出した。さらに下士官軍隊の二十一・七パーセントがアフリカ系アメリカ人なのにたいし、士官部隊はわずか八・八パーセントであるとし、「士官部隊には引き続き多様化が求められている。さもなくば軍の任務を遂行するにあたり欠くことのできない結束が著しく損なわれることになる」と論じた。

途中、意見書のかなめの部分では、主要な士官学校三校（ウエストポイント、アナポリス、コロラドスプリングズ）はすべて入学選考に人種を考慮したアファーマティヴ・アクションを実施しているとも指摘した（より広範な予備役将校訓練部隊＝ＲＯＴＣの課程もそうである）。単にマイノリティが住む地域での採用活動にもっと力を注げばいいという話ではない。軍学校は、マイノリティ志願者にたいする特別な措置――アファーマティヴ・アクション――を拡大しなければならない。いいかえれば、「現時点では、士官学校やＲＯＴＣが人種を考慮した限定的な採用と選抜対策を取らない限り、軍は高い技能を有しかつ多様な人種の士官軍団を実現できない」

退役軍人からの意見書の核にある疑問は、アファーマティヴ・アクションが士官学校で問題ないというのであれば、ミシガン大学で問題なのはどうしてなのか。
それこそまさに、サンドラ・オコナーが自身に投げかけていた問いであった。

17　緑の意見書

　グルッター事件とグラッツ事件を結論に導くまでの期間――二〇〇三年の前半――は、オコナーにとってずいぶんつらい時期だった。夫ジョンの容体がどんどん悪化していたのである。オコナーは毎日の出勤に夫を同伴しはじめ、夫の元秘書を雇って、彼が執務室のソファに腰かけ、おしゃべりをしたり新聞を読んでいたりするのを見守らせた。最高裁で「アルツハイマー」という言葉を口にする者はいなかったが、ジョンが抱えている問題はだれの目にも日増しにあきらかになっていった。

　夫妻は朝、オコナーのエクササイズ教室に合わせて連れ立って出勤し、昼食までそこにとどまり、その後、彼女が訴訟事件摘要書を読むときにそろって二時ごろ帰宅した。そのころも、大使館のパーティや博物館のオープニングなどの夜の外出はやめず、それは十五年前、オコナーが乳癌の化学治療の影響で弱っていた当時も外出を控えなかったのと変わらなかった。彼女は毅然として立ち向かい、自分自身の病であろうと他人のものであろうと、妥協することなど考えもしなかった。

　オコナー本人はといえば、震えは何年もしつこく続いていたが、いたって健康だった。朝のエクササイズ教室にはステップエアロビクスとピラティスのほかにサルサダンスもくわえていた。最高裁の仕事にたいする情熱も尽きることはなく、よりよいものにしようと心がけていた。訴訟事件一覧表を圧縮しようとするレンクイストの改革運動にも決して同調せず、クラークたちに、裁量上訴を受理できる訴訟事件嘆願書を探し回るよう命じていた。「いい訴訟案件を見つけてちょうだい」とはっぱをかけていた。

とはいえ、彼女も年配者の例にもれず、日常の変化には難色を示した。とりわけ目前に迫った最高裁の改修工事がらみの変化はそうだった。最高裁の建物は一九三五年に開館してから一度も改修されておらず、レンクイストは議会をうまく説得して全面改修する予算をとりつけた。それにともない判事らはしばらくのあいだ執務室を空けねばならず、オコナーは二〇〇四年、最初に立ち退くことになっていた。執務室とそこからの見晴らしを愛していた貯め込み屋のオコナーは、特にジョンが毎日いっしょにいるいま、流刑地のような二階に移動することを考えただけで身震いがするのだった。

いまや彼女はほとんどの案件で投票態度を容易に決められるようになっていた。最初にクラークのひとりに議論する訴訟事件の裁判官用メモを書かせ、残りのクラークたちにその提案に同意しないのであれば反論のメモを書くよう指示していた。この年は、オコナーが週五日制に勤務を減らし、クラークたちはもう土曜日恒例の電気鍋《クロック・ポット》ランチに参加しなくてもよくなった年だったが、それでも口頭弁論の前にクラークたちと各訴訟事件について入念に議論することはやめなかった。彼女はひどく苦しむこともなかった。クラークたちに自分の見解を述べた上で、彼らの知恵を借りながら双方の弁護人たちへの質問を念入りに組み立てる。意図的に反対意見を述べて正当性を確かめようとするのは意味がないと考えていた。そのため口頭弁論での彼女の質問の流れから、どのような判断をくだすのかはたいてい予測がついた。

しかし、グルッター事件とグラッツ事件はそうはいかなかった。オコナーにとって容易な事件ではなかったし、これについてはあきらかにひどく苦しんでいた。そもそも利害が甚大である。最高裁にあがってくるほかの注目度の高い訴訟とは違い、ミシガン大学のそれは象徴的な重要性にとどまらない。何千人という学生の入学選考にかかわる問題であり、そこまで直接的でなくとも、政府や私企業のアファーマティヴ・アクションにもかかわるのだ（対照的に、同年に審議されたローレンス対テキサス州事件は、同性間の性行為が起訴されることはきわめてまれだったため、現実社会にただちに影響をおよぼしはしなかった）。くわえて、どんな問題にも適用していたオコナーお気に入りの手段――中道――は容易に見出せそうもない。大学が入学志願者の人種を考慮できるか否かの二者択一。オコナーでさえ、そのような問題を巧みにさばくのはむずかしかった。

口頭弁論までの数週間、オコナーは執務室に引きこもり、当事者の訴訟事件摘要書と法廷助言人の意見書を読みふけった。しまいには柄にもなくいらついて、不可解で矛盾ともとれる言葉をつぶやきながら執務室からいきなり出てきた。声に出して考えていた。

「クロソン判決とアダランド判決の主張と矛盾するようなことがあってはだめよ」。これは原告側に有利な裁定を思わせる（一貫性のない判事は「見苦しい」とオコナーは考えていた）。

「民族意識は有害でしかないわ」

だがあるときは、「大学が全員白人になったら？　それでもいいわけ？」とも口走っていた。

「これは政府の契約じゃない。教育の問題よ。ルイスは教育の問題は別だっていってたはずよ」

「ルイス」とは、ルイス・パウエル判事。最高裁におけるオコナーの師で、浮動票をにぎった先駆者である。その領域のかなめとなる先例は、パウエルが意見を書いた一九七八年のカリフォルニア大学理事会対バッキ事件であった。そこで最高裁は、カリフォルニア大学のメディカルスクール、デイヴィス校におけるマイノリティへの厳格な割当制を無効にした（大学は各年度、マイノリティのために百人中十六人を別枠としていた）。その判決では、どの意見も多数派を形成できなかったが、パウエルの意見がもっとも近く、彼の見解がその問題にたいする有力な法として考えられてきた。パウエルはデイヴィス校での割当制を違憲としたが、大学は入学選考において人種を一つの要素として考慮できるとはっきり述べている。その論拠は当時においてはやや異例だった。一九七〇年代、アファーマティヴ・アクションを採用するおもたる理由は、黒人や歴史的に不利な立場に立たされてきたほかの集団にたいし、国には清算の義務があるとするのが主流だった。何十年にもおよぶ差別は、平等に待遇するだけでは公平な機会をあたえるのに十分ではない、というものだ。

しかしパウエルは、直接的に恩恵を受ける者だけでなく、だれしもが恩恵を受けられることを理由にアファーマティヴ・アクションを正当化した。彼の見解によれば、多様化――バッキ判決が出てからはじめて広範に使われ出した専門的流行語――は、すべての人種のすべての学生に役立つものだった。「国の将来は、多種多様な人種が集うこの国家のように、多種多様な学生たちの思想や道徳観に幅広く身をさらすなかで鍛えられた指導者にかかっている」とパウエルは書いた。そのため、「人種あるいは民族的背景は、特定の志願者の経歴において『プラス』とみなすことができる」(パウエルはハーバード大学の入学選考方針をかなりにわたって引用している。その一つに、「入学志願者の人種は、ほかの志願者の事例において出身地や農家出身であることが有利に働くことがあるのと同様に、その者に有利に働くことがある」とあった)。続く二十五年間、パウエルの論拠はアファーマティヴ・アクションのもっとも有力な知的根拠――虐げられた者にたいする施しではなく、社会全体に利益をおよぼすもの――となっていた。

グルッター事件とグラッツ事件における問題は、パウエルの裁定を判例簿にとどめておいてもよいのかどうかだった。二〇〇三年四月一日、判事たちが口頭弁論を審理するために緋色のカーテンのうしろから姿を見せたとき、オコナーのクラークたちでさえ、彼女がどう投票するのかわからなかった。

その月に口頭弁論がおこなわれたという事実はひじょうに重要である。わずか十日前の三月二十日、アメリカ合衆国と連合国部隊はイラクへの侵攻を開始した。この初期の段階では、アメリカ部隊はイラクの抵抗をはねのけ、首都バグダードに向け驀進《ばくしん》。戦いは大成功を収めたかのようだった。そのため、国内でも最高裁でも、軍はとりわけ高く評価されていた。グルッターとグラッツ事件の口頭弁論の朝には、連合軍はイラクの首都まであと約六十五キロの地点まで進攻しており、その日はアメリカ軍にとってさらにドラマチックなすばらしいニュースも舞い込んでいた。三月二十三日にイラクで捕虜となり、ゆえにアメリカの不屈の象徴となっていた陸軍上等兵ジェシカ・リンチが、特殊部隊の襲撃により救出されたのである（戦争そのものとおなじように、リンチの救出劇は当初考えられていたよりも複雑であることがのちに判明する）。とにかく早い話、グルッター事件とグラッツ事件の口頭弁論は、アメリカ軍にたいする信頼が急上昇しているときにおこなわれたのである。

　具体的には、二つの法的問題が争点となっていた。ミシガン大学側の弁護団には、クロソン事件のオコナーの意見から、最高裁がアファーマティヴ・アクションプログラムに厳格審査を適用するだろうことはわかっていた。というわけで一つ目の争点は、多様化の促進は「絶大な公の利益」かどうか、つまり、最高裁はミシガン大学のプログラムを、普通は確実に敗訴となる厳格審査に耐えられるものとして認めるか？　二つ目は（一つ目が大学側に有利な裁定だった場合に限られるが）、学部とロースクールの入学選考プログラムは、多様化の促進という目的を達成するために綿密に策定されたものであるか？

　弁護人を待たすことなくオコナーが質問の口火を切る。ロースクール訴訟のグルッター側弁護人カーク・コルボの弁論はみごとなまでに簡潔だった。大学が入学志願者の多様性を考慮するのは問題ないが、経歴、将来性、あるいは出身地を基準としたものに限られ、人種は考慮されない。コルボの立場は、憲法は入学志願者にたいし、プラス要因としてもマイナス要因としても人種を考慮に入れることを認めていない、というものであった。

「人種は決して考慮の要素とはなりえない、ということですね？　多くの要素のうちの一つにもなりえない、という主張で間違いないでしょうか？」オコナーが尋ねた。

コルボはそのとおりだと答えた。「判事、当方の見解は、人種そのものを入学選考における要因の一つとすべきではない、というものです」

「そういうことであれば、弁護人が把握しておくべきいくつかの先例があります（オコナーの念頭にあったのはおもにバッキ判決である）。なぜなら最高裁は明確に、特定の状況においては人種を考慮した選考や選抜を認めているからです。ですが弁護人は、それを絶対に認められないと主張しています。現実にはそうではないはずです」。いつものようにオコナーは「絶対」を受けつけなかった。

だが、口頭弁論の流れを変えたのはギンズバーグの発言だった。「弁護人に質問があります。退役士官軍人たちを代表して提出された意見書によると、複数のマイノリティをふくむ士官部隊を編制するためには、人種にたいする優遇措置を無効にするのではなく、プラス要因として容認する以外方法がないと述べられています」。士官学校にマイノリティがひとりもいない状況がほんとうに許されるのか？　コルボは問題を巧みにそらそうとして、この訴訟には士官学校にかんする証拠記録が存在しないと主張した。

しかし、スティーヴンズが加勢し、士官学校については十分な証拠があると反論した。「もしこの規制にかんする意見書が正確であるとするならば、士官学校は……〔人種的〕優遇措置を採用するという立場です」。スーターも士官学校の方針について質問をした。ふたたびコルボは、アナポリス士官学校の方針について知らないと答えた。これはあくまでアナーバー（ミシガン大学）についてだ、と。だが、スティーヴンズはその問題を終わらせなかった。「弁護人は、そこには重大な問題がふくまれていないとほんとうにお考えなのでしょうか？　事実を提示したものとしてその緑の意見書を採用することはできないというのでしょうか？（最高裁の法廷助言人による意見書は表紙が緑である）」。ケネディも割り込んで「緑の意見書」について質問した。最高裁の口頭弁論の席で法廷助言人による意見書が取り上げられることはまずない。だがグルッター事件では、最初の数分間で判事四人がそれに言及した。

判事らは議論のウォーミングアップをしているにすぎなかった。ミシガン大学事件にたいする連邦政府の立場は物議を醸しており、ついにはブッシュ大統領自身が問題解決に乗り出さざるをえない事態となっていた。訴訟事件摘要書の締め切り前日、ブッシュはテレビで生放送された演説で、政権はミシガン大学のプログラムに反対だという声明を出した。「わたしはあらゆる種類の多様化を支持しており、高等教育における人種の多様化も例外ではありません。しかし、この重要な目的を達成するためにミシガン大学が採用している方法には、根本的に欠陥があると考えます。実体としてミシガン大学の施策は割当制に相当し、未来の生徒にたいし、人種だけにもとづく不当な恩恵または不利益をあたえています。不和を生じさせ、公正を欠き、また、憲法の枠組みのなかに収めることもできません」（注目すべきことに、当時の国務長官コリン・L・パウエルは、軍の意見書に署名した何人かと親しい友人でもあり、その週後半のテレビ出演で政権の立場を追認しなかった）。

ブッシュの声明には保守派の支持基盤が喜ぶような言葉が弄されており、スカリアやトーマスの確固たる見解を反映していたが、訟務長官のセオドア・B・オルソンが提出した訴訟事件摘要書からは、問題にたいするもう少し微妙な立場が垣間見える。そこでは、大学が入学選考にあたって人種を考慮できるかどうかについて論じるのを慎重に避け、バッキ判決をくつがえすべきかどうかについて見解を示していない。単にミシガン大学プログラムは割当制にあたり棄却されるべきであるとの主張であった。それがグルッター事件の弁論に立ったときにオルソンが表明したいと考えていた見解だったが、彼にはその機会はあたえられなかった。

オルソンが口を開くより先にスティーヴンズが尋ねた。「オルソン訟務長官、質問があります。答えられる範囲で結構です。カーター・フィリップスの意見書についての長官の見解をお聞かせください。彼の主張にたいする長官の見解はどの程度のものなのでしょうか？……軍司令官や士官学校についての意見です」

「それぞれの署名人の意見は尊重します。しかしながらアメリカ合衆国は、黒人兵士は黒人士官のためだけに戦う、あるいはその逆だという主張を認めるわけにはまいりません」。オルソンは問題をすりかえており、判事側にもそれはわかった。退役軍人たちは、黒人は黒人のためだけに戦うといっているのではない。人種統合された士官軍団を編制することが軍にとって大きな利益になるといっているのだ。

ギンズバーグがそれに続いた。「オルソン訟務長官、長官はいまこの場で、士官学校すべてが入学選考に人種的優遇措置を採用していることを事実として認めますか？」彼は認めた。

「士官学校がおこなっていることは違法……憲法違反なのでしょうか？」ギンズバーグがたたみかけた。これはひじょうに答えにくい問題だった。イエスといえば連邦政府が法を犯していることになり、ノーといえば欺瞞と受け取られる。よってオルソンは論点をはぐらかし、士官学校の入学選考プログラムを考察したことはないと答えるにとどめた。

次に緑の意見書を振りかざしに出たのはスターーだった。人種に中立な採用活動で「フィリップス氏の意見書で述べられている状態に到達できるのでしょうか？……とても十分な数に達しない、つまりクラスに十分な数のマイノリティ枠を確保することができません」。オルソンは敬意をはらいつつ反論した。

ミシガン大学は訴訟の弁護団長にモーリーン・マホニーを雇い入れていた。彼女の起用は、プログラムの根拠を支配層に結びつけようとする大学側の政治戦略をまた一つ裏書きするものである。マホニーは、レイサム＆ワトキンス法律事務所の共同経営者となる以前、ケネス・スターーの下で訟務副長官をつとめており、レンクイストの元ロークラークでもあった（グルッター事件の口頭弁論中、レンクイストは一度うっかり口をすべらせ、「モーリーン」と呼びかけた）。共和党員である彼女は、ジョージ・H・W・ブッシュ政権があと数カ月で終わるというとき、ヴァージニア州連邦裁判所の判事に指名された。上院での採択には至らなかったものの——ジョン・ロバーツも、コロンビア特別区連邦控訴裁判所への一度目の指名でおなじ運命に苦しめられた——ロバーツ同様、マホニーにも世代を代表して最高裁を率いるチャンスがあったのである。申し分ない保守派の証明書をたずさえて最高裁のグルッター事件の弁論にあらわれた彼女は、ミシガン大学の最強の支持者であった。

弁論に立つころには、マホニーには最高裁が自分寄りになっているのがわかった。どの判事も懸案である一つ目の争点——多様化の促進は正当な目的として認められるのか——についてまともに質問しておらず、ミシガン大学のプログラムがその立派な目的を達成する手段としてやりすぎなのかそうでないのかに争点が絞られているようだった。マホニーは、スカリアとケネディがミシガン大学のプログラムを「割当制」としてくくろうとするのを巧みにしりぞけた。だがそこでオコナーが、バッキ判決を読んでいたとき彼女の脳裏に浮かんだ質問を思いついた。

「マホニーさん、弁論が終わる前に焦点を変えて、わたくしの懸案事項にお答えください。『アファーマティヴ・アクション』とくくった領域において最高裁が支持したプログラムにはすべて、その優遇措置を適用する一定の期間が設けられており、最終的にそれを終了する時期がわかります。ここにはそれがないようです。それについてはどう対処すべきとお考えですか?」

オコナーは、アメリカ社会の核心を突く質問を提起していた。いつになったら人種は問題でなくなるのか? この質問は、アファーマティヴ・アクション論争にたいするオコナーの葛藤——そして彼女の現実的で解決志向の気質——をとらえている。彼女にとって人種の優遇措置は効果が疑わしいぎりぎりの救済措置でしかない。いつまでも温存するものではないことを、はっきりさせておきたかったのである。よって、いつまでそれは必要なのか?

マホニーはよどみなく答えた。「それにつきましてはですね、判事、バッキ判決において、カリフォルニア大学デイヴィス校がハーバード大学の選考方針をモデルとした措置を採用することに、五人の判事が賛成しています。その措置は実施されて二十五年になり、この国の教育システムに大きな成果をもたらしています」。彼女の答弁は種をまいた。

グルッター事件とグラッツ事件――ロースクールと学部――に関心を寄せていた多くの人々は、二つを一つの論争としてとらえていたが、二つの入学選考プログラムにはかなりの違いがあった。大学側はロースクールへの入学志願者三五〇〇人を三五〇人まで絞り込むため、各志願者を「学力に焦点をあて、さらに志願者の素質、経験、周囲の人々の学問に貢献できる可能性といった柔軟な評価」をくわえて個別に評価していた。学部の入学選考評価はもっと厳格に数字であらわされ、各生徒は一五〇点満点で評価され、百点を上回った生徒には入学が認められた。評点は、高校の成績の平均、標準テストの得点といった人種とは関係のない要素にたいし付与されたが、マイノリティであれば自動的に二十点が加算された。

会議でどのように投票すべきか考えあぐねているあいだに、オコナーにはこの二つのプログラムの違いが重大なことのように思われてきた。学部の優遇措置は、ブッシュはそう主張したが、必ずしも割当制とはいえない。しかしその柔軟性のなさ――すべての「非差別」マイノリティにまったくおなじ評点が付与されるという事実――が腑に落ちない。対照的にロースクールの手順は、バッキ判決でパウエル判事が称賛したハーバード大学の措置により近く、各志願者に個別に対応できる。ここでふたたびオコナーは中道を選び、グラッツの訴えには賛成票を、グルッターの訴えには反対票を投じた（ブライヤーもおなじように投票しており、ふたりが個人的な結びつきだけでなく、イデオロギー的にもより近づいていたことを裏づける）。ほかはずっと予想どおりの投票だった。レンクイスト、スカリア、ケネディ、トーマスは両訴訟とも原告側に、スティーヴンズ、スーター、ギンズバーグは大学側に票を投じた。全体の得票は、ロースクール訴訟のグルッター事件は五対四で大学側、学部訴訟のグラッツ事件は六対三で入学を認められなかった学生側が多数となった。

グルッター事件のほうがあきらかにより重要であった。判事五人が、大学の入学選考の一要素として人種をどのような状況で、またどの程度まで考慮に入れてよいかという概要を示したのである（グラッツ事件の多数派六人は、学部の優遇措置は、グルッター事件で示されたあらたな基準とは合致しないといえるのみだった）。会議の席で持ち上がった次なる重大問題は、だれが多数派意見を書くか、であった。

その判断はスティーヴンズにゆだねられた。オコナー、スーター、ギンズバーグ、ブライヤーより上席だったからである（レンクイストはグラッツ事件の意見を自らに割り当てた）。わずか一週間前、スティーヴンズはその開廷期におけるもう一つの重要な事件ローレンス対テキサス州の多数派意見をケネディに割り当てていた。彼はグルッター事件も手放すほど真に無私無欲だったのか？　つい先ごろ八十三歳になった。この先何度、重要な意見を書く機会に恵まれるかわからない。スティーヴンズは週末のあいだじっくり考えた。そしてオコナーと話をした上で、彼女にグルッター判決の意見を割り当てた。

スティーヴンズの判断は賢明で私心がない。グルッター事件では、オコナーが多数派のなかで一番揺れている賛同者であったのは間違いない。もしスティーヴンズが――おなじような状況では多くの判事がそうしたであろう――自ら意見を書くことにしたら、最終的に彼女の票を失い、多数派ですらなくなっていたかもしれない。しかし彼は、自分のエゴよりも裁判のほうを大切に考えていたので、一部の同僚よりも容易に注目度の高い意見を手放すことができた。くわえて、最高裁の判決では、真の勝者がわかるのはずいぶんあと、ややもすると数十年かかるということをだれよりもよくわかっていた。注目度は低かったが、彼は一九八六年のバウワーズ対ハードウィック事件でひじょうに説得力のある反対意見を書いていた。ジョージア州での同性間の性行為にたいする起訴を合憲と認めた裁判である（この事件では、ハリー・ブラックマンの大仰な言い回しの反対意見ばかりが目立っていた）。そして二〇〇三年、バウワーズ判決がローレンス判決でくつがえされるというときになって、スティーヴンズの十七年前のその意見が広範にわたってケネディの判決文に引用されたのである。そんな経験則に照らし彼は、貴重なグルッター の意見――ブッシュ対ゴア事件以来の大きな裁判――をオコナーに譲ったのである。

意見の草案はオコナーのロークラークらの起草によるとはいえ、その意見書は独特の書式、いうなれば余分なものを排除したものであった。ケネディ風の「存在、意味、宇宙、人間の生命の神秘にかんする各個人の概念を定義する権利」といった仰々しい言葉はいっさいもちいず、またスカリアのように、対立する意見は「人が耐えなければならない限界を超えている」と断じることもない。事実を並べ、たいていは少し細部をくわえ、関連する法律を要約し、それを事実に当てはめる。まず結論ありきで、美辞を弄するのは二の次だった。よって、たいがい述べる判決についての明快な一文ではじまる。グルッター判決はこうだった。「この訴訟事件では、ミシガン大学のロースクールの入学選考において、人種を一つの要因とすることが憲法に違反するか否かの判断が求められている」

オコナーにはこの意見を書くための明確なモデルがあった――パウエルのバッキ事件における発言である。彼女はミシガン大学のロースクールの入学選考手順を詳述し、大学の選考委員が単に「人種と民族背景」だけでなく、多種多様な方法をもちいていることを指摘した。ミシガン大学は、マイノリティ学生の「臨界人数」を求めているのだが、重要なことに、「人数や比率、臨界人数を構成するために必要な人数や比率」を指定していない。むしろ下位裁判所がこの訴訟において裁定したとおり、「ロースクールの優遇措置は、バッキ判決でパウエル判事が容認し、その判決文に引用されているハーバード大学の入学選考方針と『事実上おなじ』である」。オコナーはこのように述べてからパウエルの意見を詳細に論じ、彼が「大学にたいし人種をただ一つの利益、『多様な生徒構成の実現』を促進するために活用することを認めている」と総括した。

「多様化」が「絶大な公の利益」なのかについて彼女は、「大学は憲法の伝統において特殊な地位を占める」ため、裁判所からの指導によらない大学独自の判断を信頼する、と述べるにとどめた。この意見は、単に教育機関にたいして敬意をあらわしただけでなく、法廷意見の射程範囲を限定するためにオコナーがよく使う手だった。彼女は悩みながらも大学でのアファーマティヴ・アクションを認めた。しかし、雇用や契約のようなほかの状況における優遇措置に判断をくだしたわけではなかった。

次にオコナーは、口頭弁論で議論が集中した退役士官軍人からの意見書に論点を移した。カーター・フィリップスの意見書を詳細に引用し、きわめてまれな称賛の証しとして、その文言をそのまま法廷意見に採り入れた。「任務を遂行するために、軍は『士官軍団の訓練と教育のための入学選考において選択可能な立場であらねばならず、また、多様な人種編制のなかで、高い技能を有する多様な人種の士官軍団を訓練、教育しなければならない』」。フィリップスは意見書を提出するにあたり、最高裁が軍士官学校とロースクールには大きな違いがあると（正確に）気づき、よって二つの機関にはなんの関連性もないと見抜くのではないかと懸念していた。だがオコナーはまったくその逆であった。ふたたび意見書を引いて次のように述べた。「『この分析をわずかにひろげて解釈することにより、軍に劣らず国内において選択的立場にある機関には、多様性と選択性の両方を維持する必要がある、と結論づけられる』という意見に同意する」

口頭弁論とオコナーの意見書を総括すると、退役軍人が提出したのは、最高裁史上もっとも影響をおよぼした法廷助言人の意見書といえるかもしれない。対照的に目につくのは、オコナーがこの訴訟におけるブッシュ政権の意見書をないがしろにしたことである。訟務長官のオルソンに敬意ははらっていたものの、その意見書を政治的文書と、ますます疎遠になりつつあった政権の産物とみなしていた。

オコナーのクラークが書いた意見書の草案では、彼女がマホニーに投じた最後の質問――アファーマティヴ・アクションはいつまで必要なのか――にはふれていなかった。オコナーにとって、人種の考慮とは単なる必要性以上のなにものでもなく、少なくとも容認しうる、必要悪でしかなかった。恒久的であってはならなかった。しかし、どうして彼女に、いやいったいだれにその終結する日を決めることができるというのか。

最高裁判事として二十二年、その大部分を判決の鍵をにぎる投票者として過ごしたオコナーは、自信に満ちあふれており、よって勝手に期限を定めた。彼女はロークラークに書きくわえるよう指示した。「パウエル判事が公の高等教育の現場における学生の多様性がもたらす利益を推進するため、人種の考慮をはじめて認めてから二十五年が経過した。そのとき以来、すぐれた成績とテスト結果を有するマイノリティの入学志願者は着実に増加している。今後二十五年以内に、本日認められた利益を推進するための人種の優遇措置が必要なくなることを期待する」

期限を区切ることは、オコナーの最悪の策であり、そして最善の策であった。まぎれもなくオコナーは、ブッシュのような保守派が活動家の判事を非難するときの言い回しでいう、「判事席から法律を制定」していた。憲法があいまいに命ずるところから、法的規則だけでなく、期限をも推論していたのである。スカリアやトーマスのような原意主義者からすれば、それは裁判官のおごり以外のなにものでもない。原意主義者に限らず、保守派でさえなくとも、オコナーの宣言には不安を覚えるだろう。いったいどんな権利があって、選挙で選ばれてもいない裁判官が社会にそのような細かい規定を課すことができるのか？　もし優遇措置が二十五年後に違憲とされるのなら、どうしていま非合法ではないのか？「多数派は、黒人と白人の生徒のあいだにおける資質の差が、その限られた期間内に縮小もしくは解消するであろうとする証拠にもとづいて、その時期を限定したわけでも、できるわけでもない。学歴における人種的格差が二十五年後になくなると強弁できる者はおらず、最高裁もそうするものではない。最高裁はまた、二十五年後に人種差別が違憲になるとすることは、その期間に格差が埋まることを不確定とするところから是認できない」とトーマスは反対意見で指摘した。なによりも、もしオコナーがアファーマティヴ・アクションのこの件にかんして法律を制定することができるのなら、同僚判事がほかの領域において行動規範を打ち立てるのをどうやって阻止できるというのか？　もちろんその答えは、そのような状況において唯一判事を制約するものは、本人の良心と分別である。

結局のところそれが、オコナーの行為にたいする最大限の弁護となろう。アファーマティヴ・アクションにおいて、彼女は結果を優先し、妥協点を見出した。それは多くのアメリカ国民に幅広く受け入れられるものだった。彼女の権力を公に制限するものはないが、その非凡な政治的直観によって、穏健な権力の行使にとどめていた。オコナーは、基礎的な、ほとんど原始的ともいえる判断で、人種優遇措置をさらに二十五年間続けるのは妥当と理解したのである。オコナーが我がものとした権力を、同時代をふくめ歴代の最高裁判事が濫用したことを想像するのは恐ろしい。彼女の判事としての対応は、理論面では弁明の余地がなく、現実面では非の打ち所がなかった。

保守派にとって、ミシガン大学の判決は大敗の部類に入る。ケネディはグルッター判決で個別意見を出し、バッキ判決でのパウエル判事同様、入学選考で人種を考慮するのは容認できるが、ミシガン大学のロースクールの手順は割当制に相当すると思われるため同意できないとした。レンクイストでさえ、人種を考慮できるかどうかについて立場をあきらかにしなかった。スカリアとトーマスだけが、入学選考で人種を考慮するのはいかなる場合であろうと憲法違反だと明言した。

アファーマティヴ・アクションの恩恵者としてたぶん国内で一番有名なトーマスは、その措置を公然と批判する激しい意見を書いた。彼のヒーローであるフレデリック・ダグラスの言葉を引用し、「わたしが黒人のために求めるものは、情けでもなく、哀れみでもなく、同情でもなく、唯一公平さである。アメリカ国民は、われわれのあつかい方がわからずにいつも不安なのだ……。求めるものはただ一つ、自分の脚で立つ機会をあたえてくれ！　自分の力でやらせてくれ！」と訴えた。修辞的効果を狙った意見ではあったが、最高裁から見ても国全体から見ても、非主流の見解を主張しているにすぎなかった。

判事らは、特にケネディとオコナーは、ブッシュ対ゴア判決以降左に寄り続けていたが、グルッター判決を契機にある意味それに拍車がかかった。レンクイストでさえ、彼の目標とする連邦主義改革における未達成課題をほぼ断念し、ネヴァダ州対ヒッブス事件――クリントン政権の重要な功績である、一九九三年の「育児介護休業法」を成立させる議会の権限を容認した――の意見を自ら書いている。

それからも最高裁は、ブッシュ政権の意向に反し、一連の複雑な訴訟事件のなかで、州、ついで連邦の犯罪者にたいする刑罰の指針をつぎつぎと無効にしていった。さらに、六対三で児童ポルノ禁止法（実在する児童ではなく、高度なコンピュータグラフィックスを駆使した「仮想」のポルノ描写を作成または所持することを犯罪とみなした）を違憲としてくつがえした。複数の大きな刑事訴訟事件においてさえも、被告人側について有罪判決をくつがえした。

二〇〇〇年以降、ブッシュ対ゴア判決の多数派――レンクイスト、オコナー、スカリア、ケネディ、トーマス――は、最高裁を意のままにあやつることもできただろう。だが現実にはほぼ正反対のことが起こった。五人の同盟が崩れ去ったのである。二〇〇二年度開廷期、ブッシュ対ゴア判決の多数派同盟による五対四の判決は、十四件中わずか五件。二〇〇三年度は十九件中九件、二〇〇四年度に至っては二十二件中四件である。最初はあのブッシュ対ゴア判決の遺産が、オコナーとケネディをリベラル派の同僚へと向かわせた。しかしのちに、ブッシュ政権そのものが要因となった。

18 「われわれ政府は、断じて」

二〇〇三年春のイラク侵攻後、軍とブッシュ政権にたいする信頼は一気に膨れ上がったが、またたく間にしぼんでいった。グルッター事件の口頭弁論が開かれた一カ月後、大統領はサンディエゴ沖の航空母艦の上で、「任務達成《ミッション・アコンプリッシュト》」と書かれた横断幕の下で歓声をあげる観衆を前に演説をおこなう。しかし、ほぼその瞬間からアメリカ軍による占領の運命は暗転した。執拗なゲリラ軍により三千人以上のアメリカ兵が殺害され、さらにそれを大幅に上回るイラク人が死亡。選挙がおこなわれ、あたらしい憲法が議会を通過し、新政府が発足したにもかかわらず、イラクへのアメリカ軍の侵攻は、当初考えられていたよりもはるかに困難な状況におちいっていた。戦争の悪化と歩調を合わせるように、政権の唱えるより広範な対テロ戦争から生じた、はじめての訴訟事件が最高裁に持ち込まれた。グアンタナモ湾として知られるカリブ海の美しい入江にかかわる事件である。

一八九八年、アメリカ軍はキューバ軍とともにキューバからスペインを追い出したが、その後も島の南岸四十五平方マイルを占領し続けた。この駐留は、一九〇三年の二国間条約によって公的に承認され、年間租借料四〇八五ドルで話がついた。今日でもアメリカ政府はキューバ政府に毎年支払いを申し出ているが、フィデル・カストロ政権が成立してからの約五十年間、受領されたのは一度だけだった。

グアンタナモ湾では、アフガニスタン紛争がらみの前代未聞の事態が発生し、国際的な汚名をとどろかせていた。二〇〇二年一月十日、アメリカ軍はグアンタナモにアフガニスタンからの捕虜を連行しはじめる。特別部隊「ジョイント・タスク・フォース・グアンタナモ」を運営するのは、海軍だけでなく、軍全体であった。同日の記者会見で国防長官ドナルド・ラムズフェルドは、捕虜は「ジュネーヴ条約のいかなる権利をも有さない」「不法な戦闘員」であると明言する。ジュネーヴ条約では、捕虜各人の身分を決定するための個別審理を受ける権利が保障されていた。

アメリカ政府にたいし世界各地から、なかでも国際連合、EU、米州機構から痛烈な批判があびせられた。しかし国内では、9・11同時多発テロの余韻がまだ色濃く残っており、グアンタナモ基地の抑留も尋問施設も当初はたいして話題にのぼらず、議論もされなかった。

最終的に六百人に達したグアンタナモの捕虜は、アフガニスタンやその近隣諸国——あるアメリカ政府高官いわく「最悪中の最悪」——の戦場で拘束された者たちで、みなアルカイダまたはタリバン兵だとされていた。そのような卑劣で危険きわまりない人物でも、抑留にたいする異議申し立てをアメリカの法廷でできるという考えは、当初こっけいなことにさえ思われていた。捕虜たちは異国の地で拘束されており、家族への手紙は一通に限るという実質上の監禁状態で、面会も許されていなかった。しかし二〇〇二年前半、グアンタナモ基地に拘束されていたオーストラリア国籍のデイヴィッド・ヒックスの家族が、ニューヨークの憲法権利センター（CCR）の弁護士と接触をはかり、訴訟を起こす運びとなった。

CCRは、自由主義的な法を求める団体のなかでもACLUより左寄りの組織で、アメリカの抑留方針にそこしか異議を唱えようとしなかったのもなんら不思議ではない。裁判序盤戦の政府側弁護人の顔ぶれは、アファーマティヴ・アクション訴訟でミシガン大学側を率い、退役士官、企業経営者、元共和党大統領たちの名簿をたずさえて登場してきた者たちとまったくおなじだった。ミネアポリスの弁護士ジョゼフ・マーグリーズ率いるCCRの弁護団は、ワシントンの著名な弁護士や弁護士事務所に援助を求めたがすべて断られる。グアンタナモ事件は、過激な訴訟でもあるかのように思われていた。

しかし、連邦裁判所での審理が進み、9・11同時多発テロに続く興奮状態が鎮まるにしたがい、グアンタナモの捕虜の訴えはしごく当然に思えてきた。ブッシュ政権は、アメリカ軍の基地に拘束しているこれらの捕虜たちを法的に異例のあつかいとし、アメリカ合衆国憲法で保護される刑事被告人ではなく、かといってジュネーヴ条約で以前からそのあつかいが定められている戦争捕虜でもないとしていた。

正確にいえばグアンタナモ基地の抑留者は、対テロ戦争が終結するまで——つまり無期限に——拘束して尋問できる「敵性戦闘員」だったのである。軍がグアンタナモ基地の抑留者を戦争捕虜とするのを拒む理由の一つは、条約に準ずれば尋問できないおそれがあるからだった。くわえてグアンタナモ基地は、最初から尋問施設として建設されたもので、外部からの介入や情報をいっさい遮断し、完全に孤立させた状態で何日でも、何カ月でも尋問を続けることが可能だった。

さらに政府は、CCRからの訴訟の弁論で、原告はいかなる権利も有さず、訴訟を提起する権利さえないと主張した。抑留者はキューバに拘束されている非アメリカ国民で、基地の「最終的主権」はキューバにある。いうなれば訴訟は、外国人が海外の戦場から異議を申し立てているに等しく、アメリカの裁判所ではとうてい受け入れられないたぐいのものだという。下位裁判所はその主張を認め、最終的に訴えを棄却した（ラスル対ブッシュ事件として知られる）。皮肉にもシャフィク・ラスル本人は、グアンタナモ基地から最初に解放された捕虜のひとりとなり、事件が最高裁で審理される前に保釈され、名前だけがおもたる原告として残された。これとおなじ時期、やはり無制限の抑留に異議を唱える二つの訴訟がアメリカ合衆国市民（ヤーセル・ハムディとホセ・パディーラ）から提起され、それぞれ最高裁への道をたどっていた。

二〇〇三年後半から二〇〇四年前半にかけて最高裁が、ラスル、ハムディ、パディーラそれぞれの事件の裁量上訴を受理したのを境に、ブッシュ政権はそれまでよりも真剣に問題をとらえるようになり、二年後にようやくハムディとパディーラにたいする弁護士への接見を許可した。ラムズフェルド国防長官は、軍に「行政審査委員会」を設置し、グアンタナモ基地の捕虜ひとりひとりの身分を検証するという声明を出した。その手続きによっても、捕虜には弁護士を依頼する権利、不利な証人に反論する権利、上訴する権利のどれも付与されなかったが、政府弁護団は、少なくとも拘束し続けるに値するかどうかの検証はおこなったと主張できるようになった。政府はまた、捕虜にはこのわずかな手続き上の保護さえ受ける権利はないのだと言い切った。「単なる裁量的措置であり、法的に実行可能ないかなる権利や義務をもあたえるものではない」。ようするにブッシュ政権の言い分は変わらない。テロとの戦いのもとでは、グアンタナモ基地の捕虜には無権利が相応であり、たとえ一日たりとも、アメリカの法廷で審理される権利などない、ということであった。

訟務長官セオドア・オルソン率いるブッシュ弁護団は、共和党主導の政治によって有権者に示されていた道徳的確信をそのまま最高裁にも持ち込んだ。問題は単純明快、二者択一——アメリカ合衆国かテロリストか、正しいのか誤りなのか。ラスル事件の口頭弁論に立ったオルソンは、九人の判事たちにもおなじ選択肢を示した。「長官ならびに判事の皆様方、おそれながら申し上げます。アメリカ合衆国は現在戦争をしているのであります」。オルソンはものものしく語りはじめた。「上訴人が連邦議会の認めていない、憲法にも依拠しない、本最高裁でかつて審理されたことのない裁判権を主張しているのは、そのような状況においてであります」

仮にこのような言い方で判事への恫喝《どうかつ》を目論んだとしたら、ほかの多くの者には功を奏したろうが、戦略は失敗し、むしろ反撃を招いた。スティーヴンズがすかさず割って入った。「オルソン長官、戦争が終わったと仮定します。グアンタナモ基地にそのままこの者たちを抑留しておくことはできますか？」

もちろんできるとオルソンは答えた。つまり、軍は戦時であろうとなかろうとラスルたち捕虜を抑留しておけるということである。

「つまり戦争中だということは、この法的問題とはいっさい関係ないということです」スティーヴンズはいった。

「この状況においてその問題が持ち上がったのであり、無関係とはいえません」オルソンは弱々しく答えた。

「しかし、長官の見解に立てば、戦争中であることとは無関係です」。スティーヴンズは譲らず、オルソンは無関係だと認めざるをえなかった。こうして最初のわずか数分の弁論で、スティーヴンズはブッシュ政権が一時的なものではなく、むしろ戦時も平時もふくめた恒久的な権力の拡張を目論んでいるということをあきらかにした。それだけでなく、オルソンのものものしい言い回し、「戦争をしているのであります」が詭弁にすぎないこともあきらかにした。

翌週の四月二十八日には、ハムディ事件とパディーラ事件の口頭弁論がおこなわれ、またしても政権は無制限の行政権限を全面的に主張した。アメリカ市民であるホセ・パディーラは、シカゴのオヘア国際空港で逮捕され、アルカイダとつながっているおそれがあるという容疑で無期限に拘束されていた。司法省の見解によれば、パディーラは国内で拘束されたアメリカ市民であるとはいえ、たとえ残りの一生を監禁されたままで終わろうと、拘束に異議を申し立てる権利はなかった。訟務副長官ポール・クレメントは、9・11同時多発テロに関連して、連邦議会は政権が「すべての必要で適切な力を行使」するのを認めているのであり、パディーラの無期限抑留は正当だと主張した。クレメントによれば、彼は敵性戦闘員に分類されているのであって、裁判所にその抑留を禁じる権利はなく、そもそも審理を受ける権利もないのであった。

それを受けギンズバーグは、政府の守備範囲がどこまでおよんでいるのかを見きわめようと、ありえない仮定にもとづいて質問をした。「それを抑制するものはなんですか？　もし、政府がこれと主張するものが法であり、政府の判断において『必要で適切』なありとあらゆるものが法であると仮定するならば、拷問を検証しうるものはなんでしょうか？」

「それはですね、第一に条約上の義務であります。ですがまず検証機能として働くのは、ほかのどのような戦争の場合でもおなじことです。もしアメリカ軍人が戦争犯罪にかかわり、無害の拘束中の敵性戦闘員や戦争捕虜に残虐行為をおこなったとすれば、それは戦争犯罪についてのわれわれの概念を侵すものであり、当のアメリカ軍士官は軍法会議にかけられます」

しかしギンズバーグはその問題を追及した。「政府が『穏やかな拷問は、われわれが考えるに、情報収集に有用と思われる』といったと仮定します。その場合は、兵士個人が軍規に反するのではなく、政府による命令となります。組織によってはそれを情報収集の手段としています」

「当然ですが」クレメントは答えた。憤慨し声には怒気がふくまれた。「われわれ政府は、断じて違います」

ハムディ事件とパディーラ事件の口頭弁論がおこなわれた約八時間後の夜、ＣＢＳニュース番組『60ミニッツⅡ』でアブグレイブ刑務所における収容者の身体的・性的虐待を裏づけるアメリカ陸軍兵の写真が公開された。またたく間に戦争を象徴するものとなったその写真には、人間ピラミッドにされた裸のイラク人収容者のかたわらでアメリカ兵士たちがポーズをとっているものや、頭巾でおおわれ、体には電線が取りつけられているらしい収容者が箱の上に立たされているものがふくまれていた（ＣＢＳ上層部は国防総省高官からの要請で放映を二週間控えていたが、その問題について『ニューヨーカー』がセイモア・ハーシュの記事を掲載すると知って放映に踏み切った。その記事は五月一日発号に掲載された）。ラスルをはじめとするグアンタナモ抑留者の弁護人マーグリーズはのちに、「写真はなによりも強力な法廷助言人の意見書となりました」と語っている。

アブグレイブ刑務所の問題が公になったことにより、イラクとグアンタナモ基地でアメリカ軍兵士がおこなった拷問の問題は数カ月にわたり世間の厳しい批判にさらされた。調査により、イラクでも下位兵士による拷問が広範にわたっておこなわれていることがあきらかになったが、なによりも見過ごせないのは、ブッシュ政権上層部が拷問を露骨に正当化していたことだった。判事たちがラスル、ハムディ、パディーラ各事件の意見を準備していた二〇〇四年六月、この問題について世間を騒然とさせる文書があかるみに出た――「拷問メモ」である。二〇〇二年夏、当時の大統領顧問アルベルト・R・ゴンザレスは、対テロ戦争に従事するアメリカ軍兵士が連邦法で規制されるかどうかを確認するよう司法省に命じた。連邦法では国の内外を問わず、「残虐な、非人道的または品位を傷つけるあつかい」は禁じられている。

二〇〇二年八月一日付で、政府高官ジェイ・バイビーとジョン・ユーから回答がとどいた。ふたりは拷問を実質的に認知できないほど狭く定義し、法の定めるところは「深刻な身体的・精神的苦痛あるいは苦しみ」をともなうものであるとした。つまり、「拷問に相当する身体的苦痛とは、深刻な身体的障害、たとえば臓器不全、身体機能の損傷、または死に至るような激しい苦痛と同等のものである。拷問に相当する純然たる精神的苦痛や苦しみとは……かなりの期間、たとえば数カ月、あるいは数年にわたる著しい精神的被害を引き起こすものである」。くわえてふたりは、大統領は制定法をくつがえし、必要だと考えるありとあらゆる尋問技術を命じる権限を有するとも主張していた。拷問メモが公になったときには、バイビーはすでに連邦控訴裁判所判事に承認されており、ユーはカリフォルニア大学バークレー校ロースクールにもどり教鞭を執っていた。ユーはトーマスの元ロークラークで、ほかにもトーマスの元ロークラーク数名が、ブッシュ政権における対テロ戦争の法的正当性を体系づける上で重要な役割を果たした。

アブグレイブ刑務所の問題と政府の拷問方針があかるみに出たことが、最高裁における三件の訴訟事件にたいする判決を決定づけたというのは短絡的すぎるが、その報道が影響をおよぼしたのは間違いない。いずれにしても訴訟事件は政権側の屈辱的な敗北となった。最重要のラスル事件の判決では、グアンタナモの抑留者には監禁についてアメリカ地方裁判所に異議申し立てする権利がある、という裁定が六対三でくだされた。ハムディ判決では、やはり六対三で、政府にはアメリカ市民が抑留にたいして連邦裁判所に異議申し立てするのを妨げる権利はないとされた。パディーラ判決では、政権に単なる手続き上の勝利をあたえただけで、原告はニューヨークではなくサウスカロライナ州で提訴すべきとの判決がいいわたされた。

スティーヴンズはローレンス判決をケネディに、グルッター判決をオコナーに譲ったかもしれないが、ラスル判決はそうしなかった。同世代の大多数がそうであるように、彼の青年期を象徴する出来事は第二次世界大戦での従軍経験である。彼は、スティーヴンズホテル（一ブロックを占めるシカゴのランドマーク的ホテルはのちにシカゴヒルトンと改名された）の創業者一族という恵まれた家庭で育った。一九四一年、ファイ・ベータ・カッパクラブ（成績優秀な学生からなる米国最古の学生友愛会）の会員としてシカゴ大学を卒業し、シェークスピアを研究するため大学院に進むつもりでいた。だが折しもアメリカは参戦を間近に控え、教授たちによる海軍への優秀な人材探しの真っ只中。スティーヴンズは説得されて入隊を決めた。実際の入隊日が一九四一年十二月六日だったので、翌日の真珠湾攻撃は自分のせいだと冗談の種にしていた。

スティーヴンズはチェスター・ニミッツ太平洋艦隊司令長官の下太平洋で四年間軍務に服し、青銅星章を授与された。情報部員として日本軍の暗号解読に従事し、後年はよく従軍経験を誇らしげに口にしている。その強烈な愛国心は、一九八九年の有名な国旗焼却事件の判決で彼を保守派側につかせ、その経歴上、もっとも彼らしくない投票へと駆り立てた。国旗の焼却がアメリカ合衆国憲法第一修正によって保障される行為ではない理由を、彼は反対意見のなかで次のように述べた。「国旗は、東部十三州を世界の強国とならしめた勇気、決断力、英知の誇り高き象徴であるばかりではない。それはかけがえのない自由の象徴であり、平等にあたえられた機会の、宗教的寛容の、またわれわれの大志を分かち合う世界の人々との友好の象徴でもある」

スティーヴンズは、第二次世界大戦に情報部員として従事していたがために、ブッシュ政権のグアンタナモ基地における情報収集活動方針に斟酌をくわえているとは考えていなかった。だが、従軍経験とうちなる自負心が、軍事的必要性という問題について強気に出ることを困難にしていた。最高裁史上における暗黒時代のほとんどは、国の安全にかかわる問題について、行政部門の専門家の見解とされるものへの判事の過度な従属を契機としている。第一次世界大戦中から戦後にかけて最高裁は、反体制派にたいする疑問の余地のあるいくつかの訴訟を、彼らを擁護すれば国家を危険にさらすという理由から容認している。

有名なのは、第二次世界大戦中に日系アメリカ人を西海岸から排除するのを合憲としたコレマツ対アメリカ合衆国判決である（フレッド・コレマツ本人からラスルを支持する意見書が提出された）。スティーヴンズはその経緯を知っていたし、くりかえしてはならないと固く心に決めていた。くわえて事件の係争中にあかるみに出たアブグレイブ刑務所問題と拷問メモのせいで、最高裁に示された政権側の陳述の信憑性はさらに揺らいでいた。にわかに、司法と政治的見解の主流を外れているのは原告の急進派弁護団ではなく、ブッシュ政権だという流れに変わった。最高裁の大多数は、世論が信ずるものから大幅に逸脱すべきでないという信念を抱いていたため、その変化はきわめて重大なものであった。

こうして、政権のラスル事件における主要な論点がばかげているということになった。オルソンは、グアンタナモの海軍基地はまぎれもなくキューバの領土であり、その地での訴訟を認めることは、海外の戦場からの告訴につながるという立場を崩さなかった。しかし、スティーヴンズが意見で述べているように、「キューバとの合意において記された文書によれば、アメリカ合衆国はグアンタナモ湾海軍基地において『完全なる管轄権および支配権』を行使し、それを選択する限りにおいて恒久的にそのような支配権を行使することができる」のである。軍が捕虜をそのような遠隔基地に移送する理由は、基地が外部からの影響をまったく受けないからにほかならない。グアンタナモの収容者に弁護士との接見を許しても、訴訟を起こさせても、合衆国の多くの刑務所には当てはまる逃亡や混乱を招く事態には決してならないのである。レンクイストとトーマスもくわわったスカリアの反対意見でさえ、いつもの熱い抗弁は見られなかった。

　スカリアがやや控えめな理由は、ラスル事件の判決とおなじ日に出されたハムディ事件の判決から読み取れる。そこではブッシュ政権の立場がもっとはっきり否定されている。多数派意見を書いたのは、アメリカ国民の多数意見を安心して任せられるオコナーだった。その内容は容赦がなく、彼女とブッシュ政権との深まりつつある溝を如実に物語る。国の安全にかんする偽善的な主張への彼女のいらだちが透けていた。「ひじょうに困難で不確実な時代であり、法の適正な手続き《デュー・プロセス》にたいする国家の責任が厳しく試されている。そのようなときにあるからこそ、海外で戦うための行動規範においても、本国における義務を遵守すべきである」

　オコナーは司法の独立性という理念を説く伝道師となって、ハムディ判決を楯に、現在の――いうなれば彼女の――最高裁は確認もせずに判を押したりはしない、と政権に釘を刺した。「権力分離のあらゆる合理的観点に鑑み、裁判所はあらゆる個別の事例の検証を差し控え、広義の抑留方針の合法性のみに焦点を当てて審理に取り組むべきだと命じることはできない。そのやり方が権力の特定政府機関への一極集中を招くためである。アメリカ国民の権利という場合、戦時下であるからといって大統領に自由裁量権があたえられるわけではないことは、長きにわたりあきらかにされている」。もしオコナーのいわんとするところになんらかの疑念があるとすれば、最高裁史上最悪の瞬間の一つともいえる血塗られた記憶――コレマツ事件判決――をかざして自らの主張に導いていることである。

めずらしいことに、オコナーの見解は最高裁のなかで穏健なものであった。彼女は、なんの審理もなくハムディを抑留することはできないが、刑事被告人にあたえられる保護のすべてを必ずしもあたえなくともよいとしている。こともあろうにスカリアが反対意見を書き（めずらしく仲間にスティーヴンズがくわわった）、ブッシュ政権の敵性戦闘員という考え方そのものがアメリカ国民にたいする憲法違反だと主張した。

スカリアはブッシュ政権にたいするオコナーの対応は手ぬるすぎるとし、ハムディは連邦犯罪のかどで起訴されるか、さもなければただちに釈放されるべきだと主張した。「戦時下における国民の無期限の抑留について、その権限を政府に認めないとする主張は、軍事力を永久に政府の自由裁量とすることに憲法起草者が全面的に疑念を抱いていることとおなじである」。原意主義者のスカリアはそう述べ、さらに言葉をついだ。「戦争は法を黙らせる、あるいはその声を小さなものにするという観点がひろくどのような価値を持つにしろ、そのような観点は、きちんと戦争に向かい合い、民主主義の原則と一致させる形で戦争を収めることを意図した憲法の解釈および適用とは相容れない」。判事では唯一、トーマスだけが政権の立場を容認した。

ラスル事件とハムディ事件の判決でもう一つ注目すべき点は、政府や司法の権力の本質にかかわるきわめて重大な裁判だというのに、最高裁長官が多数意見も反対意見も、補足意見すら書かなかったことである。レンクイストはラスル判決ではスカリアの反対意見に、ハムディ判決ではオコナーの法廷意見にくわわった。唯一パディーラ事件の判決において多数派意見を書いているが、それは手続き上の見解を示したにすぎなかった。

そのような重要度の高い問題で最高裁長官があまり目立たないのは、いかなる状況においても異例ではあるが、特にレンクイストがほかならぬこの問題にかんして沈黙を貫いたのは妙だった。レンクイストはニクソン政権の司法省時代からその後の最高裁に至るまで、ほかの統治機構にたいする政府の権限を声高に叫んでいた。連邦主義と並ぶ彼のテーマともいえる問題である。それなのに、オコナーのブッシュ政権にたいする手厳しい叱責に同調している。はたして、本気でそう思っていたのだろうか？　彼の沈黙は不可解だった。

じつのところ二〇〇四年春のレンクイストは、疲れ切った老人だった。最高裁の仕事もますます皮肉な目でながめるようになっていた。長い歳月のあいだに、真に重要なのは結果だけで、判事の解説などどうでもいいと考えるようになっており、意見はどんどん簡潔で短くなっていた。あるときは同僚判事に、「事件の分析や原則なんてどうでもいい。いまの時点で最良でありさえすればいいんだ。どうせきみが宣言する原則だって、次の事件でないがしろにされてしまうんだからな」と口にし、聞いた判事は長官の暗澹《あんたん》たる思いにショックを受けていた。長官がラスル事件でもハムディ事件でも意見を書かなかったのは、そんなものはどうでもいい、重要なのは判決だけだと考えていたからである。

レンクイストはますます評決をにぎることがなくなり、もはやレンクイスト・コートとは名ばかりとなっていた。ブッシュ対ゴア判決以来、最高裁に持ち込まれた重要な訴訟事件のほぼすべてにおいて彼は多数派を仕切れなかった。アファーマティヴ・アクションもしかり、同性愛者の権利も、死刑制度も、そして今回の対テロ戦争の法的見解も。いわゆる連邦主義革命でさえも、無意味ではないが地味な革命へと勢いを弱めていた。ロペス判決では、州際通商条項の下に法律を通過させようとする連邦議会の権限を、最高裁はほんとうに縮小するかもしれないと思わせた。しかしそうはしなかった。追放された憲法は依然として追放されたままである。レンクイストのおかげで、連邦裁判所に州を提訴する法案の成立に歯止めがかかったのはまぎれもなく立派な功績ではあるが、最高裁の歴史において、一般人には理解されにくい判例だった。おなじように目立たないが、国家と宗教の問題も穏やかとはいえ確実に右寄りに舵を切っていた。最高裁が独自の方向に進んでいるのは間違いなく、世間だけでなく九人の判事にとってもきわめて重要な課題において、レンクイスト本人の見解がぶれることはまずなかった。

最高裁の顔ぶれも変わらなかった。ブライヤーがブラックマンの後任として就任して十年。新任判事をひとりも迎えない十年という歳月は、判事が九人となって以来、最高裁史上もっとも長い安定期であった。

レンクイスト・コートの仲間意識と合わせるように、二〇〇三年一月二十三日、判事の配偶者たちによって九人の最長記録を祝うサプライズパーティが催された（一八一二年から一八二三年のあいだも判事の入れ替わりはなかったが、当時の法では判事の数は七人だった）。二〇〇四年、スティーヴンズは八十四歳と最年長だったが、すこぶる健康で、自分の後任を選ぶことになる大統領にまったく親しみを感じていなかった。彼よりも先に、八十歳を目前にしたレンクイストがまず退任しそうに思われた。日ごろから、指名された大統領とおなじ政党の大統領のときに辞めるべきだという考えを口にしていたし、ジョージ・W・ブッシュの保守政治には、レンクイスト本人の政治信条が反映されていた。

だが実際のところレンクイストは辞める気はなかった。ヴァージニア郊外の小さなタウンハウスに住まう男やもめ。三人の子どもはとっくに巣立っている。仕事も同僚も好きだった。健康状態もすこぶるとはいえないまでも申し分ない。持ち前のシニカルな言い方で、最高裁退任についての厳然たる事実を口にしていた――いずれは死ぬ、おそらく意外に早く。彼は管理職の任務を嬉々としてこなしており、しかもそれに適していた。たとえ複雑な最高裁理論への関心がうすらぎ、最高裁の公文書に自ら刻んできた言葉の重要性に疑問を抱いていたとしても、それでも仕事を続けるほうが引退するよりもましだった。結局のところ、アメリカ連邦最高裁長官でいるほうを選ぶか、家で孤独に座っているほうを選ぶかである。むずかしい選択ではなかった。

それにくわえ、ブッシュに自分の後継者を指名しておきたくても、開かれた窓口はすでになかった。二〇〇四年の開廷期終盤、大統領選挙は着々と進行していた。選挙が終わるまで民主党が任命を引き延ばそうとするのは間違いなかったし、選挙は接戦が見込まれた。レンクイストのように伝統を重んじる者であれば、健康問題でそうせざるをえない限り、そのような時期に引退することはない。そんなわけで彼は、いつものようにヴァーモント州の簡素な夏の別荘に引きこもり、ブラブラしながら新しい本のテーマを探していた。最新の著書は同年春に出版された『百年目の危機』で、物議を醸した一八七六年の大統領選挙――彼自身のブッシュ対ゴア判決のなごり――の公正で明快な一般的な考察だった。そして、八十歳の誕生日である二〇〇四年十月一日にワシントンにもどり、三日後の月曜日にはじまる開廷期を待ち構えた。

ここで問題が持ち上がった。レンクイストは喉の痛みで声を張り上げることができなくなったのである。最高裁では十月第一週と二週にかけて十一回の口頭弁論が開かれたが、最後の十月十三日の移民にかんするクラーク対マルティネス事件のときには、六月のパディーラ事件の判決のときとはまるで別人のしゃがれた声しか出せなかった。次の口頭弁論まで三週間ある。レンクイストは病院に足を運んだ。

診断はすぐに下りた。甲状腺未分化癌――きわめて進行が早く、死亡率はほぼ百パーセント（近年レンクイストは一日一本程度にタバコを減らしていたが、長年の喫煙習慣が癌の一因なのは疑いようがない）。十月二十二日金曜日、彼はベセスダ・ナヴァル病院に入院して気管切開手術を受け、呼吸を楽にするため喉に穴を開けて管を通した。翌月曜日の十月二十五日、最高裁の広報室から、レンクイストが「甲状腺癌」で、「十一月一日月曜日、口頭弁論の再開に合わせて復帰予定」という声明が出された（大多数の甲状腺癌は治癒可能で、発表では癌の種類にはふれていなかった）。

しかし、レンクイストが退院できたのはようやく十月二十九日になってからのことで、あきらかに復帰できる状態ではなかった。十一月一日、彼は当初の復帰予定日は「楽観的すぎた」として、今後「外来患者として放射線と化学療法の治療」を受けるという声明を出した。最初とは違い、広報官からではなくレンクイストの執務室から直接出されたということは、ほんのひとにぎりの人間しか容体について知らされていなかったということだろう。とはいえ、レンクイストの休職期間と治療法からして、破壊的な未分化癌にかかったのではないかという――正しい――憶測が流れていた。十一月一日の朝、上席判事ジョン・ポール・スティーヴンズが口頭弁論を取り仕切り、中央の席は不吉な予兆をはらんでぽっかり空いていた。

翌日に大統領選挙を控えるなか、判事たちは本人も十分承知していることを考えていた――長官は長くない。

19 「たぐいまれなる栄誉」

二〇〇四年十一月二日、ジョージ・W・ブッシュはジョン・ケリーを接戦の末くだした。今回は最高裁の手を借りずにすんだ。負けていたらば、最高裁判事任命の機会に恵まれずに任期を終えたアメリカ史上唯一の大統領、ジミー・カーターといっしょになっていたはずである。だが、選挙前日にレンクイストの病状が突如公表されたことで、ブッシュにまもなくその機会が訪れることがあきらかになった。指名と承認をめぐる政界の緊張感——久しく影を潜めていたものが最高潮に達するまでに一日もかからなかった。

大統領選挙当日、アーレン・スペクターもペンシルヴェニア州上院議員として五期目の当選にこぎつけた。有名なへそ曲がりで魅力よりも才気に長けたスペクターは、議会において絶滅しつつある種、穏健派共和党員だった。初当選した一九八〇年当時は、上院にもロバート・パックウッド、マーク・ハットフィールド、ローウェル・ウェイカー、チャールズ・マシアス、ジョン・ハインツといった穏健派が多数顔をそろえていたが、二〇〇四年には、全米共和党の右傾化に従い、その人数も存在すらわからないほどに落ち込んでいた。共和党の基盤からかなりずれていたスペクターには、党の予備選で対立候補まであらわれる始末で、相手は一般選挙で民主党と争ったときよりもはるかに善戦した。

十一月三日水曜日、スペクターはフィラデルフィアで慣例の大統領選挙後の記者会見をおこなった。その席で最高裁判事指名候補者について問われたのは、彼にも上院司法委員会委員長の椅子がようやく回ってきたことで、急きょ特別な反響を呼ぶ話題となったからだった。スペクターはそれまでもことあるごとに表明してきた見解をくりかえし、ロー対ウェード事件の判決によって確立された中絶の権利は「侵害できない」ものであり、その見解を共有しない者は「今日だれも承認されないだろう」と述べた。そのことについて特に気に留めるようなこともなかった。

だがスペクターは、所属党がいかにさまがわりしたのかをまたしても身をもって知ることとなる。一夜明けて、ロー判決にかんする彼の発言がひろまるにつれて、予備選で敵対したフォーカス・オン・ザ・ファミリーなどの保守派団体が、彼の委員長就任を否決するよう頑強に要求しはじめたのである。彼の事務所のまわりでは抗議団体がシュプレヒコールをあげ、上院の電話回線には電話が殺到。共和党議員のなかには執務室の留守番電話サービスに、「上院司法委員会の委員長に就任すべき人物についてのお電話は『3』を押してください」と追加する者まで出る騒ぎとなった。十一月十七日、スペクターは待ちこがれていた貴重な椅子を取り上げないでほしいと、共和党上院議員の同僚たちに懇願せざるをえない状況に立たされた。そして、上院上層部や司法委員会の共和党員たちと個別に会談をかさねた末、ようやく委員長の椅子を約束される――しかし、それには条件があった。

スペクターは翌日の記者会見でその詳細をあきらかにしている。任期制限によって司法委員会委員長をしりぞくオリン・ハッチに紹介された彼は取引を説明した。「指名者が妊娠中絶に反対であるというだけで承認を拒否する気はなく、今後ともそれはありません」。おのれの思想のあやまちを告白するよう脅迫されたソ連の被告人のごとく、疲れ切った抑揚のない声だった。「委員会においても議会においても、ブッシュ大統領が指名した判事全員に賛成票を投じてまいりました。ブッシュ大統領が指名に値するとしたどの候補者をも、支持できないと思う理由はありません」
スペクターはかろうじて委員長の椅子を守ることができたが、彼に突きつけられたメッセージは疑いようもない。保守派は共和党大統領が最高裁判事を指名する日を十四年も待ち構えていたのである。今度こそ強い信念を持つ人物でなければ困るのだ。九人のうち七人の判事が共和党大統領の指名にもかかわらず、いまだに最高裁は保守派を失望させてばかりいる。大統領の支持基盤の中核メンバーは、保守派の政策を確実に受け入れる最高裁判事候補者しか受け入れるつもりはなかった。なかでもロー対ウェード判決は譲れない、アーレン・スペクターのようではだめなのである。欠員が出る前から、まして指名の話などないときから、ジェームズ・ドブソンやジェイ・セキュロウといった保守派の活動家たちは、ブッシュの再選に向けて重要な役割を果たすことで権力をたくわえてきた。彼らは、自分たちの最重要課題がなにかというのをはっきり示していた――それは最高裁を牛耳ることであった。

二カ月後、昨秋癌を公表してからはじめてウィリアム・レンクイストが公衆の面前に姿をあらわした。二〇〇五年一月二十日のジョージ・W・ブッシュの就任宣誓式である。レンクイストは式を執りおこなうため、危なげな足どりで国会議事堂前の階段をおりていった。秘書のサリー・ライダーがぴたりと寄りそって注意深くその行進を見守るなか、同僚判事やほかの招待客らが待つ場所まで無事たどり着く。抗癌剤治療の影響で髪はほとんど抜け落ち、挿入されたままの気管切開管のために声はほとんど聞き取れなかったが、不屈の精神で本来の任務を果たした。ブッシュが「神よ、わたしに力をあたえたまえ」という、ジョージ・ワシントンが憲法の宣誓時にくわえたといわれ、以来踏襲されている決まり文句をいうと、レンクイストは大統領に「おめでとう《コングラチュレーションズ》」と祝辞を述べた。これは一九九七年一月二十日、最高裁でポーラ・ジョーンズ訴訟事件の口頭弁論が開かれた一週間後にビル・クリントンに贈った、真意の定かではない「幸運を祈る《グッド・ラック》」とは違っていた。レンクイストはブッシュの就任演説を待たずにその場を離れ、その滞在はわずか十三分だった。
だれよりも熱心に長官を観察していたのはほかでもない、八人の同僚判事である。スティーヴンズとオコナーだけは短時間に限り自宅への訪問を許されていたが、ほかの者が会う機会はいっさいなかった。レンクイストは自宅で口頭弁論の録音を聞き、紙に書いて投票し、意見の割り当てを続けた。休んでいるあいだの判事会議と口頭弁論はスティーヴンズが取り仕切っていた。病気になる以前も、レンクイストは直属のスタッフ以外とはメモでのやりとりのほうが多かったので、彼の在廷を前提としなくとも最高裁は従来どおり回っていた。レンクイストは仕事にたいする責任感がひじょうに強かった。自分の病気によって支障が出ないよう細かく気を配るのはもちろん、去就についてもにおわすようなことはいっさいなかった。

通常の開廷期と同様、判事たちは最初の数カ月で容易な訴訟案件を片づけた。毎年決まったように、法廷意見の約四十パーセントは全員一致となり、それより多くが、一つか二つのほんの控えめな反対意見を喚起するものである。レンクイスト不在の最初の数カ月、最高裁は巧みに論争を避けており、唯一の例外は、外国法を引き合いに出して少年犯罪者の死刑を違憲としたケネディのローパー対シモンズ事件の法廷意見だった。それは十月十三日の午前中、レンクイストが法廷にいた最後の日に口頭弁論がおこなわれたもので、三月一日に判決がいいわたされた。またもやレンクイストは重要な訴訟事件――それは最高裁の重心が左へ傾いたことの一つの証しともなるものだが――で沈黙を貫き、スカリアの反対意見にくわわった。

最高裁のイデオロギーがこのように転換したことでもっとも恩恵を受けたのは、オコナーとケネディである。ふたりはますます多くの判決を左右するようになり、スティーヴンズからローレンス判決、グルッター判決、ハムディ判決のような重大な意見を任された。しかし、あいかわらず目立ちはしなかったが、デイヴィッド・スーターもまたこの変化の波に洗われ、ブッシュ対ゴア判決後のうつうつとした気分から抜け出すことに成功していた。

金銭上の束縛からはほぼ無縁のスーターは、質素とも禁欲ともつかない生活を送っていた。妻も子もなく、ニューハンプシャー州に古めかしい家屋と土地、ワシントンの地味な一角に小さなアパートメントを所有。勤務時間は週約七十時間。趣味といえばジョギングである。判事に開示義務のある年間報告書によれば、二〇〇三年の大学と弁護士協会負担の旅行は、スカリアがトップで海外もふくめ二十一回、次いでオコナーの十九回。かたやスーターは例年どおりゼロで最下位。講演や刊行物からの収入もゼロで、贈答品もいっさい受け取っていなかった。

とはいえ、ブッシュ対ゴア事件のあとに退職を考えたにもかかわらず最高裁にとどまったのは、ニューイングランド地方の倹約精神があったからこそともいえるだろう。彼は数年前に地元の銀行株に投資しており、株価は買収がくりかえされた末に急騰《きゅうとう》。二〇〇三年には現金と株の資産が五二〇万から二五五〇万ドルのあいだと申告されており、最高裁トップのギンズバーグに拮抗するほどだった。だが彼は、連邦判事は勤続十五年に満たないと退職後の年金が満額にならないということをきっちり計算していた。その権利を得るには六十六歳になる二〇〇五年まで待たねばならない。その前に退職するのは満額の年金を棒に振るようなもので、その報奨金をみすみす手放すのはもったいないと友人に話していた。年金などほとんど必要とせず、使い道もほとんどないのにそれを気にするのは風変わりな彼らしいが、同僚たちは彼の変人ぶりをよく知っていた。

むしろその穏やかな気質のため、たぶん同僚のなかで一番好かれていたのがスーターである。本人もその好意に応えている。最高裁にとどまった理由の一つでもあるのだろう。彼は特に女性判事ふたりのお気に入りだった。スーターはギンズバーグより六歳、オコナーより九歳年下にすぎないのだが、彼女たちは彼に母性的な愛情を寄せていた。ギンズバーグは夫マーティの凝った手料理を味見させようと彼をしばしば自宅に招いており、共通の趣味であるクラシック音楽の集いにも声をかけていた。よく自慢げに、彼とだけは、ほかの同僚とは違って反対意見のなかで皮肉で辛らつな論戦をくりひろげたことはいっさいないと口にしていた。

オコナーはもっと直接的な目標をかかげていた。結婚させようと考えていたのである。彼女の伝記作家ジョーン・ビスクーピックによれば、オコナーは出会いの仲立ちをするのがうまいと自負しており、フェニックスの高級住宅地では「パラダイスヴァレーの世話焼きおばさん」として知られていたという。彼女は自分の主催するパーティにたびたびスーターを招待しており、彼の就任後間もない「ファヒータ料理と乱痴気騒ぎの会……。服装規定：田舎の西部風または都会の東部風」もその一つだった。長いあいだ、ワシントンのスーターの知り合いは、大統領夫人のバーバラ・ブッシュもふくめ事実上全員が彼にデートの相手を紹介していたが、すべて空振りに終わっていた。かつて同僚判事のひとりがスーターをうまく説き伏せて女性を夕食に連れ出させたことがあった。相手の女性の話では、その晩は最後までとてもいい雰囲気だったらしい。だが彼は彼女を家まで送りとどけて、楽しいひとときだったといってからつけくわえた。「来年またごいっしょしましょう」

スーターにとってワシントンはずっと呪われた場所であり、二〇〇四年四月三十日の事件でさらにその思いは強まった。その晩、いつものように最高裁近くの自宅からポトマックの古い軍用基地フォート・マクネアまでジョギングしていた彼は、折り返してもどる途中、男性ふたりの暴漢に襲われた（襲撃の理由はわからずじまいだった）。ひどく殴られ、地元の病院で切り傷と打撲の治療を受けるほどのけがを負ったのだが、従来の頑固さから、翌朝――土曜日――もふだんどおり仕事に出かけている。ニューハンプシャーに逃げ帰るような出来事があったとしたら、これがそうだったかもしれないが、彼はワシントンにとどまった。やがて勤続十五周年を迎えたが、去就にかんする話は出ないまま過ぎていった。

スーターがもう一度最高裁でがんばる気持ちになった理由を知る手がかりは、スタンフォード・ロースクール教授で、ラーニド・ハンド判事の伝記を著したジェラルド・ガンサーが死去した直後にあきらかになった。スーターとガンサーは特に親しいわけではなかったが、スーターはガンサーの著書を高く評価していた。それを知っていたスタンフォード大学の学部長キャスリーン・サリヴァンが葬儀での弔辞を依頼してきた（スーターの秘書にはあまりにも突飛な発想に思え、キャスリーンの依頼を聞いて思わず電話口で笑ってしまった）。意外にもスーターはこれを快諾し、人生六十年を過ぎてから二度目のカリフォルニア訪問を果たした。

スーターの追悼演説はガンサーとハンドを称えたものだったが、実際には「裁きとはどうあるべきか」についての短いエッセイともいえるものであった。ハンドは一九二四年から六一年までニューヨークの連邦控訴裁判所判事をつとめており、彼の見解は、友人であり、スーターのもうひとりの司法の英雄ジョン・マーシャル・ハーラン二世判事の穏健で慎重な判決と似ていた。スーターは追悼演説で次のように述べた。「裁判官各々に共通する責務とは、軽易な訴訟事件にたいしても疑いの目を持つこと、境界の明確な領域についても懐疑的な態度でのぞむこと、先例を前にしては慎み深くあること、価値のある原則を別の原則と競わせる場合には公平を期すこと、そして具体的状況において先入観を持たずにそれを実行する勇気を持つことです」。これはデイヴィッド・スーター自身を物語っている。彼はプライバシーの権利にたいする注意深い監視者であり、強力な中央政府の猛々しい擁護者（ならびに連邦主義にかんするレンクイストの容赦ない敵対者）であり、時間はかかるが丹念な仕事をする司法の職人であった。

ガンサーへの追悼では、二〇〇〇年以降、なぜオコナーやケネディに同調するように左に寄ったのかも示唆している。過激主義や「境界の明確な領域」のいっさいに距離を置くスーターは、「追放された憲法」を取りもどそうとする保守派の目論みには本能的な恐怖を感じていた。中道主義はオコナーにとっては一つの政治哲学であったが、スーターにとってはもっと気質に由来するものであった。しかし、ふたりは単に方法論が異なるだけで、同様の専門的目標を目指していたのである。

　判事スーターの功績を象徴する訴訟事件は、レンクイストの闘病中に審理され、判決がくだされた事件であろう。MGM対グロックスター事件の争点は、著作権法にからみ激しい論争を引き起こしていた問題の一つ――著作権侵害で使用されるソフトウェアのメーカーは、実際に製品がそのような使われ方をした場合、法律上責任を負うのか？　動画と音楽の娯楽作品はほぼすべてが違法コピーされ、グロックスターのようなソフトウェアを介して配布されているのが現実のため、数十億ドルもの大金がかかった訴訟であった。ソフトウェアメーカーに有利な裁定をくだせば、映画制作会社を理不尽な著作権侵害で追いつめてしまうのではないか？　制作会社に有利な裁定をくだせば、技術革新を妨げてしまうのではないか？　審理がおこなわれる前から、最高裁はこのような難問を前に紛糾し、ただでさえ複雑な法をさらに複雑にするだろうという意見が大勢を占めていた。しかしスーターは自分の意見で最高裁をみごと一つにまとめ上げ、ソフトウェアメーカーが著作権侵害を奨励するような肯定的行動をとった場合にのみ責任を負うと裁定した。それは政治問題にかかわりあわない判決といえ、右派と左派、娯楽作品の制作者と配布者、アーティストと企業家双方からの支持を引き出せるものであった――しかも万年筆しか使わない男が書いたものでもあった。スーターの意見は、技術と娯楽双方の市場をきちんと理解していることをうかがわせた。二〇〇三年、結婚式の司会をしたときにはじめて、同僚判事らにはすっかりおなじみの歌手グループ「シュープリームス（最高位の意）」を知った男でもあった。

　最高裁で人気を博していたものの、スーターをよく知る者たちにも、彼は謎であり続けた。そこが彼の魅力の一部であり、変わり者でありながらも、悠々自適であり、最高裁での傑出した立場や日々の暮らしを楽しむ余裕を持ち合わせていた。たとえば、部外者がしばしばスーターとブライヤーを取り違えるという、最高裁では周知の逸話があった。ふたりはまったく似ておらず、どうして間違えられるのかきちんと説明できる者はいない。ある日スーターはいつものようにひとりワシントンからニューハンプシャーへ車を走らせていた。昼食をとろうとマサチューセッツ州に立ち寄ったとき、たまたまそこに居合わせた夫婦に話しかけられた。「最高裁の判事さんではありませんか?」

スーターはそうだと答えた。

「ブライヤー判事でいらっしゃいますよね?」男がいった。

相手にばつの悪い思いをさせないよう、スーターはそのままうなずいて儀礼的なあいさつをかわしていた。すると最後に男が想定外の質問を投げかけた。

「ブライヤー判事、最高裁の一員で一番よかったと思われることはなんですか?」

しばし考えてからスーターはいった。「そうですね、デイヴィッド・スーター判事といっしょに仕事ができる機会を得たことですかね」

二〇〇五年春、判事たちがレンクイストの病状を知る手がかりを探していた当時、最高裁にとってもっとも重要な案件は、審理請求を一度も受け入れたことのない訴訟事件であった。テリ・シャイヴォにかんして判事たちは一言も意見を発しなかったが、その年、公共機関としての最高裁にそれ以上の衝撃をあたえた訴訟事件はほかになかった。

テリ・シャイヴォの事件は、他州ではともかく二〇〇五年初頭のフロリダ州では、だれもが知る話であった。テリは一九九〇年二月二十五日に突然倒れて心臓が一時停止し、その後深い昏睡状態におちいった。一九九八年、彼女の夫であり後見人のマイケル・シャイヴォがフロリダ州裁判所に出廷し、永続的植物状態を理由に妻の栄養補給管を取り外す許可を求める。倒れる以前の会話から、妻はこのような状況のもとで生かされているのを望んでいない、という主張であった。判事はその訴えを認めて栄養補給管を取り外す命令をくだすが、テリの両親のシンドラー夫妻が娘の状態はそれほど悲観的ではなく、いつの日か回復する見込みがあるとして異議を申し立てる。こうして何年にもおよぶ熾烈な裁判がはじまった。

テリ・シャイヴォをめぐる闘争はすぐに、家族のひどいもめ事および妊娠中絶と「生きる権利」にかかわる代理戦争の様相を呈した。さらに奇妙なことには、フロリダ州でのブッシュ対ゴア事件をめぐる紛争の再現ともなった。長引く訴訟のあいだ、民主党寄りの裁判所はマイケル・シャイヴォの訴えを支持し、共和党支配の州議会は、州知事ジェブ・ブッシュとともに両親側を支持した。二〇〇三年、議会はブッシュ知事にテリの栄養補給管再挿入を命ずる権限をあたえる法案まで可決した。だが州最高裁は、以前ゴアに有利な判決を二度くだした判事らのもと、その法律を違憲とする裁定をくだす。

最後の危機は二〇〇五年二月二十五日、フロリダ州判事ジョージ・グリアが延命停止を認め、三月十八日に栄養補給管を取り外すよう命じたときだった。シャイヴォが入院しているパイネラスパークのホスピス前では一連の抗議活動がおこなわれ、徹夜の祈禱がはじまった。指揮したのはクリスチャン・ディフェンス連合会と称するグループに属するパトリック・マホニー牧師である（マホニーは人工中絶反対運動をふくむ多くの保守派運動を先導しており、一九九四年にはポーラ・ジョーンズを説得してビル・クリントンにたいするセクハラ訴訟を起こさせた）。

テリの栄養補給管は三月十八日午後に外された。フロリダ州では万策が尽き、そのままではテリが数日以内に死ぬと危惧した両親は、今度は政府に、具体的には下院多数党院内総務トム・ディレイに助けを求めた。中絶の権利に強硬姿勢を示すハマー派に属するディレイは、驚異的なスピードで法案を成立させる離れ業を見せた。議会が休廷中だったにもかかわらず、日曜日である三月二十日に議員の過半数二一八人を招集し、テリの栄養補給管取り外しを阻止する法案を可決させたのである。法案は上院でも可決され、ブッシュ大統領はテキサス州クロフォードでの休暇を切り上げ、法案に署名するため牧場から飛んで帰り、三月二十一日月曜日、午前一時八分にそれをすませた。同日ブッシュは、「人命を尊重する立場を取るほうがいかなる場合においても賢明です」との談話を発表した。

正式名称「テレサ・マリー・シャイヴォの両親の救済のための法律」の具体的条項により、フロリダ州連邦地方裁判所は、「シャイヴォの生命を維持するために必要な、飲食物や医療の差し止めまたは停止について」あらためて審理をおこなうよう命じられた。さらにそこには、「遅延なく訴訟を審理・裁定すること」と明記されていた。そのため法律が発効された当日、ジェームズ・D・ホイットモア判事はタンパ市で審問を開き、その翌日、栄養補給管を再挿入させるためのシンドラー夫妻の試みを棄却した。両親はすぐに連邦第十一巡回区控訴裁判所に上訴。最高裁にも上告したが、最高裁は三月二十四日にその訴えを受理せぬとした。このときまでに訴訟は、州と連邦裁判所の六つの法廷で、計十九人の判事によって審理されていた。最高裁では二〇〇一年から二〇〇五年までに計五回、この訴訟事件の審理請求を却下している。テリ・シャイヴォは三月三十一日に死去した。

彼女が亡くなったことで論争はさらに激しさを増した。死の当日、ディレイは、最高裁判事もふくめ、裁判に関与した判事らを弾劾告発すると脅した。「この事件に責任のある者たちがその行動の申し開きをするときがやがて訪れるでしょう。われわれは議会と大統領をばかにする、傲慢で制御不能におちいった司法にメスを入れます」

四日後、テキサス州選出の共和党上院議員ジョン・コーニンがそれを上回る教唆的な発言をする。この事件のほんの数週間前、判事とその家族を狙った恐ろしい襲撃事件が二件起きていた。シカゴでは、精神錯乱におちいった訴訟当事者が連邦判事ジョアン・レフコウの自宅に押し入り、彼女の夫と母親を殺害。アトランタでは、レイプ事件の被告人が自分の裁判にかかわった判事を殺害し、逃亡中にさらにふたりを殺害した。上院議場で談話を発表したコーニンは、シャイヴォ事件のような判決を契機として判事への襲撃事件が起きるかもしれないと憂いた。「因果関係があるのかどうかはわかりませんが、昨今国内では裁判所がらみの暴力事件が数件発生しています。時と場所によって受け止め方に関係があるのかどうかわかりませんが、判事が国民には訳のわからない政治的判断をくだすことに、うっ憤が積もりに積もって暴力沙汰に発展してしまうのではないでしょうか」

九人の判事たちは事の成り行きを見守っていたが、テリの利益とされる法案を可決するためのなりふり構わぬ攻勢、判事への悪意に満ちた攻撃に愕然としていた。なかでも判事への襲撃とそれについてのコーニンの醜い言及はひときわ衝撃的だった。というのも、世間には知られていなかったが、オコナーとギンズバーグも最近殺害を予告されていたからである。インターネットのチャットルームには次のような書き込みがあった。「さあ、特殊部隊員たちよ。これがきみたちの愛国心を示す最初の任務である……。むずかしくはない。最高裁判事ギンズバーグとオコナーは、アメリカの訴訟事件を裁くにあたって、〔外国〕法を使って判決を導き出すと世間に堂々と宣言している。これはわれわれ共和国と憲法の自由にたいする重大な脅威である……。もしきみたちが自分が何者であるのかを主張するに値する人物であるならば、口先だけの愛国者で**ない**ならば、そのときはこのふたりの判事の命は来週までに尽きるであろう」。人間の本質を冷徹に見通していたギンズバーグは、そのいっさいを肩をすくめてやりすごした。

だがオコナーはそうはいかなかった。彼女からするとテリの訴訟事件は、愛する共和党を乗っ取ったと彼女がみなす過激派によるあらたな暴挙にしか思えなかった。ジョン・アシュクロフトの登用、アファーマティヴ・アクション裁判の政治化、対テロ戦争の法を無視した対応、イラク戦争を激化させた惨劇、なにからなにまで最悪である(秩序を重んじる者として、オコナーは戦争をいいあらわすのにもっぱら「混乱」を使った。そのような評価をくだすのは、この戦争を画策した、唯一政権側に残る親しい友、ドナルド・ラムズフェルドの手前、ことのほか心痛むものであった)。しかし、オコナーにとってテリの訴訟事件は、共和党全般、特にブッシュにたいする不満のなかでも最悪のものだった。

オコナーの政治的中道を見きわめるレーダーは、テリの論争でも完璧に働いた。両党の国会議員たちは、テリのための法案を迅速に可決することで国民の要望に応えていると思い込んでいたが、世論調査からは、家族の悲劇に政府が介入したことにたいして多くが嫌悪感を抱いているのがよくわかる。およそ七十パーセントの国民が、ブッシュと議会がテリの問題にかかわるのを快く思っていなかった。調査によれば、女性の中絶する権利を大筋で支持しているのとおなじ理由から、国民の多くがテリにかかわる立法行為に異議を唱えていた――決断は個人や家族がくだすものであって、政府ではない。

この見解はオコナーの自由意思を重んじる気持ちと共鳴するが、彼女の怒りの矛先は別のところにあった。真に危険なのは、この法律を利用して、議会が裁判所のくだすべき判決を指図しようとしていること。いいかえれば、家族にどうすべきか命令するよりも、判事にどうすべきか命令することのほうがさらに悪いのである。

その問題はオコナーの外国歴訪のテーマでもあり続けた。彼女は、CEELIで彼女の研修を受けたウクライナ人弁護士団が、二〇〇四年のオレンジ革命を率いたのを目撃した。その国では最高裁が腐敗した国政選挙を無効にした。ジンバブエでは司法の独立性が失われ、ロバート・ムガベ政権が国の最高裁に刺客を送り込み、その判決を無視し、数人の裁判官を辞任に追いやったのを嘆いていた。ロシアの大統領護衛官が最高裁長官の飼いネコを殺した事件についてもたびたび口にしていた。あまり知られていない講演だが、バーレーンでおこなわれた二〇〇三年のアラブ司法フォーラムでは、民主主義の萌芽期にある国家に司法独立の大義を受け入れるよう嘆願し、次のように述べている。「法の支配においてもっとも大切なのは、法律が公平かつ平等に適用されるという信頼を市民にあたえることです。司法が独立性を保つことにより、裁判官はほかの統治機関の利益に反するかもしれない判決をくだすことが可能になります。大統領や大臣、立法府の議員たちが急場しのぎの解決策をあわてて探すこともあるでしょう。独立した司法機関は、権利と自由の観点からそのような解決策の影響をじっくり考えることのできる唯一の立場にあり、そのような価値が奪われることのないよう確実に行動しなければなりません」

テリの訴訟で彼女が感じたのは司法の独立性にたいする脅威である。しかもそれは遠くの州議会議事堂からではなく、目の前のファーストストリートを隔てた連邦議事堂から感じられた。ブッシュと同盟者たちは、対テロ戦争において少しずつ権力の分立を弱体化し、グアンタナモでは法の支配を無視し、フロリダ州では裁判官たちをないがしろにした。オコナーはそんな状況を黙ってながめているようなことはしなかった。二〇〇五年後半、彼女はその怒りから一歩踏み出し、司法の独立性を熱心に説いて回りはじめた。

敵も引き下がってはいなかった。四月七日、トム・ディレイはワシントンで開かれた「信念にもとづき司法闘争に対峙する」と題した保守派の会議の壇上で、「司法の独立性は司法の優位性と等しくはない」と断じた。会議の講演者たちからは、特定の訴訟事件を審理する特権を裁判所から剝奪することや、議会の予算配分権限を使って逆らう判事を懲らしめるなどの「集団弾劾」が提唱された。オコナーはすぐさまディレイに反撃し、上訴専門の弁護士協会向けの講演で次のようにふれた。「これはテリ・シャイヴォ事件の判決後、連邦裁判所が議会の一回限りの法律を条文に記されているとおり適用したときですが、残念ながら、この条文はその連邦議会議員が望むとおりには書かれていなかったということなのでしょう」

さらに言葉をついで、「事態は悪化しています。どの連邦裁判所においても、殺害の脅迫は頻発し、増えつつあるのです。れっきとした上院議員たる者が、その活動家と目する判事の判決が彼に『甚大な苦悩』をもたらしたと述べ、その者の行動主義と『昨今の国内の裁判所がらみの暴力事件』には『因果関係』があると示唆したところで解決にはならないのです」と上院議員コーニンをあてこすった。

脅迫はオコナーにとって抽象的なものではなかった。まさにおなじ月の二〇〇五年四月、ちょうどチャットルームに悪意ある投稿がなされてから数週間後、各判事あてに致死量の殺鼠《さっそ》剤入り手作りクッキーが送りつけられた。小包はそれぞれの執務室にとどけられる前に押収された。送り主であるコネティカット州ブリッジポート市の女性バーバラ・ジョアン・マーチは、複数の行政府高官にもおなじように毒物を送りつけていた（翌年マーチには禁錮十五年の刑がいいわたされた）。コーニンやディレイの発言当時、オコナーはそのような一連の出来事から司法が厳しい批判にさらされていると感じていた。

最高裁での最後の一年、オコナーは自分の業績のすべてを可能にした司法制度というものを精力的に説いた。独立した最高裁だけが、政府を憲法の本質から逸脱しないようつなぎ止めておけるのだ。もはやオコナーにとって、司法の独立性を守る闘いほど重要なものはなかった。なぜなら、いま彼女とその理念の前には、強大な敵が立ちはだかっていたからである。それは、かつて愛した政党、かつて自分がホワイトハウスへ送り込んだ大統領であった。

さまざまな困難に直面してはいたが、それでもオコナーの人生において充実した毎日だった。健全なる精神と肉体をもつ七十五歳の女性。好きな仕事に精を出し、それによってアメリカ史上もっとも重要な女性となる機会がもたらされた。当時の政権に悪態をついてはいたが、だれよりもその暴挙を非難できる立場にあった。影響力はかつてなく高まり、相次ぐ訴訟の評決を左右し、そんな責任を彼女は喜んで引き受けた。ブライヤーとの友情は厚く、いまやはるか昔に引退したパウエル判事以来の同志となっていた。

しかし、二〇〇五年、オコナーは日を追うごとに自分の幸運を喜べなくなってきた。しばし安定していた夫ジョンの病状がふたたび悪化してきたのである。ジョンは彼女の執務室が二階になったことにうまくなじめなかった。さらに悪いことには、アルツハイマーのもっとも心痛む症状である徘徊がはじまった。ジョンはつねにだれかが目を配っていないと、いつの間にか執務室から抜け出してしまい、外に出ようとしている寸前で最高裁職員が保護したこともたびたびあった。建物を出てしまえば、迷子になるかけがをするか、最悪の事態さえ起こりうる。最高裁判事に入手可能なすべての手段を駆使しても収拾しきれない状況になりはじめていた。

　二〇〇〇年の大統領選の晩に交わされた、オコナーが引退したがっているというジョンの談話は、ブッシュ対ゴア事件の判決が出るやいなやマスコミにもれ、以来彼女の引退は始終ささやかれていた。オコナーは衆目を集めることと自己顕示を求めていたとはいえ、自分の望む限りにおいてである。マスコミが自分の去就について友人や同僚に尋ねるのはわかっていたため、彼女はその件についていっさい同僚と話をしなかった。三人の息子にさえもどうすべきかという話はほとんどしていない。しかし、二〇〇五年六月、まもなく閉廷を迎えるときには、議論の余地はほとんど残されていなかった。息子たちの養育を人任せにしなかった、ジョンの世話もだれかに任せるつもりはない、彼女はそう口にした。

　閉廷が数日後に迫ったある日、オコナーはレンクイストに執務室で会いたいと告げた。なににも増して判事たちは、進退にかかわる問題についてたがいに立ち入らないようにしていた。しかし事態はもはや避けようがない。こうしてスタンフォード大学からの五十年来の旧友ふたりは、ひざをつき合わせ、それぞれの今後について語り合った。

「ビル、ジョンにはわたしが必要だと思うの。辞めなければならないと思ってるわ。でも最高裁を欠員ふたりという状態にしたくないのよ」

　レンクイストは病状がどう進むのかわからないが、いまは小康状態にあり、医者も希望を持っていると話した。彼は五カ月間法廷を留守にしたのち、二〇〇五年三月二十一日に復帰し、以来閉廷までの数週間を気管切開管を装着したまま執りしきっていた。「たぶんあと一年はやれると思う。まだ辞めるつもりはないよ」レンクイストはいった。オコナーはあと一年は続けてもいいと考えており、いろいろな点で残りたいとも思っていた。しかし、レンクイストがもう一年踏みとどまるつもりだということは、自分の引退は二年後となる。そこまではジョンも待ってはくれないだろう。レンクイストはオコナーに彼女の意思に反することを強いた。このような形でオコナーの椅子——最高裁で重要な意味を持つ椅子

——をジョージ・W・ブッシュにあけわたすよう強いたのだった。

開廷期最終日の六月二十七日。法廷では引退の発表があるのではないか、レンクイストが引退するのではないかとささやかれていた。だが長官はよい夏休みを過ごすようにいいそえただけで閉廷を宣言。最高裁欠員を検討するという政府の課題は来年に先送りされたかのように見えた。

しかし三日後、木曜日の昼ごろ、法廷執行官のパメラ・トーキンから大統領顧問ハリエット・E・マイヤーズに、翌朝に直接手紙を配送する手配をしてほしいという電話が入る（マイヤーズはアルベルト・ゴンザレスの後任として大統領次席法律顧問から昇格したばかりだった）。トーキンは差出人にはふれなかった。翌朝、七月一日金曜日、まもなく九時というときにトーキンからマイヤーズにオコナーの手紙をとどけるからとの連絡が入った。

オコナー辞任のニュースは稲妻のように政府当局を駆けめぐった。予期されたレンクイストの辞任も重大なことではあった。なんといっても、大統領四十三人にたいし、最高裁長官はわずか十六人しかいないのだ。だが、その長官の椅子をブッシュが指名しても、最高裁の勢力均衡が劇的に変わるわけではない。対照的にオコナーの椅子はそうだった。長いこと挫折をくりかえしてきた保守派の反革命運動が、オコナーの手によって阻止されてきた運動が、ようやく日の目を見る機会を得たのである。

大統領にとどけられた手紙の文言に目を向けた者はほとんどいない。だがオコナーは細心の注意をはらって文面をつづっていた。

親愛なるブッシュ大統領へ
わたくしの後任の指名と承認がすみ次第、現職を引退したいというわたくしの決意をお知らせいたします。最高裁判事として二十四回の開廷期をつとめられましたことは、まさにたぐいまれなる栄誉でした。我が国の憲法の枠組みの下、最高裁本来のあり方とその役割への限りない敬意とともに、後任にそれをゆだねたいと存じます。

敬具

サンドラ・デイ・オコナー

丁寧ではあったが、それはオコナーからブッシュに直接放った弾丸であり、最高裁での晩年、一心不乱に取り組んだ彼女の理念にたいする懇願でもあった。彼女は最高裁の「憲法の枠組みの下での役割」を死守しようとしていた。まさにブッシュとその同盟者たちが侵害しようとしていることを防ごうと決意していたのである。

だが、ほとんどだれも気づかなかった。オコナーはすぐに、辞任が大仰な称賛をもたらすだけでなく、自分をたちどころに無用の存在にすることを知った。つい最近まで最高裁の判決の鍵をにぎる存在だったのが、またたく間に博物館に飾られている展示物になりさがった。彼女は仕事をなくした。古巣の政党からも離れた。最悪なのは夫までをも失いかけていることである。辞表を提出してからの数日間、彼女はほとんど電話に出なかった。執務室にこもり、ひとり涙に暮れていた。

第4部

20 「神《ゴッド》のG」

このときのための計画、つまりジョージ・W・ブッシュによる最高裁判事指名のための準備は、二〇〇〇年の大統領選挙直後からはじまっていた。まだフロリダ州の決着もついておらず、ブッシュが大統領になれるかすらはっきりしていなかったが、ブッシュ陣営は欠員ができ次第指名可能な状態にしておきたかった。なにしろ最高裁の改革は、ブッシュがその機会を得た時点で新政権の最重要課題となるのである。

大統領選挙運動をはじめた当時、ブッシュは最高裁問題にそれほど注力していなかった。テキサス州知事としては、自分とよく似た経歴の持ち主を判事に指名しており、保守派のなかでも共和党の社会派や福音派からよりも、むしろ法人団体から指名することが多かった。二〇〇〇年の選挙期間中には、ホワイトハウスでもおなじ方針でいくという姿勢を見せている。アル・ゴアとの討論で、判事に指名するのは妊娠中絶に反対する者に限るのかと問われ、「その問題をふくめすべての問題について、一つの要素だけを見て判断することはないと考えてください。能力のある判事を指名するということが有権者にわかっていただけるはずです」と穏便に答えている。

しかし五年後、ブッシュがようやく最高裁判事指名の機会を得たときには、彼の指名者にたいする優先課題は一変していた。ホワイトハウス内部では「中道」はもはや目標から悪口になりさがっていた。ブッシュの大統領としての救世主指向――自分の政権下において世界を劇的に変えるとする考え方――は、その中東政策の決断同様、その判事指名にも影響していた。自らが選任した陣営との連携、再選の基盤となった政治戦略、さらには自身の「進化」により、当時のブッシュは変革を実現できる人物、つまり最高裁をただちに右傾化できる判事を求めていたのである。

二〇〇〇年の大統領選挙の決着からわずか数日後、ブッシュはテキサス州知事時代の主任法律顧問アルベルト・ゴンザレスをホワイトハウスの顧問弁護士とすると発表した。ブッシュによってテキサス州最高裁判事に指名されてからまだ日も浅いゴンザレスは、唯一、地元テキサス州の副官スチュアート・ボーエンのみをともなってワシントンに向かった。残りのホワイトハウス法務担当職員、つまり最高裁をふくむ裁判官人事をおこなう者たちを選ぶさいに、このテキサス人ふたりが活用したのは、この日のために二十年もの歳月をかけて周到に築かれてきた保守派ネットワークであった。保守派は、一九八〇年代のロースクール構内では孤独な少数派にすぎなかったであろう。だが新世紀になるころには、政府内で一大勢力を築き上げていた。そんな彼らにとって、連邦司法の支配にまさる重要目的はなく、狙いは最高裁に据えられていた。

ホワイトハウスの若手法律家スタッフには共通点が数多く見られる。ほぼ全員フェデラリスト協会のメンバーで、その多くが過去八年間のクリントン政権時代におけるさまざまな共和党の追及調査に関与している（ブレット・M・カヴァナーはケネス・スターのクリントン大統領弾劾報告書の主要な起草者、クリストファー・バートロムチは上院議員アルフォンス・ダマト率いるホワイトウォーター疑惑調査の調査官、ブラッドフォード・ベレンソンはそうした調査にかんするメディアのよく知られたコメンテーター）。ボーエン本人やティモシー・フラニガン（最終的にはゴンザレスの下の司法副長官）など数名は、ブッシュのフロリダ州における再集計訴訟にたずさわったのちに政権に参加。また多くが最高裁保守派判事のロークラーク経験者だった（カヴァナーやベレンソンといったケネディの元クラークが目立っていたが、それはケネディが自分よりも保守派色の強いクラークを雇う傾向にあったからである）。

就任式前、早くに到着していたカヴァナー、ベレンソン、トーマスの元ロークラーク、ヘルジ・ウォーカーらスタッフは、政権移行に備えて確保していたワシントン市街のビルに事務所を構えた。彼らの最初の任務には、通称「候補者メモ」――いわゆる最高裁判事候補の略歴の作成があった。メンバーのひとり、五十歳に近いフラニガンはそのなかでも最年長の弁護士で、ただひとり第一期ブッシュ政権司法省幹部としてつとめた経験があった。共和党指名の著名な控訴裁判所判事をあらかた把握していた彼は、さっそく若手弁護士たちに十数名の略歴を作成するよう指示した。彼らは候補者に直接接触することなく、公の情報だけを頼りに最高裁判事としての適性と承認の可能性について分析を開始した。作成されたメモのなかには数百ページにおよぶものもあり、やがてその対象者は「最終候補リスト」と呼ばれるようになった。

二〇〇一年一月、ブッシュが大統領に就任すると、法律家部隊はホワイトハウス隣の行政府ビルに引っ越した。とたんに彼らの関心事は最高裁が閉廷する六月、昔から判事が引退を表明する時期に移り、毎年恒例の引退する判事を当てる賭けがはじまった。勝者にはワシントンの保守派弁護士の非公式クラブハウスとなっていた古びたイタリア料理店、AVリストランテ（二〇〇七年に閉店するまでスカリアのお気に入りの場所）でのディナーが約束されていた。第一期ブッシュ政権では、例年、レンクイストとオコナーに賭けが集中したが、無粋にも退官しないふたりのおかげで、いつも結果はただのピザに終わっていた。

最高裁の欠員が出ないまま時は流れ、法律家たちはほかの仕事へ移っていったが、めったに変わらないものがあった――「最終候補リスト」である。これのなにが驚きかといえば、その編集にゴンザレスがほとんど関与せず、ブッシュに至ってはいっさいかかわっていないことだった。ブッシュは最高裁の指名にかかわる問題を原則としてゴンザレスに一任していて、ゴンザレスもまたそれを若手の側近たちに丸投げしていた。もちろん最終決断をくだすのはブッシュだが、あらゆる重要な選択は、ワシントンでも特に保守的な法律家数人の手ですべておこなわれたといっても過言ではない。そんな彼らの優先事項は単純明快――行動する保守派のみ、「つぶされない者」であった。

ゴンザレスとフラニガンからは最低限の指針しか出ていなかった。大統領の望みは判事としての経歴を有し、そのイデオロギーが実証されている者。大統領就任中のブッシュによく見受けられたように、彼は歴代前任者の過ちと認めたことだけは間違ってもくりかえすまいと躍起になっていた。クリントンのように悶々《もんもん》としたり、公然と長期間探しあぐねたあげくその情報まで漏洩《ろうえい》させる事態はごめんだった。欠員が出た場合、選任は迅速におこなわなければならない。自分の父親がデイヴィッド・スーターを指名するはめになった事態もごめんだった。土壇場になってウォーレン・ルドマン（当時のニューハンプシャー州選出上院議員）のような部外者から自分の子分を押し込まれたのだ。そんな混乱した状況だったために、ふたを開けてみればとんでもない見解を示す、少なくとも保守派にとってはそうとしか見えない判事が誕生したのである。驚くのはごめんだった。

公の席でブッシュは、お気に入りの司法哲学を表明するのにいつも決まった言い回しをもちいた。「わたしは厳格な解釈者を信頼しています。憲法を厳格に解釈し、社会政策を立案するために法廷を利用することのない判事です」。またあるときは、優先する判事は「法廷で法律を解釈する者で、法律を制定する者ではない」だというときもあった。当然のことながら、判事はひとり残らず、もっともリベラルな者でさえ、法を解釈していると信じている。その意味ではブッシュのコメントは、彼の司法哲学の概要を暗号化して述べたにすぎない。判事が「法廷から法律を制定する」というのは、個人の権利の領域、とりわけ中絶の権利にかんする規制法をくつがえしたことを示しており、宗教的行事にともなう展示を禁じた判事たちのことも示唆している。ブッシュやとりわけ副大統領のチェイニーは、外交政策や軍事にかかわる行政機関の特権と彼らがみなす領域に、判事が介入すべきでないと固く信じていた。

ブッシュが「追放された憲法」を支持しているのかどうか、一九三〇年代の連邦政府の役割という概念への回帰を考えているのかどうか、より詳しいブッシュの哲学を知る者はいなかった。二〇〇〇年の大統領選挙のさなかには、スカリアやトーマスのようなタイプの判事を探していると口をすべらせたが、うかつにも自分の政治目的をさらすことになるその公約には二度とふれなかった。その公約は保守派の支持基盤を喜ばせたが、大多数の有権者は気にも留めなかった。それでも、スカリアとトーマスへの言及は、ホワイトハウスの法律家たちが受け取ったもっとも重要な指針となった。ボスと違って政権の若手法律家たちは、連邦判事にどのような特質を持った人物を据えたいかを周到に考え抜いており、スカリアとトーマス系に追随する一団は、彼らの念頭にあるものとぴたりと一致した。

ブッシュの側近が大統領の意向について説明をおこなうのは約六週間ごとであり、ブッシュが判事選任チームと会合するときは通常、副大統領、ゴンザレス、司法省とホワイトハウス高官が六人ほどふくまれた。ブッシュは経営者の習いとして弁護士をみくびる傾向にあったので、判事選考の過程がもどかしかった。彼も近年の大統領の例にもれず、事実審裁判所の裁判官の選任では共和党の上院議員の意見に従い、控訴裁判所の指名候補者についても必ず地元の共和党員がその人物をどう評価しているのかを知りたがった。ブッシュが知らなければならなかったのは、判事候補者が「申し分ない保守派」であるかに尽きた。候補者の司法哲学を尋ねることはめったになく、ましてや彼らの判決の意見書を読んだことがあるようにはみえなかった。

しかし、ブッシュには判事にたいする別の優先事項があった——多様性である。国内の政治的分裂がまだそれほどひどい状況ではなかった任期序盤において、ブッシュは判事席に女性やマイノリティを推していた。政権を支えていた法律家たちのイデオロギー傾向を考えると楽な任務ではなかったものの、当初彼らも多彩な人材を探し出して上院に送り込んでいる。実際、ブッシュの最初の判事指名は、あまり知られていないがブッシュ政権の節目となった。

二〇〇一年五月九日、イーストルームに集められた十一人の指名者たちは、クリントン時代にもちいられた言い回しによれば「アメリカらしい」顔ぶれであった。アフリカ系アメリカ人ふたり。ひとりは保守党上院議員ジェシ・ヘルムズにより正式な任命が阻止されたため、クリントン大統領が休会中任命[*1]を使って連邦第四巡回区控訴裁判所判事に任命したロジャー・グレゴリー、もうひとりはクリントンが地方裁判所判事に任命し、ブッシュが連邦第二巡回区控訴裁判所判事に昇格させようとしていたバーリントン・パーカー・ジュニア。さらに女性三人（エディス・ブラウン・クレメント、デボラ・クック、プリシラ・オーウェン）とヒスパニック系のミゲル・エストラーダ（コロンビア特別区連邦控訴裁判所に指名された才気煥発なホンジュラスからの移民）。「大統領には、アメリカ合衆国裁判所の裁判官を指名することより重要な責務はほとんどなく、憲法と祖国のために最大の配慮をもってその責務を果たさなければなりません。わたしもそうしました」とブッシュはいった。

しかし、二週間後、ヴァーモント州選出の共和党上院議員ジェームズ・ジェフォーズが民主党にくら替えしたことで政治的変動が起こり、共和党は同数で保っていた議会勢力を失う。突如として、ブッシュが政権について一年にも満たないうちに、民主党が上院で一連の課題を推し進める事態となったのである。ブッシュの判事指名の観点に絞れば、それは司法委員会委員長がユタ州選出の保守派オリン・ハッチに代わって、ジェフォーズとおなじヴァーモント州選出の確固たるリベラル派、パトリック・レーヒーになったということだった。もしハッチであればブッシュ指名の十一人はすべて迅速に承認公聴会

＊1　通常の任命と違い上院の承認は不要だが、次期議会で承認されなければ任期は終了する。

が開かれ、ほぼ確実に承認されていたはずである。しかしレーヒーは承認審理を引き延ばしにかかり、とりわけオーウェンやエストラーダをふくむ議論の多い候補者については進めようとしなかった。

テキサス州最高裁判事であるオーウェンは極端な保守主義者で、アルベルト・ゴンザレス本人とも対立するほどだった。エストラーダは華々しい経歴の持ち主で、ハーバード・ロースクールを卒業後、連邦検事、訟務長官補佐、企業弁護士として輝かしい実績を積み上げていた。だが怒りっぽい性格でもあり、委員会で憲法についての自身の見解をあまり語ろうとしなかった。エストラーダにかんしては、格式高いコロンビア特別区連邦控訴裁判所判事の候補にあがっており、そうなれば最高裁初のヒスパニック系判事に選任される可能性が高いため、民主党は彼の指名をだらだらと引き延ばした。

ようするに、民主党が上院を支配するようになるや、ブッシュの判事指名をめぐる空気が険悪になったのである。共和党、特にホワイトハウスの者たちからすれば、グレゴリーやパーカーの指名といった自分たちの思いやりの身ぶりがまったくの無駄に思えた。いっぽうの民主党は、少数の例外をのぞき、ブッシュがわざわざ過激な保守主義者を選んでいるように受け取れた。どちらもかたくなにその見解を崩さず、オーウェンの指名は何年も引き延ばされた。おなじように引き延ばされ続けたエストラーダは失意のうちに指名を辞退する。最終的には、ブッシュが最初に指名した候補者十一人の残りのメンバーは全員承認を勝ち取った。ブッシュがコロンビア特別区連邦控訴裁判所のもう一つの空席に指名していた、ジョン・G・ロバーツ・ジュニアもそうであった。

ジョン・ロバーツに最高裁判事としての遺伝子が組み込まれていたわけではないが、多分にそれを思わせるものがあった。出世の道をよどみなく着実に進み、評価は申し分なく、さらに人好きのする性格、そうしたものがなるべくして天職についたと思わせた。

ロバーツは一九五五年一月二十七日にバッファロー市で生まれ、インディアナ州で育った。父親は鉄鋼会社の重役をつとめていた。高校ではフットボールチームのキャプテンとして活躍し、成績はクラスでトップ。一九七六年にハーバード大学を最優等で卒業し、その三年後のハーバード・ロースクール卒業時には優等を受けた。ロースクール時代は『ハーバード・ロー・レビュー』の編集長をつとめており、仲間にはギンズバーグの娘ジェーンもいた。大学もロースクールも依然として政治的に騒々しかった一九六〇年代のなごりが残っていたが、人づきあいのうまいロバーツは敵を作ることもなく無難に切り抜けている。はじめてロークラークをつとめたのは連邦第二巡回区控訴裁判所の伝説の判事ヘンリー・J・フレンドリーで、そのニューヨークの判事室は、ハーバード・ロースクールの特に優秀な卒業生の多くが目指す場所であった。フレンドリーは、スターが判事として多大なる影響を受けたラーニド・ハンドやジョン・マーシャル・ハーラン二世といった判事とおなじ、穏健派共和党の系統に属していた。

自分の将来をニューヨークではなくワシントンに定めたロバーツは、レーガン改革にくわわるのに絶妙なタイミングで首都に移り、一九八〇年夏、ロークラークとしてウィリアム・レンクイストの執務室にくわわった。当時の最高裁はリベラルのウィリアム・ブレナンがまだ幅を利かせていたときで、若いロークラークの彼はどちらかといえば主流を外れていた。とはいえ保守派は上昇気流に乗っており、ロバーツも出世街道を邁進した。ロークラークを終えたのち、レーガン政権の大統領顧問室に入り、四年間の勤務を通じて機知に富んだ逸材という評価を得る。レーガン大統領図書館に保管されている彼の率直な発言のメモには、ユーモアと常識と保守的政治観がほどよく混じり合っている。たとえば、ウォーレン・バーガー長官にあてた最高裁の業務軽減にたいする提言では、既存の巡回区控訴裁判所の上位にあらたに中間的な控訴裁判所を創設する提案がなされており、次のような手厳しい考察がくわえられていた。「最高裁から聞こえてくる悲しい身の上話には涙を禁じえないときもあるが、最高裁判事と小学校の児童だけが夏休みを丸々取得できると期待し、実際そうしているのはまぎれもない事実である」

ロバーツは、政権がイラン・コントラ事件で内部崩壊寸前となる直前、絶妙なタイミングでレーガン大統領の顧問室を離れた。その後ワシントンの著名な法律事務所ホーガン&ハートソンで上訴弁護人として手腕を振るい、一九八八年、初代ブッシュ（父）の大統領当選にともない、今度は訟務長官ケネス・スターの首席補佐官として政府に舞いもどる。気取りがなくひろい知識をかねそなえたロバーツは判事らに気に入られ、最終的に三十九件と、近年の最高裁指名候補者のなかでも抜きん出た数の訴訟を手がけた。いかにもロバーツの評価は高く、四十一代大統領の任期が終了する一九九二年、三十七歳という若さでコロンビア特別区連邦控訴裁判所判事に指名された。

ここにおいてロバーツは、人生初の乗り越えられない壁に直面する。上院を支配していた民主党が十一月の大統領選の勝利を予感し、承認手続きを事実上停止してしまったのである。その当時もロバーツは将来的な最高裁判事候補と目されていたので、民主党はとりわけこれを好機として彼の昇進を阻んだ。ロバーツは一九九二年、ジョージ・H・W・ブッシュ（父）の敗北と同時にホーガン&ハートソンにもどり、おそらくは会社法の領域でひっそりと輝かしい実績を積んだ。

結果として、一九九二年にコロンビア特別区連邦控訴裁判所判事の承認を得られなかったのは、ロバーツにとって幸運な展開となった。続く八年間で彼は、大企業どうし、または大企業と政府間のビジネス紛争を中心に弁論に立ち、最高裁でのまたとない実践を重ねていった。毎年のように判事九人の前で複数の弁論をおこない、裁量上訴の申し立てや法廷助言人による意見書を提出し続けた（当然のごとく年収はおよそ百万ドルに達している）。ロバーツは総じてクリントン政権下における政治紛争を避けており、ホワイトハウスの調査にはいっさいかかわろうとせず、弾劾訴追で脚光をあびる立場となるのさえも辞退した。ブッシュのフロリダ州再集計の訴訟では重要な役割を果たしたものの、さほど注目されなかった。もともと寡黙で、敵を作らないようにするのがうまかったので世間の認知度は低かった。とはいえ、熱烈な民意の支持はなくとも、共和党政治家や法曹界の元同僚のなかでは光輝く存在だった。ミゲル・エストラーダは訟務長官室勤務からもどった若手弁護士たちに口癖のようにいっていた。「ジョン・G・ロバーツのもとで働きなさい。彼の『G』は神《ゴッド》のGだ」

もしロバーツが一九九二年に承認されていたならば、ジョージ・W・ブッシュ（子）が大統領に就任した二〇〇一年の時分には、コロンビア特別区連邦控訴裁判所で物議を醸す数多の事件の判決記録を積み上げていたことだろう。その代わりに彼は、弁護人としてすばらしい実績を積んで着々と名声を高めていたのである。その年の中盤、ふたたび民主党が上院司法委員会で多数となるや、九年前の一度目の指名のときとおなじように、ロバーツの二度目の承認手続きをまたしても先送りしようとした。しかし、二〇〇二年に共和党が上院多数を奪い返し、ハッチは年が明けるやすぐさまロバーツの承認手続きに着手する。ロバーツは二〇〇三年五月八日、上院本会議での発声投票において反対者ゼロで承認にこぎつけた。大統領顧問室にいた彼の友人たちは、連邦控訴裁判所判事に承認されてもいないときから、最高裁判事候補者にしようとロバーツの人物調査書類を集めはじめていた。


二〇〇〇年、ブッシュは「思いやりのある保守派」と「国を一つにする、ばらばらにしない」というスローガンで選挙運動をくりひろげ、クリントン政権時代に政府を疲弊させた党派の論理を超えることを公約にかかげていた。だが、二〇〇四年の選挙戦ではイデオロギー重視に大きく傾き、前回の選挙戦では軽んじられたと認識している保守派の基盤、おもに福音派キリスト教徒の動員を目論んでいた。彼らにとってもっとも重要な課題はすべて最高裁に持ち込まれる。したがって最高裁は、ブッシュの二回目の選挙戦ではひじょうに重要な位置づけとなっていた。

それを実証するかのように、選挙戦でブッシュが福音派に言い寄る奇妙な場面が見られた。ジョン・ケリーとの二回目の討論で最高裁判事候補者について問われたさい、ブッシュはドレッド・スコット判決を批判して次のように総括した。「奴隷制は、個人の財産上の権利として憲法で認められているという判決がずいぶん昔にくだされました。それはまったくの個人の見解であって、憲法で認められている見解ではありません」。一八五七年に判決がくだされたドレッド・スコット事件は、南北戦争後のアメリカ合衆国憲法第十三および第十四修正の一節でくつがえされており、判例から排除されて久しい。ブッシュが大昔の関係なさそうな先例を引用したことに主要メディアの観測筋は当惑したが、それには重要な目的が隠されていた。妊娠中絶に反対する者たちのなかでは、ロー対ウェード判決はドレッド・スコット判決の現代版とみなされていた。いうなれば、くつがえされて当然の忌まわしいもの。ブッシュは討論を利用し、暗号化した言葉でその見解にたいする自分の同意を示したのである。

こうして保守派の支持基盤は、満足のいく判事の指名という形で報われるのを期待して二〇〇五年を迎えた。選挙戦直後、手はじめにこれらの活動家たちは、ロー対ウェード判決にかんする発言内容をもとにアーレン・スペクターを非難することで自分たちの存在をアピールした。さらにその後数カ月のうちに、上院をせきたてて、ブッシュが裁判官に指名して以来ずっと先送りされていた者たちを承認させた（テキサス州の判事プリシラ・オーウェンはブッシュが最初に指名した十一人のひとりだが、四年経っても承認採決がおこなわれていなかった）。第一期ブッシュ政権時、民主党は上院の規則を利用し、ブッシュの指名者のなかでも特に問題とされる判事について、過半数ではなく六十人以上の支持を集めるよう共和党に強いた。判事候補にたいする民主党のこれらの戦術とは、ようするに議事妨害《フィリバスター》であり、ジェイ・セキュロウら保守派の活動家たちは、裁判官の指名を阻止する目的でフィリバスターを行使することを禁ずるよう上院に圧力をかけはじめた。

二〇〇五年春、上院は裁判官指名問題をめぐり内部崩壊寸前だった。フィリバスターの行使とは、ようするに下院と上院の基本的な規則の違いを利用することである。下院では単純多数であれば事実上多数派が支持するどんな法案でも押し通せるが、上院は五分の三以上、つまり六十人以上の支持が必要となる。上院の共和党議員数五十五人の現況で、フィリバスターを行使すれば、少数派である民主党が一致団結を保つ限り、あらゆる法案や指名の可決を遅らせたり、阻止することができるのである。フィリバスターは上院議員に妥協もしくは超党派的打開をうながすものである。保守派は、多くの共和党上院議員もふくめ、単純過半数で指名者を承認採決できるよう上院規則を変えるべきだといいはじめた。由緒ある上院手続きにたいして提案されたこの改定はひじょうに重大なもので、「核の選択肢」と呼ばれるようになった。かたやブッシュは、一般教書演説で改定への同意を暗に示し、「判事に指名された者全員が承認採決を受けるのは当然のことです」と述べ、議会で拍手喝采をあびた。

しかし、上院でまさに核の選択肢が発動される土壇場で妥協案が成立し、少なくとも当面は大災害は回避された。二〇〇五年五月二十三日、十四人の穏健派上院議員の超党派グループがジョン・マケイン議員の事務所で会談し、裏取引を結んだのだ。その結果、長いこと引き延ばされていたブッシュの判事指名者（オーウェンのような）数人にたいする承認採決がおこなわれる運びとなり、承認の目途がついた。その見返りとしてグループ内の共和党議員は、上院の規則を――当面は――改定しないと約束した。この取引のもと、通称「十四人のギャング」は、「指名者へのフィリバスターの行使は、特別な状況においてのみ実施するものとする」とした、意図的に特定を避けた合同声明を出した。

こうして最終的な闘いは先送りされたが、政治的なメッセージはあきらかだった――共和党の最重要課題は、志操堅固な保守派判事の任命。妥協策により、双方の穏健派議員がフィリバスターを発動するかどうかの判断をくだす責任を負うことになったが、そもそも彼らはフィリバスターの価値を認めておらず、それどころかグループ内の民主党議員にはブッシュの司法政策を妨害する気もなかった。いわばこの妥協策は保守派の勝利も同然だったのである。

五週間後、オコナーが辞意を表明した。その時点であきらかになったのは、アーレン・スペクターなどの古参議員たちは昨今の判事承認争いについて時代遅れの台本を読んでいたことだった。一九八七年当時、ロバート・ボークは民主党上院議員にとって保守的すぎるという理由で否決された。保守的すぎる指名者は現在の上院で承認されない、スペクターはいまだにそう思い込んでいた。しかし真実は、ジョージ・Ｗ・ブッシュ指名の判事候補者は、もしその者が十分に保守的でなかった場合にこそ否決されるリスクが大きかったのだ。いいかえれば、ボークはロー対ウェード判決に異を唱えたために承認されなかった。いっぽう二〇〇五年は、ロー対ウェード判決に異を唱えない限り、判事候補に選ばれなかったのである。

オコナーは七月一日金曜日、独立記念日の三連休の前日に辞表を提出した。連休明け、仕事が再開されたときには、保守派の支持基盤はすでに彼女の後任について要求をあげはじめていた。その一、アルベルト・ゴンザレスは除外のこと。

テキサス州オースティン市から首都ワシントンに来た瞬間から、ブッシュがゴンザレスを、最高裁判事に指名するのはほぼ確実だと目されていた。その生い立ちは人の心に訴えずにはおかない。建設作業員と専業主婦を両親に持つ八人きょうだいの二番目、メキシコ人移民の孫として生まれたゴンザレスは、その名も一家の境遇に見合ったテキサス州の町——ハンブル（「つましい」の意）——で育つ。高校卒業と同時に空軍に入隊、その後ライス大学を卒業し、一九八二年にハーバード・ロースクールで学位を取得。やがてヒューストンでは業界屈指の法律事務所ヴィンソン&エルキンスの共同経営者となる。一九九四年にブッシュから法律顧問に任命されるまでそこで実績を積み、その三年後に州務長官に任命され、さらに一九九九年、テキサス州最高裁判事に指名される。州最高裁判事としてつとめたのは二年にも満たないが、それはブッシュの初代大統領顧問としてワシントンに赴任したからだった。ブッシュは再選が決まると、ゴンザレスを初のヒスパニック系となる第八十代アメリカ合衆国司法長官に任命した。二〇〇五年当時、ゴンザレスはまだ五十歳と若く、判事として今後長くキャリアを積んでいくにはうってつけの年齢だった。当然、初のヒスパニック系最高裁判事となるわけであり、ブッシュが政治家として熱心に支持をほしがっていた民族集団にとって画期的事件となる。くわえて、ブッシュは個人的にもゴンザレスが気に入っており、二〇〇五年には政府内でもっとも親しい間柄となっていた。

政治的観点からも個人的観点からもゴンザレスの指名は疑いようがなかったので、保守派を率いる者たちは先手を打って彼の指名を阻止せねばならないと感じた。攻撃の火ぶたは翌週早々に切って落とされた。最初は保守派の動向を報道する機関誌的な『ワシントン・タイムズ』の紙面からだった（世界基督教統一神霊協会の文鮮明が所有していた）。続いて保守派活動団体イーグル・フォーラムの創設者フィリス・シュラフリーが「彼が確固たる憲法主義者であると納得できる文書記録はどこにも見当たらない」との談話を発表。おなじく不支持を訴えるコメントが自由議会財団の会長ポール・ウェイリッチからも出された。『ナショナル・レビュー』からは、「最高裁判事にゴンザレスはいらない」と題する版が刊行され、保守派のコラムニスト、ロバート・ノバクは「大統領自身の支持基盤から噴出した〈ゴンザレスにたいする〉根の深い広範な異論」とする記事を書いた。

じつのところその「支持基盤」とは、キャピトルヒルに建つタウンハウス、元議員職員マニュエル・ミランダ家のリビングのソファであった。ミランダは一年前、上院司法委員会民主党職員のメールを盗み読みしていたのが発覚し、上院共和党院内総務ビル・フリストのスタッフを追われた。そこで彼は自宅に自称「第三部門協議会」という、名前負けしそうな、ラップトップとコードレス電話があるだけの個人オフィスを開設した。しかしミランダは、保守派の司法運動家をほぼ全員把握しており、彼がくり出す嵐のような電子メールと電話会議が、反ゴンザレス情報を中継する重要なパイプとなった。

オコナーの引退が公になったわずか二時間後の七月一日午前、ミランダは仲間たちに、「アルバート・ゴンザレスの指名阻止を訴える」とする電話会議の案内を送りつけ、週明けにその理由を詳しく説明した。「彼は行動する保守派ではない。さまざまな課題において生み出した判決に乏しく、したがって、文書記録をたどることもできない。それだけに、山積する課題にたいして彼が実際にどのような見解を抱いているのか知るすべもない。この指名には保守派が容認しえないものが潜んでいる。デイヴィッド・H・スーターには文書記録がなかった。アンソニー・M・ケネディにはあったかもしれないが、保守派が望んだ特定の課題にかんするものはなかった。いうなれば、スーターやケネディはもうごめんなのであり、だからこそゴンザレスの指名はありえないのである」。ミランダはいんちきブロガー以外の何者でもないが、彼の情熱とコネが、あたかもその見解が保守派の共通認識でもあるかのようにして党をまとめ上げた。さらには皮肉を利かせた言い回しまでも浸透させた。「『スーター』をスペイン語にすれば『ゴンザレス』」

このときには、ミランダよりも強力な弾丸がゴンザレス阻止のために撃ち込まれていた。元司法長官エドウィン・ミース三世と第一期ブッシュ政権の大統領顧問C・ボイデン・グレイ率いる保守派弁護士団が、大統領主席顧問アンドリュー・カードと会談し、ゴンザレスの指名に警告を発したのである。間髪を容れぬ猛攻に、七月六日にデンマークを公式訪問していた当のブッシュも、これに答えないわけにはいかなくなった。「友人が批判されるのは快いものではありません。わたしはすべての友人に誠実でありたいと思っています。それなのに突如として、この友人のひとり、善良な公僕であり、すばらしい人物が攻撃の的となっています。こんなことが許されるのでしょうか？　いいえ、そんなはずはありません」とブッシュは語った。

ホワイトハウス内部では、法律顧問室の若手フェデラリスト――自らが保守派の扇動員となっている者たち――たちがゴンザレスへの攻撃を驚きの目でながめていた。彼らにはゴンザレスが政権のなかでも真に強い信念を持つ、活動家らの隠語でいう「百パーセント」だとわかっていた。ゴンザレスは、対テロ戦争の法的根拠ではブッシュ同盟者のなかでだれよりも強気の態度を見せており、ジュネーヴ条約の保障を「古風」と一蹴した。ブッシュの判事指名者についてアメリカ法曹協会の判断をあおぐのを、リベラルすぎるという理由で拒否し、何十年にもおよぶ先例をくつがえした。エネルギー政策特別部会の訴訟では、副大統領チェイニーとともに行政権の斬新かつ包括的な見解を主張して調査書類の開示拒否を全面的に支持した。グルッター事件とグラッツ事件のアファーマティヴ・アクション訴訟では、ディック・チェイニーやセオドア・オルソンよりもやや同情的な見解を示してはいたものの、一貫して政府の立場を擁護した。民主党がフィリバスターを行使するほど憤慨した判事指名者の選考で采配をふるっていたのも彼だった。ゴンザレスはことあるごとに真の保守派であることを証明してきた。いったい批判者たちはほかになにを求めているというのか？　ホワイトハウスの若手弁護士たちは当惑を隠しきれなかった。自分たちを雇ったのは彼ではなかったのか？　いったいどのような行為をしたがために、ゴンザレスはこのような報いを受けているのか？

その答えは明快だった。ゴンザレスは二〇〇〇年、テキサス州最高裁での短い判事在任中に、「ジェーン・ドウについて」として知られる一連の訴訟事件に関与した。当時知事だったブッシュは、未成年者が中絶手術を受けるときには両親の同意を必要とする法律に署名していた。最高裁の判例で求められていたように、その規定には、場合によっては（たとえば虐待被害者など）親ではなく判事の許可により中絶を受けられるという除外項目もふくまれていた。ゴンザレスはこの通称「判事による迂回条項」の解釈において、十七歳の少女に両親ではなく判事に許可を得ることを認めた六対三の多数意見にくわわっていたのである。ゴンザレスは結論を出すのに思い悩んではいたものの、法律を遵守すべく使命感に駆られていた。「いっぽうでそのような法律の悪影響とは、とも考える……。個人的にひとりの親としてむずかしい問題ではあるが、議会の判断に自身の道徳的見解を課することなく、当該州法を公平に適用するのが判事としての責務だと考える」

その中絶訴訟にたいするテキサス州裁判所の判決は狭義なものだった。判事はだれひとりとして、もちろんゴンザレスも、ロー判決を追認すべきとも、くつがえすべきとも明言していない。判決の意見書には合衆国憲法を解釈するような記述はいっさいない。争点は、ある特定のテキサス州法を特定の少女にどのように適用するか、だけであった。しかし、そんな言い訳をしてもなんの意味もなさなかった。ゴンザレスの実績も、ジョージ・W・ブッシュ政権下におけるホワイトハウスでの忠実な四年間も、まったく意味をなさない。公平だろうがなかろうが、正確であろうがなかろうが、その判決によりゴンザレスは中絶問題について信用ならないという烙印を押されたのである。保守派がゴンザレスの最高裁判事指名を拒否するにはそれで十分だった。まさにそれこそが行動する保守派の力であり、それほどまでに彼らにとっては中絶問題が重要だったのである。つまりブッシュには、すばらしい友人を選考対象から消し去る以外の選択肢はなかったのだ。ブッシュのゴンザレスにたいする好意的な気持ちに変わりはなく、彼を気づかうコメントを発する機会も逃しはしなかったが、同時にゴンザレスを最高裁判事に就任させようと真剣に検討することも二度となかった。

21　トロフィーを我がものに

蒸し暑いある夏の夜、セオドア・オルソンは、いかにも満足げな様子で広大な裏庭に集まった客たちをながめていた。保守派法曹界の仲間内で最初に結婚したふたり、セオドア・オルソンと妻のバーバラは、このような晩をずっと待ちわびていたのである。カリフォルニア州出身のオルソンは、司法次官補としてレーガン政権にくわわるために東部へ居を移し、ブッシュ対ゴア事件で弁論を闘わせた褒美として四年間、ブッシュ政権での訟務長官を任された。保守党上院議員の元スタッフである妻は、クリントン夫妻を槍玉にあげるテレビ映えする辛口評論家で、彼らのモラル、政治、結婚を批評したベストセラーもある。一九九六年のオルソン夫妻の結婚式には、クラレンス・トーマスやロバート・ボークといった保守派の著名人や、ふたりの共通の友人であるケネス・スターなどが参列していた。ヒラリー・クリントンにたいする陰謀を企てる大規模な右翼本部があったとすれば、間違いなくヴァージニア州グレートフォールズ市のオルソン夫妻の地所だろう。夫妻はともに、真の保守派が多数を占める最高裁を夢見てきた。そしてようやくその機会が訪れた。しかも次の判事となる者がその夜の客にまじっているかもしれないのである。

勝利を目前に控えながらも、その晩のパーティには痛切な思いがつきまとう。なぜならその祝いの席にバーバラがいないのだ。彼女は、二〇〇一年九月十一日、ペンタゴンに衝突した飛行機の乗客だった。死の直前に果敢にも夫へかけた彼女の電話が、その惨事を知る重要な手がかりとなった。それでも、彼女がこの特別な晩のために、ふたりのよく知られたワインセラーを物色する許可をテッドにあたえたことは間違いなかった。

それはひときわ洗練された集団だった。たとえばコロラドスプリングズ市のフォーカス・オン・ザ・ファミリー本部といった場所での集会とは違う。パーティ出席者たちは、ジェイ・セキュロウやマニュエル・ミランダのような者たちにつきものの美辞麗句を口にすることはない。しかし、保守派の活動においてどれほど階級や気質の違いがあろうと、最高裁にかかわる課題ではみごとに一致していた。ロー判決をくつがえす、行政の権限を拡大する、死刑執行を迅速におこなう、公共の領域に宗教を取り込む、ニューディール政策以来追放の憂き目をみている憲法を取りもどす。これらの目標すべてがしだいに現実となるように思えた。

パーティの表向きの理由は、大統領次席法律顧問からフォード・モーター・カンパニーの顧問弁護士へ転身するデイヴィッド・リーチの祝賀会。人数はあまり多くなく二十五人くらいで、ワシントンの保守派エリート政治家の世界がいかに狭いかをあらためて示している。リーチ本人は候補になりそうな者たちとおかしなくらいつながっていた。J・ハービー・ウィルキンソン三世の元ロークラークで、ブッシュ（父）の司法省ではマイケル・ルッティグの部下、ホーガン&ハートソンではロバーツを師とあおぎ、その後ホワイトハウスでゴンザレスの補佐官をつとめている。

その晩に集まっていた判事候補の筆頭はオルソンその人である。最終候補リストにも載っている。だがだれも、本人ですらも見込みがあるとは思っていなかった。判事としての経験がない上に、彼の政治活動は民主党の攻撃の的である。くわえて六十四歳とあって年齢的にもむずかしかった。

アルバート・ゴンザレスもそこにいた。行動する保守派から攻撃されたことで同情をかっていたが、客のなかにはその張本人も数人ふくまれていた。理屈の上ではゴンザレスにもまだ可能性はあったが、保守派の攻撃が暗い影を落としており、やはり勝ち目はなさそうだった。

礼儀正しいハービー・ウィルキンソン、連邦第四巡回区控訴裁判所の元長官はいまだ有望株であった。師のルイス・パウエル同様、やわらかなヴァージニア風アクセントで客と歓談していた。空いたのはオコナーの椅子だが、レンクイストもそれほど長くないことがわかっていたので、ホワイトハウスの大多数は最初の指名者を長官に昇格させるつもりでいた。それはウィルキンソンにとって有利だった。南部政治家特有の貴族的品位を備えており、それは長官として公務につくにはなによりも大切な資質だった。とはいえウィルキンソンもすでに六十歳。悪いことには、穏健派との汚名を着せられていた。

マイケル・ルッティグにそのような心配はなく、穏健派呼ばわりされたこともない。だが招待されてはいたものの、パーティには出席しておらず、その事実は彼の候補者としての問題点を浮き彫りにしていた。人づきあいが苦手で社交を嫌っていた。それでもその時点での本命はといえば、連邦第四巡回区控訴裁判所でウィルキンソンの同僚であるルッティグ、その人であった。五十歳とまさに適齢。スカリアの元ロークラークで、一九九一年から判事の職にあり、元同僚たちのネットワークからも強く推されていた。ワシントン郊外、ヴァージニア州ヴィエナに住み、首都の人脈とも強いつながりを保っている。ロバーツの結婚式では花婿の介添えをつとめていた。

オルソン同様、ルッティグも突然の不幸に見舞われている。一九九四年、両親がテキサス州タイラー市で自動車強盗の被害に遭い、父親が殺害されたのだ。母親は死んだふりをしてなんとか難を逃れた。ルッティグは父親殺しの犯人たちの公判中、執務室をタイラー市に移し、科刑段階[*1]で起訴側に有利な証言をした。最終的に犯人ナポレオン・ビーズリーは二〇〇二年、殺人罪で処刑された。

*1 刑事訴訟で有罪認定された被告人に刑罰を決定する段階。

ジョン・ロバーツもちろんパーティに参加していたが、いつものようにうしろのほうで仲間の冗談に笑ったり、あたりの様子をながめたりしていた。その蒸し暑さのなかで、オルソンはアロハシャツと半ズボン姿だったが、ロバーツはネクタイをゆるめもしなければブレザーを脱ぐこともなかった。

レンクイストの辞任を見込み、ブッシュ陣営は最高裁閉廷の六月末を目指して集中的に人選を進めていた。五月には上位候補者全員がワシントンに呼び出され、政権高官たちによる面接がおこなわれている。ルッティグ、ロバーツ、ウィルキンソンほかふたり——連邦第三巡回区控訴裁判所のベテラン判事サミュエル・A・アリート・ジュニアと、連邦第五巡回区控訴裁判所に着任したばかりのエディス・ブラウン・クレメント。それぞれがゴンザレス、アンドリュー・カード、大統領の政治顧問カール・ローヴ、チェイニー、副大統領の首席補佐官ルイス・リビーをふくむ審査団による質疑を受けた。

クレメントは意表を突く候補者だった。というのも、ニューオーリンズの連邦事実審裁判所で十年間裁判官をつとめたのち、二〇〇一年に控訴裁判所判事に指名されたばかりという経歴だったからである。最終選考に残ったなかに覚書一つすら意見を書いていない彼女のような不可解な人物がいるということは、こと最高裁人事になると、ブッシュの示した多様性という目標がいかにむずかしいかという証しである。連邦裁判所に任命されている複数の女性判事(連邦第五巡回区控訴裁判所のエディス・ジョーンズとプリシラ・オーウェン、コロンビア特別区連邦控訴裁判所判事に承認されたばかりのジャニス・ロジャーズ・ブラウン)は扇動的すぎ、民主党のフィリバスターを招く危険が高い。残りは隠れ穏健派とみなされて却下されかねない。エディス・クレメントは評判どおりとても魅力的で、保守的なテーブルスピーチの評判がたいそうよかった。とはいえ彼女はあきらかにほかの競争者と比べ名声に欠けていた。

ブッシュはあいかわらず選考にはほとんど関与せず、欧州から帰国した七月の第二週になってようやく本腰を入れはじめた。検討しようと候補者の覚書を持っていってはいたものの、直接本人に会えばその人となりがわかると自負していた。ブッシュの側近たちは彼のことをよく「直感的」に物事を進めると評していた。ようするに詳しい調査よりも勘に頼っていたのである（ロシアのウラジーミル・プーチン大統領との初会談のあと、「彼の瞳をじっと見つめました……。彼の心の奥底が感じられました」と語っている）。七月十四日と十五日、候補者数名は大統領に会うため、西側の門を監視しているレポーターたちの目につかないようホワイトハウスの東館《イーストウイング》から招き入れられた。ウィルキンソン、クレメント、アリート、ルッティグ、ロバーツらはそれぞれ約一時間ブッシュと会談した。しかし内容は体《てい》のいい雑談の域を出なかった。ブッシュは家族について全員に、日課とするスポーツについて数人に、ウィルキンソンには同時期に通っていたイェール大学について尋ねたが、司法哲学にかんする話はないに等しく、個々の訴訟事件に至ってはひと言もなかった（ルッティグはこの会談についてのちに友人にぼやいていた。「まったく中身がなかった」――というわけで、彼が最高裁判事になれなかった理由がはっきりした）。

そうはいっても、ホワイトハウスにおいてこれは壮大ともいえる大きな野望を実現するときだった。ブッシュの顧問たちはこと判事指名になると、「ホームランを打つだけ」と自慢したがっていた。政権第二期目のはじめての夏を迎えても、ブッシュは依然として自分の統治によって国内外に劇的な変化をもたらすという意識でいた。再選直後、「選挙運動で政治的資本という資本を得ましたので、これからそれを使うつもりです。それがわたしのやり方です」と語り、二度目の就任演説では、「あらゆる国や文化において民主的な活動が促進され、制度が発達するよう求め、支援することがアメリカ合衆国の政策であり、その最終目標は、世界における圧政的な権力の行使を止めることです」と宣言している。国内の政策においては、ブッシュは連邦プログラムのなかでも、もっとも敬意をはらうべきであり、かつ広範囲におよぶ課題である社会保障改革に取り組んでいた。同様に、最高裁判事指名という任務もブッシュの観点からするならば、宣伝効果抜群のものでなければならなかった。

これでウィルキンソンの運命は決まってしまった。ブッシュの側近はヴァージニア人の彼を「守りの候補者」といってけなしていた。当時のブッシュ政権は「守り」など求めていなかった。ブッシュはクレメントをたいそう気に入っていたが、具体的な裁判記録のないのが悩みの種だった。くわえて、クレメントと仲たがいした元ロークラークが、彼女が人種や宗教に無神経なコメントをしたとされる談話を公表すると脅していた。そのような論争は、彼女を推す要素がほかにほとんどないことからも致命的だった。アリートも信頼できると思わせたが、ホワイトハウスにもワシントン全般にも彼を熱心に支持（あるいは誹謗）する者がほとんどいなかった（アリートはニューアーク市郊外に住んでおり、オルソンの夜会にも招待されていない）。

最終的に候補者はロバーツとルッティグに絞られた。ロバーツはロンドンのサマースクールで教鞭を執っており、ブッシュと面接するために七月十五日にワシントンにもどり、すぐにまたロンドンにとって返した。ロバーツは鍵をにぎる支持者に恵まれていた。リーチはロバーツを尊敬していたし、ノートルダム・ロースクール教授でハリエット・マイヤーズの後任として大統領次席法律顧問についたウィリアム・ケリーもそうだった。ブッシュの秘書官となっていたブレット・カヴァナー、ホワイトハウスを離れていたクリストファー・バートロムチやブラッドフォード・ベレンソンらも一様にロバーツ支持に大きく傾いていた。そしてなによりも重要なのは、ブッシュが面接でたちまちロバーツに惚れ込んでしまったことである。お高くとまった者にはだれよりも鼻の利く大統領にとっては、ロバーツの中西部人らしい控えめな態度はとりわけ好ましく映った。ふたりの幼い子どもを養子に迎えたばかりとの話にもひどく感動していた。

とはいえ、ルッティグが保守派待望の候補者であることに変わりはなかった。師のスカリアよりも頭が切れるだろうし、二十歳も若いし、おそらくさらに保守的である。司法省高官としてトーマスを助け、一九九一年の例の苦しい指名承認公聴会を切り抜けさせて以来、改革推進運動のヒーロー的存在だった。

ルッティグの保守的な意見を積み上げてきた長い経歴は、未知の候補者とはまったくの対極にあり、保証つきである。ロバーツよりもはるかにこの件にたいし、支払うべき対価をはらってきていた。

ルッティグにはホワイトハウススタッフのなかに強力な味方がひとりいた——ロバーツを露骨に中傷しないまでも懐疑的な目でながめていたハリエット・マイヤーズである。司法長官に任命されたゴンザレスの後任として数カ月前に大統領顧問に就任したばかりの彼女は、ジョン・ロバーツに魅了されているらしいワシントンの司法組織の出身ではなかった。そんな彼女がロバーツにかんし聞いたことといえば、「大丈夫、大丈夫、彼はまぎれもなく保守派だから」だけである。でもそれだけでは納得できなかった。彼女は意見よりも事実を信じる弁護士である。そんな彼女のお気に入りはアリートで、彼の書いた豊富な意見書は、彼こそが最高裁判事にふさわしいと思わせるに十分なものであった。彼女はロバーツにかんしても、ブッシュの望みどおりの保守派として同等の証拠を求めていた。

ロバーツにかなり疑問を抱いていたマイヤーズは、彼の件を問いただすためにフェデラリスト協会の取締役副会長レナード・レオを呼び寄せた。レオは、ボイデン・グレイ、ジェイ・セキュロウ、エドウィン・ミースとともに、最高裁人事をめぐってホワイトハウスと保守派運動団体とのあいだに立つおもたる密使であった。その四人組のなかでも特に、さまざまな候補者のイデオロギーの厳正さを監視していることで知られていた。マイヤーズはレオに、ロバーツが真の保守派であることの証明を望んだ。レオはレーガン政権時代にロバーツがホワイトハウスで書いた文書やコロンビア特別区連邦控訴裁判所の判例を集め、それをもってマイヤーズに一通り説明したが、彼女の疑念を払拭することはできなかった。「そうね、あなたが正しいことを祈るわ」マイヤーズは調査の継続を暗に示しながらいった。

マイヤーズは第一期ブッシュ政権中ずっとホワイトハウスに勤務していたが、ほとんど目立たなかった。ダラスでは弁護士業に従事しており、ブッシュの秘書官になるためワシントンに出てきた。大統領執務室を行き来する書類を管理する重要ではあるが補佐的な業務がおもで、几帳面でブッシュへの忠誠心も厚い彼女にはうってつけだった。唯一実質的な責務といえば、大統領への提言が彼のイデオロギーとそれまでの実績に添うか検証し裁量することであった。仕事にあたってマイヤーズは、ひと言でいえばブッシュになりきるかのごとくに彼を理解しなければならないだろうと感じていた。

彼女ほどこの自己抑制に徹する任務に適した者はいなかった。一つには、彼女ほど熱心に働く者はいなかったということがある。彼女の赤いベンツ（ブッシュの知事選時代のバンパーステッカーつき）は、ホワイトハウス駐車場に朝一番で入り、夜の最後の一台であることもめずらしくなかった。二年間秘書官として働いたマイヤーズは、政策担当の次席補佐官に昇格し、今度はブッシュの政策にたいし行政部門がどれだけ率先して忠誠心を示すかを確かめる任務を任された。マイヤーズ自身の見解はほとんどなにも知られていなかったが、個人的にも政治的にも大統領にきわめて忠実であることはよく知られていた。そんな彼女のジョン・ロバーツにたいする疑問はこれだった。「彼はこの件にたいし、支払うべき対価をはらってきているのか？」

ディック・チェイニーも似たような疑問を抱いていた。副大統領の彼はホワイトハウス内でただひとり、引退間近と思われているレンクイストの後任にスカリアを推していた。カモ狩り旅行であかるみに出たように、チェイニーとスカリアはフォード政権時代からの友人だった（ホワイトハウス職員の法律スタッフたちは、スカリアの昇格は承認紛争のあらたな火種を生むだけで、どちらにしても六十九歳という年齢では長期間長官をつとめることはできないと考えていた）。チェイニーもまたホワイトハウスのなかでイデオロギーの純度を監視する役目を担っており、マイヤーズとおなじように、ロバーツが彼の推薦者が請け合うとおりの真の保守派だという証拠を求めていた。

いずれにせよふたりの疑念は払拭されたのかもしれないが、思いがけない偶然がロバーツの指名を決定づけることとなる。二〇〇五年七月十五日、ブッシュとの面接がおこなわれた当日、コロンビア特別区連邦控訴裁判所は、グアンタナモ湾の海軍基地に抑留している捕虜に軍事法廷を適用するという政府の方針を合憲とした。いうまでもないが、オコナーが政府を痛烈に批判した二〇〇四年のハムディ事件の判決により、抑留者にもなんらかの法の適正な手続《デュー・プロセス》きを受けさせることが義務づけられていた。ハムダン対ラムズフェルド事件の判決でロバーツは、オコナーの譴責《けんせき》に応えて策定したブッシュの政策を承認した三人の判事団のひとりだった。政権の手続きは、ジュネーヴ条約（すべての捕虜にたいして、「文明人により必要不可欠であると認識される、すべての司法上の保証をあたえる正規に構成された裁判所で」裁判を受ける権利を要求する）に適合していないのははっきりしていた。だがロバーツら判事団は、「ジュネーヴ条約は司法において強要されるものではない」ので、政権には国際協定を遵守する義務はない、としていた。

　チェイニーにとって（ブッシュにとっても、ゆえにマイヤーズにとっても）、大統領の権限を維持することより重要なものはなく、特にブッシュが「対テロ世界戦争」と呼ぶものにかんしてはそうだった。当時のホワイトハウスは国際責務、とりわけジュネーヴ条約について冷笑的であった。副大統領のチェイニーは、ニクソン政権以来、行政府は議会、裁判所、さらには国際機関にまでも権限を委譲し続けてきたと考えており、政府権力の衰退を阻止する使命を自らに課していた（最高裁に持ち込まれたエネルギー政策やカモ狩り事件訴訟の原因である）。外部の保守派にとって中絶が重要な問題であるように、チェイニーにとっては行政の権限の拡大と、リベラル判事のよけいなおせっかいを阻止することがなによりも重要な課題であった。ハムダン判決でロバーツは、自分がその役に立つということを証明したのである。チェイニーとマイヤーズはロバーツの船に乗った。

　翌週月曜日、ロバーツはふたたびロンドンからもどるよう告げられた。ブッシュの決断は目前だった。翌七月十九日火曜日の朝、土曜日にブッシュと昼食の席で会談したクレメントが指名されるとの噂がワシントンを駆けめぐった（セキュロウはホワイトハウスの内情に詳しい情報通だと気取っていたが、権力者の体のいい道具にすぎず、その日午前中ずっとクレメントで決定だとふれ回っていた）。実際のところブッシュは十二時三十五分、オーストラリア首相との会談の席を外れ、ロバーツに電話をかけ指名を伝えていた。夜七時、妻とふたりの子どもを連れたロバーツと大統領はホワイトハウスで夕食をともにした。そして九時、ブッシュはイーストルームから生中継で国民にロバーツを紹介した。前回の最高裁人事発表のときとの差は歴然としていた。一九九四年、クリントンは金曜日の午後という、ニュース速報には最悪の時間帯にブライヤーの指名をあわただしく無愛想な顔で発表した。それも指名された当人がかたわらにいないというありさまだった。かたやブッシュは、テレビのゴールデンタイムを狙ってロバーツを紹介していた。

ふたりの子どもが足元を跳ね回っていた。ショートパンツ姿の息子ジャックはスパイダーマンをまねていた。そのような場でロバーツは、最高裁で訴訟をくりひろげる優秀な弁護士がいつもそうするように、原稿なしであいさつを述べた。「ありがとうございます、大統領。心より感謝いたします。最高裁判事候補に指名されたことはたいへんな栄誉であり、また謙虚に受け止めております。判事の職に就任する前、わたくしの弁護士としての仕事は、おもに最高裁法廷での訴訟弁論でした。それにより、アメリカ憲法のもとにおける民主主義に最高裁がいかに重要な役割を果たしているかの感慨をあらたにするとともに、独立した機関としての最高裁に深い畏敬の念をも抱くようになりました。最高裁での口頭弁論にのぞんであの大理石の石段をのぼるたびに、胸が締めつけられる思いでしたが、それは緊張だけではないと思います。大統領が最高裁判事に指名することで、信頼を示してくださったことに深く感謝しております。またアメリカ合衆国上院議会における次の手続きへ進むのを心待ちにしております」。ロバーツは最後に家族への感謝の言葉を述べ、子どもたちに言及してあいさつを締めくくった。「アメリカの民主主義を守るために働くことがいかに大切なことであるのかを、日々実感させてくれる存在です」。

ロバーツの承認にかんする不安は、もしそのようなものがあったとするならば、その晩に消えていただろう。頭脳明晰なのは疑いようもなく、資格も十分、その上健康そうでハンサムときては、異議を唱え続けるのはむずかしかった。ロバーツの指名から一日も経たないうちに「十四人のギャング」の共和党員たちは、ロバーツの指名は「特別な状況」にはあたらないとの談話を発表してフィリバスターの行使を否定した。より重要なのは、民主党のギャングたちもすぐにそれに同調したことで、上院議員ジョゼフ・リーバーマンは、「信頼できる指名者であり、われわれの知る限り、いかなる意味においても過激派と呼ぶべき記録は見当たらない」とのコメントを述べた。上院共和党議員五十五人、フィリバスターは実質上提案されないという状況において、ロバーツは問題なく承認されると思われていた。承認公聴会は労働者の日《レイバーデー》の翌日、九月六日火曜日からに決まった。

　レンクイストは六月の開廷期最終日に退任せず、少なからず周囲の者を驚かせた。声はかすれ、気管切開管も装着したままだったが、その日は小康を得ており、病は瀬戸際で抑えられたかのように見えた。もう一年続けたいとオコナーに伝えた希望も、現実的ではないまでも、ありえないことではなかった。だが、レンクイストの病状は夏のあいだに悪化した。甲状腺未分化癌は特にたちの悪い癌で、診断されてから一年以上生き延びる患者はきわめて少ない。レンクイストは夏で診断から八カ月だった。気力だけは衰えておらず、かつてのロークラークであるロバーツが自分とおなじ最高裁判事に指名されたことを喜んでいた。最高裁の元ロークラークから最高裁判事にのぼりつめた者はわずか四人、バイロン・ホワイト（フレッド・ヴィンソン長官のロークラーク）、レンクイスト本人（同ロバート・ジャクソン）、スティーヴンズ（同ワイリー・ラトリッジ）、ブライヤー（同アーサー・ゴールドバーグ）だけである。ロバーツがかつての上司の下で働くはじめての判事となるはずだった。

　夏のあいだレンクイストは呼吸困難で二回病院に運ばれていたが、あいもかわらぬ皮肉屋ぶりだった。最後の緊急治療室で担当医を訊かれたときには、「歯医者」と答えた。八月二十九日月曜日には、見舞いに訪れた客に十月の最高裁開廷にはもどるつもりだと話していたが、その時点ではもう医者にできることはなにもないという状態だった。レンクイストは九月三日土曜日の晩、アーリントンの自宅で三人の子どもに見守られながら息をひきとった。

レンクイストが死去した週の前半、八月二十九日からハリケーン・カトリーナが、ニューオーリンズとその周辺をほぼ壊滅状態にした。連邦政府の災害対応へのつまずきで、ブッシュ政権は一変する。最高裁判事選考も例外ではなかった。

ブッシュが被災地周辺を訪れることができたのはようやく九月二日になってからで、現地アラバマ州モビール市の空港で被害状況の報告を受けた。その朝ブッシュはそこで、いかにも政権を象徴する言葉を発する。不運な連邦緊急事態管理庁局長マイケル・ブラウンに向かっていった。「ブラウニー（夜ひそかに農家を手助けする小妖精）、こいつは厄介な仕事だな」。ハリケーン・カトリーナに襲われてからまだ数日も経たないというのに、ホワイトハウスが災害から気をそらしたがっていたのはあきらかであった。

ふだんの状況であったなら、ブッシュもレンクイストが死んだ三連休初日の土曜日以降、少し時間を割いて自分の考えをまとめたかもしれない。かねてからチェイニーや複数の保守派運動家たちからスカリアの昇格を検討するよう迫られており、少なくとも検討の余地はありそうだった。しかし、七月のロバーツの指名が大成功を収めたにもかかわらず、政権は——さらに必死で——もうひとり指名しなければならないことになったのだ。政権をにぎっているあいだはほぼ一貫してそうだったように、ブッシュにとっての成功とは、自分の支持基盤を喜ばすことである。

夏のあいだ保守派は、候補にあがった時点でこそワシントン以外での知名度はないに等しかったロバーツの指名を疑わなかった。そのあいだにマスコミは、若手弁護士としてレーガン政権のホワイトハウス時代に書き上げた約七万五千ページにおよぶ文書を手に入れていた。それには彼が熱心な、ときに辛らつですらある保守派であることが示されており、なかには収入における男女間の「性別によるといわれている格差」にかんする提言をはねつけ、問題を是正するための提案は「唖然とさせるほど有害」で「反資本主義者的」だと断じたものもあった。彼は上司らの見解を反映する形で、学校での祈禱を支持し、アファーマティヴ・アクションに異を唱えていた。民主党連邦議会議員が各政府部門の責務をめぐる問題を解決するために「権力分散にかんする会議」を開催するよう提案したことにたいしては、「いうまでもなく、『権力分散にかんする会議』はすでに開催ずみである。一七八七年にフィラデルフィアのコンスティテューションホールで開かれている。〔この連邦議会議員に〕その事実と、そこで発行された『報告書』について教えるべきである」と回答していた。

マスコミの主流派は、承認手続きについて概して時代遅れの型にはまった報道をしており、これらの文書をロバーツの承認の障害となるものとしてあつかっていた（もちろん対処可能なものとしていたが）。その報道の背景にあったのは、ボークとおなじく、ロバーツも保守的すぎると思われると承認されない危険があるという考えだが、現実はまったく逆であった。ブッシュの最高裁判事指名者にとっての唯一の脅威とは、真の保守派と見られなかった場合である。まさに、ロバーツのレーガン政権時代の文書を評してマニュエル・ミランダがオンライン版『ウォールストリート・ジャーナル』に書いたとおりだった。「一つの感想が保守派層のあいだでひろく共有されている――『ほんとに安心した！』若手法律家としてロバーツ判事が書いたものは、彼が頑強な憲法主義者だということを証明している」

いいニュースが喉から手が出るほどほしかったブッシュは、レンクイストにたいする不敬ともいえそうな性急な行動に出た。レイバーデーで休日の九月五日午前八時一分、レンクイストの死からまだ二日もたたないうちに、マスコミを大統領執務室に呼び集めてロバーツを第十七代アメリカ合衆国最高裁判所長官に指名すると発表したのである。「この二カ月のあいだに合衆国上院議会議員と国民は、ロバーツ判事の経歴と人となりを十分理解したと思われます。満足いただけたことでしょう。彼は紳士そのものです。誠実かつ公平でもあります」

ハリケーン・カトリーナの余波が収まらず、しかも結果がわかりきっていたため、ロバーツの指名承認公聴会はさして衆目を集めなかった（公聴会はロバーツが陪席判事ではなく長官として審理されるという理由で、当初予定よりやや遅れてはじまった）。九月十二日の冒頭陳述でロバーツはいった。「裁判官の役割はある種の謙虚さを特徴とします。裁判官と判事は法の僕《しもべ》であって、決してその逆ではありません。判事は審判のようなものです。ルールを作るのではなく、適用するだけだからです。審判と判事の役割は重要です。人々がきちんとルールに従って試合をしているか見きわめなければならないからです。しかし限られた役割であるともいえます。審判を見るために野球の試合に足を運ぼうとはだれも思わないでしょう」。ロバーツは、最高裁判事はともかく、野球ファンの動機については正しかった。だが現実には、審判と違って最高裁判事は間違いなくルールを制定しており、判事たちの仕事は機械的にルールを適用するだけにとうていとどまらなかった。

自分が憲法のあいまいな命令をどのように適用するかについて、ロバーツは慎重に公約を避けた。アーレン・スペクターの質問にたいし、ロー判決は「裁判所の先例として定着しており、先例拘束性の原理のもと尊重されるべきものだと思われます」と述べたが、判事はときに先例をくつがえすとも指摘し、ロー判決についてどのように裁定するつもりなのかはいわなかった。これまでの指名者のように言明を避けてはいたが、その好ましい態度と博識さはだれの目からもあきらかだった。昔の事例をすらすらあげて多岐にわたる憲法上の争点を要約したり、アメリカ合衆国憲法の批准を支持して書かれた『ザ・フェデラリスト』の論文を引き合いに出したり。ロバーツの最高裁判事指名候補者としての傑出した対応ぶりに、イリノイ州選出の民主党上院議員ディック・ダービンが語った言葉が多くの声を代弁している。彼は「トロフィーを我がものにした」。ロバーツは九月二十二日の司法委員会において十三対五で承認され、一週間後の上院本会議においても七十八対二十二で承認された。

ブッシュがロバーツを最高裁長官に指名した直後、ホワイトハウスは新長官が承認されるまでオコナーの後任人事の公表を控えるという大統領の声明を発表した。最高裁の次の候補者を政敵が攻撃するのに数カ月余分にあたえてやる必要はないからだと巧みに理由づけしていた。だが、そのあいだオコナーの後任候補の名前を公表しなかったとはいえ、ブッシュ陣営による候補者絞りは綿々と続いていた。

ロバーツの指名をのぞき、その夏はブッシュ政権にとって暗いニュースばかりであった。二〇〇五年初頭、イラクでは開戦後はじめての自由投票が実施され、紫色のインクで染めた有権者の指があらたな民主主義にたいする期待の象徴となった。しかし、続く数カ月のうちに戦況は混迷をきわめてゆき、依然として毎月多数のアメリカ兵がイラクで死んでいった。さらにこの時期、社会保障制度改革における個人投資勘定の導入をふくむブッシュの政策は破たんし、共和党員の大多数からもさげすまれることとなった。とどめはハリケーン・カトリーナで、連邦政府の全般的な対応はよくて普通、悪ければ無能という意見が大勢を占めた。ブッシュの支持率も落ち込み、再選時には六十パーセントだったものが、一年もたたないうちに不支持がほぼおなじ値となっていた。ブッシュのふたり目の最高裁指名は、このような状況のときだった。

ブッシュはふたたび女性を最高裁判事に指名しようと考えていた。オコナーの辞任後、この問題について意外なところからも圧力をかけられていた。南アフリカを訪問していたローラ・ブッシュがNBCテレビ「トゥデイ」の放映で、「夫には女性判事を指名してほしいと心から願っています」と訴えたのだ。ブッシュはその日後半、いつもは慎重な妻がメディアを介して直訴したことに驚きもあらわに、「もどったらすぐに本人から意見を聞きたいと思います」と大統領執務室で語っている。オコナー本人は、もはや残りの任期をつとめあげるだけという立場になり、もっと自由に公共の場で意見を表明してもいいと思っているようだった。フライフィッシングを一日楽しんだのちスポケーン市の判事会議にもどったさい、ロバーツが自分の後任になると告げられ、「それはすばらしいわ！」と喜んだ。「法的判断力は的確、率直、意見も明瞭。どれをとっても完璧よ、ただ一つ、女性でないことをのぞけば、ね」とロバーツを評した。

ではいったいどの女性を指名すればいいのか？　ブッシュはすでに初夏のころからさまざまな女性を検討していたが、これという候補は見つからなかった。民主党院内総務ハリー・リードからは、保守派活動家たちが絶賛する女性判事たち——ジャニス・ロジャーズ・ブラウン、エディス・ジョーンズ、プリシラ・オーウェン——の指名はフィリバスターの行使につながりかねないとはっきり釘を刺されていた。対立に尻込みしたわけではないが、いらぬ衝突を引き起こすこともないと考えていた。自分自身の見解——本質的に共和党のもっとも保守的なメンバーとおなじ——を共有し、それでいてスムーズに承認される人物を指名したほうがいいのではないか？　そんな条件を満たす女性はいないのか？

その問題について側近たちと話し合っているとき、ブッシュはふと初夏にリードがいっていたもう一つ別のことを思い出した。ブッシュ同様、最高裁人事でいらぬ争いをしたくないと思っていたリードは、民主党のブラックリストに載っている人物の名前をあげるとともに、一考に値する可能性も口にしていた。ロバーツの指名直前にハリエット・マイヤーズと話す機会があり、印象がよかった、最高裁判事候補としてホワイトハウスの法律顧問を検討したらどうか、と勧めていたのである。

そうかもしれない、とブッシュは考えた。ハリエットほど自分と政府の政策に忠実な者はいない。おまけに民主党リーダーが、彼女であれば問題なく承認されるだろうと示唆しているのだ。

22 「気心は知れている」

ハリエット・マイヤーズの最高裁判事指名は、またたく間に政治版ブラック・コメディーと化した。彼女が表舞台に立った一瞬に国民が思い描いた姿——最高裁判事としての資格に欠ける婚期を逸した不運な独身女性の風刺画——にはある程度真実もふくまれていたが、その幕切れにはじつはより重大な事情がからんでいた。承認されたはずにもかかわらず上院の承認採決を辞退したマイヤーズは、最高裁史上唯一の希有な存在である。いったいなぜ、そんなことをせねばならないのか？　そこには共和党でももっとも保守的な部分からの拒絶があったのである。

オコナーが二〇〇五年七月に辞意を表明した直後、大統領主席補佐官アンドリュー・カードはマイヤーズに後任に立候補する意思を尋ねたが、マイヤーズはそれを否定した。結果として彼女はホワイトハウス内の後任判事選考を指揮することになった。その仕事には綿密さと慎重さが求められ、ようするにそれまでの秘書官および次席補佐官としての業務に通じるものがあったので、まさに彼女にぴったりの仕事だった。こうして大統領顧問という新任ポストでマイヤーズは、法律顧問補佐たちによる候補者メモの情報更新を統括し、最終選考に残った者たちの面談を取りしきった。それと並行して上院議員たちにうかがいを立て、民主党院内総務のハリー・リードに気に入られる。ブッシュがロバーツを任命したさいには、承認手続きにかかわるホワイトハウス側の調整役として、上院議員からの情報要求を巧みにさばき、候補者に必須の経歴にかかわる膨大な質問表の回答を準備し、上院司法委員会で証言するロバーツのリハーサルとして通称「必殺審議会」をお膳立てした。この複雑な調整をロバーツの立ち居振舞いに劣らずそつなくこなし、あたらしい最高裁長官が速やかに承認されたことで、ロバーツのみならず、マイヤーズも脚光をあびることとなった。

ブッシュはふたり目の欠員にたいしてひとり目ほど注力しなかった。二〇〇五年の八月はほぼ丸々一カ月夏休みをとり、地元テキサス州クロフォードの牧場で過ごしている。その後ワシントンにもどったとたん、ハリケーン・カトリーナの人道的支援と政治的な対応で手いっぱいになった。九月中旬、ロバーツの承認手続きは終盤に差しかかったが、ブッシュにはオコナーの後任候補のあてもないばかりか、それについて考えてさえもいなかった。

マイヤーズはふたたび候補者選考に専念していた。マスコミを介した妻の異例のひと押しにうながされ、ブッシュはオコナーの後任に女性を望んでいた。必然的にマイヤーズもそこに的を絞っていた。保守派の活動家グループの代表たちとも会合を開き、その二時間半におよんだ会議の席で、連邦控訴裁判所判事として共和党が指名した女性全員の氏名を順にあげ、後任候補としての適性を検討したこともあった。魅力的だがこれという功績がない者（エディス・ブラウン・クレメント）や、政治的煽動が激しくて上院の承認を得られそうにない者（ジャニス・ロジャーズ・ブラウンやエディス・ジョーンズ）ばかりで、残りは穏健すぎるとして却下された（連邦第九巡回区控訴裁判所のコンスエロ・M・キャラハン）。概して女性がそうであるように、女性判事は男性同僚よりもリベラルに考える傾向にあり、またクリントンのような民主党大統領のほうが共和党よりも女性判事を多く指名していたので、共和党の選択肢はたいして多くなかった。マイヤーズにも、彼女の上司の前にも、これといった候補は浮かんでこなかった。
それでもブッシュはマイヤーズの仕事ぶりに感心していた。彼には選考のリーダーをそのポストに就任させたという実績がある（いうまでもないが、二〇〇〇年、ディック・チェイニーは副大統領の人選を指揮していたが、最終的に本人がその地位についた）。これという候補者が見つからず不満を募らせたブッシュは、主席補佐官のカードに候補者としてマイヤーズはどうかと口にした。カードはそれを受け、マイヤーズの副官ビル・ケリーに可能性を調査するよう指示を出した。マイヤーズはカードが自分を念頭に置いているのを知ったが、今回は指名候補となるのを拒否しなかった。そもそも本人もケリーもあまり真剣にとらえていなかったのである。ともあれケリーは、自分のボスの適性にかんする書類作成に着手した。

オコナーとマイヤーズは十五歳違い、それぞれ一九三〇年と一九四五年生まれで、ふたりとも、まだ女性の弁護士がめずらしく、往々にして歓迎されなかった時代に南西部で育った。だがふたりの違いには、第二次世界大戦後に急速に変化していった女性の運命と、もっと根本的な性格の相違が映し出されている。オコナーは牧場育ちで、いっぽうのマイヤーズは大都市ダラス育ち。オコナーは裕福な家庭だったが、マイヤーズはそうではない。父親は不動産業を営んでいたが経営は苦しく、彼女がサザン・メソジスト大学一年生のときに脳卒中の発作で倒れた。彼女は奨学金を得て、働きながらなんとか大学とロースクールを卒業する。オコナーが一九五二年にスタンフォード・ロースクールを卒業したときには、法律事務所の秘書業務以上の仕事を得ることはできなかった。かたや一九七〇年に卒業したマイヤーズは、やはり周囲の反応は冷ややかだったけれども、なんとか連邦判事の誉れ高いクラーク職につくことができ、その判事から紹介された法律事務所ロック・リデル＆サップにその後二十四年間つとめることになった。

オコナーはフェニックスに居を構えると幸せな生活に手を尽くし、法律業務をさばきつつ、成長する家族、政治にも情熱を傾け、飽くことなく楽しんだ。マイヤーズは、別の道を通って成功へとたどり着く――わき目も振らず忍耐強く努力し続けたのである。彼女はいっさい手を抜かず懸命に働くことで、お決まりの女性弁護士にたいする蔑視を乗り越えた。勤務先の法律事務所では初の女性弁護士であり、のちに初の女性所長となる。大手法律事務所の弁護士の場合よくあることだが、彼女の担当する訴訟は裁判前に和解してしまうものが多かった。二大顧客のディズニー社やマイクロソフト社といった大手は、裁判所の評決のリスクより、確実に解決するほうを望むからである。長時間勤務を続けていたマイヤーズには娯楽の時間はほとんど残らなかった。一九八九年、訴訟で供述したさいに相手側の弁護士がある本を読んだことがあるか彼女に尋ねた。「その質問はもっと短くできるわよ。最後に本を一冊読み終えたのはいつかってね」とマイヤーズは答えた。

彼女のプライベートは仕事の延長線上にあるようなものだった。州の有力者たちの事実上全員が民主党に所属していたときには彼女も民主党に所属しており、一九八八年には大統領選挙のためにアル・ゴア陣営に千ドルの寄付をしている。典型的な出世ルートである州弁護士協会のヒエラルキーを一段ずつのぼっていき、一九九二年、テキサス州弁護士協会初の女性会長にまでのぼりつめた。その一年前の九一年、彼女はダラス市議会議員を一期二年間つとめただけで辞めていた。選挙向きではなく、政治よりも企業で働くほうがずっと面白いと感じていたからである。彼女は憲法の解釈がともなう訴訟にたずさわったことはなく、入手できた記録にもとづくと、それらの問題について深く考えたこともなさそうだった。

仕事だけに打ち込み、それ以外のことはほとんど犠牲にする立身出世主義者にありがちなように、マイヤーズもある種の精神的危機におちいっていたようだ。彼女は長いこと、テキサス州最高裁判事であり、好戦的な保守派ネイサン・ヘクトと切れたりよりがもどったりの恋人関係にあった。カトリック教徒の家庭に育った彼女だが、ヘクトの属するダラスでも最大級の福音派教会ヴァレー・ビュー・クリスチャンへ入会するよう誘われ、それに応じたことが彼女の人生を一変したのである。牧師は次のように述懐している。「人生の目的が変わったのです。イエスは弟子たちにおっしゃいました。崇められるためではなく、仕えるためにこの身は在ると。ハリエットはまさにそれを体現しているのです」

マイヤーズの改宗直後、知事一期目の選挙戦をくりひろげていたジョージ・W・ブッシュは、テキサス州東部のフィッシング・クラブがらみのトラブルに巻き込まれていた。地所の管理人が不当解雇を理由にブッシュをふくめた会員を訴えたのである。未来の知事は弁護士としてマイヤーズを雇い入れ、彼女は巧み（かつ穏便）に勝訴へと導いた。前途有望な政治家はそのまま彼女を顧問弁護士として雇い続け、マイヤーズは改宗がもたらしたあらたな情熱をもって、ジョージ・W・ブッシュに仕えたのだった。

二〇〇五年九月二十一日、ブッシュは上院の超党派グループと会談し、オコナーの後任についての計画を話し合った。ある意味、上院議員とのそのような「相談」はまやかしである。ブッシュ政権は自分たちの特権はなにがなんでも手放すまいとしており、最高裁判事を選ぶ大統領の権限はなによりも重要だった。協議の席上、アーレン・スペクターが同僚たちを見わたしながら、ロバーツの長官としての仕事ぶりを見きわめるため、二〇〇六年まで指名を先送りし、それから最高裁の均衡を維持できるような人物を指名するというばかげた提案を持ちかけた。ブッシュ陣営が望んでいるのは変化であり均衡などではない。スペクターの意見は一蹴された。ここでふたたびハリー・リードが候補としてマイヤーズの名前をあげた。

その案は大統領にとって納得のいくものだった——上院民主党議員から反対されない、実質的に自分とおなじイデオロギーをもつクローンの指名。その晩ブッシュはマイヤーズを大統領執務室に呼び寄せ、判事候補となる意思があるかをあらためて尋ねた。彼女は今度はイエスと答えた。

マイヤーズが正式に後任判事の候補者となったため、ロバーツの承認が目前に迫り、急ピッチで進められていた候補者探しはややこしくなった（司法委員会は九月二十二日にロバーツを承認した）。ブッシュとの面接のために候補者を連れて来るようマイヤーズが命じられることはなくなった。マイヤーズが候補になったのを知っていたのはカード、ローヴ、ケリーといったひとにぎりのスタッフだけで、彼らはみな選考過程を外部にもらさないというブッシュのいいつけを忠実に守っていた。司法委員会がロバーツを承認した当日、ケリーはフェデラリスト協会のレナード・レオに電話をかけ、マイヤーズが本命になったと告げた。翌朝ふたりはタイソンズコーナーのリッツカールトンホテルで朝食をともにし、その席でレオは、マイヤーズの実績不足が保守派グループのあいだで問題になると告げた。「それは容易に解消することはできない」。しかし、レオの忠告はホワイトハウスの上層部まではとどかなかった（その翌週、レオは保守派運動団体の仲間たちにマイヤーズの指名について探りを入れようとしたが、だれもまともにとりあわなかった。彼らは彼女の指名をまともにとりあわなかったように、賛否を示すこともなかった）。どの政権であっても、ホワイトハウスは一種の反響室のようなものであり、そこから漏洩する情報はしばしば問題をあぶり出す有用な手段となる。しかしマイヤーズについては情報がいっさい外部にもれなかったため、彼女の指名がどのような反応をもたらすのかホワイトハウス内で知る者はいなかった。

マイヤーズの指名を検討していた上層部の幹部——ブッシュ、チェイニー、カード、ローヴ、マイヤーズ本人——はだれも最高裁判事の日々の業務が実際にどんなものかをほとんど理解していなかった（「判事の仕事は、読んで書くことに尽きるんです」ブライヤーはよくそう口にした。「息子にはよくいったものです。もしほんとうに宿題が好きなら、判事になれば一生宿題だけやっていられるんだよ、と」）。ブッシュの側近はみな企業分野の出身で、その世界では深い分析よりも、適切な判断力と直感力こそが重要と考えられていた。企業弁護士についてもそれはおなじである。ブッシュは、閣僚候補者に当人の見解を示すような文書を提出しろと命じようとは夢にも思わなかったし、マイヤーズにも求めなかった。ブッシュにとって、提供できる文書がマイヤーズにないことは問題ではなかったのである。

ひとにぎりの内部関係者とだけ話し合い、さらに九月二十八日と二十九日の両日にわたりマイヤーズ本人とあらためて話をし、ブッシュは彼女が適任だという思いをさらに強くした。最後の打ち合わせでは、判事に指名するかどうかの問題よりも、むしろ彼女のために支持を訴えてくれる知識豊富な代弁者をだれにするかという話題に移っていた。この時点でも、候補者選考は極秘のままだった。驚くことに、はじめてマイヤーズの名前がニュース記事に載ったのは、九月二十九日のロバーツの承認直前で、そのときでさえ可能性のある指名候補者リストの最下位に記載されていたにすぎない。しかし候補者選考作業は、マイヤーズが候補者になることを受け入れた九月二十一日の時点で実質的に止まっていた。

ホワイトハウスがマイヤーズの指名が濃厚だとようやく外部に告知しはじめたのは、十月一日と二日の週末にかけてである。大統領とおなじように、カール・ローヴもふたり目の最高裁判事の選考にはあまり関与していなかった。ハリケーン・カトリーナの後始末に忙殺されていたところに、さらなる厄介な問題が降りかかっていたからである。九月、ＣＩＡ局員ヴァレリー・ウィルソンの氏名漏洩事件にかんし、検察官パトリック・フィッツジェラルド率いる犯罪捜査が重大な局面を迎えていた。ローヴはまさに起訴の可能性に直面していた。

このためローヴが指名人事に専念できるようになったのは、十月二日日曜日になってからであった。彼が最初に電話をかけたのは、フォーカス・オン・ザ・ファミリーの創設者であり指導者のジェームズ・ドブソンで（だれの意見がほんとうに重要なのかを物語る）、マイヤーズが適任だと売り込んだ。ローヴはマイヤーズが福音派キリスト教徒であり、憲法に厳正な解釈をくだす人物であると保証し、さらに彼女の友人のテキサス州最高裁判事ネイサン・ヘクトが、彼女の社会問題にかんする堅実さを証言すると伝えた。現に、ヘクト本人が翌日、福音派指導者たちとの電話会議で話をすることになっているといいそえた。ローヴがドブソンを説得したのは政治的観点から当然といえる。たとえ主要メディアは気づいていなくとも、このブッシュの政治顧問には、ブッシュの指名した人物を承認するもしないも、上院民主党ではなく、ドブソンといった福音派のリーダーたちだというのがわかっていたのだ。

その日曜日の午後、ブッシュはマイヤーズに正式に指名を申し出た。彼女は承諾し、ホワイトハウス広報部ではその夜を費して、指名発表にともなう経歴書や売り込みの資料が極秘で作成された。

十月三日月曜日、ブッシュのお決まりの時間ともなった朝八時一分、大統領とマイヤーズは大統領執務室にふたり並んで立った。「本日、この場において、ハリエット・エラン・マイヤーズを最高裁の陪席判事として指名することを発表いたします。ハリエット・マイヤーズは、過去五年にわたり、国内できわめて重要な法的職務である大統領顧問をはじめとし、アメリカ政府においてひじょうに重要な役割を果たしてきました。法の支配と正義のために人生を捧げてきました。わたしとハリエットとは十年来の知り合いです。気心は知れています。また気性もよく理解しています。ハリエットのお母上もさぞや今日のご息女を誇りに思われていることでしょうし、彼女のご尊父もそう思われたことでしょう。最高裁の一一〇人目の判事としてハリエット・マイヤーズが承認された暁には、アメリカの司法にさらなる叡智と個性がもたらされるはずです」

マイヤーズはロバーツとは異なり、メモをもちいて短いコメントを読み上げた。「わたくしは連邦地方裁判所でのクラーク職にはじまり、法律実務、弁護士協会、地方公務にかかわってまいりました約三十年の経験を通じて、アメリカ憲法と政治組織に刺激をあたえてきた司法の真髄というものに、大いなる畏敬の念と称賛とを抱き続けてまいりました。その気持ちは、行政部門を代表する職員のひとりとしてアメリカ国民に奉仕する機会に恵まれたこの五年間で、ますます大きくなるばかりです」。次にマイヤーズは、自分の司法哲学を示そうとした。あきらかに法律家としてそれまで築いてこなかったものである。文法を無視して次のように切り出した。「アメリカ合衆国憲法を起草し、国を三つの強力かつ独立した権力のもとで機能させることを考え出した人々の叡智は、まさに卓越したものだと証明されています。憲法起草者が、われわれの社会における裁判所の適切な役割として思い描いたことに忠実であることが、世代を超えた責任だと考えます」。マイヤーズは、「憲法起草者が思い描いたこと」にふれて、自分の立場をスカリアとおなじ原意主義者に位置づけた。「承認された暁には、国の司法制度を強力なまま維持し、裁判所が厳密に法と憲法を適用するという司法の義務を確実にするための推進力として、ひじょうに重大な責務を担うことを承知しております」。同様に彼女は「厳密に」という言葉をもちいることで、自分がレンクイストとおなじように、憲法に厳正な解釈をくだすという意思をあらわした。

しかし、マイヤーズ本人による暫定的な弁明はすでに手遅れだった。彼女の指名発表の式典が終わった八時十四分には、彼女への猛攻撃の火ぶたが切って落とされていた。

八時十二分、マニュエル・ミランダは保守派運動家の仲間たちに一斉メールを送信した。「ブッシュ大統領が選んだのは、エーブ・フォータス以来の最悪の不適格者である。彼も大統領の弁護士であった。判事経験のない者を指名することは、ホワイトハウスに集結した助言者たちの致命的な失敗である」。八時五十一分、ホワイトハウスの元スピーチライター、デイヴィッド・フラムも直接得た情報をもとにマイヤーズを否定した。『ナショナル・レビュー』の担当ブログに、「ハリエット・マイヤーズは神経質で臆病、不安に駆られやすい性格である。なにもハリエット・マイヤーズが保守派法律家でないといっているのではない。彼女が厳格でないといっているのでもない。どちらについても信じるに値する根拠がない、といっているだけである」とつづった。

その日後半、ローヴの約束どおり、ネイサン・ヘクトがもうひとりのテキサス州の判事、連邦地方裁判所のエド・キンケードとともに保守派リーダーたちとのテレビ会議を招集し、マイヤーズへの支持を強く訴えた。会議はアーリントン・グループ（「中絶反対・家族主義」を奉じる約六十の団体の連合）のメンバーにたいして開かれたもので、そのなかには、アメリカン・バリューズ代表ゲイリー・バウアー、南部バプテスト協議会のリチャード・ランド、このグループの全国委員長ジェームズ・ドブソンといった名だたる人物がふくまれていた（アーリントン・グループは、二〇〇四年の州選挙で同性婚を禁ずる憲法修正案を声高に唱えていた。保守派の動員を増やし、ブッシュの選挙戦を助けたと大方が認める戦略だった）。ドブソンが会議を取り仕切った。マイヤーズが保守派であることをヘクトとキンケードが保証するというローヴの言葉を引き合いにし、当然のことながら彼女の資質を問いただす重要な質問に結びつけた。

「彼女がロー対ウェード判決をくつがえすと信じますか？」

「もちろんです」キンケードが答えた。

「わたしもそう信じます」ヘクトも同意した。

こうして電話線上に集結した保守派の気持ちはひとまずなだめられた。

電話会議の情報はすぐにもれた。マスコミの注目にキンケードはたじろぎ、マイヤーズの承認のためにそれ以上動くことはなかったが、ヘクトはそれで発奮した。

翌週一週間ほどのあいだに、ヘクトはマイヤーズのために一二〇以上のインタビューに答え、支援者として良くもあり悪くもある存在だというのを立証してみせた。ヘクトは一九八八年からテキサス州裁判所の判事をつとめており、もともと保守的な裁判所でも究極の右派として知られていた。マイヤーズの信仰心の深さと、人生の後年に自分とおなじ福音派教会で洗礼を受けたことをくりかえし話したが、彼女の人生における彼の立場があいまいなため、どうにも説得力に欠けた。また思いつくまま記者に話す内容は、情報が少なすぎるか、さもなければ多すぎた。『ロサンゼルス・タイムズ』のインタビューでは次のように語っていた。「われわれは仲のよい、とても親しい友人です。ここ数年来そんな関係です。ふたりで食事にも出かけるし、一年に二、三回は映画にも行きます。話もします。わたしたちの関係をあらわすとすればそういうことです。つきあっているのではありません。恋愛感情から会っているのではありません。いまは違います」。彼が孤軍奮闘してマイヤーズを支援するさまは、ホワイトハウスが見つけられた彼女の推薦人は、彼女の恋人だけだったのかもしれないと思わせた（どうやらヘクトは複雑な社会生活を送っていたらしく、テキサス州最高裁の元同僚のプリシラ・オーウェンの恋人だった時期もあった。オーウェンは先立って連邦第五巡回区控訴裁判所判事に承認されており、結局マイヤーズに落ち着いた最高裁判事候補として保守派が望んでいた女性だった）。

マイヤーズを推す支援者が見つからなかったという事実は、彼女の人となりだけでなく、テキサス州とワシントンにおけるブッシュの下での仕事の性質をよくあらわしている。テキサス州オースティン時代はブッシュから非常勤の仕事をあたえられ、州の問題の多い宝くじ制度を監督していたが、実際の仕事といえば彼個人の法律顧問のようなもので、公に認められる実績を残すような仕事ではなかった。同様に、ホワイトハウスでも最初は秘書官、次に次席補佐官として、考えを発信するというよりむしろ調整する交通警官の役割を担っていた。だれひとり彼女の憲法にかんする見解を証言できなかったのも、一度として見解を表明する機会がなかったからであった。上院に提出する質問表に答え、起訴した重要な訴訟をリストアップしたときでさえ、裁判の大半は和解が成立したビジネス紛争だった。最高裁の法廷には一度も立ったことはなく、テキサス州最高裁ですらなかった。

ホワイトハウスがマイヤーズの指名を推し進めるにあたって、代替案を考えていなかったことがすぐに露呈した。ローヴたちはヘクトが保証すれば保守派の疑念の声は収まると考えており、ブッシュは、過去四年半、それまでのすべての問題でそうあったように、上院を支配している共和党員が一枚岩になるとあてにしていた。重要なことに、イラクやハリケーン・カトリーナ問題で上院への影響力が損なわれていることがわかっていなかった。マイヤーズの指名からは、自分の顧問弁護士であるという事実で上院の同意を得るのに十分と考えていた、ブッシュの傲慢さが透けて見える。ブッシュは自分に残っている政治的影響力を見誤っていた――自分の強力な支持基盤が最高裁問題をどれほど重要なものとしてとらえていたかも読めていなかった。ことこの問題においては、ジョージ・W・ブッシュの「わたしを信頼してくれ」は論外だったのである。

右派はマイヤーズへの非難をイデオロギーではなく適性の問題にすりかえようとしていたが、その巧妙なごまかしはうわべだけにすぎない。近年の最高裁は（その流れを破ろうとしたクリントンの努力も実らず）控訴裁判所で経験を積んだ判事だけに占められているが、過去を振り返れば、マイヤーズの経歴は決して特別ではない。ルイス・パウエルは政府での勤務経験はなく、マイヤーズ同様、地元と国内の弁護士協会で重要な地位について活躍していた。ウィリアム・レンクイストはフェニックスで日常的な民事一般の仕事に従事したのち、司法次官補として法律顧問局を率いていた。バイロン・ホワイトが司法副長官をつとめたのはそれよりも短く、それ以前はデンヴァーの地味な開業弁護士であった。行動する保守派にとってマイヤーズが問題なのは、彼女が適性を欠くからではない。最高裁で彼らの課題に従うという確信を欠くからであった。

とはいえ、厳しい国内デビューがただちにマイヤーズの指名を運命づけたわけではない。ハリー・リードは彼女の指名を歓迎していたし、なかにはテキサス州選出のジョン・コーニンのように賛成している共和党上院議員もいたのである。指名された週の水曜日、マイヤーズは手はじめに地元選出議員を表敬訪問した。コーニンは彼女のために大衆受けする談話を発表し、公の場で賛意を示した。訪問を受けたのち、マイヤーズは、アイヴィーリーグとワシントン政界のインテリに占領されている最高裁の「厳然と存在する大きな溝」を埋めてくれる存在だと語り、保守派にたいして「判断を保留」するよう要請し、「資格十分」で「魅力的な人材」であるといいそえた。わずかな例外を除いて、上院議員は状況を見守っており、どちらかに判断をくだすことはしなかった。

だが保守派の抵抗ははじまったばかりだった。共和党全国委員会の委員長ケン・メールマンと彼の前任者エド・ガレスピーは、ワシントンで開かれた保守派活動団体の二つの集会に出席したが、どちらもマイヤーズにたいする苦情ばかり聞かされた。「大統領は『わたしを信頼してくれ』というが、それは大統領がいう必要があり、いわなくてはならないこと。しかし事態はそれでは収まらない」と、片方の集会の主催者である米国税制改革団体の代表グローヴァー・ノーキストはぼやいた。「メールマンにはいったがね、わたしの長いキャリアにおいて、『わたしを信頼してくれ』はもう五回も聞いてるんだよ」と、もう片方のランチ集会の主催者ポール・ウェイリッチも詰め寄った。ほかの四回とは、スティーヴンズ、オコナー、ケネディ、スーターの指名のことである。「だからいったんだ、『申し訳ないが、大統領が気心は知れているといっても納得できない』とね」。彼の不満についてガレスピーが「性差別とエリート主義のにおいがする」といったときには、その侮辱的発言を撤回して謝罪するようつめよられた。メールマンはブッシュの十年以上におよぶマイヤーズとの親交をあげて弁明した。「今回の『わたしを信頼してくれ』がいままでと違うのは、今度の大統領が指名者をよく知っていることです」

十月に噴出したマイヤーズにたいする保守派の激しい抗議の声は、七月にアルベルト・ゴンザレスが指名されるかもしれないといわれていたときの状況とよく似ている。ゴンザレスのときのように、右派のマイヤーズへの批判は、彼女がそれまでに表明してきた見解のなにが受け入れられないのかをはっきりさせていない。これもゴンザレスのときと同様、ホワイトハウスの高官たちは、職員のなかでも飛び抜けて強固な保守派として知られる同僚が、隠れリベラルのごとく非難されるのを驚きの目でながめていた。

マイヤーズにたいする攻撃のなかで、事実はほとんど意味をなさなかった。彼女についての公的な発言、たとえば友人ネイサン・ヘクトの証言から、マイヤーズの見解は、その指名に猛反発している人々とみごとなまでに一致していることが読み取れる。唯一の選挙運動であるダラス市議会議員選挙の記録は、少ないとはいえ、ヘクトの説明どおりだと裏書きしている。「命のためのテキサス州連合」からの質問にたいして、ロー対ウェード判決をくつがえすための憲法修正を支持する、妊娠中絶支持団体への公的資金投入停止を支持する、彼女の事務所を「中絶反対訴訟の促進」に活用する、と回答していた。だが、それでも十分ではなかった。保守派運動団体からのマイヤーズへの攻撃は激化するいっぽうだった。

この対岸の内輪もめの大部分を、民主党はただひたすら声高に笑ってながめていた。ブッシュが知事だった時代にマイヤーズが書いた、彼にへつらうようなメモを記者たちの前にちらつかせるのも忘れなかった。「願わくば、ジェナとバーバラが、両親を『すてき』と思いますよう——わたしたちがそう思っているように」「さらなる偉業を成就されますことを。テキサスに祝福を！」「最高の知事に、絶大なる尊敬を！」「最高のご夫婦です！」

民主党上院議員たちからは縁故主義についての疑問の声もあがり、ハリケーン・カトリーナの余波のなかで反響はきわめて大きかったが、注目すべきことに、民主党上院議員のなかでマイヤーズに反対票を投じるとはっきり口にした者はいなかった。彼女にたいする右派の攻撃が激しさを増すにつれ、民主党員のなかには、マイヤーズがほんとうに隠れ穏健派で、ブッシュの指名者として自分たちにとって願ってもない人物なのかもしれないと考える者まであらわれた。

上院司法委員会委員長のスペクターは、マイヤーズの承認公聴会を十一月七日からとしたが、その日が近づくにつれ、彼女に異議を唱えはじめた。気むずかし屋の彼は、仲間の共和党議員とは異なり、彼女のイデオロギーよりも適性のほうを気にしていた。彼女には憲法についての「短期集中コース」が必要だと公然と口にしていた。ジョン・ロバーツにたいしては、だれもいえなかったことである。十月十九日、スペクターと司法委員会の古参民主党議員パトリック・レーヒーは、質問表へのマイヤーズの複数の回答について苦言を書き連ねた辛らつな書簡を彼女に送りつけた。ふたりは、彼女が所属していたすべての組織の「性格と目的」ならびに「最近報道されたものをふくむあらゆるやりとりについて、なかでも、どの友人と支援者が貴殿のある特定の見解について保証するようホワイトハウスから依頼されていたか」について詳しい回答を要求していた。いうなれば、彼女がロー判決をくつがえすほうに投票すると保証したヘクトの言の裏づけをとろうとするものであった。回答期限は十月二十六日までとされていた。

十月の第二週から第三週にかけて、マイヤーズは個人的に上院議員たちと会談をかさね、正式な承認公聴会に向けリハーサルをくりかえしていた。だがそのどちらも順調だったとはいえない。マイヤーズにはロバーツのような人を引きつける魅力もなければ、彼のように自分の見解をくわえることなく憲法のあり方について説明できるほど深い知識もなく、さらには自分の正当性を主張することもほとんどしなかった。

それでも、ますます必死になる敵の気持ちとは裏腹に、マイヤーズは比較的容易に承認公聴会を切り抜けられそうだった。連邦議会の公聴会はまず例外なく、上院議員よりも証言者のほうに有利に働く。議員たちはどういうわけか尊大なだけで無知だと思われがちだった。敵意を抱く保守派からの詰問は、彼女にたいする同情心を誘うだけだろう。十四年前のトーマス同様、逆境に屈せず勝ち抜いてきた彼女の過去も、国民からすれば大きな意味を持つ。四十四人の民主党上院議員は、マイヤーズが彼らにとってベストな人選だと見ており(さらにすでに六十歳なので)、たぶん圧倒的に承認のほうが多いだろうし、ブッシュ側のお決まりのロビー活動によって共和党の票がそれなりに得られたはずである。十月中旬には、マイヤーズの承認は——採決にかけられさえすれば——ほぼ確実のように思われた。

保守派運動団体の敵たちが、断じて採決を阻止すると決意したのはこのためである。十月二十一日、マイヤーズに反対する保守派で企業連合体に雇われているコラムニストのチャールズ・クラウトハマーが、「われわれにはこの大惨事を回避するための戦略が必要であり、わたしにいい考えがある」とコラムに書いた。上院議員が「ホワイトハウス在職中のマイヤーズの免責特権書類」を請求すればいいのだという。大統領側はそれを拒否するはずなので、そこで生じるのが「憲法で保障されている特権をめぐるいつもの攻防である。上院はその情報を入手しない限り彼女を承認できないし、いっぽうホワイトハウスは、行政特権を危険にさらすのをおそれてその情報を開示できない。ゆえに完全に正当な方法でこの難問を解決することができる。マイヤーズは上院と行政特権の両方に敬意をはらい辞退するはずである」

その策略は息を呑むほど冷笑的で、一種の不正行為だが、保守派の目的にはかなっている。共和党は長年、民主党のフィリバスターについて、ブッシュの判事指名者にたいする「承認採決を受ける権利」を否定するものとして非難してきた。大統領本人ですら二〇〇五年の一般教書演説でおなじ言い方をしている。それなのに、ブッシュの判事指名者にたいする承認採決の阻止を非難してきたまさにその当事者たちが、ブッシュの判事選任のほぼすべてに関与してきたホワイトハウスの法律顧問である彼女の採決を阻止するために戦闘態勢に入ったのである。だが、どれほど矛盾していようが、公明正大でなかろうが、このような事態でなければ運命共同体だったであろうが、保守派にとってそんなことはどうでもいい問題なのである。最高裁を牛耳るより重要なことはなにもないのだ。こうして「クラウトハマーの解決策」として知られるようになった方策が打ち出された。

指名者にたいする強硬策を止められる唯一の人物、それはマイヤーズ本人だった。一九八七年、ロバート・ボークは上院での否決があきらかだったにもかかわらず辞退を拒み、記録に残る採決がおこなわれ、五十八対四十二で敗れた。今回の場合は、どうあってもマイヤーズは否決されない。だがマイヤーズは基本的な水準でブッシュのお抱え弁護士にすぎず、ひとり芝居には向かなかった。弁護士は自分自身の利益よりもクライアントの利益を優先させねばならない。そしてブッシュの優先事項は、もっとも保守的な支持基盤を喜ばせること、最高裁人事においてはそれが絶対的課題であった。マイヤーズには、ブッシュとその支持基盤を失望させることはできなかった、たとえ個人的に甚大な犠牲をはらおうともそれだけはできなかった。彼女は指名を辞退することにした。

十月二十六日水曜日、午後八時半、指名されてから二十三日後、彼女はブッシュに電話をかけ指名を辞退すると告げた。当面、その決断は内密のこととし、ホワイトハウスはその晩遅く例の上院からの追加質問に回答まで出している。しかし翌朝、クラウトハマーの解決策が決行された。マイヤーズはブッシュに手紙を書き、上院がホワイトハウスに自分の過去の業務について問い合わせるつもりだと告げた。「わたくしは、行政部門の独立性をかたくなに守り続けてまいりました……。行政部門の特権を維持することと、わたくしの判事承認は相容れません。ゆえに承認を得ることをあきらめるという決断をくだすに至りました」。同日に出された声明のなかで、ブッシュはマイヤーズの撤回を「不本意ながら認めた」。

翌日、十月二十八日金曜日、副大統領首席補佐官ルイス・リビーがＣＩＡの情報漏洩の捜査における偽証と司法妨害のかどで起訴され、おそらくブッシュの大統領在任期間中最悪であった一週間の幕引きとなった。マイヤーズの大敗とリビーの起訴は、メキシコ湾沿岸地域がいまだに悲惨な状態から抜け出せず、イラクの惨劇も終わりが見えないときだった。このような危機的状況にあれば、ほかの大統領だったら政敵にたいし控えめに、超党派的な懐柔策を取ったであろう。

しかし、ジョージ・Ｗ・ブッシュはそうはしなかった。週末、公然と侮辱されてもそれまでと少しも変わらない忠誠を尽くしていたハリエット・マイヤーズは、大統領に随行してキャンプ・デイヴィッド（大統領専用別荘）を訪れ、自分自身の代わりとなる候補者選考を手伝った。目標に変わりはなかった――考えうる限りの保守派を、ジェームズ・ドブソンやアーリントン・グループ、エドウィン・ミース、ジェイ・セキュロウ、マニュエル・ミランダといったブッシュの支持基盤が歓迎する最高裁判事を選ぶこと。月曜日の朝八時一分には、彼らは意中の人物を見つけ出していた。

23 「当然の報いカフェ」での晩餐

キャンプ・デイヴィッドでの週末は、少なくとも大統領にとっては骨休めが目的だといえる。ブッシュの気持ちはすでに固まっていた。リビーの事件で騒がしかったとはいえ、ブッシュとアンドリュー・カードは、ニューアークの判事室にいるサミュエル・A・アリート・ジュニアに電話をかける時間をひねり出した。またもや会話は通り一遍のものだったが、ある程度はブッシュがすぐに判断をくだせるような内容だった。ブッシュはルッティグ（唯一ほかに検討されていた候補）よりもアリートのほうを気に入っていたから、アリートで決まりだった。女性を、という妻ローラ・ブッシュの意向もあったが、マイヤーズがとんだ失敗に終わったため、いまではブッシュも堅実な保守派を選ぶほうが先決だと考えていた。

意外にも、アリートの指名はマイヤーズの無念を晴らすこととなった。マイヤーズただひとりがロバーツの保守派としての資質に疑問をもち続けていたのだが、自身の指名では真の保守派らに自分の資質を納得させることができず自滅した。その結果、その空席が、マイヤーズの当初からのお気に入りの候補者、保守派の声を確実に代弁するとだれもが認める人物に渡ったのである。アリートについては、カール・ローヴも電話会議を招集し、保守派運動団体の仲間たちに懇願する必要はなかった。みなもとから賛成だった。十月三十一日の朝、ブッシュとアリートがホワイトハウスに並んで立った直後に放たれた、マニュエル・ミランダの最初のメールどおりだったのである。「ジョン・ロバーツ長官の指名同様、またもや大統領の満塁ホームランだ！」

それはサンドラ・オコナーの見解とは違っていた。彼女が正式に辞意を表明してから間もなく、ホワイトハウスでブッシュ主催の内輪の夕食会が催され、そこには彼女のために五十人ほどが招待されていた。ブッシュの乾杯後、彼女は通り一遍の感謝の言葉を述べた。会場を去るときになって、ある現職判事の妻に「まあ、それほど悪くないわ」とため息まじりにいった。

オコナーはブッシュがなにをしようともショックを受けないようになっていたが、アリートの指名は面と向かって否定されたように感じていた。マイヤーズの指名でもいささかばかにされているような気がしていた。マイヤーズについては、なぜブッシュは自分の弁護士でなく、より名声のある候補者を探せなかったのかと苦々しげに問うのだった。とはいえ公平な目でながめれば、一九八一年にアリゾナ州中位の控訴裁判所で無名判事として働いていたオコナーと、おなじ程度の名声はマイヤーズにもあった。だが二〇〇五年には、オコナーは全米一の権力を持ち、そして尊敬を集める女性のひとりとしてその名声をほしいままにしていた。

だがアリートとなるとまったく話は別だった。アリートとオコナーの判事としてのキャリアは、かなりの部分までおなじ裁判で象徴することができる——ふたりの立ち位置は対極にあった。

アリートはジョン・ロバーツ同様、ブッシュ（父）政権のときに控訴裁判所判事に指名された。だがロバーツとは異なり承認に至り、一九九〇年に連邦第三巡回区控訴裁判所の判事に就任している。このふたりの経歴はひじょうに似通っている。アリートは父親がニュージャージー州政府の公務員ということでやや地味な環境ではあったが、未来の長官とおなじくアイヴィーリーグ出身。プリンストン大学からイェール・ロースクールに進学し、卒業後もこれまたロバーツ同様、保守派の若手エリート弁護士のなかでもスター的存在で、ロナルド・レーガン政権発足にともないワシントンに赴き、訟務長官補佐を四年つとめた。さらに法律顧問室に二年勤務したのち、一九八七年に地元ニュージャージー州で連邦検事となり、ちょうど四十歳を迎えた一九九〇年に終身制の連邦判事に任命された。

一年後には、ロー対ウェード判決を葬り去る先駆けとなる仲間の保守派判事に手を貸す機会を得る。画期的なケイシー事件において、三人からなる判事団のメンバーとして法律を再審したのである。連邦第三巡回区控訴裁判所の判事団は、妊娠中絶にかかわる法規制を認め、親の同意や待機期間といったあらたに設けられた規定をほぼそのまま支持した。ただし、三人のうち二人が配偶者への通知要項についてはいきすぎであり、「夫に知らせることで招く悲惨な結果について、女性が恐怖心を抱いて当然な状況は潜在的に無限にある」として、その要項が女性の権利を侵害しているとの判決をくだした。

アリートは異議を唱えた。ペンシルヴェニア州法はそのまま認められるべきだという個別の意見を書き、中絶行為を全面的に違法とはせずに、可能な限り規制するための手引きを州に提示した。ペンシルヴェニア州はそもそも妊娠中絶の数を減らしたいのであり、夫にその計画を知らせることはその目的を達成するための合理的な手段であると論じ、話し方同様の素っ気なさで考えを示している。「自覚している問題のために、既婚女性がはじめに夫に知らせることなく中絶をする傾向がある、とペンシルヴェニア州議会は合理的に考えることができた。そのような問題とは、たとえば経済的な制約や将来設計、夫の事前の反対などだが、それらは中絶をする前に話し合うことで回避できるものと考えられる」

翌年、オコナー、ケネディ、スーターの三人組がこの事件について合同意見を出し、ロー判決を守り抜いた（保守派法曹の小さな世界の力学にもとづき、当時の訟務副長官ジョン・ロバーツは、ロー判決をそのとき限りでくつがえすよう判事に迫る訴訟事件摘要書にサインしていた）。夫への通知要項を無効にするケイシー事件の判決の担当部分において、オコナーはアリートの理論と問題のとらえ方、ならびに結論を激しく非難した。有名なのは次の一節である。アリート判事の見解は「憲法によって保障されている婚姻ならびにその権利の本質について、現在わたしたちが認識しているものと相容れない。女性は結婚したからといって憲法で保障されている自由を失うものではない」

いまや、まさにその判事がオコナーの後任に昇格しようとしているのであり、それはおもに、この事件で自身の保守派としての信頼性を立証したから。まさに、このあたらしい指名者についてホワイトハウスの弁護士が語ったとおりだった。「彼は十五年判事をつとめているが、一度も誤った裁定をくだしたことがない」

辞意を表明した二〇〇五年七月の時点では、オコナーは最高裁がふたたび開廷する十月第一月曜日までには後任が決まっていると踏んでいた。だがハロウィーンになっても、後任になるとささやかれる候補者が指名されただけで、公聴会と承認採決は数カ月先という状況だった。本音としては最高裁を早く去りたかったオコナーだが、退任が延びたことでジョン・ロバーツ長官の下で働けるという恩恵にも恵まれた。

オコナーはロバーツに惚れ込んでいた。判事のなかでだれよりも国民の目に最高裁がどう映るかを気にかけていたオコナーは、ロバーツの端整な容姿とカリスマ性こそ最高裁にふさわしいイメージを投げかけるものと考えていた。ロバーツ・コートになってまだ間もないある裁判の途中、突然天井の電球が破裂する事件があった。緊張が走り裁判所づきの警官がとっさに拳銃を構えた。しかし、ロバーツは機転を利かせ「ほんのいたずらです。連中は新任長官をからかっているんですよ」と法廷を落ち着かせた。オコナーはこれを、ロバーツの魅力を示すエピソードとして数週間語り続けた。また『タイム』誌には、気恥ずかしいほどおもねった一文を寄稿したりもしていた（「ジョン・G・ロバーツ・ジュニアがバッファローで生を受けた一九五五年一月のその朝、運命の星は一直線に並んでいたであろう。なぜならその後のあらゆる出来事が彼をまっすぐ最高裁へと導いたのだから」)。だがオコナーは、アイドルに血道をあげる女子学生のたぐいではなかった。自ら主催する会議の企画打ち合わせで、長官の出席を打診したのか尋ねられたときには、冷ややかに傲然と言い放った、「ジョン・ロバーツのことならわたしに任せておいて」

オコナーがロバーツに好感を抱いていたのは、彼の任命が彼女の判決、ひいては最高裁の左傾化傾向を抑制しなかったからである。実際、レンクイストとオコナーが去る間際の最高裁判決は、一種のプラハの春（一九六八年一月にチェコスロヴァキア全土をおおった自由化のうねり）であり、右派台頭の兆しを目前にした自由主義の最後のあがきともいえる状態であった。レンクイストは在職期間の終盤、かつてないほど周囲の好感を得ていたが、同時にかつてないほどその判決にたいする影響力を失っていた。

たとえば、長官の誇った連邦主義改革がそうであろう。アメリカ合衆国対ロペス判決で、学校区域付近への銃持ち込みを禁じた連邦法を無効にして以来、レンクイストは議会が法案を通過させるさいの重要なチェック項目として州際通商条項を復活させたかのように思わせた。判決は、最高裁は連邦議会による州の活動の規制を阻止するかもしれない、ニューディール以降、国会議員が干渉を受けずにおこなってきたことに歯止めをかけるかもしれないと思わせるものだった。しかし、最高裁は二〇〇五年、医師の処方箋を持つ州の住人に、大麻の栽培と使用を認めたカリフォルニア州法にたいして異議を申し立てた。エンジェル・マックラリー・ライヒという女性が、州際通商条項の下では、連邦議会には州法で認められている完全に個人的な非営利のやりとりを禁じる権限はないとして、大麻所有を禁じる連邦法を訴えた事件である。

ゴンザレス対ライヒ事件では、ケネディとスカリアをふくむ判事六人が、連邦議会は医師の勧告にもとづいた私的栽培を実際に禁じることができるとの判決をくだした。スティーヴンズは最高裁がロペス判決などくだしたことがなかったかのように、州際通商条項にもとづく議会の権限には限りがないともとれる意見を書いた。ロペス判決でレンクイストが公然と批判したのとおなじニューディールの判決に依拠して、そうすることが州と州とのあいだの商品市場の規制に必要であるなら、連邦議会は「それ自体は『通商』とはならない純粋な州内の行為」を規制することができる。おなじ状況下の国民を集合的にとらえた場合、その個人の行為が州際通商に「実質的な影響」をおよぼすのであれば、連邦政府は個人の行為を規制できる、とした。「その規制のなかに純粋な州内の行為」――医療目的で大麻を私的に所持することなど――がふくまれたとしても、「まったく問題とはならない」とスティーヴンズは説明した。

私的経済活動はほぼすべて、それがどれほどささいなものであっても、国民全体を合わせれば州際通商に影響をおよぼすことになる。つまりスティーヴンズの判決は、議会は実質的にあらゆるものを規制できるという意味であった。一九九五年以前の状態にもどったのである。ここでふたたび長いあいだ判事をつとめたスティーヴンズの忍耐が報われ、彼の見解が晴れて正当化された。レンクイストはといえば、反対意見で絶望的な抗議にくわわるしかなかった。

二〇〇五年に火花を散らした保守派の連邦主義革命がらみの案件はそれだけではなかった。その年、ケネディは外国法を引き合いに出して少年犯罪者の死刑を違憲とした。それらに続いて最高裁は、グアンタナモ湾の収容所における政権の立場を否認し、オコナーはミシガン大学のロースクールのアファーマティヴ・アクションを容認した。しかし、おそらくは二〇〇五年の訴訟のなかでもっとも物議を醸した二つのミシガン大学の事件が、最高裁に残る判事のだれが、オコナー退官後もっとも多くを失うのかを浮き彫りにした。

オコナーが辞意を表明した日、スティーヴン・ブライヤーはそのニュースをナショナル・パブリック・ラジオで聞いた。ふたりはいまやひじょうに親しい間柄だったので、オコナーが事前に知らせてくれなかったことにブライヤーは少し傷ついた。だがオコナーは例によって、単に常識的配慮から内密にしただけのことで、だれであれ自分の去就について尋ねられた者を気まずい立場に追い込みたくないと考えたのだ。とはいえ、彼女とブライヤーの結束は歳月とともに強まるいっぽうで、事件によっては、どちらが判決の鍵をにぎっていたのか判断がつきかねるほどだった。

ブライヤーほど気楽に、また情熱をもって最高裁の仕事に取り組んだ判事も少ない。その博識ぶりは疑いもなかったが、クリントンに指名された一九九四年当時は、最高裁の仕事の真髄である憲法にかんする経験には乏しかった。ブライヤーは問題解決を得意とする技術官僚であり、反トラスト法と行政法の専門家で、連邦量刑ガイドラインの起草者ではあったが、憲法の壮大な一般原理について深い考察があったわけではなかった。とはいえ二〇〇五年には、アメリカ合衆国憲法の意味についての独自の宣言書を発行するという、過去数世代、判事のだれもやろうとしなかったことをやってのけた。いかにもブライヤーらしく、著書『積極的自由』は、実態のない哲学論文などではなく、実務的な男の書いた実用書である。ブライヤーは、「アメリカの憲法の歴史は、実行可能な政治、実行可能な民主政治、ひとりひとりの個人の自由を保障する実行可能な民主政治の探究である」と書いた。彼のやり方をあらわすのに「実行可能」という言葉より適したものはなかった。

ブライヤーが『積極的自由』を著したのは、スカリアの原意主義の法理に異議を唱える意味もあった。スカリアにたいする多くの批判同様、ブライヤーもまた、憲法起草者が「言論の自由」や「法の適正《デュー・》な手続き《プロセス》」という言葉でなにを意味しようとしたのかを正確に理解する方法はない、ましてやその言葉を現代にどう当てはめたかなど知りようもないと指摘した。スカリアとトーマスのアプローチは、「民主的な政治の枠組みを作ろうとする憲法の努力をないがしろにしかねない——政治とは、個人の基本的な自由を守りながら、国民が自らを治めること、自らを実質的に治めることを認めるものである」。それがブライヤーのいう「積極的自由」の意味するもので、憲法は、国民を抑圧的な政治から守るだけでなく、自ら積極的に参加するための権力を確実に国民にあたえるものであった。政治的な過程に参加する平等の機会をすべての人にあたえるために政治は存在するのである。

ブライヤーは二〇〇五年、十戒（神がイスラエルの民にあたえた十箇条の訓戒）に関連する二つの事件においてその理論を当てはめる機会を得た。問題とされたのは、公共の場二カ所における戒律の展示（一つはケンタッキー州の裁判所の庁舎、もう一つはテキサス州議会議事堂の広場）で、人権擁護団体が合衆国憲法第一修正の宗教護持条項に反するとして異議を申し立てていた。四人の判事（スティーヴンズ、オコナー、スーター、ギンズバーグ）は、教会と国の分離を命じた憲法にどちらも反するとして違憲の判断をくだし、ほかの四人（レンクイスト、スカリア、ケネディ、トーマス）はどちらも容認した。唯一ブライヤーだけが、ケンタッキー州の裁判所の庁舎にある展示は認めず、テキサス州議会議事堂広場のものは認めるという、二つの事件で異なる裁定をくだし両者を区別した。

表面的に矛盾するブライヤーの見解はおかしなものにも見える。しかしそれは彼が判断にさいして、実践的かつ、あからさまなまでに政治的であることのあらわれでもある。テキサス州のヴァン・オーデン対ペリー事件の判決に同意する意見で、彼は「すべての事件で違憲の線引きをできる機械的な公式は存在しない」と指摘した上で、両者の展示に至る経緯を比較した。テキサス州の十戒は花崗岩《かこうがん》に刻まれたモニュメントで、一九六一年に民間の公益（本来非宗教的な）団体であるイーグルズ友愛組合によって州に寄贈されたものだった（これは一九五六年、セシル・B・デミル監督の映画『十戒』の広告として、もともと多くの場所に配されていた）。ブライヤーはもっとも重要なこととして、その石碑についてはほかからの苦情がなく、ほかの十六のモニュメントや二十一の歴史的記念碑とともに数十年にわたりそこに設置されている、とした。たしかに、その訴訟の原告は、だれよりも多くの時間を公園で過ごし碑文を目にするホームレスだった。「この四十年という歳月は、少数の個人がその信条の如何を問わず、そのモニュメントは著しく有害な方法をもちいて、特定の宗派を奨励する意図で政府によって設置されたと判断するどのような型どおりの基準よりも、大きな意味を持つものである」とブライヤーは書き記した。

対照的にマクレアリー郡対アメリカ自由人権協会（ACLU）事件のケンタッキー州の展示は、小さな郡庁舎の壁に地方公務員によって一九九九年に掲示されたもので、キリスト教聖職者が訴え、ただちに論争の的となっていた。テキサス州の判決においてブライヤーは、「ケンタッキー州の庁舎の十戒が掲示されて日も浅いうちに激しい論争を引き起こしている事実は、それを掲示した者たちがきわめて宗教的な意図を持っていたことを示すものである」と書いた（ちなみに掲示されている十戒には「欽定訳聖書」からの引用と記載されている）。

ブライヤーは判決を左右した二つの意見を通じて、行政官たちに物議を醸す宗教的モニュメントを設置しないよう警告しつつ、昔からあるものについてはそのままでいいという理解を示した。たとえ憲法による解釈ではなかったとしても、政治的妥協の観点からすればきわめてもっともな判断だった。オコナーはブライヤーのどちらの意見にも同調せず、結果的には彼よりも左寄りの判決をくだし、あくまでも両方の展示を撤去すべきだと主張した。とはいえ、妥協点を見出すというブライヤーのやり方はあきらかに彼女の影響であり、衝突をやわらげたいと願う彼の意向でもあった。オースティン市の公園に十戒のモニュメントがあることを事件前から知る者はわずかかもしれないのに、最高裁の命令で撤去されれば醜いドラマの様相を呈するのは間違いない。ブライヤーが述べたとおり、テキサス州のような物議を醸していない展示を撤去することは、「まさに宗教護持条項が回避しようとする信教に根差した分断を生む」可能性があるのだった。

最高裁のブライヤーの執務室を訪問した者は、執務デスクの背後の本棚にずらりと並ぶ立派な革表紙の本を、その妻の親族、英国在住の貴族から譲り受けたものと思うだろう。ケンブリッジの自宅は初代ブレイクナム子爵の壮麗な邸宅にあった先祖伝来の家財であふれていた。だが執務室の書籍は、ブライヤーのいまは亡きおじ、風変わりな哲学者でフリーランスの大学講師、古書のセールに足しげくかよっていたレオ・ロバーツの蔵書だった。若き日のブライヤーは、夜明けとともに起き出しては、おじと一番乗りでセールに駆けつけた。そこでは一冊に一ドル以上支払うことはまれだった。そうした蔵書は数千冊にのぼったが、ブライヤーはおじの死後、執務室に残したもの以外はすべてボストンのマサチューセッツ大学に寄贈した。

ブライヤーの物腰や法にたいする姿勢には、貴族である義理の両親と自身のユダヤ人の両親双方の影響があらわれている。ふとしたひょうしに英国風アクセントになることもあり、よりによって娘のひとりは英国国教会の司祭となっている。とはいえ、ブライヤーが宗教間対立を避けたいと考えるようになったのは、あくまでも都市部の政治家たちの影響であった。両親や自身のサンフランシスコ政界での経験から、たとえアメリカ国内であろうと宗教紛争がいかに危険であるかを学び取り、憲法を各宗派間の感情的対立を抑制するための手段としてとらえるようになった。生来の調停者であるブライヤーは、なににも増して不必要な争いの芽を摘み取りたいと考えていた。

そのようなあり方でやってきたために、二〇〇五年、ブライヤーは最高裁を支配する立場に近づいていった。その年の開廷期、採決で投じた反対票は十票と九人中もっとも少なく、次点はオコナーの十一票である。控訴裁判事当時に自らが深く関与した、連邦量刑ガイドラインを見直す一連の複雑な事件では、中心となって画期的な妥協策を練り上げた。その問題にかんしては、何年にもわたり数々の事件で激しく争われていたが、最終的にガイドラインは絶対的ではなく勧告的なものに落ち着き、まさにブライヤーの望みどおりとなった。彼は十戒の事件では判決を左右し、未成年者の死刑を争った裁判ではケネディ側に投票し、その年一番の愉快な事件でも、いつもと違う顔ぶれの多数派にくわわった。最高裁は五月、州内のワイン生産者に消費者への出荷を認めるいっぽうで、州外のワイン生産者にたいしそれを認めないのは違憲であるとの裁定を五対四でくだした。ワイン支持の多数派は、意見を書いたケネディを筆頭に、スカリア、スーター、ギンズバーグ、ブライヤーと、たまたま最高裁でも群を抜くワイン愛好家で構成された。ブライヤーは後日このグループを「赤ら顔党」と呼んでいる。

こうした勝利が続いていたからこそ、ブライヤーはおなじ開廷期の終盤に持ち込まれた大きな事件では絶望に打ちのめされた。大手医薬品メーカーのファイザー社は一九九八年、コネチカット州ニューロンドン市に研究施設を建設する計画を発表。市は周辺地域を再開発する意向を示しており、その一環として、複数の市民の自宅を収用し、それらの土地をショッピングセンターか駐車場として利用する民間開発業者に譲渡するため土地収用権を行使する。これにたいしシュゼット・ケロと近隣住人数人は、アメリカ合衆国憲法第五修正の「正当な補償なしに、私有財産を公共の用のために徴収されることはない」に反するとして市を訴えた。高速道路や学校、病院のためなら土地を収用できるが、私有財産を民間から民間に移譲するのは公共の用とはみなせない、という主張であった。

ケロ対ニューロンドン市事件が議論された二〇〇五年二月当時は、事件への世間の関心はきわめてうすかった。判事でさえ、その問題は憲法のよく知られた部分についてのきわめて難解な紛争とみていた。最高裁は過去の判示で行政機関にたいし、土地収用権をもちいて鉄道会社といった民間団体に土地を移譲することを認めており、ここでの争点は、都市再開発計画が公共の用として認められるかどうかという単純なものであった。ドラマ性のある訴訟とはいいがたく、開廷期終盤、スティーヴンズは、五人（ケネディ、スーター、ギンズバーグ、ブライヤーが同調）の多数派からなる市の行為を認める単刀直入な意見を書いた。それは、公共の用とみなすものの解釈については地元選出議員の意見に従うという、司法抑制[*1]に則したものだった。「最高裁は、その開発計画の効果にたいする市の判断を事後評価しない。

*1　裁判官は立法府の意図した法律解釈および先例にのみ従って裁判すべきという原則。

またその計画実施のために収用すべき土地についての市の決定をも同様とする」

しかし判事たち、特にスティーヴンズは、その問題の住民感情にあたえる影響を見誤っていた。市の判断だけで私人の住宅を別の私人に譲渡できる可能性が提起されることで、当局に歯止めがかからなくなることへの恐怖が呼び起こされたのである。オコナーは同僚のだれよりも、住民がこの事件をどうとらえるかを理解しており、反対意見で次のように書いた。「経済開発の名のもと、すべての私有財産が収用されてほかの私人に譲渡される危険にさらされている。価値が高まる見込みのある限り、すなわち、当局がより有益とみなす特定のやり方で活用する者に譲渡されるということである」(これはオコナーとブライヤーの意見が分かれた数少ない事件の一つである)。いずれにしてもケロ判決は世間の猛反発を招いた。

一夜にして、あたかもテリ・シャイヴォのコーラス隊がふたたび招集されたかのような事態におちいった。保守派運動団体はケロ判決を、司法抑制から導かれた判決ではなく、「大きな政府」による勝利だとみなした。トム・ディレイはこれを「おぞましい判決」といって次のようにつけくわえた。「この議会は黙って手をこまねいているようなことはしない。無責任な司法がこのたぐいの判決をくだすのを見過ごすわけにはいかない。われわれは司法の監視機構として憲法によって課された責任と義務を果たさなければならない」。下院のディレイと上院のジョン・コーニンは、営利事業のために土地収用権を行使して強制的に所有地を転売させる地域事業への、連邦政府の出資を拒否するという対抗策を推し進めた。世間を騒がせるチャンスをうかがってきたジェイ・セキュロウは、あろうことか、ケロ判決は政府による教会の土地の没収につながりかねないと主張し、最高裁にたいするその反訴理由を詳細に書き記した。リベラル派にまで、判決を独裁政府の兆候だとみなしてスティーヴンズの意見を公然と非難する者があらわれた。

最高裁への憎悪は激怒の域に達していた。保守派活動家のローガン・ダロウ・クレメンツは、スーターの地元ニューハンプシャー州の自治体にあてて、スーターの農場を収用し、その土地に「当然の報いカフェ」を呼び物にした「失われた自由ホテル」を建設することを要望する手紙をしたためた。「このような土地収用権行使を正当とする理由は、我がホテルのほうが公益に寄与し、ひいては経済発展、さらにはウィアの町に、より多額の税収をもたらすことになるからです」。翌年、その問題はウィアの住民投票にまで持ち込まれ、一一六七票対四九三票でスーターの自宅はそのまま残されることになった（たとえスーターが投票で負けたとしても没収には至らなかったであろう）。この事件のもっと深刻な反応には、複数の州で土地収容権を行使するさいの条件が厳しくなったことがあげられる（見方によれば、この反応はスティーヴンズの意見を正当化するかもしれない。判決で彼は、憲法はそのような土地収用権の行使を認めているが、当然州にはその行使を制限する自由がある、としていた）。

ブライヤーは最高裁が叩かれることに打ちのめされた。ことあるごとに、判決は地方自治体に土地の収用を命令したのではなく、あくまで限定的な条件において収用するのを容認したにすぎないのだと説明していた。非難は判事ではなく、そもそも収用をおこなった当局に向けられてしかるべきものなのだ、と。じつのところ、この論争は保守派によって扇動されたというのが真実であって、それは最高裁判事の承認争いのさなかだったからである。この判決によって保守派は、「リベラルな」最高裁に対抗する形で社会的にも経済的にも結束した。まさに「司法を守る委員会」（ボイデン・グレイの組織）の理事長ジョーン・ラシュトンがケロ判決について語ったとおりだった――「最悪だが、都合はいい」。

ロバーツ長官となった初の開廷期、オコナーもまだ判事席に座っていた最高裁は、比較的論争の少ない事件が並ぶ訴訟事件一覧表を楽しんだ。くわえて新長官は、全員一致の賛同が得られる狭義の判決を目指して論点を提示していた。ジョージタウンでおこなわれた講演で、この司法のミニマリズムについて次のように説明している。「判事たちの賛同が幅広く得られれば得られるほど、判決はきわめて本質的な根拠にもとづくものとなるでしょう」。しばらくのあいだ、判事たちは長官の意向にそっていたため、全員一致の判決は急上昇した。ロバーツはレンクイストに比べて会議での討論を長引くに任せたので、判事たちもほかの同僚の見解を意見に反映させやすくなり、そのような意見が書かれるようになった。快活で気立てのよいロバーツの下、レンクイストの病状を祈るように見守っていたつらい時期は過去のものとなり、最高裁はまたたく間に以前よりもずっと陽気な場所となった。

ロバーツはまた、巧みな司法職人であることも立証してみせた。はじめて書いた重要な意見は、同性愛者の権利、学問の自由、軍の権限にふれていたが、それでも最高裁の全員一致を引き出している。その事件はまた、ロースクールを率いるリベラルな教職員たちと議会の多数派を占める保守派のあいだに存在する、法を専門とする世界の深い溝を浮き彫りにしていた。主要なロースクールの多くは、クリントン政権初期に軍隊における同性愛者の権利が争われて以来、キャンパス内での軍の勧誘活動を禁じていた。軍隊が同性愛者の採用を公然と拒否しており、ゆえに大学側の差別しないという方針に反するという理由だった（教職員はほぼ全員一致で禁止に投票しており、並外れた体制順応主義が読み取れる）。軍への冷淡なあつかいに怒りを募らせた議会の保守派は、「ソロモン修正法」と呼ばれる法案を通すことでこれに対抗した。軍の採用担当者に学生を勧誘する機会を平等にあたえない大学への政府補助金を打ち切るというものである。これにより多くの大学が、数千万ドルにのぼる連邦が助成する医療研究費を失う危険にさらされた。ロースクールの教職員たちは、法律はアメリカ合衆国憲法第一修正の言論の自由の権利に反するとして訴訟を起こした。

最高裁は、ソロモン修正法を全員一致のロバーツの意見で容認し、法学教授らの訴えをしりぞけた。ようするに、費用の負担者に決定権があるということであった。「議会は、教育機関が受け入れを義務づけられていない連邦助成金にたいし、合理的で明確な条件をつける自由を有する」。これは言論の自由の問題とはなんら関係ないと続け、ソロモン修正法は、「ロースクールの発言を制限するものでもなければ、なんらかの発言を強要するものでもない……。一般的な問題として、言論ではなく行動を規制するものである」と述べた。こうしてロバーツは、発火の危険性があった論争を静めた。

最初に直面した中絶問題にしてもおなじだった。二〇〇三年、ニューハンプシャー州議会は、未成年者の中絶手術にさいし、両親のどちらかいっぽうに通告してから四十八時間の待機を医師に義務づける法案を可決した。中絶が「未成年者の死を防ぐためにやむをえない」と証明できた場合、医師は通知義務を免れることができる。この事件で争点となっていたのは、未成年者の健康が危険にさらされる場合に通知義務の例外が認められるかどうかということであった。最高裁は何十年ものあいだ、中絶にかんする法律において「健康」の除外規定を設けるよう主張しており、中絶反対派たちはおなじ期間、そのような除外規定は広範すぎて規制がないも同然だと反論してきた。事件は法律のかなり狭い部分を突くものだったが、最高裁において中絶問題にかかわる重要でない規制などあるはずもない。同時にこれは、ロバーツ・コートが最高裁の抱える最重要課題の一つを、今後どのように裁定していくかという方向性を示すものにもなりそうだった。

しかしロバーツは、判事らの全員一致の賛同を得て、表立った大きな対立をうまく回避した。下位裁判所がニューハンプシャー州法すべてを無効にしたのは、紛争中の部分だけを評価できる立場にあったからである。そのため九人は、再審理させるため（たぶん妥協点を見出させるため）にそれを手続き的な理由で差しもどすことで解決したのである。この手の意見——可能な限り論争の過熱は避ける——はオコナーのもっとも得意とするところであり、ロバーツが彼女に意見を任せたのはきわめて適切な判断であった。

エイヨッテ対ニューイングランド市北部計画出産協会事件は、サンドラ・オコナーの四半世紀におよぶ判事人生最後の多数派意見となり、そしてまた最高裁と国家に多大な影響をおよぼした彼女にふさわしい一つの締めくくりとなった。オコナーは、「われわれはここで中絶訴訟の判例をふりかえることはしない」と切り出したが、その規制法の概要の説明には時間を割いた。「最高裁は長いあいだ、ここで議論されている制定法のような、親の関与を義務づける州の規定を是認してきており、ここでそれらの判示に疑問を投げかけることはしない」。妊娠中絶そのものを規制する法律については、「不当な負担の基準」によって審査されるべきものであると述べて続けた。「ニューハンプシャー州で議論されておらず、先例で容認されているのは、州は母体の命と健康を保護するため、適切な医学的判断において『必要』とされる中絶の権利を規制しえないという観点である」。意見書のなかで引用されたのはケイシー事件の判決であり、ふりかえればその判決ではロー対ウェード事件の判決が引用されている。

無味乾燥な法律用語の羅列からは、この短い意見書がオコナーのみごとな個人的勝利を物語る事実が見えてこない。オコナーは国内の多くの母親同様、親の通知を義務づけた法律の正当性を信じていた。多くの人々とおなじように、すべての中絶を禁止すべきではないとも信じていた。そしてやはり多くの国民とおなじように、中絶を規制するさいは「母体の命や健康」を危険にさらすべきではないとも考えていた。彼女が最高裁にくわわった一九八一年、妊娠中絶の法律を「不当な負担の基準」に照らして審理すべきだと考える判事はいなかった。だがオコナーはその基準を考案し、時間をかけて多くの同僚判事を説得し、同意させた。最高裁の法体系においてもっとも論争の激しい領域の法律を独力で作り直した。しかもそれを、多くのアメリカ国民の希望を反映し、満たす形でなし遂げたのである。アメリカの歴史のどこを紐解こうとも、そのような偉大な影響を国家におよぼした女性はいない。男性といえどもごくわずかであろう。

二〇〇六年一月十八日、オコナーはエイヨッテ事件の判決を判事席から読み上げた。しかし、すでにそのときには、絶大を誇ってきたその影響力もかつてないほどに不確かなものとなっていた。

24 「生来の……」

最高裁判事候補者を探していたブッシュ政権の法律家たちは、厳しい規則に従って仕事をしていた。調査の実情をあまり知られたくなかった上に、調査する対象者も膨大だったため、おもに公開情報だけに限って調査を進めた。現職の判事についてはまず発表されている判決意見をあたり、その上でネクシスやグーグルを使って候補者の名前でデータベース内を検索。しかし、少人数の准法律顧問集団には国立公文書館をくまなく検索する時間も人手もなく、ブッシュの指名から二週間後にサミュエル・アリートの鍵となる文書を探し出してきたのはジャーナリストたちであった。

アリートは一九八一年に専門職の弁護士として訟務長官のスタッフにくわわったが、またたく間にレーガン政権の熱心な支持者という地位を揺るぎないものにした。やがて彼は法律顧問局の次官補代理への昇格を模索しはじめる。顧問局は表向きは大統領に憲法上の助言をする立場だが、実際はレーガン政権のイデオロギー司令部である。政治色の強いポストであり、アリートはホワイトハウスから念入りに調査されることになった。そのときの応募書類、文書館のデータベースから見つかったものは、アリートの政治・司法哲学を容易に判読できるロゼッタ・ストーンのようなものだった。

「わたくしは生来の保守派であり、それを貫いてまいりました」ではじまるアリートの一九八五年十一月十五日付の応募書類は、彼がどういう判事たるのかという謎をものの見ごとに一掃する。だが、指名承認公聴会でのその書類のあつかわれ方は、現代の承認手続き、民主党と共和党の相違、最高裁の行く末について、それぞれの偽らざる実態を浮かび上がらせていた。

ロバーツは承認公聴会において、ロー対ウェード判決をくつがえすよう訴えた訴訟事件摘要書を書いたことについて問われた。未来の長官は巧みに質問をはぐらかし、当時はクライアントであるジョージ・H・W・ブッシュの見解を代弁する顧問弁護士という立場であり、ブッシュがロー判決に異議を唱えていたのは公然の事実だったと答えた。摘要書に記されている立場は、ロー判決についての自分の見解を必ずしも反映したものではないとして、自身の見解を示さなかった。かたやアリートは、一九八五年の応募書類で次のように書いていた。「レーガン大統領政権において訟務長官補佐として勤務できましたこと、ならびに個人的にも強い信念を抱いております法的立場を推進する一助となりましたことは、たぐいまれなる栄誉であり、また個人的な満足感をあたえてくれる源泉でもあります。なかでも特に、人種と民族にたいする割当制は認めるべきでない、憲法は中絶する権利を保障していない、と政府が最高裁において主張しました近年の裁判に貢献できたことをたいへん誇りに思っております」

こうしてアリートの信条についての謎は払拭された。実際この応募書類には、少なくとも一九八五年時点での彼の司法哲学が、いってみれば二〇〇五年当時のレンクイストよりもずっと右寄りであることがはっきり示されている。さらに、「学生時代、わたくしは憲法学に深い興味を抱くようになりました。その理由はおもに、ウォーレン・コートの判決、とりわけ刑事訴訟、宗教護持条項、議員定数是正の領域における一連の判決に賛同できなかったからです」と続いていた。これらの問題に関連するウォーレン・コートの主要な判決には、ミランダ警告を確立したものや、学校における管理者主導の祈禱を禁じたもの、議会選挙区で一人一票の原則を命じたものがある。レンクイストのような保守派でさえこれらの判決とは折り合いをつけていたが、それこそがレーガン時代の保守派たるアリートの固執するものであって、彼にとってはどうにもリベラルすぎたのだ。下位裁判所の判事職にあった十五年間、アリートはこのような先例をくつがえせる立場になかったが、ことあるごとに可能であればそうする姿勢を見せていた。

そんな極端にもなりかねないアリートの見解にもかかわらず、単純に数の上で承認はほぼ決まりだった。指名された直後には、ブッシュの最高裁判事指名者全員に課されるもっとも重要な審査――共和党内予備選挙とでも呼べそうな、保守派の支持基盤の承認――を切り抜けられる見通しもはっきりしていた。

それに比べれば上院本会議はアリートにとって容易であったろう。共和党員が五十五人いる上に、ほんの少数（ロードアイランド州選出のリンカーン・チェイフィー、メーン州選出のスーザン・コリンズやオリンピア・スノー）をのぞいて、みな彼のような真の保守派に投票するのはあきらかだった（ほかの状況であれば穏健派のアーレン・スペクターも、ブッシュの最高裁判事指名に反対しながら上院司法委員会の大切な委員長の椅子を守り続けることはできなかった）。アリートが候補にあがった瞬間から、その承認を阻止するための民主党の頼みの綱は、四十名を超える上院議員によるフィリバスター行使しかなかった。

これまで上院多数派の支持を得ながら、フィリバスターによって承認を阻止された最高裁判事指名者はひとりもいない（一九六八年、リンドン・ジョンソン大統領が長官に昇格させようとしたエーブ・フォータスにたいしてフィリバスターが行使されたが、はたしてフォータスに承認されるだけの票が集まっていたかは疑わしい）。そのような現実のもと民主党のアリートにたいするフィリバスターの可能性はうすく、もし行使されていたならば、その戦法は永遠に葬り去られていたかもしれない。論争に先立ち、上院共和党院内総務のビル・フリストは意欲をむき出しにしていた。そこで「核の選択肢」を発動すれば、判事指名者を阻止するためのフィリバスターは完全に撤廃できる。そう動けば、共和党の支持基盤の歓心を買うことができ、二〇〇八年の大統領選出馬にさいし、その支持をあてにできる(のちに彼は出馬を否定した)。ようするに民主党がアリートの承認を阻止できる見込みは最初からうすかった。単純に敵側の票が多すぎたのである。

とはいえ、民主党内のアリートの承認にたいする反応は、ボークの承認公聴会からいかに情勢が変化しているかを如実に物語る。ロー対ウェード判決を支持しない者は承認されない、それが暗黙の了解事項であるとスペクターが考えたときからわずか一年。サミュエル・アリートと共和党上院議員は具体的な反論をととのえつつあった。

もちろん民主党にも支持基盤はあったし、妊娠中絶の権利を守ることは、保守派がそれに反対するのと同様に民主党の活動家たちにとっても重要な課題であった。こと判事指名という話になると、リベラルの立場は、「アメリカの生活様式を守る会(PFAW)」という、テレビプロデューサーのノーマン・リアが設立した資金力があり政治的手腕に長けた支持母体によって代表された。団体を率いるラルフ・G・ネアスは、一九八七年にボークを打ち破ったさいの立役者である。PFAWは七十五万人の活動家を擁する。アリートの指名が発表されるや否や、ネアスは「司法極右化運動」の権化と彼が呼ぶ男に対抗するため会員の動員に動き出した。アリートがロー判決や公民権がらみの数々の判決をくつがえす闘いを挑んでくるのは疑いようもなく、断固阻止せねばならない、と訴えた。

だがネアスの抗議には気のない反応しか返ってこなかった。マイヤーズとは異なり、アリートには、彼をよく知り、進んで支持を表明しようとする友人や元ロークラーク(民主党員もふくむ)の人脈が豊富だった。さらに学歴も立派な上に、連邦控訴裁判所判事歴十五年と資格も申し分ない。適性を理由にして異議を唱えることはだれにもできなかった（アメリカ法曹協会審査会は、満場一致でアリートを「適任者」と判定した）。彼に反対する唯一の理由――ＰＦＡＷが躍起になる点――は、アリートが保守的にすぎること、ロー対ウェード判決の撤回を支持するだろうということだった。しかしこの点においても、両党の違いは顕著であった。

民主党の支持基盤は、保守派が共和党を支配していたほどには党内を掌握しきれていなかった。穏健派の民主党員は中道に向かう傾向があり、したがってフィリバスターの行使にも消極的だった。ホワイトハウスでアリートをあやつる者たちは、すぐさま彼を「十四人のギャング」のもとへと送り出し、その訪問は期待通りの結果をもたらした。ネブラスカ州選出のベン・ネルソンのような穏健派の民主党員は、アリートにどちらかといえば前向きの姿勢を示した。オハイオ州選出のマイク・デウィンやサウスカロライナ州選出のリンゼイ・グラハムなどの共和党員は、民主党員がフィリバスターをちらつかせたら核の選択肢を発動すると宣言した。デウィンが的確に評したごとく、「この者の指命にだれも驚いてはならない。選挙に勝ったのはジョージ・ブッシュなのだ」。アリートの指名公聴会がはじまった二〇〇六年一月九日には、フィリバスターの可能性はうすれ、承認はほぼ確実な状況となっていた。

「この数週間というもの、最高裁で口頭弁論に立ったある弁護人の昔の逸話が頭に浮かんでおりましたので、本日はその話からはじめたいと思います」アリートは上院議員への最初のあいさつで述べた。「それはこんな話です。最高裁の法廷にはじめて立った弁護人でした。弁論がはじまり、判事のひとりが『どのようにしてここまで来ましたか？』と尋ねました。その事件がどのような経緯で最高裁に持ち込まれたのかを確かめようとしたのです。しかし弁護人はやや緊張しておりましたので、その質問を文字通り受け取って答えました。ちなみにこれは数年前の話です。『ボルチモア・アンド・オハイオ鉄道で来ました』。ここ数週間というものこの話を思い出していました。というのも『いったいどうやってわたしはここまで来たのだろう』とたびたび自問しているからです」。このさえない話に当惑しない者はなかったが、それに続く公聴会への確かな予告でもあった。アリートは自らの弁護人としては最悪で、つかみどころもなければ魅力もなく、説得力にも欠けていた。

一九八五年の応募書類についての質問への回答では、アリートは実質的にその文章をなかったものとしている。「判事の職務につく者は、弁護士として果たしてきた過去の業績はさておき、判事が法的問題について考えるやり方で法的問題を考えるべきです」。ロー判決についての現在の見解を問われたときには、「その問題にたいしては、判事として取り組むほかのあらゆる法的問題とおなじように取り組みます。いうなれば、偏見のない心でそれに取り組み、よい結果、すぐれた意思決定をもたらすべく構築され、わたくしも深い信頼を置く、法体系全体をくまなく調べ上げるということです」と答えた。アリートはロー判決をくつがえすべきかどうかという見解をあきらかにすることを再三避けた。ようするに、現代の政治談義に特有の規範のもとでは、十八人の上院司法委員全員が、自らの選挙運動ではロー判決についての明確な見解を求められ、表明するにもかかわらず、実際にその判決に意見できる者、つまり未来の最高裁判事だけは答弁を拒むことを許されるのだった。

アリートの承認公聴会は、ブッシュ政権が令状なしで国際電話の盗聴を広範におこなっていた事実を、『ニューヨーク・タイムズ』がすっぱ抜いた直後におこなわれた。かつてのレーガン政権時代に著した文書から、アリートが行政権の拡大を認めていることが読み取れたが、彼らしいことに、その問題にかんしても公聴会で詳しく語ろうとしなかった。一九八五年の応募書類に記した「選挙で選ばれた統治機構の優位性を強く確信する」との一文については、自らのものと認めなかった。実際には三権が平等だと信じているため、「たいへん未熟な表現」であると断じた。唯一実のある回答のなかで彼は、「アメリカ合衆国憲法を解釈するのに外国法を参照する必要はないと考えます」とつけくわえた。この問題を活発に擁護するケネディにたいし、保守派がどれほど反駁《はんばく》していたかがうかがえる（ロバーツも承認公聴会で同様の意見を述べている）。

アリートの受け答えもほめられたものではなかったが、民主党の質問者たちの対応はそれを上回るものだった。デラウェア州選出のジョゼフ・バイデンは、政治家の長広舌のパロディよろしく、最初の質問に割り当てられた三十分中二十四分間をしゃべり続けた。最高裁判事の承認公聴会参加歴十九回を誇るマサチューセッツ州選出のベテラン、テッド・ケネディは、アリートの投資するヴァンガード社の投資信託に関連する訴訟に彼が関与したことについて、どう考えても不当な質問を延々とあびせ続けた（アリートは彼の誤認に気づき、即座にそのような重要性の低い訴訟の場合、保有するポートフォリオに影響をおよぼすようなことはなかったと切り捨てた）。ケネディはさらに、アリートが「プリンストンを憂慮する校友会」と称する団体の会員であることについても質問し、間違いなく彼をいらつかせた。その団体は大学の男女共学制やアファーマティヴ・アクションにたいし不快な抗議活動をおこなっていた。しかし、そこでのアリートの役割はささいなものにすぎない。アリートは単にプリンストン大学に予備役将校訓練部隊（ＲＯＴＣ）を復活させる支援をしたのだと述べて問題をしりぞけた。ほかの民主党員たちは、権力の分立、環境、法の執行といった、それこそさまざまな問題を彼に論じさせようと熱心とはいえない攻撃を仕掛けたが、アリートは無難にかわした。

この茶番に輪をかけたのが、アリートの公聴会も三日目、明日で終わろうというその日、リンゼイ・グラハムが指名者擁護を決行した芝居じみた乱入であった。グラハムはケネディの攻撃法をまねて、アリートがじつは「偏狭な人物」なのかを尋ねてから、彼の家族に向け「この場でこれを聞かねばならない」とは気の毒だと述べた。その直後、アリートの妻マーサ・アンが突然泣き崩れて、公聴会室を飛び出した。それはグラハムの大仰な同情的発言のさなかだったので、彼女の反応はまったくもって不可解だった。ばかばかしい芝居とみなす理由はないにしても、その日のニュースは彼女の涙に集中し、およそ指名者に有利に働いた。民主党議員側の指摘はすべてうやむやにされた。

司法委員会での投票は一月二十四日におこなわれ、党派数どおり十対八でアリートは承認された。上院議員のジョン・ケリーがフィリバスターの行使を呼びかけたが、旅先のスイスのダボスからで、最高裁人事に特に熱心な様子は見られなかった（共和党員は嘲笑まじりに、スキーリゾートから政治活動をしているとケリーを非難した）。ケリーの招集に応じた民主党議員はわずかだった。一月三十一日、上院議会での投票日、アリートへの反対票はフィリバスターに必要な四十票を上回る四十二票に達した。だが反対票を投じた上院議員の多くがフィリバスターを行使しないとはっきり宣言したため、アリートを支持する五十八票は勝利に十分な得票となった。

アリートはロバーツの就任からほぼ四カ月後に最高裁にくわわった。ふたりともいきなり裁量上訴と口頭弁論の嵐に見舞われ、こなすのに四苦八苦している。そんなふたりの表立った対応には、地味だがあきらかな違いが見て取れる。ロバーツはレンクイストの秘書と複数のロークラークをそのまま雇い続け、たちまち最高裁の古株の忠実なスタッフたちに慕われることとなった。ほかはコロンビア特別区連邦控訴裁判所からの登用だった。近年の最高裁では、恒例の控訴裁判所ロークラークだけでなく、ブッシュ政権の司法省でも勤務経験のあるやや年配のロークラークを雇いはじめる保守派判事もいた。アリートも極端なまでにそれに倣い、ひとり目のロークラークとして、タイム・ワーナー社の三十七歳の上級副社長で、二年間ジョン・アシュクロフトの側近をつとめたアダム・サイオンゴリを採用した。ロークラークがいかに重要であるかをいい出したらきりがないが、連邦第三巡回区控訴裁判所時代の十年前にもロークラークとして雇っていた彼の登用は、アリートと政権の結びつきが通常よりも強いという証しである。いずれにしても、ロバーツ・コートの最初の数カ月間に破壊的な事件がなかったという幸運によって、新任判事ふたりはあたらしい環境にすんなり順応できた。

不思議なことに、このふたりの就任により一番影響を受けたのが七十歳を迎えたばかりのスカリアであった。公の場では長官昇格の可能性を冗談まじりに口にしていた彼だったが、判事として円熟期に達したとの認識が、さまざまな抑制から彼を解き放っているようだった。芝居がかった口頭弁論や威勢のいい反対意見とは裏腹に、スカリアは同僚判事ほどには仕事に愛着を抱いていなかった。かなりさかのぼる一九九六年、元最高裁判事のハリー・ブラックマンに「最高裁での過去九回の会期末に輪をかけて、今期はさらに深い失望をおぼえています。おなじことをくりかえすばかりで、もはやどうにかなるとは思えません」と手紙を書いている。十年後、スカリアはいまだにおなじことをくりかえしており、辟易としていた。

　スカリアにとって、自分と似た思想の判事があらたにふたり最高裁にくわわり、喜ばしい時期だったはずである。しかし、判事就任二十周年をじっとながめていたように、彼の残した業績はずいぶん地味である。有名な反対意見では読者をにやりとさせるものも多かったが、それが法になるのはきわめてまれだった。総じて保守的な最高裁に在籍して二十年、そのあいだに彼が書いた重要な多数派意見は驚くほど少ない。公開討論会では、気に入っている判決意見はなにかというお決まりの質問にたいし、アメリカ合衆国憲法第六修正の対決条項を解釈した難解な事件をあげていた。

　またスカリアは、同僚にたいしても影響力がなかった。就任当初からさかんにオコナーに反駁していたのはよく知られており、結局彼女を判決の鍵をにぎる穏健派の立場へと追いやることとなった。ケネディにたいしてもおなじような結果をもたらした。トーマスでさえ、ある種の十九世紀保守主義へ向かおうとするスカリアを追い越して久しい。

　新任判事ふたりは、最高裁にくわわった当初こそ必ずといってよいほどスカリアとおなじ側に投票していたが、やがてそれぞれ独自の路線を切り開きはじめた。ロバーツは自身の承認公聴会で、スカリアの原意主義についてブライヤーに似た非難を口にしている。「憲法立案者が、捜索、逮捕または押収について、『自由』『法の適正な手続き《デュー・プロセス》』『不当』といった広義に解釈できる言葉をもちいたのは、時代に即した意味をなす形で解釈されるように文章をつづったからだと考えます」。おまけにロバーツの喧伝《けんでん》するミニマリズムは、スカリアの包括的に意見を書こうとする手法とは相容れなかった。「原文主義」という立場からスカリアは、法の立法経緯はいっさい参照せず、法律の条文に先立つ議会での議論でなく、実際の法規の文言からのみ解釈することにこだわった。だがアリートは、かなり最初の意見において立法経緯に言及しており、当然スカリアはそこの部分には合意しなかった。

法廷の外では、スカリアの挫折感は子どもじみた癇癪《かんしゃく》となってあらわれていた。彼ほど遊説をこなす判事は少なく、彼ほど批判的な聴衆とかかわり合うのを楽しんだ者はいない。だがそのような衝突は、必ずしもスカリアの長所を引き出しはしなかった。彼は自分の原意主義的手法に理解を示さない者たちを「愚か者」と一喝し、ブッシュ対ゴア判決に失望した者たちには「忘れろ」とうながし、欧州の憲法裁判所については、「異教の神学者」呼ばわりしていた。二〇〇六年三月二十六日に、ボストンの教会で記者から宗教的信念について尋ねられたときの逸話がある。「そのような人たちにわたしがなんていうかわかりますか?」とスカリアは答え、質問した記者に向かって自分のあごを指で打つようなしぐさを見せた。「『シチリア式』ですよ」と説明もくわえた。翌日、『ボストン・ヘラルド』紙に、スカリアが「いかがわしい」しぐさをしたという記事が掲載された。二日後、スカリアは編集長あてに抜粋すると次のような内容の手紙を投じた。

御社の月曜日発行の新聞に、小生がいかがわしいしぐさをしたとする記事が掲載されているのを拝読しました。どこあろうホリー・クロス大聖堂のなかでです。この記事は正確ではありません。したがいまして、この手紙の全文を掲載し、誤解を正していただけるよう要求いたします。

御社の敏腕「やったぜ《ゴッチャ》」記者ローレル・J・スウィートが、先日小生が参加しましたレッド・マスのような一般の宗教儀式に参加することについて異議を唱える人たちをどう思うか（やけにやさ《スウィ》しく《ートに》）尋ねてきましたので、おどけてあごに手指をあてて動かすしぐさで答えました。彼女がきょとんとしていたので、「『シチリア式』ですよ」と意味を説明しました。なんとも思っていない、ということです。

そのしぐさの意味は実際、数年前にたいへん人気を博したルイジ・バルジーニの著書『イタリア人』のなかでわかりやすく説明され、例示も載っています。「上向きにしたあごの前で片手の指を前後にゆっくり動かすしぐさは、『なんとも思っていない』『わたしには関係ない』『わたしのことは考えなくてもいい』……という意味です」。御社の記者はいかにしてその動作が（わたしの説明に反して）いかがわしいとの結論に達したのでしょう？　まことに残念なことに、その説明は続く彼女の記事であきらかにされています。「わたしの質問に、イタリア系判事は『シチリア式』と称して、問題の『ザ・ソプラノズ』（イタリア系マフィアのボスをめぐる人間ドラマ）のしぐさをして見せたのです」。御社の記者は、『ザ・ソプラノズ』のドラマを見すぎたばかりに、どんなシチリア人のしぐさも、特に「イタリア人裁判官」のものはいかがわしいと信じ込む結果になったと思われます（ちなみにわたしはアメリカ人裁判官です）。

たしかに、スカリアの持ち前の情熱と博識は人の心を引きつけるところがある。当然のことながら話し手としても人気があった。しかし、この二十年間、彼は一番重要な聴衆である同僚判事を魅了することができなかった。彼の活力が影響力となることはなかった。

ロバーツとアリートの一年目に、結局のところ破壊的な事件は一つしかなかった。ロバーツを長官に推してもいいとディック・チェイニーを納得させるのに偶然効力を発揮した例のタイミングのよい事件である。ここでふたたび判事らは、グアンタナモ湾の捕虜に目を向けることとなった。

ハムダン対ラムズフェルド事件ほど最高裁に持ち込まれにくい訴訟はあまりない。最初に訴え出たのは、自分たちのキャリアを危険にさらしてもグアンタナモ収容所の抑留者を擁護することに決めた、軍の少数の弁護士たちだった。空軍のウィル・ガンや海軍のチャールズ・スウィフト率いる弁護団は、強敵にたいして粘り強い闘志を示し、国防総省の上司たちの行動に徹底して異議を申し立てた。助っ人として、彼らはジョージタウン大学の三十七歳の法学教授ニール・カトヤルに協力を求めた。ブライヤーの元ロークラークで、その後クリントン政権の司法省に短期間勤務していたカトヤルは、ごくわずかな支援をもとに、百戦練磨のおびただしい敵を相手取り、憲法史を塗りかえたブッシュ政権の法解釈にたいし、法的論駁《ろんばく》を構築していった。

最高裁判事たちがキューバの捕虜にかかわる事件にはじめて向き合った二〇〇四年、ブッシュ政権は、事件は速やかに却下されてしかるべきものであり、抑留者は完全にアメリカの法制度のおよばないところにいて、そもそも訴訟を起こす権利はないと主張していた。最高裁は二組の意見をもってこの主張をしりぞけ、その一つが例のオコナーの手厳しい譴責、「戦時下であるからといって大統領に自由裁量権があたえられるわけではない」であった。政権はそれに応じ、諮問委員会として知られる略式の裁判において抑留者が監禁に異議申し立てできる制度を一方的に構築した。のちにカトヤルもくわわった軍の弁護団が異議申し立てをしたのがこの制度である。訴訟人として、彼らはアフガニスタンの戦場から連行された、たぶんもっとも脅威の少ない捕虜、サリム・アフメド・ハムダンを選び出した。彼はオサマ・ビン・ラディンの運転手をしていたかどで起訴されていたが、テロリストでもなければ戦闘員でさえなかった。

この若い教授には、三月二十八日火曜日におこなわれた口頭弁論においてひじょうに有利な争点が一つあった——ブッシュ政権の唱える極論である（カトヤルは最高裁初の口頭弁論で、かたや相手方弁護人、訟務長官のポール・クレメントは三十四回目だった）。クレメントは、連邦議会は9・11同時多発テロ攻撃への対応を認めるさいに、アメリカ史上四回しか発動されていない人身保護令状請求権の停止を暗黙のうちに認めていると主張した。その発言にスーターは判事席から飛び上がらんばかりに驚いた。

「アメリカ連邦議会が取りうる、もっとも重大な行為である、議会による人身保護令状請求権の停止については、十分な議論がなされてしかるべきなのではないでしょうか？　したがって、われわれは、純然たる不注意から発動されることもありうるという政府側の主張を受け入れるには、もう少し慎重であるべきではないのでしょうか？」

　クレメントが、アメリカの領土外の人々だけを対象として議論する限りにおいては……と答えているところに、スーターが割って入った。

「ちょっと待ってください。令状は令状です！」

　しかし、オコナーが抜けた最高裁におけるハムダン判決の行方は、アンソニー・ケネディがどちら側に投票するのか固唾をのみながら見守るしかなかった。おそらくスカリア、トーマス、アリートは政権を支持し、スティーヴンズ、スーター、ブライヤー、ギンズバーグはその逆である（ロバーツは、コロンビア特別区連邦控訴裁判所時代にすでにこの訴訟にくわわって、ブッシュ政権に有利な裁定をくだしていたため、今回は参加できなかった）。

　この裁判は、ケネディの国際法に寄せる深い関心と強く結びついていた。数週間後にはザルツブルクに出発することになっていた彼は、その後二〇〇六年は世界中をめぐる予定だった。皮切りはワシントンからハワイで、そこでアメリカ法曹協会の講演をこなし、次にマレーシアに行き裁判官でもあるスルタン（イスラム教国の君主）と会談。そこからドバイに飛んで四百人の裁判官が集う会議に出席したのち、ロンドンの中央刑事裁判所オールド・ベイリーで殺人事件の公判を視察。その後ようやくワシントンにもどるという行程だった。最高裁に持ち込まれたハムダン事件におけるブッシュ政権の主張は、ジュネーヴ条約――国際法の核をなす、アメリカもはるか昔に署名している協定――は、グアンタナモ収容所の捕虜には適用されないということが根底にあった。

「それではこのようにいいかえさせてください」ケネディがカトヤルに向かっていった。「ジュネーヴ条約、あるいはほかの確立した国際法の規定がこの事件でも優先されるということが判明した場合、単純にコロンビア特別区連邦控訴裁判所に差しもどして問題を解決させるというのはどうでしょうか？」

それでうまくいくかもしれない、とカトヤルは答弁した。

「つまりですね、最高裁がコロンビア特別区連邦控訴裁判所にたいし、ジュネーヴ条約あるいは国際法体系が優先されると宣言した場合です……」

ケネディは自分の立ち位置をはっきりさせていた。会議で彼は四人のリベラル派にくわわり、またしてもグアンタナモ収容所におけるブッシュ政権の政策を違憲とする判断をくだす。六月二十九日、開廷期最終日に発表されたスティーヴンズの法廷意見は、二年前よりもさらに徹底的に政権を非難したものであった。国防総省は、軍法諮問委員会のために一方的に訴訟手続きを構築することはできないし、連邦議会による承認を受けなければならない。国防総省は、ジュネーヴ条約を無視することはできないし、手続きは条約に適合させなければならない。連邦最高裁は、抑留者が実際に有罪と宣告されるまでは、クレメントの主張どおり、紛争に関与しない。政権はただちに憲法を遵守すべく措置を講じなければならない。スティーヴンズはいつもの抑制の利いた筆致で、彼らがブッシュ政権の政策を無法に近いものとみなしていることを知らしめた。ジュネーヴ条約は、「ここに適用できる」とし、「ハムダンは、文明人により必要不可欠であると認識されるすべての司法上の保証を保持する、正規に構成された裁判所で審理される必要がある」と宣言した。

判決に異議を唱える者たちは、二〇〇二年、二〇〇四年、二〇〇六年の共和党の選挙運動を彷彿とさせる弁舌で応酬した。トーマスは、判決は「危険きわまるあらたな敵と対峙する大統領の権限を著しく阻害する」だろうし、「将来的な攻撃を防ぐ」国の能力を弱体化させるとの意見を述べた。ブライヤーは、ケネディ、スーター、ギンズバーグのくわわった同意意見で、めずらしく辛らつで雄弁な言葉を連ね、最高裁を去った同盟者であるオコナーの有名な一節を引用した。「最高裁の判決は、最終的に一つの根拠にもとづく。連邦議会は行政に『自由裁量権』をあたえてはいない」

ハムダン事件にかかわる双方の当事者たちが認識していたように、この判決はひじょうに重要なものであった。それはなにもグアンタナモ湾の抑留者が、捕えたアメリカ人に処刑される危険にさらされていたからだけではない。それがテロの時代における、また変貌する最高裁における憲法の意味を定義づけるものでもあったからだった。「本件がそうであるように、議会との協議が妨げられるほどの緊急性がない場合、協議をおこなうよう裁判所が命じても、我が国の危機対応能力を弱体化することにはならない」とブライヤーは書いた。「逆に、民主主義の手段に則ることにより、とるべき最善の方法を見きわめる国の能力が強化される。憲法はそのような民主主義のあり方に信頼を置いている。今日の我が国の最高裁もまさしくそれに倣うものである」

25 熱狂的《ファナティック》？

長年最高裁では、あたらしい判事の就任にさいして、その直前に任命された判事が幹事となり歓迎の夕食会を開くことが慣例となっていた。判事の入れ替わりがほとんどなかったために近年はすたれていたが、二〇〇六年夏、それを復活させてアリートの歓迎会を開こうとブライヤーが提案した。日ごろから伝統を重んじている常勤の最高裁スタッフは嬉々としてこの任務にあたり、その晩を完璧なものにするために夕食会の通しの予行演習までおこなった。

十月六日金曜日、アメリカ海兵隊楽団の小バンドが演奏するなか、判事とその配偶者たちが最高裁のグレート・ホールへと迎え入れられた。最高裁を家族のようだとしみじみ感じるのはまさにこのような晩である。サンドラとジョンのオコナー夫妻がいた。サーグッド・マーシャルとポッター・スチュワートの未亡人らの顔もあった。もうすぐデザートというときになって、ようやくブライヤーが乾杯の音頭のために立ち上がった。

「サム、ようこそ最高裁へ。きみのために晩餐会を開催することができてとても光栄です。でも、あらかじめ警告しておかなければならないことがあります。今晩この場にいる人たちは、みんなとてもやさしく接しています。でもすぐに敵意をむき出しにするでしょう。きみの意見に異議を唱え、反対意見にも同意しないでしょう。とても厄介な集団です」

燭台の炎が揺らめくなか、ゲストたちはみな困惑した面持ちで視線を交わしていた。

「サム、ここできみに必要とされているものは仲間です」ブライヤーは続けた。「いまテーブルを囲んでいるような人たちではありません。きみを支持してくれる、全面的にきみを支持してくれる人が必要なのです」

その瞬間、ダイニングルームの扉がさっと開き、フィラデルフィア・フィリーズのジャージー姿の、まつげが紫色で全身緑色の毛でおおわれた大きな怪物が乱入してきた。フィリー・ファナティック（アリートが愛する野球チームのマスコット）は、ドシンドシンと歩み寄ってアリートにのしかかり彼を長々と抱きしめると、爆笑のうずを巻き起こしながら部屋を出て行った。

アリートを歓迎する夕食会は、レンクイスト・コート時代の仲間意識が新長官に代わっても消えなかった証しであろう。ロバーツは上院司法委員会の前と変わらぬ温厚な態度であたらしい仲間たちに接していた。それは丁重すぎるほどでもあり、レンクイストが判事たちからたいそう慕われる要因となった公平なやり方で最高裁の日常業務を取りしきった。会議ではそれまでとおなじように、だれかが二度発言する前にだれにも必ず一度は発言する機会があたえられ、判事たちはレンクイストが認めていたよりもやや長めに発言するようになっていた。意見の起草についても彼は、レンクイストとおなじように公平に配分し、「売れ残り」と重大な事件をほぼおなじ数だけ割り当てた。年に一度裁判所が発行する所信声明では、ずっと先送りされてきた連邦の事実審裁判官と上訴裁判官の昇給という、最高裁のリベラル派と保守派双方にとって重要な問題を議会に熱心に訴えた。講演ではくりかえし司法のミニマリズム——判事の圧倒的多数（できれば全員一致の合意）によって狭義の判決をくだすことを説いた。

しかし、その上機嫌と膨れ上がる変化への期待は、ロバーツ・コートの真実、唯一無二の重要問題、その判決の本質をおおい隠していた。第二期ジョージ・W・ブッシュ政権は、大統領と政党に政治的危機がつぎつぎと襲いかかった時期といえる。イラク戦争、ハリケーン・カトリーナ、社会保障制度、移民改革、中間選挙など枚挙にいとまがない。そんな状況においても主要かつ不朽の一つのプロジェクトは計画通り進行していた――最高裁の変革である。判事らがいつもどおり厳かに歩むいっぽうで、二〇〇六年から二〇〇七年にかけての最高裁は、急速かつほとんど一瞬にして保守的な機関にさまがわりしていた。

外部の者たちのほうが九人よりも先にその変化に気づいていた。

そのことを最初にはっきり知らしめたのは、久しぶりの大きな学校分離訴訟にたずさわっていた弁護士たちだった。ケンタッキー州ルイヴィル市では、一九五四年のブラウン対教育委員会判決がくだされるまで、学校は法律により分離されていた。最高裁が「分離すれども平等」の法理を違憲としたあとでさえ、国内のそれこそ多くがそうであったように、ケンタッキー州当局はブラウン判決を順守しようとせず、一九七〇年代まで公立学校における黒人と白人の分離を続けた。しかし、地域社会がようやく法に準拠しようとしたときになって、ルイヴィル市はありがちな問題に直面する。地域の分離がたいそう進んでいたので、自宅に近い学校に生徒を振り分けるだけでは人種の均衡がほとんど変わらなかったのである。というわけで教育委員会は、最終的に生徒を学校に割り当てるさいのさまざまな問題を考慮した八〇年代半ばの施策にたどり着く。学生の選別が主要な要素であることに変わりなかったが、兄姉の在籍とおなじように、人種も考慮にふくめたのだ。ルイヴィル市は、各学校における黒人生徒の比率を十五パーセント以上、五十パーセント以下になるよう入学者を管理した。それにたいして複数の親たちが、教育委員会には学校の割り当てに人種を考慮する権利はないと訴えて裁判に持ち込む。似たような事件で、ワシントン州シアトル市の同様の施策も裁判沙汰になっていた。

ある面で見れば、二つの公立学校の事件は容易とも受け取れる。下位裁判所が指摘したように、州の施策は、わずか三年前にオコナーがグルッター対ボリンジャー判決において定めた原則に即していた。ミシガン大学のロースクール同様、ルイヴィル市とシアトル市の教育委員会は、地域社会の多様性を発展させたいと考えたのであり、やはりミシガン大学とおなじように、生徒を選考するさいの複数の要素の一つとして人種をふくめたのである。しかし、二〇〇六年から二〇〇七年にかけての最高裁は、二〇〇三年の最高裁ではなかった。さらにルイヴィル市の親側の弁護団は、もっとも直接的な方法で最高裁に問題を突きつけた。アリートが承認されたその月に裁量上訴を申し立てたのである。この再審理請求にたずさわる弁護士たちにとって、提起した問題は単純明快であり、オコナーの遺産の収拾を目論むものだった――「グルッター対ボリンジャー判決はくつがえされるべきか？」裁量上訴は受け入れられた。

元判事の例にもれず、当然オコナーも自分が策定した先例に最高裁がどのような判断をくだすのか見守ることしかできなかった。引退は、彼女の思い描いていたものとは別物になっていた。オコナーは夫と過ごすために最高裁をしりぞいたが、退任が遅れているあいだに病魔はジョン・オコナーに残酷な影響をおよぼしていた。アルツハイマー病の進行は予測できない。ジョンはだれが考えていたよりも急速に悪化し、二〇〇七年には妻の顔すらわからなくなっていた。彼はフェニックスに住むオコナーの息子の自宅に近い介護つき住宅に入った。皮肉かつ哀れなことに、オコナーは判事を辞めたくなかったが、ジョンの世話をするためにそうした。それがいきなり彼のためにできることがなにもなくなってしまったのである。

しかし、オコナーはこれも彼女らしく受け入れ、自己憐憫や絶望におちいることなく、むしろ熱心に仕事や活動にいそしんだ。最高裁を辞めた年の秋は、テリ・シャイヴォ事件以来脳裏を離れなかった理念の実現に身を投じている。二〇〇六年九月にはジョージタウン大学ローセンターで、司法の独立をテーマに会議を企画構成し主催した。講演に立った者の多くは、ブッシュ政権時代を通じて、妊娠中絶、犯罪量刑、外国裁判所の影響について判事たちを攻撃した共和党員に焦点を当てた。オコナーの自信は揺るぎなかった。この打ち合わせの席上、新長官にも参加願えないかとの問いに、「ジョン・ロバーツのことならわたしに任せておいて」と請け合い、新長官は礼を尽くして敬意をあらわしたのだった。

司法の独立性についての会議を計画するいっぽう、オコナーはイラク研究グループ（ＩＳＧ）のメンバーとなって活動した。ＩＳＧはジェームズ・Ａ・ベーカー三世とリー・Ｈ・ハミルトンを共同議長とする識者による諮問機関で、イラク戦争におけるあらたな方向性を探る役目を担っていた。オコナーには軍や外交問題に直接かかわった経験はなかったが、質問の仕方は十分心得ており、ＩＳＧがおよそ六カ月にわたり助言を求めた約百人の参考人を諮問するさいの中心的な役割を果たした。てきぱきと効率のよいオコナーの仕事ぶりは、九人の同僚にとって小気味よい見ものだった。写真家アニー・リーボヴィッツが『メンズ・ヴォーグ』誌掲載のため、ＩＳＧ会議を撮影に訪れたときには、オコナーは愚にもつかないことと拒絶した。「そんなことのためにここにいるのではありません」と語気を強め、ほかのメンバーもおとなしく彼女に従った。彼女は数年前にリーボヴィッツの被写体となって辟易としていたのだ。結局ベーカーとハミルトンがリーボヴィッツのためにモデルとなって写真に収まった。

二〇〇六年十二月六日に発表されたＩＳＧの報告書は、「イラクの情勢は悪化しつつあり憂慮すべき状況」であると断言してはじまっている。オコナーら審議団は、あらたな、おもに外交的な手段をもちいてアメリカ軍の段階的な撤退を導き出すよう進言した。だがブッシュはこれらの提言のほとんどを無視し、代わりにアメリカ兵を何万も「急増員」するよう命じた。

ブッシュ政権ではよくあったようにオコナーは愕然としたが、大統領がＩＳＧ提言の核心を拒絶したことには驚かなかった。それでもなお自らの使命として、制約があるとはいえその任務に従った。ＩＳＧ提言を発表する記者会見にのぞんだ彼女は、最高裁判事としての任務同様、委員会での自分の役割は終了したと述べた。「やるべきことを終え、審議団の手は離れました。はっきりいって、あとはあなた方次第ということです」

最高裁は突如としてアンソニー・ケネディ次第となった。オコナーがそうであった過去十年に輪をかけ、ケネディはつぎつぎと裁判結果を左右することになる。レンクイスト・コートでは、オコナーとケネディがかなり特異な見解であったため、だれの票が判決を決めるか必ずしも明確ではなかった。だがロバーツ・コートは、疑う余地のない保守派四人（ロバーツ、スカリア、トーマス、アリート）と、少なくとも現代の基準によるところのリベラル派四人（スティーヴンズ、スーター、ギンズバーグ、ブライヤー）である。ケネディはつねに中道で、その立場を大いに満喫していた。

ケネディは最高裁において長いこと、きわめて説明しにくい司法哲学を持ち続けていた。その軸となっていたのは、特定のイデオロギーではなく、彼の判事としての認識、そして彼自身の、ドラマ性と分別を重んじる個人としての感覚だった。ケネディは国の内外を問わず、法の支配は、どのような法への取り組み方とも同様に、正しい知識を有する人々によって守られると考えていた。最高裁での二十年のうちに、専門的知見としての一貫性には欠けるが、たいていは予測できるまとまった見解をもつようになった。彼は自らの信じるところに信を置いていた。だがその根拠を説明するのはむずかしかった。

とりわけ妊娠中絶問題についてはそうである。一九九二年のケイシー事件では、彼が判決の鍵をにぎり、ロー対ウェード判決を追認する部分の意見を起草した（意見はオコナー、スーターと共同で書かれたが、ケネディの担当部分だけは彼特有の凝った表現がもちいられている）。「女性の自由は、ある意味人間の在りように特有であり、きわめて法に特有な問題により危険にさらされている。女性の苦しみは内面的かつ私的にありすぎるため、州としてはもうこれ以上、女性の役割としてみなしてきた州独自の見解を、それが我が国の歴史と文化の過程においてどれほど支配的なものであったとしても主張することはできない。女性の運命の大部分は、自分が精神的になにを必要とするか、社会においてどのような立場に立つかを自身で考えることによって形作られなければならない」

だが二〇〇〇年、ケイシー判決から八年後、ケネディは考えをがらりと変えていた。ステンバーグ対カーハート判決において、ブライヤーは通称「不全出産型」中絶にたいするネブラスカ州の規制は、ケネディが州にはできないと判示したものとおなじであることを丹念に立証した。しかし、ケネディは大仰な言い回しの反対意見で次のように主張した。「胎児の命をはぐくみ、すべての人間の命とその可能性を尊重するために法を制定するという州の政治的な措置は、妨げられるものではない」。ケネディは妊娠中絶反対運動の言葉をもちい、手術をおこなう医師を「堕胎医」と称し、「医療措置は、胎児の命もふくめた生命の本質的な価値に依拠する道徳的原則に即しておこなわなければならない」と訴えた。一九九二年に表明した女性の自律性への賛美は、二〇〇〇年には胎児の命にたいする賛歌に変わっていた。

ブッシュの判事選任が終わり、大統領と連邦議会は、今度はブライヤーではなくケネディの見解が最終的に最高裁の判決を左右すると踏んだ。議会はさっそくブライヤーの意見で無効とされたネブラスカ州法の規制とほぼおなじ連邦法を可決する。ネブラスカ州法同様、それも「不全出産型」中絶を禁じており、母体の健康を守るためにその処置を認める除外規定もなかった。控訴裁判所はことごとく、ブライヤーのステンバーグ判決の意見と健康の除外規定がないのを理由として新法を違憲とする。しかし、二〇〇六年度開廷期前半、これらの判決に異を唱える上告を審理したのは、新ロバーツ・コートである。結果は今後を暗示するものだった。

オコナーに代わってアリートがくわわったことにより、事件の結果はひっくり返り、五対四で連邦法の中絶規制が容認された。ロバーツから意見起草を任されたのはケネディで、彼はステンバーグ判決の反対意見を多数意見に変えることとなった。まさに最高裁判事冥利に尽きる正当性の証明である。このあらたなゴンザレス対カーハート事件の判決において最高裁は、ステンバーグ判決を正式にではないが実質的にほぼくつがえした。ブライヤーの意見――と中絶の規制には母体の健康を保護するための除外規定をふくむという義務――はもはや時代遅れとなった。いつものようにケネディは衆目を集めずにはいられず、自分の裁定は単に連邦議会の法律を是認するだけでなく、女性にたいする彼の思いやりでもあるという見解を示した。「事象を測定した信頼に足るデータは見つけられないが、創造し、はぐくんでいた胎児を堕胎するという選択を、のちに後悔する女性もいると結論づけるのに異議の余地はないと思われる」。ケネディがそのようなデータを見つけられなかったとしても驚くにあたらない。なぜなら妊娠中絶反対運動の主張にもかかわらず、この恩着せがましい意見を立証する信頼できる科学的な裏づけなどないからだ。注目すべき点として、中絶する権利となると、総じて外国の法律（しばしばケネディを左旋回させる要因）のほうがアメリカのものより規制が強いということがあげられる。よってこの問題にかんしては、同性愛者の権利や死刑制度とは違い、ケネディは海外の同僚たちからほぼ全面的に支持されていた。

ケネディとアリートの中絶にたいするよく知られた見解を考えれば、最高裁を観察している者でこの判決に驚いた者はいない。それでも、ケネディの拡大解釈（ロー判決とケイシー判決という先例を明確に否定する）は、最高裁のリベラル派四人にとって衝撃的だった。しかも会期はまだはじまったばかりであった。

承認公聴会でロバーツは、審理する訴訟事件の数を増やせるとの見解を示していたが、二〇〇六年秋時点の予定では、恥ずかしいほど少ない意見しか発表できないペースだった。やる気がないと非難されるのをおそれ、九人はあわてて二〇〇七年一月からの口頭弁論の予定を埋めていった。それでもその年は六十八件の判決しかくだせず、近年の最高裁において最低を記録する。とはいえ予定を詰め込みすぎたせいでてんてこ舞いの春を迎えた。実際、つぎつぎと判決が出るため、当人たちにとっても事態を把握するまでに時間がかかった。

最初に気づいたのはギンズバーグだった。堅苦しくて内気、同僚たちから隔離された二階の執務室にいた彼女は、中心的な役回りを演じて最高裁に影響をおよぼしたことは一度もない。スティーヴンズのように長い在職期間を誇るわけでもなく、ブライヤーほど気さくでもなく、スカリアのように豪語せず、オコナーやケネディのように判決を左右する立場でもない（ギンズバーグはとりわけケネディの首尾一貫性のなさに嫌悪感を抱いていた）。彼女がもっとも敬愛していたふたり――レンクイストとオコナー――が相次いで最高裁を去ってしまったために、いつにも増して孤独な開廷期を迎えていた。いっぽうでギンズバーグは、ほかのだれよりも判決に政治は無縁という幻想に囚われておらず、同僚の行動の動機やそれによって生じた結果について鋭い評価をくだしていた。

ギンズバーグが気づいたのは、保守派の優位がはじまっており、強奪した領域をみるみる固めて強化しているということであった。論争は変わっていない、だが顔ぶれが変わった。この数年のあいだにオコナーは急激に左傾化を強め、その方向ではたぶんブライヤーを追い越していた。レンクイストは組織尊重主義に転じ、イデオロギーの変革よりも最高裁を安定させるほうに力を注いでいた（たとえば昔の長官――いまやこう呼ばれる――は、ミランダ判決に決して納得してはいなかったが、最終的にはそれを受け入れた）。だがロバーツとアリートは違う。二〇〇七年春、早々に見せつけている。ギンズバーグが中絶事件の反対意見のなかで苦々しく述べたように、その判決が導かれた理由はただ一つ、最高裁が「中絶法の規制を審理した前回とは異なるメンバー構成になった」からであった。

せめてもの慰めは、この事件によって憲法にもとづく中絶する権利にたいするギンズバーグ独自の見解をはっきりさせることができたという点だろう。彼女は判事になる前から、ロー対ウェード判決におけるブラックマンのプライバシーの論拠を受け入れていなかった。ゴンザレス対カーハートの反対意見で書いたように、「中絶措置の規制解除に向けた法的訴訟は、プライバシーについての一般的概念の擁護を求めるものではなく、むしろ女性が人生を選択する自律性に主眼を据え、ひいては市民として平等の権利を享受することを目指したものである」。中絶する権利はプライバシーではなく女性の平等を保障するものと信じていたギンズバーグは、反対派の仲間全員――スティーヴンズ、スーター、ブライヤー――にそれを説いて納得させた。しかし春がすぎゆくにつれ、この四人の判事はますます仲間うちだけに向けて意見を発する状況になっていった。

ギンズバーグは一貫して、節度ある反対意見を書いてきたことを自負しており、礼儀正しさの手本としてオコナーやスーターをあげていた。講演やプライベートでは、スカリアのような態度をとったり悪口雑言を並べたてたりするのは最高裁本来の業務の妨げになるという私見を口にしていた。しかし四月十八日、彼女は判事席からこの中絶訴訟にたいする激しい反対意見を読み上げ、続く五月二十九日にはあたかも彼女の激高を誘うかのようなレッドベター対グッドイヤー・タイヤ&ラバー社事件の判決で、同僚らを公然と非難した。ギンズバーグはロースクールの教授時代、職場における差別を禁じた市民権法第七編にもとづく平等の賃金を求める訴訟の女性側の弁論に立っていた。法律では、「疑いのある違法な雇用慣行」から一八〇日以内に提訴することが求められている。何年ものあいだ裁判所は、違法となる給与の支払いを最後に受けてから一八〇日以内に女性が訴えれば、差別を受けていた全期間の補償が受けられるという見解を示していた。だがレッドベター事件では、保守派判事五人が、差別分の賃金支払いが認められるのは六カ月の出訴期限内に限るという判決をくだした。

「最高裁は、女性が狡猾な手口によって賃金差別の被害者となりうる状況を理解しておらず、またそれに関心をはらおうとすらしていない」とギンズバーグは断じた。最高裁史上、彼女がもっともよく理解していたように、多数派の裁定は訴訟の背景にある現実を無視していた。男性より低い賃金が支払われているのを女性が一八〇日以内に知るとは限らない。彼女は、「レッドベターが当初雇用者の差別を見逃していたからといって、性別を理由に低く抑えられ続けた賃金の補償を後日求める行為は妨げられるべきではない」と続け、連邦議会に市民権法第七編を修正し、多数派の解釈の誤りを明確にするよう求めて意見を締めくくった。ようするに、現在の同僚では助けにならないといったのである。

ロバーツは長官としての二年間に目標をはっきり打ち出した。裁定する事件を増やす。全員一致の意見を導く。狭義の意見を書く――司法のミニマリズムを目指す。二〇〇七年、ロバーツはどれ一つ達成できなかった。全員一致の判決はわずか二十五パーセントと、初年度の四十五パーセントから後退した（レンクイスト時代は判決全体の三分の一が全員一致だった）。さらに際立っているのは、二〇〇六年と二〇〇七年の訴訟事件の三十三パーセントが五対四の評決であり、近年の最高裁史上例のない分裂を招いたということである。

ということはロバーツの二年目は失敗なのだろうか？　まったくその逆であった。新長官が提示した目標は業務上のささいな取り組みにすぎない。彼を長官に指名した大統領（および彼を指名するようブッシュに迫った者たち）は、なによりも最高裁判決の内容を気にかけていたのであり、その変化はそれこそロバーツを支持した者たちの望みどおり劇的だった。二〇〇七年、うつろう春とともに保守化も加速していった。最高裁はマケイン・ファインゴールド選挙運動財政法における政治広告にたいする複数の規制を、ほぼおなじ規制を容認してから四年足らずで無効にした。州と教会にかかわる重大な判決では、宗教活動を是認または支援する政府の活動にたいする一般市民からの異議申し立てにたいし、その敷居を高くすることで応じた。アラスカ州の興味深い事件では、「ＢＯＮＧ　ＨｉＴＳ　４　ＪＥＳＵＳ（キリストのためにマリファナを）」と書いた垂れ幕をひろげた高校の最上級生にたいする停学処置を容認し、学生の言論の自由の権利を狭めた。これらすべてがケネディが保守派側にくわわった五対四の評決であった。

スターもギンズバーグ同様、意見書のなかで同僚を非難しないようにしていたが、六月の閉廷間際の判決ではそれもあやしくなっていた。この事件では、いつもの多数派が、連邦地方裁判所判事が設定した日限前に異議を申し立てた囚人の上告を棄却した。連邦地方裁判事が法解釈を誤り、当該囚人に三日長い上告期限を告げたのであって、最高裁は棄却せざるをえないとした。ふだんは温厚なスーターの反対意見（やはりおなじメンバーのスティーヴンズ、ギンズバーグ、ブライヤーが賛同）には、苦悩が色濃くにじみ出ている。「このように人心を翻弄する司法制度とはまことに耐えがたいものであり、希望をちらつかせながら絶望におとしいれた行為には、いっさいの正当性はなく容赦しがたいものである」

妊娠中絶、選挙資金、州と教会の問題といったこのような数々の事件において、多数派の裁定は最高裁の前例を正面から否定するものであった。だがロバーツらは過去の判例をくつがえすとは明確に述べようとせず、これにスカリアとトーマスが不満を募らせた。ふたりとも最高裁に過去の判決をもっときっぱり否定してほしかったのだ。スカリアは選挙資金事件の判決の同意意見のなかで、ロバーツが過去の判例にとどめを刺さないことにたいし、「この欺瞞的な司法の抑制は、司法権限をあいまいにするものである」と非難した。

スカリアは核心を突いている。ロバーツはミニマリズムを装って、つまり最高裁の先例を尊重するようなふりをして、実際にはそれをないがしろにしていた。ブライヤーのステンバーグ判決の意見のような判例を、詭弁を弄するがごとく、実際にはそれに従わないまま判例簿にとどめておいた。スカリアは、この点すばらしいことに、意見書のなかで率直に書く必要があると考えていた。しかしロバーツはそんな苦言をさらりと受け流している。意見書の表題が誤解を招いたとしても、内容は間違えようがない。二〇〇七年の春を迎え、最高裁はずっと保守的な機関にさまがわりしていた。そして当然のごとく、国民生活における原則もずっと保守的なものとなっていた。

最高裁は、もっとも係争性の高い訴訟案件を開廷期最後の数週間に先送りし、そのなかでも一番厄介なものを最終日に持っていく。そんな開廷期の最終日には、つねにありのままの九人の姿が映し出される。その時点ではみな疲れ切っており不機嫌だった。ゴールを目指しひた走るなか、そのほとんどの時間を同僚やロークラークたちと顔をつき合わせて過ごし、日々の雑務に割く時間はほとんど残らない。二〇〇七年六月二十八日、十時ちょうどに九人が緋色のカーテンのうしろから姿をあらわしたときには、散髪に行ったほうがよさそうな判事が多数を占めていた。

サミュエル・アリートは、傍聴席から見て右手奥の新任判事席から前方中央をぼんやりと見つめていた。最高裁判事に就任する前は十五年間控訴裁判所の判事をつとめていたが、最高裁特有の精神的な負荷が、新参者の例にもれず彼にもずっしりのしかかっていた。青白い顔をした、冷静で態度も信念も保守的なアリートは、席に着いた瞬間から睡魔と闘っていた。

小柄なギンズバーグは、その隣の中央寄りの椅子にほぼ埋もれており、かろうじて顔だけが見えた。疲れ切った同僚たちとは異なり、いつも通りきちんとした佇まいで、あきらかに憤然とした顔で正面を見据えていた。今期は惨憺たる状況であり、そうではないふりをする気など彼女には毛頭なかった。

デイヴィット・スーターは、形式張ったことのなかでも特にこのような祭典行事を嫌っていた。最高裁は古式ゆかしい慣習のもと、数多の口頭弁論に先立って、弁護士が最高裁弁護士会会員として就任宣誓するのを認めていた。それにはいつもだいたい十分程度かかり、最後に長官があたらしい仲間を歓迎して終わる。同僚らとは異なり、この儀式をまったくの時間の無駄とみなしているスーターは愛想笑い一つ浮かべたことはない。この日もおなじで、さらなる不幸な一年の終わりに無意味な儀式に参加させられ、腹立たしい思いでいた。

スカリアは上機嫌に見えた。今期の成果に満足げに眉を動かしている。訴訟案件をすべて制覇したわけでもなく、同僚らは彼が望むほどには先に進むことも迅速に動くこともなかった。それでもスカリアにとって、これまでの長い在職期間のなかで最高の開廷期であった。

中央に座るロバーツは、ようやく髪に白いものがまじりはじめていた。しかしその顔には、二十二カ月前、レンクイストの棺を担って最高裁に入ったとき同様しわ一つなかった。自信が深まっていた。ここは彼の最高裁なのであり、それを知らない者はいなかった。

長官の右隣のスティーヴンズは見た目はまったく変わらない。二カ月前に八十七歳の誕生日を迎えたばかりだった（当時は彼の兄ウィリアムも、九十一歳にしてフロリダ州で非常勤の弁護士をしていた）。蝶ネクタイを締め、べっ甲フレームの大きな時代遅れのメガネをかけている。表情からはなにを考えているのかうかがい知れない。じきに旅立つはずのフォートローダーデールのブリッジ用テーブルに座っているときの顔とまったくおなじだった。

ケネディはわざとらしい真剣な顔をしていたが、喜びを隠しきれていなかった。彼ほどの会期を過ごした判事は過去にひとりもいない。五対四で判決がくだされた二十四件の事件すべてにおいてケネディは多数派だった。さらにこれから発表する多数派意見二つと、きわめて重要な同意意見が一つ。楕円軌道マシンで早朝トレーニングをこなしてきた七十歳の男の顔は輝いていた。

残る二つの判事席は、記者席にごく近いというありがたくもない特権を享受していた。この日はナショナル・パブリック・ラジオのニーナ・トーテンバーグが判事席の一番近くに陣取っていた。クラレンス・トーマスは椅子をぐっとうしろに反らせていたので、スティーヴン・ブライヤーの陰になって彼女の視界には入っておらず、また彼にも彼女は見えていなかった。アリートが就任するまで、トーマスは十一年以上も記者の反対側の席に座っており、本人もその配置のほうをずっと気に入っていた。彼の椅子は同僚たちよりも深くうしろに反るよう調整されている。アリートとは異なり、彼には目を開けているよう努力している様子はまったく見られなかった。今期は、トーマス特有の奇妙な基準からしても尋常ではなかった。彼は会期中、合計一〇四回の口頭弁論にくわわっていたが、ただの一度も質問しなかった。

判事席の一番端に座るブライヤーは、前かがみになったり背を反らしたり、片手で目の前の分厚い書類の山をまさぐったかと思えば、自分のはげた頭や背中をなぞったりしていた。日ごろから同僚たちに比べて落ち着きがなかったが、この日はうんざりしているようだった。最高裁のこの画期的な開廷期によって、だれにも増して変わったのがブライヤーだった。もちろん過去にも裁判に負けたことはあったが、彼はいつも情熱と希望をもって応じてきた。ブッシュ対ゴア判決後、リベラルのロークラークたちを失望から立ち直らせたときもそうだった。だがここではじめて、保守派の猛攻撃により生来の陽気な性格がすっかり影を潜めてしまった。彼はこの悲惨な春のあいだずっと、生産的な仕事がしたい一心で裁判官の昇給を求めてせっせと議会へ陳情していた。少なくともファーストストリートを隔てた反対側においては、ブライヤーにも勝つ見込みがあった。

三つの訴訟事件が残されていた。ケネディが最初の判決を発表する。この時最高裁は、ミニマリズムを装いさえせず、九十六年間続いた先例をくつがえした。最高裁は、一九一一年の通称ドクター・マイルズ判決以来一貫して、反トラスト法は製造業者による最低販売価格の設定を禁じている、とする見解を示してきた。その根底にあったのは、最低販売価格の設定は競争を阻害し、消費者価格を押し上げるという考え方であった。だが今後は、ケネディと四人の保守派判事によれば、最低販売価格もときには容認されるということになった。

いつものごとくケネディは、同僚たちよりも長めに意見の要旨を発表し、彼の二つ右隣のブライヤーはいらだたしげに視線をさまよわせていた。「スティーヴンズ判事、スーター判事、ギンズバーグ判事ならびにわたしは反対意見を申し立てます」とブライヤーが一本調子で切り出した。「ここで強調したいことが一つあります。それは先例拘束性の原理です」。それこそがその日の、その年の彼の主張であった。保守派は正当性を示すことなく先例である法を捨て去っているのである。

次の判決もまたケネディだった。彼は今度は四人のリベラル派に同調し、精神障害に苦しむテキサス州死刑囚の処刑を違憲とした。この判決はまさに司法のミニマリズムそのものである。というのも最高裁はあたらしい原則をいっさい規定せず、この死刑囚に再審の機会をあたえるよう下位裁判所に命じただけだった。最高裁でもっとも頼りになる死刑推進者トーマスは、ロバーツ、スカリア、アリートの同意を得た反対意見を書いていたが、判事席から読み上げはしなかった。

そしてとうとう今期最後の事件、ルイヴィル市とシアトル市の学校における人種分離廃止訴訟の一括上告にたいする判決となった。ロバーツは自ら意見を発表すると述べた。過去においても彼ほど手早く意見を書き上げる判事はまずいない。たしかに新長官は温厚だったが、競争心も旺盛で、訴訟当事者として摘要書を書いたように、理路整然と鋭い言葉で具体的な事例に即して法廷意見を書き上げる。ここでまたしても最高裁は、先例を完全にはくつがえさずに、その射程範囲を狭めた。このときはオコナーのグルッター判決ではあったが、そのいわんとしていることは先の二件と変わらない。保守派多数の時代が到来したのである。

ロバーツも戦士の例にもれず、もっとも貴重な領地を奪った。最高裁において、ブラウン対教育委員会判決——一九五四年、当時の長官アール・ウォーレンが公共学校での分離政策を禁じた全員一致による画期的判決——よりも守りが固い城壁はない。ロバーツによれば、人種をもとに、たとえ生徒ひとりだけを一年に限り学校に割り当てるという計画だったとしても、ブラウン判決に違反するのだという。「ブラウン判決がくだされる前は、肌の色により、生徒たちはどこの学校に行けて、どこに行けないということが決められていた。今回の訴訟における学区は、たとえまったく異なる理由からだとしても、もう一度その行為を容認して実施すべきほどの重い負担を背負っていない」と長官は抑揚の少ない中西部のアクセントで述べた。「人種にもとづく差別をなくす方法は、人種にもとづく差別をしないことである」

次にブライヤーが最高裁史上最長ともいえる二十七分間、本人も「これまでのどの意見よりも二倍は長い」と認める反対意見を要約して反論した。ケネディはルイヴィル市とシアトル市の訴訟の判決に同意はしたが、ロバーツの意見に全面的には同意しなかった。あいまいでまわりくどい同意意見において、施策によっては人種の考慮も容認できるが、今回の二つの市の訴訟はそれに該当しないとした。いまでは大都市圏の学校の多くが、すでにルイヴィル市とシアトル市のようなあきらかに人種を意識した施策から離れ、人種の統合よりも試験結果の向上に力を注いでいた。そのためこの日の判決の実質的な影響はやや不透明なままであり、結果として穏当なものになる可能性もある。

しかし、ブライヤーがあれほど長く、あれほど熱心に反論したのは、直接的な利害以上のものがあったからである。一つには、保守派によってブラウン判決が乗っ取られようとしているのに、ただ怒りを募らせていたからである（またも三人のリベラル派が同意）。「歴史が教えてくれたことは、人種分離を継続するという試みが、人種統合を達成しようとする試みと憲法上区別がつきかねるということではない。また、一九五〇年代のカンザス州トピカ市[*1]と現代のルイヴィル市やシアトル市を比較することは、歴史の無残な歪曲である」。さらに一つには、ロバーツの意見に、雇用、事業、政府ならびに教育現場のすべてにおいてアファーマティヴ・アクションを終わらせようとする萌芽が潜んでいるのを察知したからである。スカリアとトーマスが長年支持してきた、いまやロバーツとアリートもくわわった「白人と黒人の区別をしない」憲法により、それに終止符が打たれるかもしれないのだ（スティーヴンズは怒りよりも当惑気味な短い反対意見で、「一九七五年にわたしがくわわった当時の最高裁では、間違いなくだれひとりとして本日の判決に同意しない」と驚くほどきっぱりと断言した）。

しかしブライヤーこそは、その長い反対意見のなかで、最高裁におけるもっとも根源的な問題を突いていた。「先例拘束性の原理はどうなったのであろうか？」とその日二度目となる質問を投げ、グルッター判決ほか六件のもはや空文となってしまった判例を並べたて、「多数の論理が法を超越してこのような判決を書き上げている」と断じた。さらに、発行された彼の反対意見には掲載されていなかった次の言葉をつけ足した。「法において、こんなにわずかな人間が、こんなに速く、こんなに多くのことを変えてしまうのは、そうあることではない」

この正面切っての非難にアリートはぐいっと頭をもたげ、反対側の席からブライヤーをにらんだ。ロバーツは表情こそ変えなかったがほおをひきつらせた。なににも増してブライヤーは、レーガン時代に誕生し、フェデラリスト協会によってはぐくまれ、共和党右派の庇護を受け、ロバーツとアリートの指名によって前進した課題に異を唱えていた。行政権を拡大する。アフリカ系アメリカ人の援助を目的とした人種優遇措置に終止符を打つ。公的領域に宗教を取り込む。そしてなによりも、ロー対ウェード判決をくつがえし、州による中絶規制を可能にする。ブライヤーがだれよりも痛いほどわかっていたように、ふたりの新任判事、それにスカリア、トーマス、そして（通常）ケネディの面々は、焦らすかのようにこれらの達成目標のすべてを射程距離まで引き寄せたのだった。

ロバーツはブライヤーが反対意見を述べ終えるやすぐに、二日後に退職を控えたハリー・フェニック、最高裁で三十八年間をつとめあげた調理担当者に敬意をあらわし如才なく会期を終了した。「長いことありがとう、ハリー」。それから長官は、十月の第一月曜日までの休廷を宣言した。

*1 ブラウン対教育委員会事件は、カンザス州トピカ市教育委員会にたいして提訴されたもの。

最終章　とざされた階段

ブッシュ大統領がジョン・ロバーツを最高裁判事に指名した日、未来の長官は、キャス・ギルバートの設計の核心であり、偉大なるシンボルでもある例の階段についてふれた。「最高裁での口頭弁論にのぞんであの大理石の石段をのぼるたびに、胸が締めつけられる思いでしたが、それは緊張だけではないと思います」。何年ものあいだ、数え切れないほどのアメリカ国民が、ギルバートの造りあげた司法の神殿に足を踏み入れるさいに、ロバーツとおなじ畏敬の念をあじわってきた。しかしそれも間もなく終わる。最高裁への一般向けの入口としての階段は閉鎖されるからだ。

レンクイストは長官としての晩年、最高裁の改修を優先事項にあげていた。公共建築物事業の例にもれず、地味な修復にもかかわらず予算額を超過し、大幅に遅れ、完成は（するとすれば）二〇〇九年ごろになるという。また二〇〇一年九月十一日以降のワシントンでよく見られるように、改修時の設計には、セキュリティの問題にたいして過剰なまでに細心の注意がはらわれた。なかでも、正面の階段をのぼる一般向けの入口――この建造物にたいするギルバートのコンセプトを決定づける特徴――は、危険すぎると判断された。そういうわけで、あたらしい入口は建物の基礎部分に近い、階段のわきをえぐるようにして作られることになった。それでも来訪者は、正面階段を下ることはでき、そこに込められたギルバートの幻想を分かち合うことができる。

階段の閉鎖が、最高裁のより深い変化を象徴することになるかどうかは、判事九人の判断に左右される部分もあるが、それ以上にアメリカ国民の手にゆだねられているところが大きい。いつの時代も最高裁は、ほかのどんな影響力にも増して、ひろい意味での社会を牽引する政治の流れを反映してきた。共和制だった初期の、地方の対立がひときわ目立っていた時代には、その緊張が最高裁にもあらわれていた。大統領は、たとえばカリフォルニア州出身の判事の後任は、やはりおなじ州の人間でなければならないと考えた(もちろん後年はそんなことを気にする者もほとんどいなくなって、最高裁には長いあいだレンクイストとオコナーという、比較的人口の少ないアリゾナ州出身の判事がふたり在籍していた)。十九世紀から二十世紀にかけては、欧州からの移住者がどっと押し寄せてきたため、宗教が政治の中心近くに位置し、「カトリック教徒の席」と「ユダヤ教徒の席」という伝統が生まれた。クリントン大統領が最高裁にユダヤ教徒ふたりを指名したときにほとんど声があがらなかったという事実は、そんな時代がすでに過ぎ去ったことを示している。だからおなじように、現在カトリック教徒が五人いることもたいした問題ではない。最高裁史上もっとも重要なリベラル派のウィリアム・ブレナンもカトリック教徒だった。

現在、アメリカ社会を本質的に分断しているのは、地域でも宗教でもなく、イデオロギーである。ロバーツ、スカリア、ケネディ、トーマス、アリートは、カトリック教徒だから指名されたのではない。保守派だったからである。共和党の支持基盤を担う人々は、福音派のジェームズ・ドブソンやジェイ・セキュロウから、フェデラリストのセオドア・オルソンやレナード・レオまで、自分たちの影響力を駆使することで最高裁を形作れることを見抜いていた。対抗するリベラルよりも組織的に、動員力をもって、より真剣に最高裁の問題に取り組んできた。そして自分たちの候補者が大統領の地位を手に入れると、これらの保守派はさらなる要求を出した。つまり、自分たちの理想にかなうふたりの判事を指名すること（および、そうではないハリエット・マイヤーズを指名しないこと）。驚くほど率直に、さらには大きな努力をはらって、保守派は自分たちの目標を達成すべく最高裁に投資してきたのである。

ロバーツ本人は、少なくとも公の場では、最高裁についての自分の認識は、保守派の支持者たちとは異なると主張している。承認公聴会で「判事は審判のようなものです。ルールを作るのではなく、適用するだけだからです」と述べている。ほかにも「判事は政治家ではありません」としばしば口にしていた。これらはどちらも正しくない。最高裁の判事は野球の審判とは似ても似つかない。憲法を解釈し、そこからアメリカ国民の権利と義務を定義するという厳かな仕事と、瞬時にボールかストライクを判断する機械的な仕事を同列に置くこと自体がばかげている。現代における憲法の意味を定義するという最高裁の本質的な仕事となれば、判決結果を左右するのは技術でも経験でもない、イデオロギーなのである。卓越した保守派判事で法学教授でもあるリチャード・A・ポズナーはこう書いている。「最高裁の憲法上の判断について、それが正しい判断だったとか、間違っていたとかを真顔で論じることはまずない」。憲法解釈にかかわる事件は、「必ず政治的判断にもとづいて判決がくだされるものであり、政治的判断とは、司法の基準に照らして正しいとか間違っているとかいえるものではないからである」。

このような理由から、先例拘束性の原理を主張するブライヤーの弱々しい叫びは、ほとんどだれの心も揺さぶらなかった。ブライヤーや、ほかのリベラルの判事（と、この場合はケネディ）も、ローレンス対テキサス州事件を裁定するさいには、先例拘束性の原理を無視して、わずか十七年前のバウワーズ対ハードウィック判決をくつがえしている。過去にこだわるのではなく、合意の上での同性愛者のセックスに刑罰を適用するのは忌まわしい行為であると認める時代がやって来たのだと信じ、そのように票を投じたのだ。そういった場では、たいていイデオロギーが先例に勝る。もちろん、憲法の意味における柔軟性を声高に主張することもできるだろう。しかしいつの時代も、高潔な判事は、自分たちの見解を憲法の文言やその歴史、先例につなぎ止めておく。そのため判事の解釈の自由はとてつもなく大きいが、絶対的ではない。

それでも、最高裁まで持ち込まれてくる扇動的な政治問題になると、大事なのは議論の質ではなく、判事のアイデンティティとなる。たとえば、知性、適性、倫理の面で、スカリアとギンズバーグのあいだに大きな違いはない。ふたりを隔てているのは司法哲学――イデオロギーであり、最高裁ではそれがすべてである。この先も、判事としての条件を満たす、おなじような能力をもった人物が指名されるだろう。そんな彼らのイデオロギーが、最高裁を、ひいては国家を形作っていくのだ。

ゆえに一つの要素、ただ一つの要素が最高裁の未来を決める。大統領選挙の結果である。大統領はより多くの功績を残すために判事を選ぶ。この基準からすれば、ジョージ・W・ブッシュは賢明な選択をしている。判事が自分の指名者である大統領を驚かせる時代は終わった。驚かせたといわれている最後のふたり、スーターとケネディが残るだけである。スーターはその実績から、穏健派であると認められた。ケネディは、ロバート・ボークが保守的すぎるとして上院から否決されたために指名された。それ以降の判事は全員、トーマスもギンズバーグもブライヤーもロバーツもアリートも、まさに彼らを任命した大統領の期待どおりとなった。それは、近い将来最高裁をしりぞくであろう三人（スティーヴンズ、スーター、ギンズバーグ）の後任についてもほぼ間違いなく当てはまる。

これが本来の姿なのだ。キャス・ギルバートの階段によって、人々は多かれ少なかれ高尚な幻想を抱く――最高裁は、地上であくせく働き続ける人間よりも、高度な次元で機能しているのではないか、と。しかし、最高裁は民主主義の産物であり、人々の最良の部分と最悪の部分を、ときに身震いを覚えるほど的確に描き出す。この国の最高裁は、われわれが享受するに値する以上のものでもなければ、以下のものでもないのである。

アンカー版へのあとがき

その後、二〇〇七年度（二〇〇七年十月から二〇〇八年六月）の開廷期、最高裁は一息ついた。あいかわらず訴訟事件一覧表には重要な案件が見受けられたが、全体的にその年はゆとりのようなものが感じられた。九人はそれぞれに仕事にはげみ、割り当てをこなしていたものの、国中がそうであったように、大統領選挙の結果を見守っているらしかった。

もちろん、開廷期がどれほど平穏かを推し量るのは、とりわけ前年度が騒然としているとむずかしい。その年は、単に運の問題もあり、重要な事件がたまたま少なかった。とはいえ、小さな兆しもいくつかあって、保守派、特にロバーツ長官が前年度のように猛然と右に突き進むことに、少なくとも一瞬のためらいを見せた。最終日のブライヤーの警告、「法において、こんなにわずかな人間が、こんなに速く、こんなに多くのことを変えてしまうのは、そうあることではない」もこたえたらしい。彼の警告と前開廷期終盤の数々の判決のせいで、ロバーツと彼を支持した民主党の蜜月時代は終わりを告げた。まとめ役もしくは中道派を装うロバーツの試みは、むなしく、欺瞞にさえ思えた。

民主党議員（一部の共和党議員でさえも）が強烈な怒りに駆られた二〇〇七年度の判決は、グッドイヤー・タイヤ&ラバー社にたいするリリー・レッドベターの雇用差別訴訟で、最高裁は出訴期限の規定をかつてないほど厳格に解釈してそれを棄却した。レッドベター本人はちょっとした有名人となり、法律を彼女に有利に変える法案は「リリー・レッドベター平等賃金法」と呼ばれた。法案はブッシュ大統領が拒否権行使の構えを見せたこともあり両院を通過しなかったが、幅広く支持されたのは、両党がともに不満を抱いていた証しである。そうして、偶然なのかそうでないのか、二〇〇七年度は、ふたを開けてみれば、雇用差別を訴えた裁判に有利な判決がくだされた年となった。関連する訴訟案件五つにおいて、最高裁は毎回原告に有利な裁定をくだし、各訴訟とも七人以上の賛同を得た。全員一致も一件あり、トーマスだけがほか四件全部で被告である企業側に有利な裁定をくだした。開廷期前半に判決がくだされたこれらの裁判から、今期が保守派の暴走のくりかえしにはならないだろうことがうかがえた。

しかし、二〇〇七年度も、一つの点では前年度のくりかえしだった。引退しても、あいかわらずサンドラ・デイ・オコナーは国内で一番名の知れた判事であり、その仕事ぶりに劣らず私生活も世間に知れわたっていた。

彼女の人生のあらたな章がはじまったのは、フェニックス市のテレビニュース記者ベロニカ・サンチェスが、二〇〇七年十一月、アルツハイマー病に侵された患者特有の「不貞の愛情」の特集を組むために地元の介護施設に電話をかけたときである。この症状は、患者が配偶者や親類縁者との関係を忘れ、日々接する人、たいていはおなじ患者と「恋に落ちる」というもの。サンチェスの当初の企画は土壇場になって白紙となったが、そこが別の介護施設、ヒュージャー・マーシー・リビング・センターに話を通してくれた。そこで彼女は、協力してもいいという家族が二組いると聞く。施設長が告げたその片方こそがサンドラ・デイ・オコナーの家族であった。

サンチェスはとまどいを隠せなかったが、フェニックス在住の息子、スコット・オコナーに話を持ちかけた。息子は、母ならきっと取材を了承するだろうと保証した。最終的にスコットは、テレビカメラの前でインタビューに答え、あきらかに愛情を寄せている相手といっしょにいる父親を写真に収めることも承諾した。アルツハイマー病のほとんど知られていない一面に焦点を当て、それにともなう家族の葛藤を追ったKPNXテレビの特集は、国内に大きな衝撃をもたらした。

家族の痛ましい内情を世間に公表したオコナーの決断に多くの友人が驚いたが、それは現実主義者で、どんな問題も解決したいという彼女の気質のあらわれだった。公表することでおなじ状況に置かれた家族の気持ちをやわらげ、救いになればと考えた。支援する側に立つ機会をほうっておくわけにはいかなかったのである。数カ月後オコナーは、上院高齢化問題特別委員会への申し立ての席で、自らその状況を詳しく説明している。「わたくしの心に、そしてアルツハイマー病の親きょうだいに愛情を注ぎながら介護する、何百万というアメリカの家族の心に深く突き刺さる問題です。ご存じのとおり、わたくしは一九九〇年、夫のジョンがアルツハイマー病と診断されたとき、介護家族の仲間入りをしました。この病とともに生きるのは、家族ひとりひとりにとって悲しくつらいことであり、また困難をともなうことでもありました」（ジョンの診断が下りた時期はそれまで公表されていなかった）と述べ、アルツハイマー病とその患者の家族への影響を研究するための追加予算を議会に要求した。

とはいえ、ジョンにまつわる一部始終は、国中を飛び回る元判事のほんの一面にすぎない。彼女は多くの時間を、力を注いできた双子の理念、司法の独立と若者の公教育について説いて回ることに費やしていた。目的を達成するため、民間非営利組織「ゲーム・フォー・チェンジ」のスポークスマンにもなっている。この団体は、子どもが判事などの意思決定者の仕事を体験できるテレビゲームを製作していた。「最高裁を引退したとき、そのうちデジタルメディアを使って会議を開くようになるといわれたことがありましたが、まさかそんなことはないだろうと頭から疑っていました」ニューヨークで開かれたデジタルメディアの代表者会議でオコナーはいった。彼女は、この表向きは政治に無関係のベンチャー事業においてさえ、共和党の理念からの決別を、最高裁晩年にはだれの目からもあきらかだった自身の立場を表明していた。このテレビゲームの企画に関心を寄せたのも、テリ・シャイヴォの裁判に見られたように、「司法への攻撃が激化する」のを目の当たりにしたからである。ゲームは、彼女の講演とおなじように、自立した強い裁判官の必要性を世間に説くためのものであった。「活動的な判事というのは、毎朝きちんと起きて、仕事に出かける判事のことを指すのだとずっと思っていました」と皮肉るオコナー。七十歳を過ぎても、その鋭い舌鋒は衰えを知らなかった。

約十年前、最高裁が少年犯罪者や精神遅滞者への死刑を禁ずる判決をくだしていたころは、死刑にたいする政治情勢が変化しつつあるときだった。死刑制度の支持率は、世論調査ではまだかなりの数にのぼるとはいえ、一九七〇年代以降もっとも低い数値を示していた。理由については諸説あるが、おそらくは、犯罪率の減少と、あたらしいＤＮＡ鑑定が導入された結果、容疑が晴れ、死刑囚監房から釈放される例があとを絶たなかったことが影響していたのは間違いない。このような変化に乗じて死刑反対論者は、多くの州でもちいられている処刑方法について異議を申し立てる戦法に出た。薬物注射は「残酷かつ異常な刑罰」に相当し、それを科してはならないと規定するアメリカ合衆国憲法第八修正に違反すると訴えたのである。

最高裁に持ち込まれたベイズ対リース事件からは、リベラル派が、とりわけスティーヴンズとブライヤーが、ウィリアム・ブレナンやサーグッド・マーシャルといったおなじリベラル派の前任者たちとは違うことが見て取れる。この訴訟の論拠はあいまいだった。「カクテル」として知られる処刑方法は場当り式に確立されたものだが、それが死刑囚にどれほどの苦痛をあたえるかについて証拠となるものはほとんどない。この不確実さは、つねに理論よりも事実を重視するブライヤーを保守派に同調させるのに十分だった。「当該訴訟の記録においても、この問題にかんする文献においても、ケンタッキー州の処刑方法に、原告の主張する『激しい苦痛を負わせる重大かつ不必要な危険性が存在する』と結論づけるのに十分な証拠は見当たらない」とブライヤーは判決に同意する意見で論じた。

だがそれよりも驚くのは、スティーヴンズまでもが多数派に同調したことであろう。結局投票は七対二で薬物注射が容認された。スティーヴンズは個別意見で、自身が過去に数多くの死刑判決にかかわってきたことをあかし、死刑をめぐる訴訟に長年たずさわった末に死刑廃止論者に変わった十年以上前のハリー・ブラックマン判事を思わせる意見を書いた。「経験に則した結論からいえば、死刑を科することは、社会的にも、公的にも取るに足らない貢献にすぎない、無意味かつ不必要な生命の消滅である」。しかしスティーヴンズは、ブラックマンのおおげさな言い回しとは異なる、事実に即したいつもの簡潔な筆致で、最高裁の先例を尊重するがゆえに、薬物注射を容認する多数派にくわわると述べた。控えめで、慎重すぎるくらいの彼は、個人的な結論と司法の結論を分けるのがほかの判事よりもうまかった。その意見は、彼の長く際立つ判事人生とおなじくらい謎につつまれていた。

おなじ薬物注射の事件では、トーマスも、彼の判事人生における奇妙な見解をまた一つ示した。事件に関連して過去の処刑のグロテスクさを引き合いに出し、合衆国憲法第八修正はそもそも死刑囚に苦痛を科すことを認めているという独自の見解を披露したのである。たとえば、十八世紀イングランドの反逆罪にたいする刑罰は、「絞首されるが、絶命するまでにはしない。生きたまま体を解体され、腸が抜き取られ、目の前で焼かれ、その後首をはねられ、体は四つ裂きにされた」と古い史料から引用した。トーマスがいいたかったのは、この手の苦痛に達していないものならなんであろうと（なんであろうとも！）、合衆国憲法第八修正において認められているということらしい。さすがトーマス、アメリカ国民の暮らしから幸いにも消えて久しい野蛮な慣習を是認するという代償をはらってまで、自らの原意主義を論理的極論に高めていた。

二〇〇七年度の開廷期、特に前半は論争の多い訴訟が比較的少なかったことで、前年度に表面化した根本的な真実、最高裁はアンソニー・ケネディ次第だということがわかりにくくなっていた。

前年度の、中絶、公民権、雇用法などに関連する大きな訴訟事件では、ケネディは保守派についていた。しかし、二〇〇七年度にそれはあてはまらない。大きな事件の二つは、死刑制度とグアンタナモ湾における抑留者の処遇にかんするもので、どちらの問題にかんしてもケネディはリベラル寄りである。二〇〇八年の彼はそうであった。

最高裁は一九七七年、コーカー対ジョージア州事件の判決において、合衆国憲法第八修正により、成人を強姦したかどで死刑は科せられないとの裁定をくだした。その判決は以来長いあいだ、強姦罪には死刑を科すことができないという広範な意味に解釈されていた(実際、一九六四年以降、強姦罪による処刑者はいなかった)。しかし、ひとにぎりの州の熱心な政治家らが、コーカー判決の抜け穴になりそうなものを見つけ出す。判決には、幼児の強姦にたいして死刑を科してはならないと述べられていない。というわけで、ルイジアナ州とほか五州は、そのような場合に死刑を科すことができるよう法律を変えた。一九九八年、パトリック・ケネディという男の八歳になる継娘が強姦された。数日後、彼は犯人として逮捕されるが、ようやく裁判がはじまったのは二〇〇三年のことで、結局被告は有罪となり、死刑を宣告された。

この事件は、死刑の適用が望ましいとされる犯罪の領域を、強姦、誘拐、さらには暴行といったものにまで大幅にひろげる可能性をはらんでいた。薬物注射訴訟では七人の多数派にくわわっていたケネディではあるが、依然心には死刑制度に異議を唱える国際的合意が重くのしかかっていた。彼は、青少年犯罪者にたいする死刑に終止符を打ったローパー判決の意見起草者で、被告パトリック・ケネディの弁護団は、その判決を大きなよりどころとして、確実に決定票をにぎるケネディに死刑宣告をくつがえすよう訴えた。予想に反しケネディは、口頭弁論では州政府側に同調しているように見えた。だが最終的には死刑を無効にする票を投じ、スティーヴンズから意見起草を任された。

幼児強姦への死刑適用を棄却する意見においてケネディは、おなじ状況での死刑をわずか六州しか認めていないという、そのような刑罰を禁ずる「合意」をおもな論拠とした。連邦政府も幼児強姦に死刑を科すのを認めていないともつけくわえた。だが、意見発表直後に軍の法律家がブログで指摘したように、ケネディの認識は間違っていた。連邦法は二〇〇六年に修正され、そのような状況化での死刑も認められている。この失態（当裁判ではたいした影響はなかったものの）には、最高裁のあまり知られていない実態があらわれている。判事やロークラークらは事実や法律にかんし、訴訟を申し立てた弁護人を過度に信頼し、あまり独自の調査をおこなわないのである。そのおかげでケネディは、ばつの悪い思いをあじわうこととなった。

図らずも前年度の妊娠中絶訴訟ステンバーグ判決と響き合うこととなった意見でケネディは、幼児強姦事件に死刑を科すのは、その犯罪被害者のためにならないと論じた。「社会が幼児強姦に死刑を求めることは、刑の是非を問う長い裁判のあいだ被害者である子どもの協力をあおぐことになり、まだ判断できる年齢に達していない子どもに道徳的な選択を強いることになる」（ステンバーグ判決の悪評高い意見の一節では、ないも同然の根拠をもとに、多くの女性が中絶して後悔しているので、連邦政府による中絶規制は実際に女性のためになっている、と述べていた）。それは彼がなんとか共感を得ようとした的外れの一押しだった。もちろん、彼の思いやりの気持ちは、成人女性よりも子どもに向けるほうがましではある。さらに奇妙なくだりには、「ほとんどの事件において、判事は、犯人の命を終わらせることよりも、犯人を禁錮し、犯した罪の大きさを理解できる手段を、本人および社会体制が見出す可能性を保持することで、よりよいつとめを果たせるのである」とあった。英国人弁護士と学者からなる弁護団は、国際法を論拠にしたローパー判決にならって、パトリック・ケネディの弁論趣意書のなかで、英国では強姦への死刑適用はかなり以前に撤廃されていることを指摘した。しかしケネディ判事は、過去にそれが大きな波紋を呼んだために用心したのだろう、今回は国際法を引用しなかった。

死刑制度とおなじように、グアンタナモ基地の抑留者にたいする処遇も、諸外国の同僚判事たちの注目をあびる事件となっていた。二〇〇八年、その問題がふたたび最高裁に持ち込まれ、いつものようにケネディが評決をにぎった。

スティーヴンズが法廷意見を書いた二年前のハムダン判決では、ブッシュ政権の抑留者にたいする施策は、ほかにも理由はあるものの、議会の同意を得ずに大統領が一方的に制定したとして棄却された。そのためブッシュ政権は、二〇〇六年六月にその判決がくだされるとすぐに特別軍事法廷法を導入した。それは事実上、グアンタナモ基地での既存の審理手続きを是認するもので、なにより、抑留者による連邦地方裁判所への人身保護令状の申し立てを阻止する意図があった。政権の理論によれば、グアンタナモ基地における制度は、人身保護令状の代替えとして申し分ないのである。法案が議会を通過すると同時に、新法への異議申し立てがはじまった。ボウメディーン対ブッシュの名で最高裁に持ち込まれた事件の原告は、二〇〇二年から基地に収容されている三十八歳のアルジェリア生まれのボスニア人だった。

司法の歴史的権限にかんする根本的な問題を提起したこの訴訟は、まさにアンソニー・ケネディにおあつらえ向きだった。人身保護令状を請求する権利、つまり行政部門によって不当に拘束された身柄の釈放を裁判所に訴えることは、憲法起草者がことさら重要だとみなし、アメリカ合衆国憲法に当初からふくまれており、権利章典にのみ規定されているのではない。ケネディが意見で述べたとおり、「憲法起草者は、不当に拘束されないことを自由の基本的原則だとみなし、人身保護令状はその自由を保障するための欠かせない道具であると認めていた」のである。ときに連邦議会は、あらたな訴訟手続きを確立してその権利を規制しようとしてきた。なかでも、ジョージ・オーウェルが描いた全体主義的社会を彷彿させる一九九六年の「反テロリズムおよび効果的な死刑にかんする法律」は悪名高い。しかし、その法律にかんしても、ほかの類似の法律にかんしても、最高裁の保守派の数名（たとえばケネディ）でさえ、それを提訴する権利は、勝敗はともかく、用心深く保障してきた（一九九六年に制定されたその法律の目的は、死刑囚からの上訴回数を制限することだったが、最高裁は死刑囚にはある程度の裁量が許されるとの見解を示した）。

しかし、その訴訟でケネディを駆り立てたのは、近年のグアンタナモ基地の訴訟にからむ政治的、歴史的背景であった。ブッシュ政権は、二〇〇一年のテロ攻撃以来、あらゆる手段を講じて最高裁に闘いを挑んできた。ハムディ事件とラスル事件（二〇〇四年）、そしてハムダン事件（二〇〇六年）で、最高裁は大統領に憲法を遵守させたことで、政争の具となる危険さえも冒してきた。ケネディが疑わしくとも大統領に有利となる解釈をくだしていたのははるか昔のことである。抑留者は何年間もずっと、グアンタナモ基地に放置されているのだ。ケネディは、「あらたな訴訟手続きを制定するさいの遅延は避けがたいものだが、遅延による不利益をもはやこれ以上拘留されている者に科することはできない。この事件における抑留者は、人身保護令状の請求を速やかに審理される権利を有する」と述べた。ブッシュ政権にたいするとどめの一撃であり、痛烈な批判であった。

ケネディの意見はスカリアの激しい怒りをかき立てた。反対意見において「本日の法廷意見が仕掛けた国の最高司令官を相手取るおとり商法ゲームのせいで、戦争がわれわれにとっていっそう困難なものとなり、さらに多くのアメリカ人が殺されるのは間違いないだろう」と断じた。同胞のアメリカ国民を死に追いやると同僚を非難するのは、たとえスカリアの基準からしても普通ではないが、ケネディには（同意する意見を書いたスーターにも）、挑発に乗らないほうが賢明だというのがわかっていたらしい（現実問題として、スカリアの指摘が誤りなのはあきらかである。最高裁の意見では、ひとりとしてテロリストを釈放するように命じてはおらず、単に合理的で公正な審理をおこなうよう命じているだけであった）。注目に値するのは、スカリアの過激な反対意見に、いつものトーマスばかりかロバーツとアリートもくわわっていることである。行政部門の権限にたいするふたりの本音が垣間見える。それはレーガン時代から受け継がれてきた保守派の理念でもあった。

閉廷まで残り数週間という二〇〇八年五月六日、バラク・オバマがノースカロライナ州の民主党予備選挙で勝利し、インディアナ州ではヒラリー・クリントンに肉薄、大統領選の民主党候補指名をほぼ確実にした。共和党の指名候補と目されていたジョン・マケインが彼の司法哲学について講演するために選んだのは、まさにその当日である。その講演は、国家に劣らず、最高裁の政治力学が変わりつつあることをうかがわせるものだった。

ここ数年というもの、マケインは共和党支持基盤との折り合いが悪かった。移民や選挙資金制度改革といった課題での変節により、堅固な妊娠中絶反対の見解も、ひいてはロー対ウェード判決に反対する意向までもくつがえすかもしれないと疑われていた。そのため、判事や法をめぐる彼の発言は、支持基盤に訴えるものとなり、少なくとも中絶や死刑制度といった重要な課題において志はおなじである、と表明するものだった。

しかし、それには問題が一つあった。保守派の法的課題は、レーガン政権下の司法長官エドウィン・ミース三世によってはじめて体系づけられ、いまや共和党を代弁するものであるにもかかわらず、世間一般の賛同は決して得られていない。中絶の権利、とりわけロー判決を支持する声は多く、アファーマティヴ・アクションもしかり、死刑制度に異議を唱える声もますます大きくなっている。マケインはこのような問題にたいする発言に細心の注意をはらわねばならなかった。そこでまず、政治の関心が別のところに向いている日を講演日としたというわけである。ウェイクフォレスト大学でおこなわれた講演そのものは、ある種の暗号で話したようなもので、保守派の支持基盤には理解できても、それ以外の大多数にはひじょうにわかりにくいものだった。

マケインは三権分立を打ち立てた憲法立案者の英知を称賛することからはじめた。「立法府、行政府、司法府は多くの場合、それぞれのいきすぎについて、たがいに監視の目を光らせています。それが本来あるべき姿です」と述べ、さらに念押しするように、「そんな均衡を保った抑止機能がわれわれを失望させることはめったにありません」とつけくわえた。そういいつつも彼は、独断的になってはならないと釘を刺した。三権分立の円滑な機能において、「今日ゆゆしき例外が一つある」からだという。これはまぎれもない事実である。ブッシュ政権は、前代未聞のやり方で行政権を拡大しようとしており、とりわけ、拷問を認め、ジュネーヴ条約を無視し、市民の監視を命じるための大統領権限の強化を目論んでいた。

だがマケインの脳裏にあったのは別のことだった。ゆゆしき例外とは、「われわれが司法の権限を託した者たちによる、連邦裁判所で日常的に見受けられる組織だった暴挙です。いまや何十年にもなりますが、よもや裁判所で耳にしようとも、判事により判決がくだされようとも思わなかった問題に、数名の連邦判事が独断で判決をくだしました」。もちろんこの見解は、ブッシュ大統領と本質的におなじ立場であり、ロー判決をそれとなくほのめかしたものだった。多くの保守派とおなじように、マケインもまた、中絶問題は選挙で選ばれた州議会議員に任せておくべきことで、選挙で選ばれてもいない連邦判事が口出しすべきことではないと信じていた。

もっとも興味深いくだりでは、そのような司法の暴挙とみなすものについて次のように語っている。「有権者の意思として示されたものが、連邦裁判所によってないがしろにされてしまうこともよくあります。より悪質な殺人者に関連するミズーリ州の二〇〇五年の訴訟もそうでした。おぼえている方もいらっしゃるかもしれませんが、その訴訟に触発され、最高裁からは、国際法や海外諸国の憲法、生命の意味、『進展する品位の水準』について長々と考察した、後世に残る法廷意見が出されました。これらの考察は、『半影』や『放射』といった実態のない概念をもちいる最高裁の伝統ともいえる慣行であり、憲法を明確かつ厳正に理由づけすることからは程遠い代替手段にすぎません」

それまでマケインがあいまいにしていた、司法の暴力とみなす訴訟がここであきらかになった。いうまでもなく、ローパー対シモンズ事件、強盗に入った家で女性を殺害した十七歳の少年に死刑判決がいいわたされた事件のことである。ケネディが判決をくつがえす法廷意見を書き、少年犯罪者の死刑は憲法により禁じられていると認めた。マケインのいう、「諸外国」の法にかんする最高裁の「考察」とは、ケネディの論じた「アメリカ合衆国が世界で唯一未成年者の死刑を公式に認可しているという厳しい現実」のことであった。ケネディは意見のなかで、一九九〇年以降、少年犯罪者の死刑をおこなったアメリカ以外の国は、中国、コンゴ共和国、イラン、ナイジェリア、パキスタン、サウジアラビア、イエメンだとも指摘している。マケインに従えば、アメリカもどうやらこの陰うつなリストに名を連ねる国らしい。

彼は「半影」や「放射」という言葉をたまたまもちいたのではない。これらは、ウィリアム・O・ダグラスが一九六五年に書いたグリスウォルド対コネチカット州事件の法廷意見からの引用である。最高裁はその判決ではじめて憲法におけるプライバシーの権利を認め、婚姻関係にある夫婦の避妊を規制する州法を違憲とした。「生命の意味」も特定の判決文からの引用で、ロー対ウェード判決の核となる部分を追認し、州の中絶規制を禁じた一九九二年のペンシルヴェニア州南東部計画出産協会対ケイシー事件の法廷意見でもちいられていた。ようするにマケインが話したこの部分は、右派だけにわかるメッセージであり、プライバシーの権利を排除し、州の中絶規制を認め、未成年者の死刑を容認する判事を指名するという彼の公約であった。しかし、政治的にはっきり言葉にできなかったため、直接的な言及は避けたのである。

保守派の反革命運動は、共和党内では大きく前進し、最高裁においても、特にロバーツとアリートの指名という形で実を結んだが、どうやら世間を納得させるには至らなかったらしい。そのためにマケインは暗号化して話さざるをえなかったのだが、その意味するものはあきらかであった。スティーヴンズ、ギンズバーグ、スーターの引退が懸案となっているいま、マケインは彼らとイデオロギー的に対極をなす者を指名すると公約していた。二〇〇八年の大統領選挙にはそんな思惑がからんでいた。

二〇〇八年の大統領選を目前にした開廷期最終日、最高裁はこのわずか三十年のあいだに保守派の改革運動がどれほど実を結んできたかを見せつけた。レーガンが大統領に就任し、フェデラリスト協会が設立された一九八一年当時、アメリカ合衆国憲法第二修正（市民が武器を保持・携行することを権利として保障）は一般的に死文だとみなされていた。しかし、開廷期最後のコロンビア特別区対ヘラー判決は、それを復活させたばかりか、ミースが提唱し、スカリアが推進した原意主義をある意味正当化することとなった。

憲法第二修正は、「よく統制された民兵は自由な国家の安全にとって必要であるから、国民が武器を所有し、携帯する権利は侵してはならない」と規定している。文法を無視したこの文章は理解がむずかしい。二つの節はほぼ関連がなさそうで、「民兵」と「武器を所有し、携帯する」権利の関係が不明確である。それでも、文章はあいまいであっても、最高裁における憲法第二修正の解釈は長いあいだきわめてはっきりしていた。武器を携帯する権利を有するのは州の民兵だけで、個人には当てはまらない。ようするに憲法第二修正は、州や地方による銃規制の立法を認めているという解釈だった。一九三九年の判決（この問題を審議した最後の機会）で最高裁は、憲法第二修正は、「よく統制された民兵の維持、あるいは効率性にかかわる」武器の規制のみを禁じているとした。かつての最高裁長官であり、リベラルとはとうていいえないウォーレン・バーガーは、もっと率直におなじ点を突いていた。とあるインタビューで、憲法第二修正が銃規制を禁じているという見解について問われ、「詭弁の最たるものの一つだ。いいか、よく聞いてくれ、それはアメリカ市民にたいする、特定の関心をもつグループによる詭弁なんだよ」と答えた。

しかし、全米ライフル協会（ＮＲＡ）を筆頭とするそれら特定の関心をもつグループは、保守派の反革命運動を推進する者たちのなかから、喜んで手を貸してくれる協力者をつぎつぎと見つけ出していった。一九八〇年代前後から、憲法第二修正は個人によるライフルや拳銃などの小火器の携帯を認めているという個人の訴訟があとを絶たず、そのつど訴えは棄却されていた。事実上、多くの判事たちがこれらの事件をおなじように裁定していた。しかし、ＮＲＡや思想をともにする保守派グループ（と少数のリベラル派の学者たち）は圧力をかけ続け、問題に決着はついていなかった。そして二〇〇三年、これらのグループの一つが、コロンビア特別区の厳しい銃器規制法に異議を申し立ててもいいという、自宅に拳銃を保持することを望んでいた同区の特別警察官である原告を見つけ出した。

この事件は、根本的な点においては単純で、憲法第二修正の文言の意味だけを問うものであった。逆をいえばそれは、憲法の解釈――ミースが約三十年前にワシントンにやって来て、原意主義を周縁から主流へと押し上げて以来の政治的悲願――が必要ということになる。ヘラー判決では、五人の保守派がそれまでの憲法第二修正の解釈を否定し、ＮＲＡの主張を受け入れた。最高裁は、お決まりとなった五対四の評決でコロンビア特別区の法をくつがえしたのである。ロバーツから意見起草を任されたのはスカリアだった。それは間違いなく、彼の判事人生でもっとも重要となる法廷意見であった。

スカリアは核となる部分で「最初に、憲法第二修正の意味について考察する」と書いた。判決もそうだが、この法廷意見の展開そのものが、彼個人の勝利を象徴するものだといえる。彼は「原文分析」と称することからはじめ、「民兵」や「武器を所有し、携帯する」といった言葉とその意味を厳密に解析してみせた。これは根拠のない選択ではない。スカリアの哲学の基礎をなすのは、判事は現代における憲法の意味を解釈するのではなく、その文言に依拠すべきだという考え方だからである。次に彼は「憲法規定時の要因の検証」、つまり、憲法修正の原意を探っていった。これは彼にとってより重要な解釈上の選択であった。「十八世紀における『武器を所有し、携帯する』」ことの意味を探求したのは、彼にとって語句の意味は必然的に二十一世紀においてもおなじだからである。スカリアの信条である原文主義と原意主義。この二つを彼はひじょうに重要な判決文のなかに織り込んだ。

スティーヴンズの反対意見にもスカリアの勝利がおよんでいた。いつもの三人のリベラル派同僚の同意を得た意見のなかで、スティーヴンズはスカリアの認識に異を唱え、憲法第二修正は政府による銃規制を認めていると論じた。その主張を立証するにあたり、結論は違うにせよ、彼もまた憲法第二修正の原文の意味と歴史を細かく検証したのである。しかし、スカリアと同志の反革命家たちは、憲法議論の本質を変えていた。そして少なくともこの訴訟において、彼らは勝利を収めた。

彼らの勝ちえたものが具体的になにかはあいまいなままである。たしかに銃規制の意見に反映されている司法積極主義のあり方には目を見張る。スカリアは、コロンビア特別区の規制法にうたわれていた、引き金にロックをかける義務までも違憲としていた。彼の解釈によれば、憲法は、自宅に保持している銃を「防衛用としてただちに」使用できる状態にしておくよう命じているのだ。彼がいつも積極主義だと非難しているリベラル派の敵への皮肉をたっぷり込めるかのように、彼はわざわざいいそえた。「憲法で保護されている権利を守ることは、必然的に特定の政策を議論から遠ざけることとなる」

ヘラー事件の判決によって、続々とあたらしい訴訟が起こされるのは間違いなかった。憲法第二修正はいまや自宅に武器を保持する権利を保護するのである。しかし、戸外はどうなのか？　憲法は武器の販売もおなじように保護しているのか？　スカリアは、「戦闘用」の武器であれば連邦政府による規制は可能としたが、それはどういうものなのか？　だれが判別することができるのか？　ヘラー事件の最高裁判決により、それらの疑問に答えられるのは、有権者でもなければ、選挙で選ばれた公務員でもなく、裁判官ということになった。そしてそれを裁判所で審議するのは、数年先、おそらく数十年先になるのだろう。

たしかに、最高裁がこのように不安定な現状において、どの課題が長期的に保持されていくのかを論じるのはむずかしい。四対四対一に判事が分かれているということは、論争が激しい課題はほぼすべて、紙一重の差だということである。最高裁に持ち込まれる政治的火種をふくむ課題、とりわけ中絶問題にかんしては間違いなくそうである。リベラル派の判事が保守派に、逆に保守派の判事がリベラル派に入れ替わることによって、おそらく一世代にわたって法の構造が変わっていくだろう。多くの人々にとって二極化した事態は不安の種である。中庸への期待、明確な「法」への期待はこれからも続いていくだろう。だが、憲法起草者にもわかっていたように、それはまやかしの期待でしかない。最高裁の九人の判事は、我が国の憲法を形作る政治の全体構想に組み込まれているがために、大統領が選任し、上院議会が承認するのである。だからこそ、人々は投票権を駆使し、そのシステムを通じて、自分たちの最高裁を入念に選ぶのだ。二〇〇八年は特に、いつの大統領選もおなじではあるが、最高裁の未来は投票結果次第なのである。

謝辞

本書は、フィリス・グランの細心かつ卓抜な編集のおかげでよりすばらしい仕上がりとなった。ダブルデイ社の次の方々にも心からの感謝を捧げたい。カリン・マーカス、トッド・ダウティ、ロスリン・シュロス、レベッカ・ホーランド、マイケル・コリカ、ベット・アレクサンダーおよび、発行者のステファン・ルービン。エージェントのエスター・ニューバーグは、またもやわたしを的確に導いてくれた。あらためて感謝の意を表したい。原稿にかんしてたいへん貴重な意見を寄せてくれたセント・ジョンズ大学のロースクール教授ジョン・Q・バレットならびにアキン・ガンプ法律事務所のトム・ゴールドスタイン、事実確認の労を取ってくれたダン・カウフマンにも深く感謝する。

わたしは『ニューヨーカー』誌へ寄稿する恩恵に浴しているが、寛大なる編集者デイヴィッド・レムニックは、わたしの誠実な友でもある。ドロシー・ウイッケンデン、エミリー・イーキン、ジェフリー・フランクと共に仕事ができるという幸運をも享受している。CNNの同僚にも恵まれ、この試みを支援してくれたジョン・クラインとビル・ミアーズに謝辞を述べたい。

ワールドカップ取材は、最高裁を描くこの著作とはまったく関係がないが、息子アダムとともに得た経験は、本書の創作期間のクライマックスであった。娘エレンは、法律や政治、その他すべてについて、つねにわたしに教えをあたえ続けてくれる。このふたりの母たるエイミー・マッキントッシュとともに過ごす日々は、まさに人生の得がたい瞬間である。

訳者あとがき

アメリカ合衆国の法を司る連邦最高裁判所と、その判決の行方を左右する判事たち。ジェフリー・トゥービンの第五作目となる本書には、緋色のカーテンの裏側、最高裁の内側で織りなされる多彩な人間模様が生き生きと描かれている。中心となるのは、原題*THE NINE: INSIDE THE SECRET WORLD OF THE SUPREME COURT*が示すとおり、九人の最高裁判事たちである。彼らの信念や信仰、立場、思惑が複雑にからまりあって導き出される実際の裁判をたどりながら、その背景に潜む事実を追うことで、最高裁の素顔だけでなく、当時の政治情勢や潮流、社会の矛盾といったさまざまなものが見えてくる。

著者のジェフリー・トゥービンは、ハーバード・ロースクールをきわめて優秀な成績で卒業したのち、連邦検事補や法律顧問をつとめ、現在は『ニューヨーカー』のスタッフライターや、CNNのシニア・リーガル・アナリストとして活躍。大学在学中には、現最高裁長官ロバーツ同様、『ハーバード・ロー・レビュー』の編集にたずさわっていた。本書は『ニューヨーク・タイムズ』の二〇〇七年ベストブック十冊に選ばれるなど、各紙誌においても高い評価を受けている。

「切れ味鋭い読み応え……。豊かな学識と率直で明瞭な語り、一気に読み進めずにはいられない。トゥービンは生粋の語り手であり、彼の織りなす物語は読者をとらえて離さない」(『ニューヨーク・タイムズ』)

「トゥービンの活気みなぎる新作は明快な筆致で逸話に充ちている……。まさに実力の証明である」(『USAトゥディ』)

「すぐれた理解力と偏向のない視点……。トゥービンが描ききる最高裁とその秘められた小世界は驚異的である」(『シカゴ・サンタイムズ』)

最高裁の内幕をつづった本書は、二〇〇七年に刊行され、その翌年、二〇〇七年十月から二〇〇八年六月の開廷期を描いた「アンカー版へのあとがき」をくわえてペーパーバック版で刊行された。邦訳はペーパーバック版をもとにしている。判事やロークラークなど多くの人に直接取材し、膨大な資料を読み込んで書き上げたとあるとおり、法の最高機関に従事する判事をはじめ、それをとりまく政治家や法律家、宗教や利益団体などの活動家たちの姿が詳細かつ赤裸々に語られている。

本書の記述は二〇〇五年、逝去した前長官レンクイストの棺を最高裁に迎え入れるお別れの日、いわば最高裁の転換の場面からはじまる。最高裁正面玄関の荘厳な階段に居並ぶ六人と、並ぶはずだったふたりの判事たち。リベラル派の長老ジョン・ポール・スティーヴンズ。女性初の最高裁判事としてその名声をほしいままにした中間派のサンドラ・デイ・オコナー。保守派の論客で徹底した原意主義者のアントニン・スカリア。オコナーとともに判決の鍵をにぎった中間派のアンソニー・ケネディ。共和党の期待を裏切りリベラル派へと向かうことになったデイヴィッド・スーター。保守派のヒーロー、クラレンス・トーマス、一貫したリベラル派のルース・ベイダー・ギンズバーグ。最高裁の調整役、リベラル派のスティーヴン・ブライヤー。一九九四年から二〇〇五年まで、九人体制となって以来最長の十一年間をともにしたメンバーである。

四部構成でつづられ、その第一部では、判事各人の経歴や思想信条、判事就任までの経緯などが、深く関与した事件とともに描かれる。変わって第二部では全章を割いて、二〇〇〇年の大統領選挙、ブッシュ対ゴア事件における法廷闘争に焦点が当てられる。後半では、レンクイストの死去、オコナーの退任、保守派ロバーツの長官就任およびアリートの指名、最高裁における保守派の躍進へと話が展開する。

連邦最高裁に持ち込まれる事件は、当然のことながら国論を二分するものが多い。その判決を左右するもの、それはイデオロギーであると著者は述べる。一九九四年から二〇〇五年までの十一年間、最高裁は保守派三人、リベラル派四人、中間派ふたりという構成であった。二〇〇六年一月、中間派オコナーの後任に保守強硬派のアリートが就任したことでその均衡が崩れ、保守派四人、リベラル派四人、中間派ひとりとなり、それにともない判決も急速に右寄りになる。ギンズバーグが妊娠中絶規制を容認する判決の反対意見のなかで述べたとおり、「前回とは異なるメンバー構成になった」からである。

本書刊行後、二〇〇八年に民主党のオバマ大統領が誕生し、二〇〇九年六月にデイヴィッド・スーター、二〇一〇年六月にジョン・ポール・スティーヴンズが引退するのにともない、それぞれ後任としてソニア・ソトマイヨールとエレナ・ケイガンの女性ふたりが最高裁判事に就任した。スーターは共和党大統領の指名であったが、民主党政権下で、しかも最高裁の標準からするときわめて若い六十九歳で引退した。最高裁史上はじめて女性判事が三人になったわけだが、四対四対一の均衡に変化はなく、依然として重要事件の判決の多くが五対四の僅差となっている。

昨年、オバマ大統領の一期目の成果を決定づけるものとして注目を集めていた医療保険改革法（通称オバマケア）の裁判もその一つだが、五票目を投じて合憲としたのは中間派のケネディではなく、長官ロバーツであった。長官の真意として、「中立な最高裁としての権威を保ちたかったのではないか」という憶測がアメリカ国内のメディアで報道された。

現在もっともその動向が注目されているのは、同性婚の是非をめぐる二つの事件であろう。一つは連邦法の「婚姻擁護法」（結婚を男女間に限定）、もう一つはカリフォルニア州憲法修正条項（住民投票の結果を受け、同性婚を禁止）の合憲性についてで、この三月に審理がおこなわれ、二〇一三年の六月、今開廷期末に判決がくだされる見通しである。日本の新聞各紙でも述べられているように、中間派ケネディの判断が鍵をにぎると目されている。

ケネディは、同性愛行為にたいする憲法上の保護をめぐるローレンス対テキサス州事件で、五票目となる票を投じ、リベラル派四人とともに同性愛者の権利を認めている（詳しくは本書第十四章参照）。スカリアがその判決にたいする反対意見のなかで、将来的に同性婚にまで拡大解釈されるようになると警告したが、まさにそれが現実のものとなり、九人の判事たちの前に問題提起されたのである。

この事件で興味深いのは、ブッシュ対ゴア事件で敵対したセオドア・オルソンとデイヴィッド・ボイズというふたりの弁護人が、同性婚擁護で一丸となり闘っていることである。それだけにこれは、政治的信条とは相容れない、「保守」「リベラル」とひとくくりにできないきわめて複雑な問題なのであろう。米国世論では同性婚支持が急伸している。世論を反映させた画期的判決になるのか。ひじょうに注目されるところである。

国の統治者が変わればその政策が変わるというのは世界共通のことである。二〇〇八年の大統領選を制したオバマ大統領が署名した、就任後初の法案「リリー・レッドベター平等賃金法」は、リベラル派のギンズバーグが痛烈な反対意見を自ら法廷で読み上げ、立法を強く促した、レッドベター対グッドイヤー・タイヤ&ラバー社事件の最高裁判決に異を唱えるものであった。

とはいえ、大統領、つまりは政党の思惑どおりに事が進まないのは最高裁史からもあきらかである。銃規制もその一つといえよう。アメリカ合衆国憲法第二修正は、「よく統制された民兵は自由な国家の安全にとって必要であるから、国民が武器を所有し、携帯する権利は侵してはならない」と規定している。その解釈をめぐる論争は絶えないが、最高裁は二〇〇八年のコロンビア特別区対ヘラー事件において、それまでの判例をくつがえし、銃を自宅で保持する権利を認めた。詳細は「アンカー版へのあとがき」で述べられているとおりである。しかし、銃乱射により市民が犠牲となる事件があとを絶たない。オバマ大統領は銃規制の強化を政権二期目の重要課題にかかげているが、そのための法案は上院で否決され暗礁に乗り上げた。

ほかにも、大統領選のテーマともなって政治問題化している中絶問題や、アファーマティヴ・アクション、死刑制度といった国論を二分し、物議を醸す課題は多い。最高裁は、上訴された事件のうち、重要な連邦問題にかかわる事件だけを審理する。アメリカ大使館のホームページによれば、最高裁が正式に審理する案件は一開廷期につき八十件から九十件である。最高裁判事がはっきり四対四対一に分裂しているいま、いつ逆転してもおかしくない不安定な状況での判決が多いということである。

訴訟事件にひとたび判決がくだり公表されれば、判例となる。最高裁判事は法を解釈するだけでなく、オコナーが在任中に保守派から非難されたように、「判事席から法律を制定」することもある。九人の判事にあたえられた権限は大きく、判決に個人の価値観が投影されることは避けられない。そしてその判事を指名するのは国民ではなく、大統領である。本書の結びにあるように、「いつの大統領選もおなじではあるが、最高裁の未来は投票結果次第なのである」。

最高裁判事が永遠に最高裁の椅子に座り続けることはできない。現在八十歳で癌治療を続けているギンズバーグは、オバマ大統領在任中に引退を表明すると見られている。オバマ大統領は、近年では四人を指名したロナルド・レーガンに次ぐ、三人目の判事を指名する機会に恵まれるだろう。そのレーガン大統領に指名されたスカリアとケネディも一九三六年生まれでともに今年七十七歳と高齢である。クリントン大統領指名のブライヤーもその二つ下の七十五歳。九十歳までその職にあったスティーヴンズを考えるとまだ先は長いともいえるが、それでも引退はそう遠い未来の話ではない。癌に倒れ、長官在任中に死去したレンクイストのように、意思に反する形でその座をあけわたさざるをえない場合もあるだろう。いまの四対四対一の均衡が崩れ、どちらかに大きく傾いたらどうなるのか。

おなじ著者には、本書の続編とも読める、オバマ大統領率いるホワイトハウスとロバーツ長官を描いた最新作『宣誓——オバマ・ホワイトハウスと連邦最高裁判所』（*The Oath: The Obama White House and The Supreme Court*, 2012）、二〇〇〇年のブッシュ対ゴアの大統領選挙を追った『激戦——二〇〇〇年大統領選挙をめぐる三十六日間の闘い』（*Too Close to Call: The Thirty-Six-Day Battle to Decide the 2000 Election*, 2001）、クリントン元大統領のセックススキャンダルをめぐる『深遠なる陰謀——大統領を失脚寸前にまでおとしいれたセックススキャンダルの内実』（*A Vast Conspiracy: The Real Story of the Sex Scandal That Nearly Brought Down a President*, 2000）、O・J・シンプソン裁判の真相に迫る『人生を賭けたレース——国民大衆対O・J・シンプソン』（*The Run of His Life: The People v. O. J. Simpson*, 1996）などがあり、いずれもベストセラーとなり、評価も高い。

幅広い情報が盛り込まれた本書を翻訳するにあたり、時代と社会的背景、それにともなう国民感情などの仔細な下調べなどに手間取ったが、訴訟事件にかんしては、現在イリノイ工科大学シカゴ・ケント・カレッジ・オブ・ローが管理運営する http://www.oyez.org/ のサイトをよく利用した。同サイトは、米国国務省発行の定期刊行物の連邦最高裁特集記事において、最高裁に録音設備が導入されて以来の音声記録の完全かつ権威ある情報源として紹介されており、判決文をテキストでも参照できる。判事九人の顔写真がアイコン表示されており、訴訟事件の多数派、少数派が一目瞭然で、判決ごとに判事をイデオロギー別に表示できるのも興味深い。

本書は裁判やアメリカ合衆国憲法といった一見難解かと思われる題材を取り上げているが、一般読者向けの語り口で書かれた内容は読みやすく、堅苦しさはない。訴訟事件を通じて、いままでとは違う側面からアメリカ史をながめることができる。また人間ドラマとしても面白く、判事をはじめ人間味あふれる人々の姿に、反感や共感を抱きつつ引き込まれる。読者もつい肩入れしたくなる人物が出てくるのではないだろうか。

さまざまな関心を呼び覚ますノンフィクション作品として幅広く読んで頂けることを願ってやまない。

二〇一三年五月

増子久美

翻訳参考資料

阿川尚之『憲法で読むアメリカ史』上下巻（ＰＨＰ研究所、二〇〇四年）
ボブ・ウッドワード、スコット・アームストロング、中村保男訳『ブレザレン――アメリカ最高裁の男たち』（ティビーエス・ブリタニカ、一九八一年）
田中英夫編集代表『英米法辞典』（東京大学出版会、一九九一年）
田中英夫編集代表『ＢＡＳＩＣ英米法辞典』（東京大学出版会、一九九三年）
樋口範雄『はじめてのアメリカ法』（有斐閣、二〇一〇年）
樋口範雄、柿嶋美子、浅香吉幹、岩田太編『アメリカ法判例百選』別冊ジュリスト　２１３（有斐閣、二〇一二年）
飛田茂雄『英米法律情報辞典』（研究社、二〇〇二年）
飛田茂雄『アメリカ合衆国憲法を英文で読む』（中公新書、一九九八年）
藤倉皓一郎、木下毅、高橋一修、樋口範雄編『英米判例百選』［第三版］別冊ジュリスト　１３９（有斐閣、一九九六年）
松井茂記『アメリカ憲法入門』［第六版］（有斐閣、二〇〇八年）
松井茂記『ブッシュ対ゴア――２０００年アメリカ大統領選挙と最高裁判所――』（日本評論社、二〇〇一年）
ウイリアム　Ｈ・レーンクィスト、根本猛訳『アメリカ合衆国最高裁』（心交社、一九九二年）
研究社オンライン・ディクショナリー『英米法律語辞典』

原注

本書はおもに、判事や75人を超えるロークラークに直接取材した話をもとにしている。談話は原則的に匿名、提供された情報の利用は、直接的引用を避け、情報源をあかさないことを条件としている。

最高裁についての膨大な文献の精読にも力を注いだ。後述の図書にくわえ、最高裁記者団による日々の報道からも恩恵を受けた。これは特に、リンダ・グリーンハウス、ライル・デニストン、チャック・レーン、トニー・マウロ、デイヴィッド・サベージ、ニーナ・トーテンバーグらの尽力に負うものである。最高裁広報室にも感謝の意を表したい。その優れたウェブサイト（www.supremecourtus.gov）、ならびにキャシー・アーベルク、パトリシア・マッケイブ、エド・ターナーに大いに助けられた。また最高裁を研究するすべての法学生と同様、米国議会図書館が収蔵するブラックマン判事の文献を精読することで多大な情報を得た。ペンシルヴェニア州南東部計画出産協会対ケイシー事件判決の中絶する権利についての論考は、この貴重な収集品に負うところが大きい。

幸いなことに、いまでは最高裁の意見書はオンラインで広範に入手可能である。コーネル大学のサイト（http://supct.law.cornell.edu/supct/index.html）をおもに活用した。最高裁口頭弁論の記録と録音については、ノースウエスタン大学のジェリー・ゴールドマン教授が制作したwww.oyez.orgを利用したが、これは必要不可欠であった。ブログのなかでは、権威あるwww.scotusblog.com、百科事典的なhttp://howappealing.law.com、控えめにしたつもりではあるが、http://underneaththeirrobes.blogs.comを頻繁に参照した。また、インディアナ州ウエストラファイエット市のCスパン［訳注：米国のケーブルテレビチャンネル。議会中継などを放送］記録保管所のロバート・ブラウニング博士と同館スタッフにも、その貴重な記録を調査する機会を賜り深く感謝している。

序　階段

7ページ　**建築家キャス・ギルバート**：Paul Byard, "Supreme Court Architecture," lecture, Supreme Court Historical Society, U.S. Supreme Court, March 24, 1999; Fred J. and Suzy Maroon, *Supreme Court*, chs. 1-2; William H. Rehnquist, *Supreme Court*, pp. 100-2［ウイリアム　H・レーンクィスト『アメリカ合衆国最高裁』根本猛訳、心交社、1992年］; Leo Pfeffer, *Honorable Court*, p. 69.

1　思想をめぐる連邦主義戦争

20ページ　**「フェデラリスト協会」と呼ばれる**：George W. Hicks, "The Conservative Influence of the Federalist Society on the Harvard Law School Student Body," *Harvard Journal of Law and Public Policy* 29 (2006), p. 648.

22ページ　**違憲なのではないかという疑問を口にする保守派**：「追放された憲法」に関連する動向についてのより詳細な批評的考察については以下参照。Cass R. Sunstein, *Radicals in Robes*, and Jeffrey Rosen, "The Unregulated Offensive," *New York Times Magazine*, April 17, 2005.

23ページ　**ロックナー対ニューヨーク州事件の判決を是認する演説**：Hicks, "Conservative Influence," p. 649.

28ページ　**「ボーク判事に劣らず反対する」**：Ethan Bronner, *Battle for Justice*, p. 312.

30ページ　**大統領は次の空席に**：Jane Mayer and Jill Abramson, *Strange Justice*, p. 13.

2　善と悪

35ページ　**「どっちも咬《か》むことに変わりはない」**：Mayer and Abramson, *Strange Justice*, p. 16.

39ページ　**「ミネソタの双子」**：Linda Greenhouse, *Becoming Justice Blackmun*, p. 63.

39ページ　**当時上席判事だったウィリアム・O・ダグラス**：Bob Woodward and Scott Armstrong, *The Brethren*, p. 170.［ボブ・ウッドワード、スコット・アームストロング『ブレザレン――アメリカ最高裁の男たち』中村保男訳、ティビーエス・ブリタニカ、1981年］

40ページ　**ボブ・ウッドワードからの誘いに応じ**：J. Anthony Lukas, "The *Playboy* Interview: Bob Woodward," *Playboy*, Feb. 1989.

41ページ　**「的を射ていました！」**：Joan Biskupic, *Sandra Day O'Connor*, p. 158.

43ページ　**シルクハットを贈った**：Greenhouse, *Becoming Justice Blackmun*, p. 56.

43ページ　**「道化役者みたいな」**：John W. Dean, *The Rehnquist Choice*, p. 86.

43ページ　**「部屋の外で、大統領を殺す、という声がする」**：Bonnie Goldstein, "Rehnquist's Skeletons," *Slate*, Jan. 16, 2007, www.slate.com/id/2157684.
44ページ　**就任宣誓式を予定**：Mayer and Abramson, *Strange Justice*, pp. 349-50.
45ページ　**『ワシントン・ポスト』はこの問題を追いかけるのをやめ**：Ibid., p. 350.

3　問題提起

52ページ　**バグパイプの伴奏がついた**：Biskupic, *Sandra Day O'Connor*, pp. 31-32, 51.
53ページ　**刑事規制の撤廃に賛成票を投じている**：Ibid., p. 58.
54ページ　**若手の司法省補佐官ケネス・スター**：David J. Garrow, "The Unlikely Center," *New Republic*, Feb. 28, 2006.
55ページ　**大胆不敵な訴訟戦略**：Edward Lazarus, *Closed Chambers*, pp. 459-86; Greenhouse, *Becoming Justice Blackmun*, pp. 199-206.
56ページ　**裁量上訴申し立てリストからケイシー事件を外し続けた**：レンクイストがケイシー事件の審理をどの程度遅らせようとしていたかについてはさまざまな議論がある。ブラックマンは選挙前の時間稼ぎをしていると確信していた。詳しくは以下参照。David J. Garrow, "Dissenting Opinion," *New York Times Book Review*, April 19, 1998.
57ページ　**仕事をまともにこなすことができなかった**：David J. Garrow, "Justice Souter Emerges," *New York Times Magazine*, Sep. 25, 1994.
59ページ　**「孤独と向き合うときが必要」**：Garrow, "The Unlikely Center."

4　矛盾

70ページ　**南北戦争の引き金となった**：David G. Savage, "The Rescue of *Roe v. Wade*," *Los Angeles Times*, Dec. 13, 1992.
70ページ　**「望まざる決定」**：Lazarus, *Closed Chambers*, p. 471.
71ページ　**「いやはや、ずいぶん過激な！」**：Greenhouse, *Becoming Justice Blackmun*, p. 203.
72ページ　**修道女が寄こした称賛の手紙**：Savage, "The Rescue of *Roe v. Wade*."
72ページ　**「正しく合法である」**：Greenhouse, *Becoming Justice Blackmun*, p.204.
73ページ　**意外なジョギング仲間**：Savage, "The Rescue of *Roe v. Wade*."
74ページ　**「『それが意味するべきだと俺が考えるものを意味しているんだ！』」**：Margaret Talbot, "Supreme Confidence," *New Yorker*, March 28, 2005, p. 42.
74ページ　**いつも正しい**：Mark Tushnet, *A Court Divided: The Rehnquist Court and*

the Future of Constitutional Law, p. 215.
76ページ　**じっくり考える必要があった**：Terry Carter, "Crossing the Rubicon," *California Lawyer*, Oct. 1992.

5　思いやりの心

83ページ　**クオモからクリントンにファックスがとどいた**：George Stephanopoulos, *All Too Human: A Political Education*, pp. 167-68.［ジョージ・ステファノポロス『ホワイトハウスの赤裸々な人たち』（上・下）大地舜訳、講談社、2001年］
86ページ　**グイニアの指名論争は激しさを増し**：John F. Harris, *The Survivor: Bill Clinton in the White House*, p. 60.
90ページ　**ほかの判事ほどにはとりあわなかった**：以下参照。http://www.oyez.org/oyez/resource/legal_entity/107/biography.
93ページ　**「間違いなくイエスだということ」**：Stephanopoulos, *All Too Human*, pp. 170-71.［『ホワイトハウスの赤裸々な人たち』］。以下も参照。Henry J. Abraham, *Justice, Presidents, and Senators*, pp. 315-20.
93ページ　**ルース・ベイダー・ギンズバーグは女性の権利擁護のために献身していた**：Roger K. Newman, "President Clinton's Court Appointmens," lecture, Hofstra University, Nov. 11, 2005.
95ページ　**自分しかいない**：David Remnick, "Negative Capability," *The New Yorker*, Nov. 27, 1995, p. 44.

6　追放者の帰還？

99ページ　**ブライヤーがおこなった才気あふれる講演**：Newman, "President Clinton's Supreme Court Appointments."
100ページ　**「とんでもなくすごいやつ」**：Ibid.
102ページ　**判事として目覚ましい活躍を続けた**：以下参照。Morris Sheppard Arnold, "A Tribute to Richard S. Arnold," *Arkansas Law Review* 58 (2005): 481, 482.
106から107ページ　**ケイトー研究所の定期刊行物**：Douglas H. Ginsburg, "Delegation Running Riot," *Regulation* 18, no. 1 (1995).

7　なにが正統であるか？

112ページ　**「我のほか何者をも神とするなかれ」**：以下の論考参照。Noah Feldman, *Divided by God*, pp. 151ff.

115ページ　**弁護士事務所はつぶれた**：Tony Mauro, "Jay Sekulow's Golden Ticket," *Legal Times*, Oct. 31, 2005.
120ページ　**「逆だよ」**：Jeanne Cummings, "In Judge Battle, Mr. Sekulow Plays a Delicate Role," *Wall Street Journal*, May 17, 2005.
124ページ　**さまざまな市民グループ**：Biskupic, *Sandra Day O'Connor,* pp.282-86.

8　個別意見

130ページ　**新人には必ず**：Kevin Merida and Michael Fletcher, *Supreme Discomfort: The Divided Soul of Clarence Thomas*, p. 163.
131ページ　**ほとんど寝たきりの生活**：Tony Mauro, "Decade after Confirmation, Thomas Becoming a Force on High Court," *Legal Times*, Aug. 20, 2001.
133ページ　**母親は女手一つで四人の子どもを育てようと必死だった**：Ibid., p. 39.
134ページ　**「走るコンドミニアム」**：Merida and Fletcher, *Supreme Discomfort*, p. 340.
135ページ　**「例外なく信用できません」**：Diane Brady, "Supreme Court Justice Clarence Thomas Speaks," *Business Week*, March 12, 2007.
143ページ　**朝のテレビニュース番組には出ない**：David D. Kirkpatrick with Linda Greenhouse, "Memoir Deal Reported for Justice Thomas," *New York Times*, Jan. 10, 2003.
143ページ　**四万二二〇〇ドルの贈与**：Richard A. Serrano and David G. Savage, "Justice Thomas Reports Wealth of Gifts," *Los Angeles Times*, Dec. 31, 2004.

9　カードは左に

150ページ　**記憶がないと一貫して否定**：当然のことながら、ジョーンズとクリントン大統領の双方が嘘をついており、同意の上での性的接触があった可能性もある。以下参照。Jeffrey Toobin, *A Vast Conspiracy: The Real Story of the Sex Scandal That Nearly Brought Down a President*, p. 158.
157ページ　**最初に報道したのはジェフリー・ローゼン**：Jeffrey Rosen, "Rehnquist the Great ?" *Atlantic Monthly*, April 2005.

10　敗北の年

161ページ　**抜き出した富**：セキュロウの資金調達については以下参照。Maruo, "Jay Sekulow's Golden Ticket."
169ページ　**世に知られていない医学論文をすべり込ませた**：「不全出産型」中絶にかん

する立法行為については以下参照。Chris Black, "The Partial-Birth Fraud," *American Prospect*, Fall 2011.

11　瀬戸際

180ページ　**たくさんのバラを抱えて駆けつけた**：Biskupic, *Sandra Day O'Connor*, pp. 167-68.

180ページ　**洗練されたセッティングのパーティ**：以下参照。Jeffrey Toobin, *Too Close to Call: The Thirty-Six-Day Battle to Decide the 2000 Election*, pp. 248-49; Evan Thomas and Michael Isikoff, "The Truth Behind the Pillars," *Newsweek*, Dec. 25, 2000; Jess Bravin et al., "For Some Justices, the Bush-Gore Case Has a Personal Angle," *Wall Street Journal*, Dec. 20, 2000; Biskupic, *Sandra Day O'Connor*, pp. 308-9.

181ページ　**「玉突き名人」**：Biskupic, *Sandra Day O'Connor*, pp. 31, 293.

12　決壊

196ページ　**実際以上に重要だと思い込みやすい**：ロークラークの役割にかんする現実的で穏当な見解については以下参照。Emily Bazelon and Dahlia Lithwick, "Endangered Elitist Species," *Slate*, posted June 13, 2006, http://www.slate.com/id/2143628/, which discusses Todd C. Peppers, *Courtiers of the Marble Palace*, and Artemus Ward and David L. Weiden, *Sorcerers' Apprentices*.

206ページ　**「気をつけてくれ」**：ブッシュ対ゴア事件に関連するブッシュとゴアそれぞれの陣営の対応については以下参照。Toobin, *Too Close to Call*, chs. 15-16.

13　完璧なまでの敗者

209ページ　**ギンズバーグのクラーク**：David Margolick et al., "The Path to Florida," *Vanity Fair*, Oct. 2004; Toobin, *Too Close to Call*, chs. 15-16.

216ページ　**選挙後の票集計のやり方の問題**：一例として以下参照。Jack Balkin, "*Bush v. Gore* and the Boundary Between Law and Politics," *Yale Law Journal* 110 (2001): 1407.

216ページ　**のちに多数の評論家が指摘したように**：最近では、ブッシュ対ゴア事件の判決にかんする数多くの文献が発行されている。一例として以下参照。Bruce Ackerman, ed., *Bush v. Gore: The Question of Legitimacy*, New Haven: Yale University Press, 2002; E. J. Dionne Jr. and William Kristol, eds., *Bush v. Gore: The Court Cases and the Commentary*, Washington: Brookings Institution Press, 2001; Richard A. Posner, *Breaking*

the Deadlock, Princeton: Princeton University Press, 2001; Cass R. Sunstein and Richard A. Epstein, eds., *The Vote: Bush, Gore & the Supreme Court*, Chicago: University of Chicago Press, 2001.

220ページ　**記者たちが混乱したのは無理もない**：公平を期してあかすならば、わたし自身もテレビの生放送で判決意見の解説を試みていたひとりである。

221ページ　**六万の疑問票を再集計**：選挙後、フロリダ州における投票用紙のきわめて包括的な検証が、『ニューヨーク・タイムズ』や『ワシントン・ポスト』をふくめた８つの報道機関主導により、全米世論調査センターにて実施された。詳細は http://www.norc.org/fl/voting.asp 参照。いわゆる「報道機関による再集計」では、最終集計で無選択、あるいはふたり以上を選択したとされた州内175,010票の投票用紙すべての検証がおこなわれた。想定しうるあらゆる可能性を考えるなら、州全体で再集計が実施されていた場合、報道機関の再集計では、ゴアがフロリダ州を制していた。もし論争となっていた郡のみの再集計継続を最高裁が認めていた場合、この再集計によればブッシュの勝利となる。公式の選挙結果と同様に、報道機関の再集計によるふたりの票差はごくわずか、数百ほどであった。くわえてこの再集計では、集計ずみの投票用紙は検証されておらず、また実際の開票における不確実な要素も網羅できていない。つまり、最高裁が再集計継続を容認していた場合にブッシュとゴアのどちらが勝利したかを確実に知る方法はないといえるのである。

14　「特定の性行為」

230ページ　**対等の立場の人たちと容易に交じり合える世界でもまれな場所**：Anne-Marie Slaughter, *A New World Order*, ch. 2.

234ページ　**めずらしく、自分のロークラークであるキャベル・チニス・ジュニアに話しかけた**：John C. Jeffries Jr., *Justice Lewis F. Powell Jr.* 以下も参照。Joyce Murdoch and Deb Price, *Courting Justice: Gay Men and Lesbians v. the Supreme Court*, pp. 272-75.

15　「法を専門とする文化の賜物」

250ページ　**「いつも本を読んでいました」**：Tablot, "Supreme Confidence."

252ページ　**戦闘機ブラックホーク**：David G. Savage and Richard A. Serrano, "Scalia Was Cheney Hunt Trip Guest; Ethics Concern Grows," *Los Angeles Times*, Feb. 5, 2004; Adam Nossiter, Associated Press Wire, Feb. 5, 2004.

16　話す前にいうべきこと

261ページ　**オコナーに意見が任された**：以下参照。Biskupic, *Sandra Day O'Connor*,

pp. 205-8; David G. Savage, *Turning Right: The Making of the Rehnquist Supreme Court*, pp. 239-43; Lazarus, *Closed Chambers*, pp. 291-99.
264ページ　**成績評価点**：Nicholas Lemann, "The Empathy Defense," *New Yorker*, Dec. 18, 2000, p.46.
265ページ　**バーバラ・グルッターは九人きょうだい**：Ibid., p. 48.

17　緑の意見書

285ページ　**二十二件中四件**：概容については以下参照。David Cole, "The Liberal Legacy of *Bush v. Gore*," *Georgetown Law Journal* 94 (2006): 1427.

18　「われわれ政府は、断じて」

287ページ　**政府側弁護人の顔ぶれ**：原告側から見た訴訟の詳細については以下参照。Joseph Margulies, *Guantánamo and the Abuse of Presidential Power*.
291から292ページ　**「写真はなによりも強力な法廷助言人の意見書となりました」**：Ibid., pp. 152-53. クレメントが拷問についてなにか知っていたという証拠はない。
293ページ　**のちにシカゴヒルトンと改名された**：スティーヴンズとホテルの関係については以下参照。Charles Lane, "Justice on a Small Scale," *Washington Post*, June 5, 2005.
297ページ　**しかしそうはしなかった**：以下参照。Simon Lazarus, "Federalism RIP ?" *DePaul Law Review* 56 (2006): 1, 30-35.

19　「たぐいまれなる栄誉」

303ページ　**「幸運を祈る《グッド・ラック》」とは違っていた**：Linda Greenhouse, "The Inauguration: Ailing Chief Justice Makes Good His Promise," *New York Times*, Jan. 21, 2005.
306ページ　**「ファヒータ料理と乱痴気騒ぎの会」**：Biskupic, *Sandra Day O'Connor*, p. 249.

20　「神《ゴッド》のG」

334ページ　**ミランダはいんちきブロガー以外の何者でもない**：以下参照。Michael Crowley, "Miranda Rights, " *New Republic*, July 25, 2005; Alexander Bolton, "Fall and Rise of Miranda," *Hill*, Nov. 9, 2005.

21　トロフィーを我がものに

345ページ　**チェイニーとマイヤーズはロバーツの船に乗った**：Peter Baker, "Unraveling

the Twists and Turns of the Path to a Nominee," *Washington Post*, July 25, 2005.
352ページ　**リードがいっていたもう一つ別のこと**：Elsa Walsh, "Minority Retort," *New Yorker*, Aug. 8 and 15, 2005, p.42.

22 「気心は知れている」

355ページ　**法律事務所ロック・リデル＆サップにその後二十四年間つとめる**：J. Michael Kennedy et al., "Few Clues to Miers' Convictions," *Los Angeles Times*, Oct. 6, 2005.
357ページ　**「ハリエットはまさにそれを体現しているのです」**：Ibid.
360ページ　**ヘクト本人が翌日、福音派指導者たちとの電話会議で話をする**：John Fund, "Judgement Call," Opinionjournal.com, Oct. 17, 2005.
362ページ　**「わたしもそう信じます」**：Ibid.
365ページ　**「魅力的な人材」**：Dana Milbank, "The Sales Calls Begin on Capitol Hill, but Some Aren't Buying," *Washington Post*, Oct. 6, 2005.
365ページ　**「大統領が指名者をよく知っていること」**：Peter Baker and Dan Balz, "Conservatives Confront Bush Aides," *Washington Post*, Oct. 6, 2005.

23 「当然の報いカフェ」での晩餐

382ページ　**下院のディレイと上院のジョン・コーニン**：Mike Allen and Charles Babington, "House Votes to Undercut High Court on Property," *Washington Post*, July 1, 2005.

24 「生来の……」

387ページ　**昇格を模索**：Jo Becker and Dale Russakoff, "Proving His Mettle in the Reagan Years," *Washington Post*, Jan. 9, 2006.
390ページ　**断固阻止せねばならない**：Lois Romano and Juliet Eilperin, "Republicans Were Masters in the Race to Paint Alito," *Washington Post*, Feb. 2, 2006.
398ページ　**法的論駁《ろんばく》を構築**：以下参照。Nina Totenberg, profile of Neal Katyal, National Public Radio, http://www.npr.org/templates/story/story.php?storyId=575135.

25 熱狂的《ファナティック》？

405ページ　**「グルッター対ボリンジャー判決はくつがえされるべきか？」**：2006年11月7日の州民発案により、ミシガン州の有権者は、グルッター事件判決で最高裁が容認した大

学のアファーマティヴ・アクションをくつがえした。マイノリティ学生の優遇措置に終止符を打つべく、保守派の指導者ワード・コナリーが闘いを先導した。「プロポーザル2」と呼ばれるそれは、裁判所にも異議申し立てがおこなわれている。

412ページ　**近年の最高裁史上例のない**：統計はすべて、Scotusblogの信頼の置ける編集から引用。以下参照。http://www.scotusblog.com/movable type/archives/MemoOT06.pdf.

415ページ　**ただの一度も質問しなかった**：McClatchy NewspapersのMichael Doyleによる当該年度の口頭弁論議事録調査によれば、ブライヤーが最多の34,937語発言しており、次がスカリアの30,087語。アリートが最後から二番目の5,674語で、トーマスが最下位の0 語であった。以下参照。http://www.mcclatchydc.com/201/story/16193.html.

最終章　とざされた階段

422ページ　**「論じることはまずない」**：Richard A. Posner, "The Supreme Court 2004 Term —— Foreword: A Political Court," 119 *Harvard Law Review* 31 (2005).

参考文献一覧

Abraham, Henry J. *Justices, Presidents, and Senators.* Rev. ed. New York: Rowman and Littlefield, 1999.

Amar, Akhil Reed. *America's Constitution: A Biography.* New York: Random House, 2005.

Atkinson, David N. *Leaving the Bench: Supreme Court Justices at the End.* Lawrence: University Press of Kansas, 1999.

Biskupic, Joan. *Sandra Day O'Connor: How the First Woman on the Supreme Court Became Its Most Influential Justice.* New York: Ecco Books, 2005.

Bork, Robert H. *The Tempting of America: The Political Seduction of the Law.* New York: Free Press, 1990.

Breyer, Stephen. *Active Liberty: Interpreting Our Democratic Constitution.* New York: Alfred A. Knopf, 2005.

Bronner, Ethan. *Battle for Justice: How the Bork Nomination Shook America.* New York: W. W. Norton, 1989.

Clinton, Bill. *My Life.* New York: Alfred A. Knopf, 2004. 邦訳＝ビル・クリントン『マイライフ　クリントンの回想』（上・下）（楡井浩一訳、朝日新聞社、2004年）

Dean, John W. *The Rehnquist Choice: The Untold Story of the Nixon Appointment That Redefined the Supreme Court.* New York: Free Press, 2001.

Feldman, Noah. *Divided by God: America's Church-State Problem—and What We Should Do about It.* New York: Farrar, Straus and Giroux, 2005.

Foskett, Ken. *Judging Thomas: The Life and Times of Clarence Thomas.* New York: Harper Perennial, 2005.

Garbus, Martin. *Courting Disaster: The Supreme Court and the Unmaking of American Law.* New York: Times Books, 2002.

Greenburg, Jan Crawford. *Supreme Conflict.* New York: Penguin Books, 2007.
Greenhouse, Linda. *Becoming Justice Blackmun: Harry Blackmun's Supreme Court Journey.* New York: Times Books, 2005.
Gunther, Gerald. *Learned Hand: The Man and the Judge.* New York: Alfred A. Knopf, 1994.
Harris, John F. *The Survivor: Bill Clinton in the White House.* New York: Random House, 2005.
Harris, Richard. *Decision.* New York: E. P. Dutton, 1971.
Jeffries, John C. Jr. *Justice Lewis F. Powell Jr.* New York: Fordham University Press, 2001.
Klarman, Michael J. *From Jim Crow to Civil Rights: The Supreme Court and the Struggle for Racial Equality.* New York: Oxford University Press, 2004.
Kramer, Larry D. *The People Themselves: Popular Constitutionalism and Judicial Review.* New York: Oxford University Press, 2004.
Lazarus, Edward. *Closed Chambers: The Rise, Fall, and Future of the Modern Supreme Court.* New York: Penguin Books, 1999.
Margulies, Joseph. *Guantánamo and the Abuse of Presidential Power.* New York: Simon and Schuster, 2006.
Maroon, Suzy, and Fred J. Maroon. *The Supreme Court of the United States.* New York: Thomasson-Grant and Lickle, 1996.
Mayer, Jane, and Jill Abramson. *Strange Justice: The Selling of Clarence Thomas.* Boston: Houghton Mifflin, 1994.
McElroy, Lisa Tucker. *John G. Roberts, Jr.* Minneapolis: Lerner Publications, 2007.
Merida, Kevin, and Michael Fletcher. *Supreme Discomfort: The Divided Soul of Clarence Thomas.* New York: Doubleday, 2007.
Murdoch, Joyce, and Deb Price. *Courting Justice: Gay Men and Lesbians v. the Supreme Court.* New York: Basic Books, 2001.
Murphy, Bruce Allen. *Wild Bill: The Legend and Life of William O. Douglas.* New York: Random House, 2003.
O'Brien, David M. *Storm Center: The Supreme Court in American Politics.* 6th ed. New York: W. W. Norton, 2003.
Peppers, Todd C. *Courtiers of the Marble Palace: The Rise and Influence of the Supreme Court Law Clerk.* Stanford: Stanford University Press, 2006.

Pfeffer, Leo. *This Honorable Court.* Boston: Beacon Press, 1965.
Posner, Richard A. *Not a Suicide Pact: The Constitution in a Time of National Emergency.* New York: Oxford University Press, 2006.
Rehnquist, William H. *The Supreme Court: How It Was, How It Is.* New York: William Morrow, 1987. 邦訳＝ウイリアム　H・レーンクィスト『アメリカ合衆国最高裁』（根本猛訳、心交社、1992年）
Rosen, Jeffrey S. *The Most Democratic Branch: How the Courts Serve America.* New York: Oxford University Press, 2006.
———. *The Supreme Court.* New York: Times Books, 2007.
Savage, David G. *Turning Right: The Making of the Rehnquist Supreme Court.* New York: John Wiley and Sons, 1993.
Scalia, Antonin. *A Matter of Interpretation: Federal Courts and the Law.* Princeton: Princeton University Press, 1997.
Schwartz, Bernard. *A History of the Supreme Court.* New York: Oxford University Press, 1993.
Simon, James F. *The Center Holds: The Power Struggle Inside the Rehnquist Court.* New York: Simon and Schuster, 1995.
Slaughter, Anne-Marie. *A New World Order.* Princeton: Princeton University Press, 2004.
Starr, Kenneth W. *First among Equals: The Supreme Court in American Life.* New York: Warner Books, 2002.
Stephanopoulos, George. *All Too Human: A Political Education.* Boston: Little, Brown, 1999. 邦訳＝ジョージ・ステファノポロス『ホワイトハウスの赤裸々な人たち』（上・下）（大地舜訳、講談社、2001年）
Stohr, Greg. *A Black and White Case: How Affirmative Action Survived Its Greatest Legal Challenge.* Princeton: Bloomberg Press, 2004.
Stone, Geoffrey R. *Perilous Times: Free Speech in Wartime.* New York: W. W. Norton, 2004.
Sunstein, Cass R. *One Case at a Time: Judicial Minimalism on the Supreme Court.* Cambridge: Harvard University Press, 1999.
———. *Radicals in Robes: Why Extreme Right-Wing Courts Are Wrong for America.* New York: Basic Books, 2005.
Toobin, Jeffrey. *Too Close to Call: The Thirty-Six-Day Battle to Decide the 2000 Election.*

New York: Random House, 2001.
Tribe, Laurence H. *God Save This Honorable Court: How the Choice of Supreme Court Justices Shapes Our History.* New York: Random House, 1985.
Tushnet, Mark. *A Court Divided: The Rehnquist Court and the Future of Constitutional Law.* New York: W. W. Norton, 2005.
Ward, Artemus, and David L. Weiden. *Sorcerers' Apprentices: 100 Years of Law Clerks at the United States Supreme Court.* New York: New York University Press, 2006.
Woodward, Bob, and Scott Armstrong. *The Brethren: Inside the Supreme Court.* New York: Simon and Schuster, 1979. 邦訳＝ボブ・ウッドワード、スコット・アームストロング『ブレザレン——アメリカ最高裁の男たち』（中村保男訳、ティビーエス・ブリタニカ、1981年）
Yarbrough, Tinsley E. *David Hackett Souter: Traditional Republican on the Rehnquist Court.* New York: Oxford University Press, 2005.

訳者紹介

増子久美（ましこ・ひさみ）

早稲田大学卒業。雑誌等でさまざまな記事の翻訳に従事。訳書に、K・ウォラード『なぜ？　どうして？　身のまわりの疑問、まるわかり大事典』（共訳、飛鳥新社）、D・ダウ『死刑囚弁護人』（共訳、河出書房新社）などがある。

鈴木淑美（すずき・としみ）

慶應義塾大学大学院文学研究科博士課程でアメリカ文学を専攻。訳書に、R・ダレク『JFK　未完の人生　1917-1963』（松柏社）、S・ギルマン『フロイト・人種・ジェンダー』（青土社）、P・ジョンソン『ピカソなんかぶっとばせ』（共同通信社）などがある。

ザ・ナイン　アメリカ連邦最高裁の素顔

2013年 6 月20日　初版印刷
2013年 6 月30日　初版発行
著　者　ジェフリー・トゥービン
訳　者　増子久美・鈴木淑美
装　丁　山田英春
発行者　小野寺優
発行所　河出書房新社
東京都渋谷区千駄ヶ谷2-32-2
電話　(03)3404-8611〔編集〕　(03)3404-1201〔営業〕
http://www.kawade.co.jp/
組版　株式会社キャップス
印刷　三松堂株式会社
製本　小泉製本株式会社

Printed in Japan
ISBN978-4-309-24624-6